SEGUNDA EDIÇÃO 20 24

HUGO DE BRITO MACHADO SEGUNDO

FUNDAMENTOS DO DIREITO

Dados Internacionais de Catalogação na Publicação (CIP) de acordo com ISBD

S456f   Segundo, Hugo de Brito Machado
        Fundamentos do direito / Hugo de Brito Machado Segundo. - 2. ed. - Indaiatuba, SP : Editora Foco, 2024.

      144 p. : 16cm x 23cm.

      Inclui bibliografia e índice.

      ISBN: 978-65-5515-989-9

      1. Direito. 2. Fundamentos. I. Título.

2024-50   CDD 340   CDU 34

Elaborado por Vagner Rodolfo da Silva - CRB-8/9410

Índices para Catálogo Sistemático:

1. Direito 340

2. Direito 34

SEGUNDA EDIÇÃO

HUGO DE BRITO
MACHADO SEGUNDO

FUNDAMENTOS
DO DIREITO

2024 © Editora Foco

Autor: Hugo de Brito Machado Segundo
Diretor Acadêmico: Leonardo Pereira
Editor: Roberta Densa
Assistente Editorial: Paula Morishita
Revisora Sênior: Georgia Renata Dias
Capa Criação: Leonardo Hermano
Diagramação: Ladislau Lima e Aparecida Lima
Impressão miolo e capa: DOCUPRINT

DIREITOS AUTORAIS: É proibida a reprodução parcial ou total desta publicação, por qualquer forma ou meio, sem a prévia autorização da Editora FOCO, com exceção do teor das questões de concursos públicos que, por serem atos oficiais, não são protegidas como Direitos Autorais, na forma do Artigo 8º, IV, da Lei 9.610/1998. Referida vedação se estende às características gráficas da obra e sua editoração. A punição para a violação dos Direitos Autorais é crime previsto no Artigo 184 do Código Penal e as sanções civis às violações dos Direitos Autorais estão previstas nos Artigos 101 a 110 da Lei 9.610/1998. Os comentários das questões são de responsabilidade dos autores.

NOTAS DA EDITORA:

Atualizações e erratas: A presente obra é vendida como está, atualizada até a data do seu fechamento, informação que consta na página II do livro. Havendo a publicação de legislação de suma relevância, a editora, de forma discricionária, se empenhará em disponibilizar atualização futura.

Erratas: A Editora se compromete a disponibilizar no site www.editorafoco.com.br, na seção Atualizações, eventuais erratas por razões de erros técnicos ou de conteúdo. Solicitamos, outrossim, que o leitor faça a gentileza de colaborar com a perfeição da obra, comunicando eventual erro encontrado por meio de mensagem para contato@editorafoco.com.br. O acesso será disponibilizado durante a vigência da edição da obra.

Impresso no Brasil (1.2024) – Data de Fechamento (12.2023)

2024

Todos os direitos reservados à
Editora Foco Jurídico Ltda.
Rua Antonio Brunetti, 593 – Jd. Morada do Sol
CEP 13348-533 – Indaiatuba – SP

E-mail: contato@editorafoco.com.br
www.editorafoco.com.br

*La libertad, Sancho, es uno de los más preciosos dones
que a los hombres dieron los cielos, con ella no pueden igualarse
los tesoros que encierra la tierra ni el mar encubre.*

(Cervantes, D. Quijote, parte II, cap. LXVIII)

Na Turquia, com os olhos brilhando diante da diversidade cultural, a Larinha questionou: – Papai, como saber qual "certo" é o certo?

Pergunta tão singela quanto profunda, que me conduziu a outra viagem... Assim teve início este livro, que a ela dedico com carinho.

SUMÁRIO

NOTA À SEGUNDA EDIÇÃO XIII

PREFÁCIO: O ORDENAMENTO JURÍDICO SOB O PRISMA DO HUMANIS-
MO E DA DEMOCRACIA XV

APRESENTAÇÃO XXV

INTRODUÇÃO 1

1. COLOCAÇÃO DO PROBLEMA 7

    1.1   Direito e Estado 9

2. FUNDAMENTO DO ORDENAMENTO JURÍDICO EM TERMOS METAFÍ-
SICOS 21

    2.1   As correntes jusnaturalistas ao longo da história e seu elemento comum .. 21

    2.2   Justiça e jusnaturalismo 27

    2.3   Principais críticas formuladas ao jusnaturalismo 27

    2.4   Por que a questão relativa ao direito natural insiste em reaparecer? 34

3. FUNDAMENTO DO ORDENAMENTO JURÍDICO PARA O POSITIVISMO
JURÍDICO 39

    3.1   O que se entende por positivismo jurídico? 39

    3.2   Positivismo jurídico e justiça 41

    3.3   Positivismo e finalidade do Direito 42

    3.4   A questão do fundamento do direito para as várias correntes positivistas. 45

    3.5   Positivismo e concepção de ciência 46

    3.6   Positivismo e natureza humana 50

    3.7   Tem o positivismo todos os defeitos que lhe atribuem? 52

4. FUNDAMENTO DO ORDENAMENTO JURÍDICO NO PÓS-POSITIVISMO 59

4.1 Pós-positivismo e pós-modernismo 63

4.2 Fundamento do ordenamento jurídico para autores "pós-positivistas"...... 70

4.3 Como a dicotomia entre jusnaturalistas e positivistas é resolvida? 71

4.4 Pós-positivismo e ordenamentos jurídicos injustos......................... 76

4.5 Pós-positivismo e multiculturalismo 79

5. UMA SOLUÇÃO POSSÍVEL.. 87

5.1 É possível afastar a metafísica?... 88

5.2 Natureza humana e o Direito 98

5.3 Teoria do Direito e concepção de ciência................................ 107

5.4 Pressupostos mínimos para a construção de um ordenamento jurídico justo 120

  5.4.1 Liberdade.. 124

  5.4.2 Igualdade 131

  5.4.3 Democracia 135

    5.4.3.1 Democracia na Grécia antiga.................... 139

    5.4.3.2 Democracia a partir da Idade Moderna............ 142

  5.4.4 Interdependência necessária entre liberdade, igualdade e democracia.. 152

  5.4.5 O problema do fundamento último e o trilema de Fries............ 170

  5.4.6 Valores ocidentais como imposição às demais culturas?............ 175

6. COMO APROXIMAR O ORDENAMENTO JURÍDICO BRASILEIRO DE TAIS PRESSUPOSTOS?.. 191

6.1 Liberdade, igualdade, democracia, Estado e tributo..................... 194

6.2 Restrições aos gastos com propaganda governamental.................. 196

6.3 Terceirização, gastos públicos e eleições..................................... 200

6.4 Imunidade às instituições de educação condicionada à oferta de vagas ao poder público 204

6.5 Redução da regressividade na tributação 209

6.6 Contribuições e direitos sociais e econômicos 215

6.7 Incremento da participação política 223

CONCLUSÃO 227

DE 2009 A 2023 231

   1. Fundamentos do Direito e Ciências Cognitivas 232

   2. Inteligência artificial, devido processo legal e democracia 235

   3. Tributação e desigualdade 239

REFERÊNCIAS 241

ÍNDICE REMISSIVO 259

NOTA À SEGUNDA EDIÇÃO

Este livro é fruto da tese de doutorado que defendi perante a Universidade de Fortaleza, no já distante ano de 2009. Nesses quinze anos, leituras e pesquisas adicionais naturalmente alteraram um pouco meu pensamento, e o estilo de escrita, mas decidi, mesmo assim, manter nesta segunda edição basicamente o texto original, sem modificações substanciais (atualizou-se apenas eventual remissão a dispositivos normativos revogados), mas acrescentando, em um último item (intitulado "de 2009 a 2023"), reflexões atuais a respeito dos assuntos aqui versados.

Essas ponderações adicionais, feitas ao final, se fundam no que se alterou na realidade social desde então, no ordenamento jurídico, nas decisões dos tribunais, e especialmente em estudos voltados à neurociência, às ciências cognitivas e à inteligência artificial, os quais podem fornecer importante complemento às ideias inicialmente trazidas no livro.

Sou muito grato à editora Foco, pelo cuidado e pelo interesse que dedicam aos meus livros, e em especial pelo interesse em editar uma nova edição deste. Agradeço, ainda, a você, leitora, por tê-lo em suas mãos e pelo tempo e atenção que dedicará a ele. Boa leitura!

Fortaleza, janeiro de 2024.

Hugo de Brito Machado Segundo

hugo.segundo@ufc.br

Instagram: @hugo2segundo

PREFÁCIO
O ORDENAMENTO JURÍDICO SOB O PRISMA DO HUMANISMO E DA DEMOCRACIA

"Todo o progresso científico consiste
no avanço de uma hipótese menos adequada
para outra mais adequada."

John Burnet: O Despertar da Filosofia

Grega, 1994, p. 34-35.

1. Tem o leitor em mãos o trabalho consistente na tese com a qual o professor Hugo de Brito Machado Segundo acaba de conquistar, com pleno merecimento, o grau de doutor em Direito Constitucional pela Universidade de Fortaleza. O título que lhe atribuiu, embora longo, mas conforme modelo geralmente adotado pela pós-graduação brasileira – *Fundamentos do Ordenamento Jurídico: Liberdade, Igualdade e Democracia como premissas à aproximação de uma justiça possível* –, transmite de imediato a dimensão da profundeza e da fertilidade dos temas versados. A simples leitura do sumário e da bibliografia já deixa antever a capacidade instrumental do autor para bem desincumbir-se da tarefa a que se propôs, tanto na esfera da Filosofia e da Teoria do Direito, como no âmbito da Epistemologia Jurídica. Há, também, a destacar desde logo, o que parece sobremodo alvissareiro, sua forte personalidade intelectual, que não se deixou comprometer (ou corromper) pelas alienações e modismos dos que parecem deleitar-se com visualizar a cultura jurídica nacional através de lentes desfocadas por aligeiradas visitas a textos estrangeiros, especialmente europeus, às vezes com indisfarçado deslumbramento de colonizado.

2. Sobressaem do título da tese, por seu peso teórico-ideológico, as palavras *Direito, justiça, fundamento, liberdade, igualdade e democracia*, cada uma das quais, por si só, suscetível de proporcionar longas meditações acerca dos conceitos nucleares da teoria e das vivências jurídicas, binômio responsável pela dinâmica da vida jurídica dos povos. Organizá-las, na busca de uma compreensão humanista e democrática de Direito, como pretendeu Hugo Segundo, importa compatibilizar, através da lógica dialética da complementaridade, conceitos opos-

tos pertencentes às áreas específicas dos fenômenos e das essências, vale dizer, da física (ciência) e da filosofia (metafísica). Apenas desse modo, juntando-se a meia parte de realidade, que se contém na ciência, com a outra metade, retida pela metafísica, ter-se-á a verdade em sua dimensão integral.

3. Tomada nessas dimensões, a ciência tenderá a ultrapassar os limites do sensível em busca do inteligível, significa dizer, atingir o invisível pelo visível, com o propósito de conseguir apurar os critérios de sua legitimidade e fundamento. Por esses meios, objetivava autorizar-se para obter a credibilidade que assegurasse seu prestígio e sedução como atividade exploradora e reformadora da natureza. Cumpria-se o itinerário de ascensão do imanente para o transcendente. Em movimento oposto, a metafísica se empenhará no assentamento do inteligível em bases físicas, assim propiciando sustentação ao mundo inconstante dos sentidos, com o objetivo de transmitir às coisas aí existentes as características de identidade e de permanência. Era o que urgia fosse feito, a fim de transmitir o necessário sentimento de segurança à morada terrena do homem. Traçava-se o roteiro da descida do transcendente ao imanente.

4. Como se nota, a exata colocação e adequado tratamento das questões suscitadas estava a exigir o domínio tanto das categorias filosóficas, quanto do respectivo instrumental epistemológico. Das categorias, a fim de que, através do exercício da técnica e da arte de pensar, o conhecimento intelectual se viabilizasse com presteza. Mas, especialmente, do emprego de instrumentos de cognição mais hábeis e mais potentes, explorando-lhes a capacidade de revelar conexões e analogias insuspeitadas aos não iniciados. Desse modo, pretendia-se conseguir a ampliação do saber, com vistas, especialmente, a que ostentasse mais alto nível de qualidade com maior segurança. Impunha-se nova prioridade: não apenas saber mais; antes, saber melhor.

5. Nesse manifesto propósito de saber melhor, podia claramente identificar-se um indissimulado apelo à volta da metafísica ao terreno do empreendimento científico, na medida em que a palavra *melhor* aponta para dimensão mais alta, além da física, ou seja, para a metafísica. A Física das grandes revoluções do século XX perdeu, juntamente com a segurança, sua pureza. Tornou-se uma física-metafísica, algo com fronteiras comuns e ainda não bem definidas. Tal aproximação tem ocorrido toda vez que a ciência, em busca de se fortalecer teoricamente, sente a necessidade de elevar-se acima da esfera fenomênica dos sentidos, já pela necessidade de fundamentar-se, já com o objetivo de legitimar-se. Se assim ocorre, há de concluir-se que a boa ciência não pode prescindir da metafísica. E não são os metafísicos que, ultimamente, têm assumido o patrocínio de tal ponto de vista. Os teóricos da ciência, eles próprios, é que têm tomado a iniciativa de fazê-lo. Entre esses se coloca, decididamente, o jurista Hugo Segundo.

6. Isso que está sendo dito a respeito da metafísica – quando ainda se encontra quem persista em proclamar sua desnecessidade e tardia morte – não é, pois, parte de um discurso em defesa do autor deste livro, porquanto, quem disso estaria a precisar, e muito, seriam justamente aqueles que a renegam. Porque, assim agindo, tanto se mostram em descompasso com o tempo, como se automutilam, por depreciarem sua humanidade, dela extirpando gratuitamente a porção mais nobre, o espírito que aponta para o infinito. Não vale persistir invocando a lição histórica que Immanuel Kant diz ter recebido de David Hume, consistente no progresso em seu pensamento, motivado pelo despertar do *sono dogmático*. Em verdade, nem o mestre, nem seu eminentíssimo discípulo renegaram toda a metafísica, mas tão somente uma de suas espécies, a metafísica dogmática. Interessante ressaltar a ironia em que incidem, precisamente, partidários do positivismo jurídico, ao admitirem, sem reservas, a existência de uma ciência dogmática do Direito.

7. Desculpo-me por ter de justificar as posições dos autores invocados, porém, em razão da relevância da disputa, entendo imprescindível fazê-lo. De Hume, nas *Investigações sobre o Entendimento Humano*: "Devemos submeter-nos a esta fadiga a fim de viver tranqüilos todo o resto do tempo, e *devemos cultivar a verdadeira metafísica com cuidado para destruir a metafísica falsa e adulterada*." (1972:11). A passagem de Kant, afirmado a perenidade da metafísica, foi tirada do prefácio à 2ª edição, de 1787, da *Crítica da Razão Pura,* circunstância que parece indicativa da urgência em dirimir dúvidas: "Porque *sempre houve no mundo e decerto sempre haverá uma metafísica* e a par desta se encontrará também uma dialética da razão pura, porque lhe é natural." (1985:28). Vale alongar mais um pouco, para lembrar a posição do nosso Tobias Barreto, ele também, juntamente com Sílvio Romero, um dos pretensos co-matadores da metafísica. Como no caso dos filósofos europeus citados, Tobias igualmente conclui por esclarecer que havia visado apenas à *metafísica retórica,* aquela canhestramente exercitada por pseudofilósofos, e nunca contra a *"metafísica tomada como disposição natural do ser humano".* E condena, como ridícula, a fátua preensão dos que pretendem aboli-la. (1926:132). Grifos também nossos.

8. Improcedente, da mesma forma, correlacionar a negação da metafísica ao elogio da ciência, numa absurda lógica de interdependência e exclusão, como se uma só pudesse crescer no vácuo do espaço tomado da outra. Embora essa correlação se tenha insinuado durante algum tempo, aquele das origens auspiciosas do positivismo onipotente, não pôde, contudo, manter-se para sempre. Nem com argumentos de ordem filosófica, nem através de razões de índole científica. Faltou-lhe o mínimo de correspondência com os fatos. Com certeza, não estavam a ciência e a metafísica em disputa pelo mesmo espaço existencial. Na teoria do

conhecimento inexiste tal coisa: toda realidade, no total ou em cada uma de suas partes ou dimensões, pode prestar-se, ao mesmo tempo, como objeto de qualquer tipo de cognição, tanto os decorrentes do senso comum, como aqueles de índole intelectual. Portanto, nenhuma prioridade ou exclusividade relativamente à determinação de objetos cognoscíveis. Verificou-se, além de tudo, que esse tipo de colocação, se correta, testemunharia, indistintamente, tanto em desfavor da filosofia, como da ciência, donde não haver nenhum interesse em invocá-lo.

9. Nada obstante, pareceu-me necessário dizer tudo isso, também para lembrar que, nos tempos que correm – um pouco antes, um pouco depois da segunda metade do século passado até os dias atuais –, nessa particular questão da metafísica, o positivismo perdeu forças por todas as partes e em todos os setores do pensamento. Entre os cientistas, então, o prejuízo foi quase total, de tal modo que muitos deles se consideraram diminuídos tão só pelo fato de serem tidos por seus simpatizantes. O mesmo ocorreu relativamente aos dois maiores movimentos de ideias do século passado, o marxismo e a psicanálise, os quais, por sua declarada pretensão humanista, sempre se mantiveram distantes dos estreitos princípios do positivismo. Essa situação tem muito a ver com o fato de, por toda parte, os juristas da direita, mas especialmente aqueles que serviram em posição de destaque ao nazismo e ao fascismo, terem-se identificado com o credo político e jurídico da doutrina concebida por Augusto Comte. Foi aí que o positivismo, assumir sua dimensão eclesial, teve oportunidade de revelar a desmedida porção de irracionalidade e de misticismo que habitava suas entranhas.

10. No domínio particular da ciência do Direito, basta lembrar o exemplo maior da rendição do positivista ortodoxo Hans Kelsen à doutrina do Direito natural clássico, ao ter de admitir a compatibilidade de um *mínimo de metafísica* com o seu sistema de teoria pura do Direito. Contra tal hipótese, lutara Kelsen com denodo durante toda sua longa vida. Amargurado, teve de ceder ainda mais, quase tudo, ao confessar, visivelmente constrangido, que sua *norma básica*, pondo axial de seu pensamento, era apenas uma norma de ficção, fundada num ato de vontade fictício. Se dessa polêmica norma Kelsen fizera pender toda sua construção doutrinária, era evidente que, só por essa circunstância fundamental, sua invalidação comprometeria de modo irremediável todo o sistema. E, o que foi pior para todos: já não lhe restava tempo para tentar uma reconstrução.

11. Consoante parece ter ficado devidamente esclarecido, é de ver-se que as teorias da positividade, sem a complementação da metafísica, por melhores que possam ser, têm-se apresentado como de todo incompatíveis com os princípios fundamentais de uma antropologia jurídica de inspiração democrática. Com vistas a que, não só na esfera das essências *seja* o Direito compartição de liberdade, mas efetivamente *exista*, no plano fático da vida social, como instância de

legitimidade e de justiça, tornou-se necessário que se requalificasse segundo os valores pertinentes à dignidade humana e à democracia pluralista: Direito justo e legítimo. Ter-se-ia um novo tridimensionalismo jurídico, resultado não de uma apreensão simplesmente descritiva do Direito, mas de uma visão prospectiva daquilo que deve ser o Direito: jurídico, legítimo e justo.

12. Tendo em conta o caráter intrinsecamente corruptor do poder, o que redunda numa das mais fortes razões da vulnerabilidade da democracia, não se pode e nem se deve deixar de sublinhar o fato primário de que o Direito, ele próprio, é fenômeno político. Quer dizer: fenômeno de poder. E, portanto, também matéria de alto risco. Forma-se o círculo vicioso: cabe ao poder criar o Direito, e ao Direito, controlar o poder. De princípio, a solução de Rousseau - renúncia de parte da liberdade de cada um, em benefício da liberdade de todos, – pareceu satisfatória. Assim, igualmente livres, poderiam os homens estabelecer um sistema de vida democrático. Entanto, pensava ele numa democracia direta, coisa que verdadeiramente nunca existiu. Só nos é dado, pela própria natureza das coisas, a democracia indireta, que funciona através da chamada representação política. E nisto, de o povo só ter condições de exercer o poder através de órgãos institucionalizados, que o representem, reside a origem de todas as deturpações e desvios dos regimes políticos. Por tal motivo, nesse terreno, quase tudo são sofismas.

13. Se, em suas origens, a segurança da justiça do Direito já é vulnerada pela inconsistência da representação política, a quem compete sua formulação legislativa, quanto à sua efetividade, concernente ao exercício do poder institucional de dizer o Direito contencioso, a questão ainda não encontrou solução satisfatória. Também nesse ponto, o desfavor que o acomete decorre de natural insuficiência do Direito. Quer dizer: o Direito, por mais insuspeito que possa ser, não tem condições de impor-se por si mesmo, de modo automático. Para fazer-se acatado, necessita de que um poder, especialmente criado com tal finalidade, o proclame formalmente. E é aí, nesse ponto, que a questão se agrava, porque nem mesmo representantes do povo os membros desse poder podem ser considerados, tanto que sua indicação e nomeação nem por perto passam pelo veredicto popular.

14. Tudo que acaba de ser dito aponta no sentido de que o aumento do nível de democratização do Direito constitui tarefa comum e permanente de todo o povo, uma espécie de plebiscito de todos os dias. É na luta por tal objetivo que se plasma a consciência política do cidadão, inigualável instrumento de conquistas. O momento decisivo de ação é aquele em que se indaga acerca da legitimidade do poder. Somente o poder autorizado pelo povo traz o timbre democrático da legitimidade. E somente o poder legítimo é capaz de criar Direito democrático. Mais: a criação constante de Direito democrático é capaz de legitimar o poder que, por origem, não possua legitimidade.

15. Se bem se observa, as considerações a respeito do Direito, que acabam de ser explicitadas, já se encontram perfeitamente compreendidas no conteúdo das palavras-conceitos que formam o subtítulo da obra de Hugo Segundo, a saber: *Liberdade, igualdade e democracia como premissas necessárias à aproximação de uma justiça possível*. E é a partir desse prisma pluridimensional, rico de possibilidades teórico-epistemológicas, que são postos os *fundamentos do ordenamento jurídico*.

16. Trata-se de uma especial concepção ideológica do Direito como ordenamento jurídico de índole humanista e democrática. Contempla-se, em sua singularidade e conseqüências, um entendimento do Direito fundado na compreensão da natureza humana, a par de uma visão essencialista do caráter democrático do Direito. O Direito é democrático por necessidade ontológica. Vale repetir o fundamento disso: o ente Direito teve origem com a compartição da liberdade. Mais precisamente: O Direito, ele próprio, é essa compartição. Por esse meio, a vida social da espécie humana tornou-se possível. Foi a liberdade, portanto, o princípio de tudo. Por isso, onde não se respeita o Direito, não há liberdade, nem democracia autênticas.

17. Como complemento do que acaba de ser dito, veja-se que a noção de Direito como compartição de liberdade está fortemente comprometida com o contratualismo de Rousseau, de quem Kant recebeu marcantes lições de democracia. Foi do interior dessa teoria que ele recolheu, já pronta, a ideia de compartição de liberdade como solução natural para o problema que o preocupava particularmente, qual seja, o do fundamento da origem do Direito. O ponto comum, que os aproximava, era este: através do contrato, encontrar meios de assegurar, tanto quanto possível, a permanência da liberdade original de cada um. De Kant o conceito passou, vitorioso, para Hegel, que o incorporou a seu sistema de Filosofia do Direito. E até agora não se encontrou melhor maneira de explicar a fundação do Direito e de garantir a manutenção das liberdades individuais.

18. Outro tema que mereceu do autor detida análise foi aquele relativo ao chamado pós-positivismo, tendo-lhe dedicado todo um capítulo, além de referências esparsas em diversas outras partes do trabalho. Como afirma na *Introdução*, seu cuidado inicial foi no sentido de "verificar se o pós-positivismo realmente implicou a superação dialética entre jusnaturalistas e juspositivistas." Evidente que o autor, versado nos princípios básicos da epistemologia, tinha de recusar cientificidade a tal proposta, equivocada a partir da escolha do nome pelo qual é designada – pós-positivismo –, do ponto de vista semântico tão inexpressivo, como equivocado. Tal como seu irmão gêmeo, pós-metafísica. O termo *pós*, anteposto a qualquer substantivo, não acresce ao significado inequívoco do advérbio *depois* absolutamente nada de especial. Junto-me a Cornelius Castoriadis

no entendimento de que esses *pós* apenas "fornecem perfeita caracterização de nossa época, pateticamente incapaz de se pensar como alguma coisa positiva, ou tão-só e simplesmente como alguma coisas". (1992:13). Quanto a esse aspecto, nada a acrescentar.

19. O tal prefixo também é impróprio como elemento indicativo da hipótese sobre a superação dialética do juspositivismo e do jusnaturalismo. Dialética, na frase em que a palavra aparece, só pode ter a conotação de lógica operativa da exclusão. Com efeito, na busca pela aplicação do Direito justo, desapareceria de vez, por desnecessária, tanto a ideia metafísica de transcendência, ínsita à doutrina do Direito natural, como a noção imanente de que o Direito positivo seria, em si e por si mesmo, justo, inexistindo, portanto, motivo para sair dele em busca de fundamentação. Ao admitirem a existência de valores, entes metafísicos, os autointitulados pós-positivistas tiveram de mexer nos conceitos tradicionais de princípios e normas, tomados agora especialmente em caráter constitucional, neles identificando a morada dos direitos humanos, assim tidos por diferentes do Direito natural. Mero exercício de prestidigitação verbal. Por muitas razões evidentes, sumariadas nesta memoranda lição: a tentativa de mudança do nome da coisa, por mais atraente que possa ser, não tem o poder mágico de lhe alterar a essência. Gostem ou não gostem, queiram ou não queiram, todo Direito natural é, sem mais, nem menos, fundamental e humano.

20. Esse improfícuo ensaio de desarrumação da doutrina tradicional das relações entre Direito natural e Direito positivo, sempre fundado na oposição das esferas superpostas da transcendência e da imanência, também resvalou, em cheio, na existência histórica dos dois níveis da realidade, o sensível e o inteligível. Tal dicotomia atravessou, incólume, pelo menos mais de vinte e seis séculos de especulação filosófica, sempre demonstrando sua plena adequação à natureza das questões estudadas. Especialmente com relação ao próprio homem, corpo e espírito. Portanto, enquanto ela durar, a correspondente divisão entre o Direito natural e Direito positivo manterá sua integridade e serventia. Nesta vida do homem sobre a terra, enquanto persistir, não haverá exclusão de qualquer uma das partes da dicotomia, nem substituição desta por categorias diferentes que a elas se sobreponham. A lógica dialética que lhes convém é a lógica da complementaridade: as duas espécies do Direito se compõem entre si em busca de sua harmônica integração. Como tem ocorrido, até agora, através da história.

21. Devidamente assentado o instrumental teórico pertinente à temática em exame, especialmente sob o prisma ideológico, já se pode, com bastante segurança, revisitar alguns pontos recorrentes da teoria geral e da filosofia jurídica alusivos ao modelo de ordenamento jurídico projetado, para ver se com ele guardam compatibilidade.

a) Uma teoria crítica do Direito, de índole humanista e democrática, não pode romper a necessária conexão entre *justiça* e Direito, nem confundir uma coisa com a outra. Há de estabelecer, claramente, que a prioridade induvidosa, entre esses conceitos, pertence à justiça como sentimento anterior e finalidade última do Direito;

b) Incidem, igualmente, em equívoco, aqueles para os quais só é Direito o *Direito justo*. Constitui, esse, o erro mais grave da ortodoxia jusnaturalista. O erro da ortodoxia positivista, semelhante, mas em sentido oposto, é afirmar que só é Direito o *Direito positivo*. Direito natural e Direito positivo são espécies diversas, a formarem um único gênero, o Direito. Aproxima-os, inevitavelmente, a lógica dialética da complementaridade.

c) O Direito possui, além das *instâncias de validade*, que integram o conceito multidimensional de Direito positivo, *instâncias de valor*, as quais têm por função indispensável requalificar axiologicamente, portanto ao nível da metafísica, o próprio Direito positivo. São elas justiça e legitimidade.

d) O *Direito injusto* é igualmente Direito. As coisas, sabe-se desde Aristóteles, existem de dois modos: de acordo com sua natureza ou como deturpação dessa natureza. O Direito injusto é uma deturpação, e, como tal, existe ao lado do Direito justo. A prova prática disso, iniludível, é a existência de um órgão do Estado, o poder judiciário, criado para cuidar exclusivamente de suas muitas e variadas manifestações.

e) Direito é também o *Direito ilegítimo*. Seu ambiente próprio é o regime político autoritário, em quaisquer de suas variadas formas, nas quais viceja de modo permanente e com plena desenvoltura. Aí, a legitimidade é exceção raramente verificável, porque sua duração põe em risco a permanência do regime. Nas democracias, ao contrário, a ilegitimidade é exceção passageira. Segue idênticos princípios a legitimidade jurídica.

f) Não se pode, em qualquer hipótese, tomar a parte pelo todo. Na esfera jurídica, por exemplo, aludir à *lei* como se estivesse se referindo a todo o Direito. Esse constitui um grave erro de redução, cuja consequência imediata é o desfiguramento do objeto focalizado, por ignorância ou desprezo de seus demais meios de expressão. Nem por isso se deve deixar de reconhecer que a lei é a fonte principal e prioritária do Direito, porque é a partir dela que se definem, além da ordem de hierarquia das demais fontes, os campos da juridicidade: o legal, o lícito e o ilícito.

g) Errôneo é pretender deferir ao Direito positivo o poder de operar *juridicização* de normas ou princípios. E isso, simplesmente porque o jurídico é antecedente lógico da *positividade*. Positivo é uma qualidade ou determinação que se acrescenta ao que, por natureza e com prioridade, já é Direito. A sequência é esta: jurídico, positivo, justo e legítimo. Assim, o não jurídico, porque previsto em norma jurídica de qualquer nível hierárquico, não se transforma, por isso só, em jurídico. Em sentido oposto: o jurídico ilegal ou ilícito, aquele que constitui o Direito comum das sociedades de malfeitores, como tal reconhecido por autores e todas as épocas e escolas, ostenta essa qualificação sem que precise de constituição ou de lei que o requalifique. Só o que o desqualifica definitivamente, perante o Direito, é a instância de legitimidade.

h) Nem pensar em Direito e liberdade como coisas opostas e incompatíveis, tanto que o Direito resulta antes, e precisamente, da compartição de liberdades. Entretanto, assim agem os positivistas que definem o Direito como *sistema de normas legais sobre o uso da força*, ou que o fazem em termos de *normas imperativas de subordinação*. Essas expressões, por definição incompatíveis com os valores constitutivos da dignidade humana, não podem ser pronunciadas em vão por juristas democratas e humanistas. É preciso que sejam advertidos de que não é por esse meio que conseguirão resolver o problema multissecular da eficácia da obrigatoriedade jurídica. Será que esses juristas esquecem que, como pertencentes à espécie humana, sobre eles igualmente recai a maldição de que só pela subordinação, pelo medo e pela força conseguem, eles mesmos, cumprir suas obrigações jurídicas?

22. Faltava dizer algo de muito significativo para a vida acadêmica, e que consiste nisto: o livro do prof. Hugo Segundo é particularmente exemplar pela imensa cópia de informações relativas ao próprio texto. Há, primeiro, extensa bibliografia, integrada por mais de duzentos autores, entre clássicos de todas as épocas e contemporâneos nossos, muitos deles com mais de duas obras, o que evidencia a extensão e a profundidade da pesquisa. Depois – e é aqui que está a diferença – dois extensos índices, ideológico e onomástico, ocupando precisamente onze páginas da versão digitalizada. O índice ideológico ou temático ostenta cerca de trezentas e trinta entradas, indo dos verbetes *aborto* e *acesso ao mundo suprassensível* até *visão formal do direito:insuficiência* e *vontade da igreja determinante do conteúdo do direito natural de origem divina*. Ao jurista pesquisador, as simples informações são suficientes. Aos estudante de Direito da graduação e da pós-graduação, para entenderem o alcance delas, basta lembrar-lhes duas coisas: 1ª – pela simples e aligeirada leitura do índice onomástico, poder-se-á identificar, de imediato, a filiação doutrinaria do autor do texto, dado valioso para informar a composição de uma bibliografia diversifica e pluralista; 2ª – os proveitos do índice ideológico são imensamente maiores: você vai direito a seu

terma, num volume de, por exemplo, seiscentas páginas. Basta seguir a ordem alfabética e tudo se resolve em poucos segundos. Aqui o ganho é de tempo. E, quanto ao mais, é só desejar-lhe, caro leitor, proveitosa colheita em sua leitura.

REFERÊNCIAS BIBLIOGRÁFICAS

BARRETO, Tobias. *Fundamento do Direito de Punir. Anexo a "Menorese Loucos"*, p. 131-152. Rio de Janeiro: Empresa Gráfica Editora – Paulo Pongetti & Cia, 1926.

BURNET, John. *O Despertar de Filosofia Grega*. Trad. de Mauro Gama. São Paulo: Siciliano, 1994.

CASTORIADIS, Cornelius. *As Encruzilhadas do Labirinto III: O Mundo Fragmentado*. Trad. de Rosa Maria Boaventura. Rio de Janeiro: Paz e Terra, 1992.

HUME, David. *Investigação acerca do Entendimento Humano*. Trad. de Anoar Aiex. São Paulo: Editora Nacional/Editora da Universidade de São Paulo, 1972.

KANT, Immanuel. *Crítica da Razão Pura*. Trad. de Manuela Pinto dos Santos e Alexandre Fradique Morujão. Lisboa: Fundação Calouste Gulbenkian, 1985.

Campus da Unifor, Fortaleza, 30 set. 2009

Arnaldo Vasconcelos

APRESENTAÇÃO

Tenho a honra de apresentar uma obra que, para além de seu singular conteúdo acadêmico, traz um significado todo especial: foi a primeira tese de doutorado apresentada e defendida pelo Programa de Pós-Graduação em Direito Constitucional/Doutorado em Direito da Universidade de Fortaleza. Na verdade, é este o primeiro trabalho deste nível que os quase quarenta anos da Universidade de Fortaleza produziram. E não poderia ser de maior felicidade para o universo intelectual brasileiro a confirmação do compromisso acadêmico de seu autor, Hugo de Brito Machado Segundo, conhecido por obras anteriores publicada na área do Direito Tributário.

O trabalho "Fundamentos do Direito" apoia-se numa estrutura interna bem concatenada e que enfrenta o desafio proposto: buscar fundamentos para a aplicação do Direito, compatíveis aqueles, na atualidade, com preceitos como democracia, igualdade, liberdade e pluralismo. Já aqui o Autor delimita, de forma madura, sua opção pela universalidade dos valores que durante tantos séculos busca o homem. E não se tem a visão apenas retórica, abstrata, sem compromissos com as dificuldades cotidianas à realização de tais valores. É lugar-comum na quase totalidade dos discursos acadêmicos e políticos as posições favoráveis e defensoras dos preceitos que o legado da modernidade deixou. São raras as posições a merecer respeito científico que não defendam a universalidade da democracia e do pluralismo. O problema reside no fato de que a prática de quem profere os discursos de defesa da universalidade de valores democráticos, e da consequente aplicação do Direito sob esta diretiva, pouco coincide com o que foi expressado em palavras. Vale o conhecido ditado de que "teus gestos falam alto, que não ouço o quê dizes". Este *status quo*, sim, representa também um desafio da democracia. Como, apesar de tão sedutora, de tão perseguida pelo homem, os obstáculos à sua concretização ainda permanecem no alvorecer do século XXI?

A sustentação de Hugo de Brito Machado Segundo lança provocações sobre este marco teórico. Ao debater, nos primeiros dois capítulos, as clássicas posições jusnaturalista e positivista sobre a concepção do Direito, nosso Autor evidencia que não é refém desta discussão, por ousar discorrer a respeito de soluções possíveis, e, no último momento do trabalho, recuperar suas reflexões paro caso brasileiro. Como se vê, não poderia ter sido mais feliz a organização interna do texto. Gostaria de ressaltar a abordagem a se presenciar em cada um destes capítulos. Estou seguro de não correr o risco de antecipar ao leitor desta apresentação um resumo da obra: a escrita da tese sustentada é suficientemente tentadora para se constatar que é digna de ser lida e refletida.

Os dois capítulos iniciais abordam os temas do jusnaturalismo e positivismo jurídicos, respectivamente. Quanto ao primeiro, o Autor oferece uma indagação a respeito da insistência do jusnaturalismo em reaparecer no debate intelectual, por força de sua centralidade nos valores; valores que ainda traduzem desafios para as sociedades modernas. Neste ponto, a abordagem eleita, vinculada ao capítulo cinco, não remete ao quase acaso de uma metafísica **fora** da ação do homem, mas a formação e efetivação de tais valores pela experiência. Não é sem razão que a lembrança à Spinoza vem logo à mente: sociedades a possuírem crenças, misticismos etc., como bases de sua estrutura política são condenadas ao fracasso. Assim, a versão jusnaturalista de Hugo de Brito Machado Segundo dialoga com o concreto, com o mundo real. Na mesma sintonia segue-se em relação ao positivismo. O Autor não recupera a tradicional acusação – infelizmente ainda existente – sobre as eventuais responsabilidades do positivismo com os sistemas totalitários e autoritários do conturbado século XX. Neste tópico, reflexões sobre o positivismo e a justiça, além da pergunta sobre "os defeitos que se atribuem" ao mesmo positivismo não passaram desapercebidas. Com estes dois capítulos, estamos preparados para a leitura da formulação original do Autor que se seguirá.

No quinto capítulo, tem-se uma discussão sobre o papel da metafísica, da natureza humana e da democracia. Pode-se discutir a sustentação do Autor sobre a impossibilidade de afastamento da metafísica como elemento explicativo e essencial ao conceito e práxis do Direito. Por outro lado, parece difícil deixar de reconhecer que a elaboração aqui levada a cabo é original e modernizante. Afinal, discorrer sobre metafísica e sua função no pensamento humano nunca será uma temática unânime, tampouco pacífica. Tenho que inclusão de uma certa **tensão teórica** torna qualquer trabalho científico ainda mais instigante. No sexto capítulo, o Autor contextualiza suas ideias para o caso brasileiro. Como seria possível a construção de uma democracia livre, igual para nossa sociedade é a pergunta inicial desta parte do texto. Desta forma, temas como restrição a propagandas governamentais, gastos públicos, eleições, incremento da participação política, com olhares sobre questões tributárias e econômicas sugerem claramente que a busca de Hugo de Brito Machado Segundo não se localiza no vazio das especulações fáceis. Ao contrário: como uma obra trabalhada para um vínculo com o mundo do real, a tese do Autor traz este último momento a fim de advertir, como um realista, de que as tarefas que ainda estão se realizar não cairão do céu. Estas mudanças dependerão da ação concreta de todos os atores políticos e sociais.

Por estas razões – e muitas que o leitor descobrirá - é que este livro merece ser lido com atenção. Permito-me afirmar que se trata de uma obra produzida com maturidade, a exemplo de outras já publicadas pelo mesmo Autor. O que a diferencia, porém, é que ao tema foi dedicado um enfoque filosófico, a circunscrever uma lógica interna pouco comum em tão jovens autores. Estou certo de que podemos esperar de Hugo de Brito Machado Segundo outras produções desta mesma boa qualidade.

Fortaleza, setembro de 2009.

Prof. Dr. Martonio Mont'Alverne Barreto Lima

INTRODUÇÃO

As sociedades humanas, separadas no tempo e no espaço, adotam padrões valorativos, morais e jurídicos diferentes. Distinções às vezes não muito relevantes, como pequenas mudanças na forma de cumprimentar ou de expressar gratidão, e outras vezes marcantes, capazes de escandalizar os que com elas se deparam. Em algumas comunidades indígenas, por exemplo, crianças são eventualmente abandonadas na mata para morrer, asfixiadas, envenenadas ou enterradas vivas por serem portadoras de deficiências físicas ou problemas congênitos. Para alguém nascido e criado no âmbito da cultura ocidental, trata-se de comportamento extremamente cruel e repugnante. Não obstante, entre essas sociedades classificadas genericamente como ocidentais, as mesmas que consideram absurdo o sacrifício da criança recém-nascida, há pessoas que jogam comida no lixo, todos os dias, em residências e restaurantes, enquanto bem próximo outras passam fome. Esse fato – que para muitos dos que o praticam é normal – se avaliado por alguém daquela tribo indígena seria considerado um contrassenso difícil de ser entendido e aceito, pior que o sacrifício da criança que, muitas vezes, no juízo da tribo, não seria mesmo apta à sobrevivência.

Tais diferenças culturais tornam explícito um dilema enfrentado pela teoria dos direitos humanos, tido por Boaventura de Sousa Santos como um dos "debates mais acesos"[1] em relação ao tema: o da universalização destes. Com efeito, poder-se-ia indagar: exigir que certos direitos sejam consagrados por todos os povos não consiste, na verdade, em mera imposição de determinado padrão cultural – dito ocidental, de origem europeia – sobre outros, preconceituosamente tidos como inferiores só porque diferentes dele? Por outro lado, pode-se objetar: em nome do respeito à diversidade cultural, deve-se aceitar e justificar toda sorte de condutas verificadas no âmbito de uma sociedade?

A solução às questões anteriores tem sido apontada como consistindo no seguinte reconhecimento: o fato de uma cultura não ser melhor que outra não significa que todas, inclusive a genérica e impropriamente chamada de "ocidental", sejam perfeitas e dispensem correção. Isso é verdade, mas apenas transfere ou afasta o problema, sem resolvê-lo: correção a partir de qual critério? Como

---

1. SANTOS, Boaventura de Sousa. Para uma concepção intercultural dos direitos humanos. In: SARMENTO, Daniel; IKAWA, Daniela; PIOVESAN, Flávia (Coord.). **Igualdade, diferença e direitos humanos**. Rio de Janeiro: Lumen Juris, 2008. p. 3-46, p. 13.

saber o que está errado em cada cultura, e o que seria o correto? Para julgar ordens jurídicas diversas, de povos de culturas díspares, não seria necessária a existência de um metacritério, tal como um padrão universal de justiça, à luz do qual todos pudessem ser cotejados? Caso afirmativo, quem o determinaria?

Esses questionamentos – de relevância e atualidade indiscutíveis, majoradas na medida em que aumenta a interação entre os povos propiciada pelo incremento no processo de globalização, – parecem remeter à clássica discussão entre partidários do jusnaturalismo e do positivismo jurídico. Apesar disso, nas últimas décadas, não tem sido rara, entre os que escrevem sobre direito constitucional, especialmente sobre direitos fundamentais, a afirmação de que as várias correntes de pensamento jurídico classificadas como subdivisões ora do positivismo jurídico, ora do jusnaturalismo, estariam superadas. Desses dois grupos antitéticos, em que até então se dividiria o pensamento jurídico mundial, teria surgido, numa síntese dialética, o pós-positivismo, termo que não designa com muita clareza do que se está a tratar. Não indica no que consistiria essa nova corrente ou linha de pensamento jusfilosófico, eis que não lhe aponta características. A rigor, explicita apenas, com a preposição "pós", o cuidar-se de algo surgido depois de um período de predomínio do positivismo. Não diz o que a corrente é, mas apenas o que ela supostamente já não é.

Quanto à razão de ser da superação dialética do jusnaturalismo e do positivismo jurídico, os que cuidam dessa nova forma de pensamento jusfilosófico costumam apontar, para justificá-la, a positivação de determinados princípios e a teorização em torno de sua aplicação, aspectos que teriam tornado desnecessária e ultrapassada a discussão entre os partidários do direito natural e os do positivismo jurídico. Pouco se esclarece, porém, a respeito de *como* jusnaturalismo e juspositivismo teriam sido superados pela positivação de normas com determinados conteúdo e estrutura. Talvez se ignore que a discussão entre tais correntes não se desenvolvia tomando como parâmetro um determinado ordenamento jurídico, de conteúdo considerado satisfatório; vinha sendo travada precisamente em face de ordenamentos – reais ou imaginários – injustos e iníquos. Afinal, a grande pergunta, central nos debates entre os partidários das várias subdivisões de uma e de outra corrente, era: um conjunto de normas flagrantemente injusto pode ser considerado Direito? Caso afirmativo, como fazer esse julgamento, e quais as suas consequências? Qual o critério de justiça – se é que existe um – a ser adotado?

Tais perguntas não são respondidas pelo fato de, atualmente, existirem ordenamentos considerados justos por quem os examina, nos quais se positivam normas que determinam a promoção e a proteção da dignidade humana.[2] Tampouco os estudos ditos pós-positivistas costumam oferecer critérios para o enfrentamento delas. No mais das vezes, cuidam do que pode ser considerado um importante aprimoramento metodológico em torno de como interpretar e aplicar o direito positivo, motivo pelo qual talvez pudessem ser intitulados de *neo-* e não de *pós-*positivistas.

Não obstante, as ideias subjacentes ao pós-positivismo têm sido afirmadas e repetidas, com ressonância cada vez maior, sem que se reflita sobre a sua procedência ou sua consistência. E quanto mais são repetidas, menos se submetem à crítica, assumindo a veracidade inerente aos conceitos que se tornam óbvios pela intensa repetição.[3] Por essa razão, torna-se necessária uma análise um pouco mais detida em torno dos pressupostos dessa corrente de pensamento jusfilosófico e, especialmente, do que deve caracterizar e fundamentar um ordenamento jurídico.

Neste trabalho, buscam-se responder as perguntas feitas três parágrafos acima, relativas ao fundamento do ordenamento jurídico, de forma a verificar se o pós-positivismo realmente implicou a superação dialética entre jusnaturalistas e juspositivistas. Reformulando-as: se determinado ordenamento consagrar normas injustas, como será seu tratamento por juristas, intérpretes e aplicadores pós-positivistas? Se, em tempo ou lugar diverso do nosso, existir ordenamento flagrantemente injusto, poderá ele, ainda assim, ser chamado de Direito? Qual o critério de justiça para fazer esse julgamento?

Com isso, em torno dessa questão central, ligada ao fundamento do ordenamento jurídico, outra, dela decorrente, será inevitavelmente examinada, a saber, a relacionada ao multiculturalismo e ao possível antagonismo existente entre a preservação de várias e diferentes culturas e a universalização dos direitos humanos.

---

2. A questão está, na verdade, na fundamentação dos direitos humanos, problema que – nas palavras de Luhmann – "é uma herança que a decadência do antigo Direito Natural europeu nos deixou." (LUHMANN, Niklas. O paradoxo dos direitos humanos e três formas de seu desdobramento. Tradução de Paulo Antônio de Menezes Albuquerque e Ricardo Henrique Arruda de Paula. **Revista Themis**, Fortaleza, v 3, n. 1, p. 153-161, 2000, p. 153). Há quem diga, contudo, que a fundamentação dos direitos humanos reside precisamente no Direito Natural (CHORÃO, Mário Bigotte. **Introdução ao direito** – o conceito de direito. Coimbra: Almedina, 1994, p. 157), sendo essa controvérsia – em torno de sua fundamentação – uma demonstração eloquente de que o antagonismo entre jusnaturalistas e positivistas não está tão superado quanto se preconiza.

3. Talvez se lhes aplique a observação de Becker, crítico mordaz das doutrinas calcadas em fundamentos "óbvios" que por isso mesmo deixam de ser questionados. Diz ele: "Certas teorias mostram-se facilmente inteligíveis e simples precisamente porque são edificadas sobre apenas um fragmento das bases integrais; e, quando destruídas pela análise, resta sempre um truncamento de coluna indestrutível (aquele fragmento) a lançar entre as ruínas a sua sombra enigmática de meia-verdade." BECKER, Alfredo Augusto. **Teoria geral do direito tributário**. 3.ed. São Paulo: Lejus, 1998, p. 14.

Para enfrentar tais questões, cuidar-se-á, primeiro, em capítulo destinado à colocação do problema e de suas premissas, do que se entende por fundamento, das relações possíveis entre Direito e Estado, e do papel deste último em relação à identificação e à fundamentação do primeiro. Em seguida, a fim de se verificar a possibilidade de tal síntese dialética entre jusnaturalismo e positivismo, tratar-se-á das ideias centrais que inspiram as formas de pensamento jurídico que buscam fundamento metafísico para o ordenamento jurídico, notadamente as correntes jusnaturalistas. Depois, capítulo subsequente, proceder-se-á ao mesmo exame, em relação às correntes que negam esse fundamento metafísico, ligadas, por isso, ao positivismo jurídico.

No quarto capítulo, tendo já efetuado uma síntese do conceito e do fundamento do direito para as principais correntes metafísicas e antimetafísicas, proceder-se-á a uma análise das características do pós-positivismo, tal como o descrevem alguns de seus representantes. Far-se-á, ainda, uma aferição relativa à possibilidade dessa síntese e às reais limitações do pós-positivismo na atualidade. Dessas divergências, aqui serão examinadas as que dizem respeito aos fundamentos do ordenamento jurídico, oportunidade na qual será possível constatar se realmente houve a apontada superação dialética. Responder-se-ão, neste ponto, as questões ligadas à existência de um fundamento suprapositivo para o ordenamento jurídico, à universalização desse critério e às relações dessa universalização com o respeito às várias manifestações culturais existentes no planeta.

No quinto capítulo, procurar-se-á, partindo de algumas características da criatura humana, de um adequado conceito do que seja metafísica e do conceito contemporâneo de *ciência,* contribuir para com o pensamento que se diz pós-positivista, para lhe suprir, na medida do possível, algumas deficiências. Pretende-se, nessa parte final, responder às questões propostas inicialmente, notadamente a central: o que caracteriza o Direito enquanto tal? O que permite julgar um conjunto de regras de conduta, diferenciando, por exemplo, o ordenamento jurídico estatal das regras que disciplinam uma organização criminosa? Lembrando que esse critério de julgamento jamais será inteiramente atendido por um ordenamento jurídico positivo, que dele apenas infinitamente se pode aproximar, procurar-se-á, no sexto e último capítulo, apontar soluções concretas para que a ordem jurídica brasileira se torne mais justa, ou mais adequada ou próxima dos fundamentos apontados neste trabalho.

Fez-se esse exame tendo em mente três premissas de ordem metodológica. A primeira foi a de não ter o propósito de fazer crítica agressiva, predestinada a encontrar defeitos, mas tampouco o aplauso irrefletido, comprometido a só des-

INTRODUÇÃO 5

tacar virtudes. A ideia é, como preconiza Boaventura de Sousa Santos, "afirmar sem ser cúmplice, criticar sem desertar."[4]

A segunda foi a despreocupação em identificar ou alinhar as conclusões deste trabalho às ideias que compõem a linha de pensamento deste ou daquele autor. Não se teve, pelo menos conscientemente, o deliberado propósito de adequar ou conformar o que se dizia aos moldes de escola ou corrente filosófica específica, o que, porém, não significa que não se tenha sofrido a influência de algumas delas, ou que essa conformação não tenha ocorrido, nem que não se tenha partido, basicamente, do pensamento de certos autores, cujas ideias foram, aliás, fartamente referidas e endossadas, naquilo em que se mostraram pertinentes e não contraditórias com o que se defende aqui. Afinal, a realidade à qual se reportam – e à qual se reporta esta tese – deve ser a mesma. Por isso, entenda-se: o fato de se fazer alusão ao pensamento de diversos autores relativamente a *aspectos* da questão aqui versada, aderindo-se a eles *nestes aspectos,* não significa que se esteja a endossar todas as demais ideias das pessoas citadas, que, às vezes, vistas no seu todo, são até antagônicas.[5]

E, finalmente, a terceira foi a de não apenas descrever a realidade, descrição que é tão necessária quanto insuficiente quando se faz ciência. Em verdade, objetiva-se, a partir de uma descrição da realidade e de julgamentos feitos em face dela, *prescrever* como ela deve ser, para melhorá-la, seguindo a recomendação de que "nos tempos que correm o importante é não reduzir a realidade apenas ao que existe."[6] A necessidade de que uma teoria científica não apenas descreva a realidade, mas também sirva ao seu aprimoramento, será demonstrada na parte final deste trabalho.

---

4. SANTOS, Boaventura de Sousa. **Pela mão de Alice** – o social e o político na pós-modernidade. 2.ed. São Paulo: Cortez, 1996, p. 105.

5. Não se está dizendo, cumpre insistir, que as ideias de alguns autores em particular não tenham sido importantes e que não tenham sido adotadas, em linhas gerais, aqui. Seria impossível, para qualquer pessoa, escrever um trabalho sem partir de ideias de outros. Leitura deste texto revelará, claramente, a subscrição, em larga medida, de aspectos do pensamento de Dworkin (relativamente ao Direito Natural e às ideias de liberdade e igualdade), de Habermas (quando à relação entre as esferas pública e privada e ao papel do consenso na legitimação da ordem jurídica), de Amartya Sen e J. Rawls (quanto ao conceito de liberdade e sua relação com a igualdade), e de Ernst Cassirer (quando à natureza humana). O que não se pretendeu foi escolher um desses autores para então seguir quase todas as suas ideias, discutindo-as em vez de discutir a realidade em torno da qual foram construídas, e ao final justificar longamente um ou outro ponto específico nos quais não fossem adotadas.

6. SANTOS, Boaventura de Sousa. Para uma concepção intercultural dos direitos humanos. In: SARMENTO, Daniel; IKAWA, Daniela; PIOVESAN, Flávia (Coord.), *op. cit.*, 2008. p. 3-46, p. 45.

1
COLOCAÇÃO DO PROBLEMA

Os dicionários invariavelmente associam a palavra "fundamento" ao que legitima, dá suporte ou serve de princípio, base, motivo ou razão a alguma coisa,[1] ou "aquilo em que se baseia um pensamento"[2], sendo expressivo notar que o verbo "fundamentar" é tido como a ação de "apresentar justificativa convincente para"[3] alguma coisa. Exemplificando, os fundamentos de uma teoria ou de um sistema filosófico são aqueles axiomas ou pensamentos centrais dos quais as demais proposições poderiam ser extraídas ou deduzidas; o fundamento de um contrato reside na livre manifestação de vontade das partes contratantes, que lhe dá origem e lhe justifica a obrigatoriedade, e assim por diante.

Em relação ao Direito, aqui entendido como sistema hierárquico de normas dotadas de sanção organizada[4], a perquirição a respeito de seus fundamentos en-

---

1. HOUAISS, Antônio; VILLAR, Mauro de Salles. **Dicionário Houaiss da língua portuguesa**. Rio de Janeiro: Objetiva, 2001, p. 1404. De forma semelhante: BUENO, Silveira. **Grande dicionário etimológico prosódico da língua portuguesa**. Saraiva: São Paulo, 1965. v.3, p. 1490; ACADEMIA DE CIÊNCIAS DE LISBOA. **Dicionário da língua portuguesa contemporânea**. Lisboa: Verbo, 2001. v.1, p. 1836.
2. AULETE, Caldas. **Minidicionário contemporâneo da língua portuguesa**. Rio de Janeiro: Nova Fronteira, 2004, p. 390.
3. *Ibid.*, 2004, p. 389.
4. A palavra Direito é plurissignificativa, podendo ter o sentido de: *(i)* o antônimo do torto, ou do esquerdo; *(ii)* um modelo ideal de correção ou justiça; *(iii)* o conjunto de normas que disciplina o comportamento humano em determinada sociedade; *(iv)* o conhecimento que se têm do conjunto de normas antes mencionado, de seu funcionamento e da realidade que lhe é subjacente; *(v)* o resultado da incidência de uma norma sobre um fato nela previsto (direito subjetivo) etc. Para um exame desses vários sentidos, confiram-se: CHORÃO, Mário Bigotte. **Introdução ao direito** – o conceito de direito. Coimbra: Almedina, 1994, p. 10; GROPPALI, Alessandro. **Introdução ao estudo do direito**. Tradução de Manuel de Alarcão. 3.ed. Coimbra: Coimbra editora, 1978, p. 23; MACHADO, Hugo de Brito. **Uma introdução ao estudo do direito**. 2.ed. São Paulo: Atlas, 2004, p. 24; HERVADA, Javier. **Lições propedêuticas de filosofia do direito**. Tradução de Elza Maria Gasparotto. São Paulo: Martins Fontes, 2008, p. 124; GOMES, Nuno de Sá. **Introdução ao estudo do direito**. Lisboa: Jvs, 2001, p. 49. No texto, quando se faz referência aos "fundamentos do Direito", reporta-se à palavra como sinônimo de "ordenamento jurídico", "ordem jurídica", ou, para usar as palavras de H. Hart, como "união de regras primárias e secundárias" (HART, Herbert L. A. **O conceito de direito**. Tradução de A. Ribeiro Mendes. 3.ed. Lisboa: Calouste Gulbenkian, 2001, p. 89), palavras às quais se devem acrescentar, ainda, os princípios.

volve basicamente a questão de saber quais razões o justificam[5] ou lhe conferem obrigatoriedade. Trata-se, em suma, de saber o que caracteriza um ordenamento jurídico enquanto tal,[6] de sorte a diferenciá-lo de outras realidades, como a moral, um ordenamento imaginário ou ideal, o conjunto de regras que disciplina um bando de salteadores etc. Responde-se, com isso, à pergunta: o que é o Direito? Mas não só. Considerando que o fundamento envolve "não um juízo de realidade acerca de *como* é a coisa, mas um juízo de valor pertinente à razão *por que* ela se apresenta deste modo e não de outro qualquer"[7], cuida-se, ainda, da razão pela qual a ordem jurídica posta deve ser aceita enquanto tal, a fim de que se responda à pergunta: por que este Direito, e não outro? Ambas relacionadas, como se vê, à razão mais radical da sua obrigatoriedade,[8] e inafastáveis, eis que, sendo o direito instrumento da realização de valores, seria mesmo absurdo "*defender unos valores y no saber por qué.*" Aliás, ainda nas palavras de Gregório Robles, é "*francamente ridículo e inaceptable que nosotros, los teóricos, presentemos teorías sobre los derechos sin fundamentarlas.*"[9]

Tais indagações não são fáceis de responder, mas, não obstante, são de enfrentamento indispensável para que se resolvam as questões postas no início desta tese, sendo certo que "*porque un problema sea de difícil solución no tenemos derecho a abandonarlo o a calificarlo de pseudoproblema.*"[10] Dada a sua relevância, antes de se lhes procurar uma resposta, convém, nos capítulos 2, 3 e 4, *infra*, examinar como alguns dos principais teóricos do direito, recorrendo a elementos metafísicos (*v.g.*, jusnaturalistas), negando-os (juspositivistas) ou dizendo-os superados (pós-positivistas), cuidaram delas. Mas, antes ainda, parece pertinente perquirir alguns aspectos a respeito das origens do Direito e do Estado, e das relações entre eles, pois um dos pontos mais controversos do tema ora examinado diz respeito ao papel do Estado na fundamentação (e na própria identificação) de um ordenamento jurídico.

---

5. LUHMANN, Niklas. O paradoxo dos direitos humanos e três formas de seu desdobramento. Tradução de Paulo Antônio de Menezes Albuquerque e Ricardo Henrique Arruda de Paula. **Revista Themis**, Fortaleza, v 3, n. 1, p. 153-161, 2000, p. 154.

6. A propósito do fundamento dos direitos humanos, Gregório Robles faz afirmação que pode ser estendida ao fundamento do ordenamento jurídico em geral (que, aliás, não raras vezes, é apontado como tendo fundamento nos direitos humanos). Segundo ele, o fundamento delimita materialmente o conteúdo dos direitos, "*puesto que los penetra.*" ROBLES, Gregório. **Los derechos fundamentales y la ética en la sociedad actual**. Madrid: Civitas, 1995, p. 12-13.

7. VASCONCELOS, Arnaldo. **Teoria pura do direito – repasse crítico de seus principais fundamentos**. Rio de Janeiro: Forense, 2003, p. 164.

8. CHORÃO, Mário Bigotte. **Introdução ao direito** – o conceito de direito. Coimbra: Almedina, 1994, p. 137; VASCONCELOS, Arnaldo. **Teoria da norma jurídica**. 5.ed. São Paulo: Malheiros, 2000, p. 97.

9. ROBLES, Gregório. **Los derechos fundamentales y la ética en la sociedad actual**. Madrid: Civitas, 1995, p. 12.

10. *Ibid.*, 1995, p. 11.

1.1 DIREITO E ESTADO

Não se pode negar a necessidade de que as normas jurídicas, através das quais o Direito se exprime, sejam (em grande parte) elaboradas e tenham (todas) sua eficácia pretensamente garantida por uma entidade organizada, dotada de poder para, em último caso, impor o cumprimento de suas prescrições com o uso da força. A esse organismo, no mundo moderno, dá-se o nome de Estado.

Registre-se, contudo, que esse reconhecimento não implica assumir, desde logo, uma posição relativamente às respostas a serem dadas às questões formuladas no início desta tese, ou seja, não implica uma posição em torno dos fundamentos de um ordenamento jurídico. A afirmação de que o Direito, nas sociedades contemporâneas, deve ser garantido, em última instância, pelo organismo estatal, não sendo suficiente para caracterizá-lo e garantir-lhe a sua adequação a um padrão de justiça, não significa necessariamente que o fundamento do ordenamento jurídico seja o poder estatal; nem que Estado e Direito sejam as duas faces de uma mesma moeda, sendo o Estado, como queria Kelsen, a própria personificação da ordem jurídica.[11] Não. Pode-se admitir a necessidade de uma entidade organizada incumbida de elaborar e tornar efetivas as normas jurídicas, sem com isso eliminar a existência de limites a serem por ela observados nessa tarefa. Esses limites podem ser tanto materiais como procedimentais, ligando-se à natureza do ser humano e à natureza do Direito, aspectos que serão examinados no capítulo 5 deste livro.

Por ora, cumpre notar apenas que o Direito, entendido como ordenamento jurídico, vale dizer, como um "conjunto de normas jurídicas"[12], sistema de prescrições[13] destinadas a disciplinar a conduta dos integrantes de uma comunidade,

---

11. Conquanto equipare *Direito* e *Estado,* explicando os três elementos deste – povo, território e poder – como sendo também os três elementos daquele – destinatários da ordem jurídica, âmbito espacial de vigência da ordem jurídica e eficácia da ordem jurídica (KELSEN, Hans. **Teoria pura do direito**. Tradução de João Baptista Machado. 6.ed. São Paulo: Martins Fontes, 2000, p. 317 a 321; *Id.* **Teoria geral do direito e do Estado**. Tradução de Luis Carlos Borges. São Paulo: Martins Fontes, 2000, p. 261 e ss.), criando, no dizer de Herman Heller, uma "teoria do Estado sem Estado" (HELLER, Herman. **Teoria do Estado**. Tradução de Lycurgo Gomes da Motta. São Paulo: Mestre Jou, 1968, p. 78), Kelsen não deixa de admitir a existência de uma ordem jurídica primitiva, pré-estadual, e de uma supra-estatal, ambas independentes e não confundíveis com a figura do Estado. Ora, essas ordens jurídicas são a demonstração eloquente de que o Direito, conquanto relacionado com o Estado no mundo atual, com ele não se confunde. A razão parece estar, nesse ponto, com Nelson Saldanha, para quem a posição monística de Kelsen é exagerada, "pois o direito é regulação das relações de alcance externo onde quer que exista organização social enquanto que o Estado surge apenas em certo grau da evolução jurídica das civilizações." SALDANHA, Nelson. **O poder constituinte**. São Paulo: RT, 1986, p. 33.
12. VASCONCELOS, Arnaldo. **Teoria da norma jurídica**. 5.ed. São Paulo: Malheiros, 2000, p. 11.
13. As normas jurídicas, nota Norberto Bobbio, "nunca existem isoladamente, mas sempre em um contexto de normas com relações particulares entre si", sendo esse contexto que se costuma chamar "ordenamento". E será bom observar – prossegue ele - "que a palavra 'direito', entre seus vários sentidos, tem

é inerente ao ser humano.[14] Decorre de duas de suas características: a liberdade, e a sociabilidade.

Dotada de uma estrutura neurológica que lhe confere a faculdade de abstrair[15] e representar o futuro[16], a criatura humana é o único ser capaz de distinguir o *real* do *possível*.[17] Essa faculdade a diferencia dos animais em geral, pois lhe confere a oportunidade de tentar, quando lhe parece interessante, transformar a possibilidade em realidade. Miguel Candel observa que "*esa combinatoria de impulsos que se abre ante la conciencia (ante ciertos tipos de conciencia constructiva y capaz de anticipar experiencias posibles, como la conciencia humana) consiste precisamente lo que llamamos libertad.*"[18]

A liberdade, portanto, é a aptidão de fazer escolhas, vale dizer, a aptidão humana de, diante de várias possibilidades, eleger uma delas e procurar torná-la *real*. É isso o que dá ao ser humano a capacidade de alterar a realidade, pois ele não se limita a escolher entre dois ou mais caminhos existentes, podendo optar

---

também o de 'ordenamento jurídico', por exemplo, nas expressões 'Direito romano', 'Direito canônico', 'Direito italiano' ['Direito brasileiro'] etc." BOBBIO, Norberto. **Teoria do ordenamento jurídico**. 10.ed. Tradução de Maria Celeste Cordeiro dos Santos. Brasília: UnB, 1999, p. 19.

14. Por isso mesmo, parece um contrassenso a cogitação em torno dos "direitos dos animais". Tampouco – diz com inteira razão Arthur Kaufmann – "os animais teriam nisso qualquer vantagem significativa. Muito mais relevantes são os *deveres do homem para com os animais*, especialmente, aqueles deveres cuja violação tem consequências jurídicas." (KAUFMANN, Arthur. **Filosofia do direito**. Tradução de Antonio Ulisses Cortês. Lisboa: Fundação Calouste Gulbenkian, 2004, p. 452). É o que explica Arnaldo Vasconcelos, para quem "não há como falar-se em Direitos de animais e de coisas, porque eles não os têm por sua própria natureza e condição. Ao homem é que cabe a obrigação de protegê-los." (VASCONCELOS, Arnaldo. **Teoria da norma jurídica**. 5.ed. São Paulo: Malheiros, 2000, p. 151). O homem tem de proteger os animais, a natureza e o planeta terra por respeito aos outros homens, que vivem no mesmo ambiente, às gerações futuras e em consideração à extrema raridade representada pela vida e pelo planeta terra, que – até onde se sabe- é o único no universo em condições para o florescimento de formas de vida. Essa é a verdadeira razão de ser de teorias – e até de ordenamentos jurídicos – que preconizam a existência de direitos de animais ou mesmo da natureza. A Constituição do Equador, por exemplo, reconhece expressamente os "direitos da natureza" (arts. 71 e ss.).

15. TUFAYL, Ibn. **O filósofo autodidata**. Tradução de Isabel Loureiro. São Paulo: UnESP, 2005, p. 63.

16. MIRANDA, Pontes de. **Garra, mão e dedo**. Revisto e prefaciado por Vilson Rodrigues Alves. Campinas: Bookseller, 2002, p. 97.

17. Nas palavras de Ernst Cassirer, "*ni para los seres por debajo del hombre ni para los que se hallan por encima de él existe diferencia entre 'lo real' y 'lo posible'. Los seres por debajo del hombre se hallan confinados dentro del mundo de su percepción sensible, son susceptibles a los estímulos físicos presentes y reaccionan a estos estímulos, pero no pueden formar la idea de cosas 'posibles'. Por otra parte, el intelecto sobrehumano, la mente divina ni conoce distinción entre realidad y posibilidad.*" (CASSIRER, Ernst. **Antropología filosófica**. Traducción de Eugenio Ímaz. 2.ed. México: Fondo de Cultura Econômica, 1963, p. 90). No mesmo sentido, Arnaldo Vasconcelos observa, com apoio em Robert Musil, que, "se existe um senso de realidade, tem de haver também um senso de possibilidade." VASCONCELOS, Arnaldo. **Teoria pura do direito** - repasse crítico de seus principais fundamentos. Rio de Janeiro: Forense, 2003, p. 177.

18. CANDEL, Miguel, no prefácio a SEARLE, John R. **Libertad y neurobiología**. Traducción de Miguel Candel. Barcelona: Paidós, 2005, p. 19.

por um caminho ainda não concretizado, mas em tese *possível*. Pode-se dizer, em face disso, que o ser humano se caracteriza pela aptidão de sonhar e de concretizar seus sonhos, o que os demais seres animados, até onde se conhece, não podem fazer. É isso, por igual, o que explica as diferenças existentes entre uma sociedade atual e uma havida três ou quatro mil anos atrás, diferenças que não são verificadas – pelo menos não de forma tão sensível – entre as comunidades de formigas, castores ou abelhas[19] de hoje e as do passado.[20]

Outra característica humana é a sociabilidade, ou a necessidade que o ser humano tem de viver entre semelhantes,[21] evidenciada pelo fato de que "a arqueologia só nos mostra o homem em sociedade, ainda que essa sociedade se reduza a algumas dezenas de indivíduos."[22] Pimenta Bueno, nesse sentido, registra que "viver em sociedade é uma condição indeclinável das necessidades intelectuais, morais e físicas do homem; a forma da associação pode variar, mas a dependência desse estado é providencial e inseparável dele."[23] Pode-se dizer, inclusive, que são características intimamente relacionadas, pois foi entre semelhantes, trocando informações e experiências e desenvolvendo a linguagem, que a criatura humana desenvolveu a racionalidade responsável por sua liberdade.[24]

---

19. "A abelha de hoje não sabe compor o seu mel com mais habilidade do que a abelha de Virgilio. O caráter distintivo da associação humana está justamente nessa reação do todo sobre cada uma das partes donde resultam as mudanças e melhoramentos ulteriores." (BARRETO, Tobias. **Estudos de direito**. Campinas: Bookseller, 2000, p. 127). Pode até haver alguma distinção entre abelhas de hoje e abelhas de milênios passados, mas isso não invalida o que se está a dizer aqui. Primeiro, porque ela será sensivelmente menor que a alteração havida nas sociedades humanas. Segundo, porque ela com maior probabilidade será produto da seleção natural havida no período, e não de uma criação *cultural* e *institucional* das abelhas.

20. Sobre a *progressividade* como elemento diferenciador das sociedades humanas e das animais (de formigas, abelhas e castores), e como decorrência da *racionalidade,* confira-se ainda: DEL VECCHIO, Giorgio. **Lições de filosofia do direito**. Tradução de António José Brandão. 5.ed. Coimbra: Armenio Amado, 1979, p. 463.

21. A íntima relação entre a sociabilidade e humanidade é registrada por Del Vecchio, que, comentando a afirmação de Aristóteles de que para viver isolado o homem teria que ser "um bruto ou um Deus", acrescenta: "ou seja, qualquer coisa menor ou qualquer coisa maior que o homem." (*Ibid.*, 1979, p. 460) Ainda sobre a sociabilidade e a racionalidade, David Hume afirma que em sociedade o homem adquire força, capacidade e segurança adicionais, vantagens que tornam natural a busca pela vida entre semelhantes. HUME, David. Tratado da natureza humana – volume II, livro III. In: MORRIS, Clarence (Org.). **Os grandes filósofos do direito**. Tradução de Reinaldo Guarany. São Paulo: Martins Fontes, 2002. p. 184-210, p. 192.

22. ROULAND, Norbert. **Nos confins do direito**. Tradução de Maria Ermantina de Almeida Prado Galvão. São Paulo: Martins Fontes, 2003, p. 42.

23. BUENO, José Antonio Pimenta. **Direito público brasileiro e análise da Constituição do Império**. Brasília: Serviço de documentação do Ministério da Justiça, 1958, p. 19.

24. MIRANDA, Pontes de. **Garra, mão e dedo**. Revisto e prefaciado por Vilson Rodrigues Alves. Campinas: Bookseller, 2002, p. 105. Sobre o papel da linguagem no desenvolvimento da espécie humana, sobretudo de sua racionalidade, confira-se ainda ROULAND, Norbert. **Nos confins do direito**. Tradução de Maria Ermantina de Almeida Prado Galvão. São Paulo: Martins Fontes, 2003, p. 37 e ss; TAYLOR, Charles. **Multiculturalism. examining the politics of recognition**. Princeton: Princeton University

Aristóteles, a respeito da relação entre a sociabilidade, a linguagem e as regras de conduta, observa ser

evidente a razão pela qual o homem é um animal mais político do que as abelhas ou qualquer outro animal gregário. A natureza, como se diz com freqüência, não faz nada em vão, e o homem é o único animal que ela dotou com o dom da fala. E enquanto o mero som é apenas um indicação de prazer ou de dor, sendo por isso encontrado em outros animais...o poder da fala está destinado a expor o conveniente e o inconveniente, assim como o justo e o injusto. E é uma característica do homem que só ele possui algum senso do bem e do mal, do justo e do injusto, e a associação de seres vivos que possuem esse senso faz uma família e um Estado.25

Hoje, alguns aspectos da lição aristotélica podem ser questionados, eis que encontram exceções. Elas residem, contudo, apenas na inexistência de uma distinção estanque – mas sim gradual – entre o ser humano e os outros animais, que também conhecem a linguagem e instituem regras, embora de forma – até onde se conhece – rudimentar.

Seja como for, tanto é através da linguagem que a racionalidade se aprimora que se pode dizer, como o faz Alain Supiot, que o ser humano "não nasce racional, ele se torna racional ao ter acesso a um sentido partilhado com os outros homens."[26] E mais: as sociedades humanas não se caracterizam apenas pela formação de um grupo, e pela cooperação entre seus membros – como ocorre entre leões, que se ajudam na caça a uma zebra, ou entre abelhas, cada uma com uma função no âmbito da colméia – mas pela formação, em tais grupos, de realidades institucionais,[27] o que só a racionalidade permite.[28] Isso porque, além de social, o

---

Press, 1994, p. 32 e BARRETO, Tobias. **Estudos de direito**. Campinas: Bookseller, 2000, p. 126-127. Para este último, a sociedade é ao mesmo tempo causa e efeito da racionalidade humana, assim como, dizia Goethe, o olho é um produto da luz. Daí porque, diz Arnaldo Vasconcelos, "sua afirmação como indivíduo dá-se sempre diante de alguém e em situação com o seu mundo. O confronto das presenças o confirma, garantindo-os como seres existentes." VASCONCELOS, Arnaldo. **Teoria pura do direito** – repasse crítico de seus principais fundamentos. Rio de Janeiro: Forense, 2003, p. 31.

25. ARISTÓTELES. Política – livro I. In: MORRIS, Clarence (Org.). **Os grandes filósofos do direito**. Tradução de Reinaldo Guarany. São Paulo: Martins Fontes, 2002. p. 17-23, p. 18.

26. SUPIOT, Alain. **Homo juridicus** – ensaio sobre a função antropológica do direito. Tradução de Maria Ermantina de Almeida Prado Galvão. São Paulo: Martins Fontes, 2007, p. IX.

27. Fatos brutos são aqueles cuja ocorrência independe da existência do homem e, por conseguinte, da criação de instituições por parte dele. É o caso da chuva, de uma árvore que cai, de um animal que ataca outro, de um nascimento ou de uma morte etc. Já os fatos institucionais (que no texto acima chamamos realidades institucionais) são aqueles cuja existência depende de instituições pré-estabelecidas pelo homem, que os definam. É o caso de um gol, de um pênalti, de uma cédula de R$ 50,00, de uma jogada de xadrez. Para aprofundamento no tema, confira-se: SEARLE, John R. **Libertad y neurobiologia**. Tradução de Miguel Candel. Barcelona: Paidós, 2005, p. 99. John Finnis, em termos semelhantes, caracteriza os grupos humanos a partir da criação de regras destinadas à consecução de objetivos compartilhados por seus membros. FINNIS, John. **Lei natural e direitos naturais**. Tradução de Leila Mendes. Rio Grande do Sul: Unisinos, 2007, p. 153.

28. É verdade que, como já foi apontado no texto, logo em seguida da transcrição de Aristóteles, a própria distinção entre o homem (racional) e os outros animais (irracionais) não é estanque, mas sim gradual.

ser humano é também um animal capaz de criar instituições que somente existem na medida em que são reconhecidas pelos demais integrantes do grupo.[29]

É precisamente da conjunção dessas características que nasce o Direito,[30] realidade puramente institucional[31] consistente em um conjunto de normas de conduta destinado a viabilizar a convivência dos membros do grupo, conciliando-lhes as liberdades. Daí dizer-se, com inteiro acerto, que o Direito é um instrumento de *compartição de liberdade*[32] ou, com Kant, que ele "abrange o todo das condições sob as quais as ações voluntárias de qualquer pessoa podem ser harmonizadas na realidade com o arbítrio de outra pessoa, de acordo com uma lei universal da liberdade."[33]

Dessa forma, sendo tão antigo quanto a criatura humana,[34] o Direito é anterior à sedentarização havida com o domínio da agricultura, à escrita e, por conseguinte, ao Estado. Mesmo assim, não obstante posterior, o surgimento do Estado tem com o Direito íntima relação.

Isso, porém, não refuta o que se disse acima. Muito pelo contrário. Como adverte Norbert Rouland, as "sociedades animais, também elas, souberam inventar regras que não lhes eram dadas e sancioná-las. Mas o homem se distingue para sempre do animal pela amplitude do que constrói." (ROULAND, Norbert. **Nos confins do direito**. Tradução de Maria Ermantina de Almeida Prado Galvão. São Paulo: Martins Fontes, 2003, p. 4). Rousseau, aliás, já havia escrito que o animal "tem idéias, visto que tem sentidos; chega mesmo a combinar essas idéias até certo ponto e o homem, a esse respeito, só se diferencia da besta pela intensidade." (ROUSSEAU, J. J. **Discurso sobre a origem e os fundamentos da desigualdade entre os homens**. Tradução de Lourdes Santos Machado. São Paulo: Nova Cultural, 2000, p. 64). Essa intensidade, a propósito, decorre, para Rousseau, precisamente do "poder de querer ou, antes, de escolher."

29. SEARLE, John R., *op. cit.*, 2005, p. 110; ZIPPELIUS, Reinhold. **Introdução ao estudo do direito**. Tradução de Gercélia Batista de Oliveira Mendes. Belo Horizonte: Del Rey, 2006, p. 3; NOZICK, Robert. **Invariances** – the structure of the objective world. Massachusetts/London: Harvard University Press, 2001, p. 299.

30. RÁO, Vicente. **O direito e a vida dos direitos**. 5.ed. São Paulo: RT, 1999, p. 51.

31. Sobre as normas como realidades institucionais, que permitem a transformação de um *ser* em um *dever ser* (por conta, é certo, da valoração que a criatura humana faz das realidades a serem normatizadas), confira-se: SEARLE, John. How to derive 'ought' from 'is'. **The philosophical review**, Durham, v. 73, n. 1, p. 43-58, jan. 1964.

32. VASCONCELOS, Arnaldo. **Teoria da norma jurídica**. 5. ed. São Paulo: Malheiros, 2000, p. 11.

33. KANT, Immanuel. Primeiros princípios metafísicos da doutrina do direito. In: MORRIS, Clarence (Org.). **Os grandes filósofos do direito**. Tradução de Reinaldo Guarany. São Paulo: Martins Fontes, 2002. p. 237-279, p. 240.

34. As regras de conduta "provêm do fundo de nosso passado evolucionário. Já estavam em nossa linha ancestral numa época em que ainda não éramos humanos." (SAGAN, Carl. **Bilhões e bilhões**. Tradução de Rosaura Eichemberg. São Paulo: Companhia das Letras, 1998, p. 208). E talvez tenha sido a habilidade de criá-las que deu às sociedades humanas maiores chances de sobrevivência, pelo que racionalidade, sociabilidade, linguagem e liberdade, bem como o direito enquanto instrumento de compartição desta, estão, provavelmente, intimamente relacionados e decorrem do processo de seleção natural. Evidentemente, como pôde fazer com as suas demais características, o homem pôde, ao longo da História, modificar e aperfeiçoar significativamente esse conjunto de regras, que naturalmente é levado a instituir. Voltar-se-á ao tema no item 5.2, *infra*.

Com a sedentarização,[35] as sociedades humanas passaram por significativas transformações. Aumento da produção de alimentos e possibilidade de estocar recursos disponíveis, crescimento da população e aumento da complexidade dos grupos sociais, mudança na noção de território, que assume uma feição inteiramente diferente daquela inerente aos grupos nômades etc. Esses fatores – diz Norbert Rouland[36] – levaram a uma amplitude de novos problemas que, não fosse a *inventividade sociológica* do ser humano, teriam levado à sua extinção.

Em relação especificamente ao Direito, pode-se dizer que a eficácia de suas normas era garantida, nas sociedades primitivas, quando necessário, pelo receio à punição pelos ancestrais e, sobretudo, por conta dos "laços de solidariedade" que unem os membros do grupo e lhes aumentam a empatia mútua. Esses laços são tanto maiores quanto maior a proximidade entre os membros, e para verificá-lo basta que se pense o quanto a solução dos conflitos entre familiares próximos e amigos depende *menos* da interferência estatal do que os conflitos entre pessoas inteiramente desconhecidas e que menos empatia têm umas pelas outras. É precisamente a maior complexidade dos grupos sociais, havida com a sedentarização e o surgimento das cidades, que torna insuficientes os laços de solidariedade para garantir a eficácia das normas de conduta, fazendo necessária a criação de uma instituição que as garanta.[37] É quando surge o Estado.[38]

---

35. Entenda-se por sedentarização a fixação dos grupos humanos, antes nômades, em certos territórios, invariavelmente próximos de grandes rios (TRUYOL Y SERRA, Antonio. **Historia de la filosofía del derecho y del Estado - 1**. de los orígenes a la baja edad media. 14.ed. Madrid: Alianza, 2004, p. 61), o que se tornou viável com o domínio da agricultura e da pecuária, levou à especialização do trabalho e viabilizou o surgimento das primeiras cidades.

36. ROULAND, Norbert. **Nos confins do direito**. Tradução de Maria Ermantina de Almeida Prado Galvão. São Paulo: Martins Fontes, 2003, p. 55.

37. Com apoio em Ibn Khaldûn, Thomas Fleiner-Gerster indica, como um dos ingredientes responsáveis pelo surgimento do Estado, além de um "forte sentimento de pertencer ao grupo", o aumento da complexidade dos grupos e, com ele, "a base de um direito consuetudinário não passível de imposição coercitiva não é mais suficiente para garantir a ordem." FLEINER-GERSTER, Thomas. **Teoria geral do Estado**. Tradução de Marlene Holzhausen. São Paulo: Martins Fontes, 2006, p. 26.

38. A palavra Estado, aqui, é usada em sentido bastante amplo, e não no sentido de Estado Nacional, este surgido apenas ao cabo da Idade Média. No dizer de Jorge Miranda, "o Estado, que conhecemos hoje, comumente definido através de três elementos ou condições de existência – povo, território e poder político – é apenas um dos tipos possíveis de Estado: o Estado nacional soberano que, nascido na Europa, se espalhou recentemente pelo mundo." (MIRANDA, Jorge. **Teoria do Estado e da constituição**. Rio de Janeiro: Forense, 2002, p. 19). Gilberto Bercovici, com bastante precisão, ensina que a noção de Estado que se tem atualmente é oriunda de elementos surgidos entre os séculos XII e XIII, sendo impossível transplantá-la para períodos anteriores, nos quais havia uma pluralidade de ordenamentos jurídicos. BERCOVICI, Gilberto. **Soberania e constituição**: para uma crítica do constitucionalismo. São Paulo: Quartier Latin, 2008, p. 50.

Não que, antes do surgimento do Estado, não houvesse poder político.[39] Havendo grupos humanos, havia por certo poder político, mas este era exercido pelos próprios grupos familiares, no âmbito das relações de parentesco. Com o crescimento das sociedades e a multiplicação de grupos fundados em outras relações que não as de parentesco, surgem como opções a dispersão, a implosão do grupo ou o seu fortalecimento em torno de organismo investido do poder político.[40] Essa sucessão de fatos é explicada, com propriedade, por Norbert Rouland, que escreve:

> Por diversos processos, os grupos pouco a pouco são substituídos por tribos e unidades territoriais comandadas por um chefe: aparece um novo tipo de direito, que denominamos público e regulamenta as atividades políticas e administrativas, ao passo que a família e parentesco vêem suas funções limitadas aos assuntos domésticos, sem no entanto desaparecer. Assistimos desde então a um fenômeno capital: o nascimento do Estado, condicionado pela criação de um aparelho especializado de governo.
>
> É a aurora das cidades e dos impérios, que saem da Pré-História e se dotam da escrita. Nesses vastos conjuntos humanos, prenunciadores, a longo prazo, das megalópoles e dos Estados contemporâneos, diminuem as relações face a face, aumentam as distâncias entre os homens que habitam um mesmo território e são sujeitos a uma mesma autoridade. Cumpre-lhes inventar uma nova forma de comunicação, memorizar os acontecimentos de que já não são testemunhas diretas; os dirigentes devem fazer-se obedecer a distância: o escrito atenderá a todas essas necessidades. Quanto às regras do direito, elas se tornam tão numerosas e imperativas que nasce a necessidade de fixá-las: começam-se a compor compilações e codificações.[41]

A Antropologia Jurídica e a História do Direito mostram, portanto, que o Direito é *anterior* ao Estado, cuja função essencial não pode ser resumida, de forma simplista e equivocada, à "preservação da propriedade"[42], sendo antes a de "produzir unidade onde os mecanismos antigos já não asseguram – ou não tão bem – a instituição do social."[43]

Mostram, também, que não parece ter havido, como defendem certos teóricos do *contrato social,* um "estado de natureza" – seja ele composto de homens

---

39. "Existiam" – escreve Herman Heller – "atividades políticas e formas de atividade política antes de haver o Estado, do mesmo modo que existem ainda hoje, grupos políticos dentro dos Estados e entre os Estados." HELLER, Herman. **Teoria do Estado**. Tradução de Lycurgo Gomes da Motta. São Paulo: Mestre Jou, 1968, p. 246.

40. ROULAND, Norbert. **Nos confins do direito**. Tradução de Maria Ermantina de Almeida Prado Galvão. São Paulo: Martins Fontes, 2003, p. 59.

41. *Ibid.,* 2003, p. 59-60.

42. Como defende, por exemplo, John Locke. LOCKE, John. Dois tratados sobre o governo. In: MORRIS, Clarence (Org.). **Os grandes filósofos do direito**. Tradução de Reinaldo Guarany. São Paulo: Martins Fontes, 2002. p. 130-155, p. 133.

43. ROULAND, Norbert, *op. cit.,* 2003, p. 220.

ingênuos e livres, seja ele uma guerra de todos contra todos[44] – o qual teria sido superado com a instituição do Estado.[45] Além desse aspecto, aliás admitido por alguns de seus partidários,[46] a teoria do contrato social, pelo menos nos moldes em que idealizada por Hobbes e por Rousseau, incorre em um paralogismo ou em uma petição de princípios, pois pressupõe a capacidade jurídica das partes contratantes e a existência prévia dos direitos a serem objeto da avença, elementos que, todavia, segundo essa mesma teoria, somente surgem *depois* de celebrado o tal contrato, como frutos dele.[47] Não se pode falar, sobretudo no caso de Hobbes, em "transferência de direitos"[48], se estes só passam a existir depois do suposto contrato. Não bastasse isso, a teoria do contrato social, caso pressuponha um que realmente tenha existido, não resolve a questão relativa às gerações futuras, que não firmaram o pacto e que, por isso, não se sentiriam vinculadas por ele.

Por isso, a teoria do contrato social pode ser admitida, quando muito, como mera hipótese,[49] reconhecidamente fictícia, usada apenas para justificar,

---

44. Thomas Fleiner-Gester faz rica análise a respeito dos que teorizaram as origens do Estado, não se limitando aos autores da tradição ocidental, européia, recorrendo também a chineses e árabes. Estão sempre presentes, diz ele, duas concepções completamente opostas: "Uns são de opinião de que a situação foi inicialmente de caos, quer dizer, a luta de todos contra todos (Hobbes, Shang-Kun-Shu, cf. Geng-Wu, p. 49); outros afirmam que no princípio reinava a paz e a harmonia [Rousseau, Lao-tsé (provavelmente ano 6 a.C), Marsílio de Pádua (1275 – aproximadamente 1343), Karl Marx (1818-1883)], às quais os homens deveriam retornar (Marx e Lao-tsé)." FLEINER-GERSTER, Thomas. **Teoria geral do Estado**. Tradução de Marlene Holzhausen. São Paulo: Martins Fontes, 2006, p. 23.
45. Nesse sentido: DEL VECCHIO, Giorgio. **Lições de filosofia do direito**. Tradução de António José Brandão. 5.ed. Coimbra: Armenio Amado, 1979, p. 461; MALBERG, R. Carré de. **Teoría general del Estado**. Tradução de José Lión Depetre. 2.ed. Mexico: Facultad de Derecho/Unam, 1998, p. 65; GOMES, Nuno de Sá. **Introdução ao estudo do direito**. Lisboa: Jvs, 2001, p. 23-24.
46. Mas não por todos. Locke, por exemplo, não admite que o estado de natureza e o contrato então firmado sejam "hipóteses", insistindo na sua real verificação. E se vale, para tanto, de evidente falácia: "e se pudéssemos supor que os homens jamais estiveram no estado de natureza, porque pouco sabemos deles em tal estado, também podemos supor que os exércitos de Salmanasser ou de Xerxes nunca foram crianças, porque pouco sabemos deles antes que se tornassem homens e se incorporassem em exércitos." LOCKE, John. Dois tratados sobre o governo. In: MORRIS, Clarence (Org.). **Os grandes filósofos do direito**. Tradução de Reinaldo Guarany. São Paulo: Martins Fontes, 2002. p. 130-155, p. 146.
47. HABERMAS, Jürgen. **Direito e democracia**: entre facticidade e validade. Tradução de Flávio Beno Siebeneichler. Rio de Janeiro: Tempo Brasileiro, 1997. v.1, p. 124. No mesmo sentido, apontando que antes do contrato não haveria sequer a norma *pacta sunt servanda*: LUHMANN, Niklas. O paradoxo dos direitos humanos e três formas de seu desdobramento. Tradução de Paulo Antônio de Menezes Albuquerque e Ricardo Henrique Arruda de Paula. **Revista Themis**, Fortaleza, v 3, n. 1, p. 153-161, 2000, p. 157.
48. HOBBES, Thomas. **Leviatã**. Tradução de João Paulo Monteiro e Maria Beatriz Nizza da Silva. São Paulo: Nova Cultural, 2000. c. XXI, p. 175.
49. DEL VECCHIO, Giorgio. **Lições de filosofia do direito**. Tradução de António José Brandão. 5.ed. Coimbra: Armenio Amado, 1979, p. 461. No mesmo sentido: BARRETO, Tobias. **Estudos de direito**. Campinas: Bookseller, 2000, p. 84. É o que faz, por exemplo, J. Rawls (RAWLS, John. **Uma teoria da justiça**. Tradução de Jussara Simões. São Paulo: Martins Fontes, 2008, p. 14). Confira-se, a respeito, GARGARELLA, Roberto. **As teorias da justiça depois de Rawls** – um breve manual de filosofia política. Tradução de Alonso Reis Freire. São Paulo: Martins Fontes, 2008, p. 14-15.

1 • COLOCAÇÃO DO PROBLEMA · 17

a contrario, a importância do Estado e das instituições jurídicas criadas por seu intermédio na sociedade contemporânea. Por outras palavras, o fato de o estado de natureza não ter existido, observa David Hume, não impede que os filósofos o utilizem em seus raciocínios, "desde que admitam que se trata de mera ficção, que jamais teve, e jamais poderia ter alguma realidade."[50] Mas, mesmo nesse caso e para esse fim, não pode ser aceita em sua vertente hobbesiana, pois parte da falsa premissa de que o ser humano seria essencialmente egoísta,[51] característica a ser corrigida, ou controlada, por meio da criação de um Estado dotado de poderes absolutos.[52] É o que registra Del Vecchio, para quem o erro

> de Hobbes encontra-se na própria raiz da sua doutrina e consiste em limitar arbitrariamente ao egoísmo a natureza humana. Os estudos modernos vieram, entretanto, mostrar como o altruísmo é pelo menos tão natural como o egoísmo. Cada vez com maior clareza tem sido provado que, além do instinto de auto-conservação, em cada ser vivo enraíza igualmente o instinto de conservação da espécie e da compaixão pelo semelhante.[53]

O Estado, vale insistir, como entidade centralizadora do poder político, parece haver surgido de forma lenta e gradual, em consequência do aumento das dimensões e da complexidade dos grupos sociais causado pela sedentarização. Esse aumento, como afirmado, levou à diminuição da eficácia das normas consuetudinárias, tornando necessária uma instituição que organizasse a produção do direito e que garantisse, eventualmente com o uso da força, a sua observância.[54] Surgiu para garantir a eficácia do Direito, e não para lhe dar um conteúdo antes inexistente ou impossível. Assim, se o recurso a teorias contratualistas pode ser admitido, ainda que apenas como forma de justificar ou legitimar o poder

---

50. HUME, David. Tratado da natureza humana – volume II, livro III. In: MORRIS, Clarence (Org.). **Os grandes filósofos do direito**. Tradução de Reinaldo Guarany. São Paulo: Martins Fontes, 2002. p. 184-210, p. 195.

51. A propósito de ter Hobbes dito que "o homem é o lobo do homem", merece registro a observação feita por Del Vecchio, segundo a qual "é digno de nota (ainda que geralmente não se saiba) que esta fórmula típica do sistema de Hobbes deriva de um trecho de Plauto: '*Lupus est homo homini, non homo, quem, qualis sit, non novit*' (Asinaria, A. II, Sc. IV, v. 88)" (DEL VECCHIO, Giorgio. **Lições de filosofia do direito**. Tradução de António José Brandão. 5.ed. Coimbra: Armenio Amado, 1979, p. 593). Faz ele ainda referência, na mesma página, ao uso da expressão, com algumas variações em sua redação, por Francisco de Vitória, Erasmo de Roterdam, J. Owen e Bacon.

52. Na verdade, como nota Hart, "se os homens não são demônios, tão-pouco são anjos; e o facto de que estão a meio caminho entre estes dois extremos é algo que torna um sistema de abstenções recíprocas simultaneamente necessário e possível." HART, Herbert L. A. **O conceito de direito**. Tradução de A. Ribeiro Mendes. 3.ed. Lisboa: Calouste Gulbenkian, 2001, p. 212.

53. DEL VECCHIO, Giorgio, *op. cit.*, 1979, p. 93. Para um exame mais profundo dos equívocos antropológicos do contratualismo de Hobbes e de Rousseau, confira-se: PINKER, Steven. **La tabla rasa** – le negación moderna de la naturaleza humana. Tradução de Roc Filella Escolà. Barcelona: Paidós, 2003, p. 19 e ss.

54. É o que defende também, FLEINER-GERSTER, Thomas. **Teoria geral do Estado**. Tradução de Marlene Holzhausen. São Paulo: Martins Fontes, 2006, p. 26.

do Estado, isso acontece apenas com teorias como a formulada por Locke, por exemplo, para quem, antes do contrato, os indivíduos em estado de natureza são dotados de razão, do julgamento moral e de alguns direitos, oriundos de um reconhecimento recíproco (propriedade e liberdade[55]), sendo o papel do Estado o de garantir a preservação desses direitos preexistentes.[56]

Aliás, embora o ser humano tenha por característica a vida em sociedade, isso não significa que seja, por isso, apenas uma parte integrante desta, que teria sobre ele prevalência. Essas ideias serão examinadas com mais detalhamento ao longo do capítulo 5, *infra,* mas de logo se pode lembrar que, primeiro, caso não se respeite cada indivíduo que integra o grupo de modo a que estes se possam livremente manifestar, torna-se demasiadamente difícil, ou mesmo impossível, conhecer os verdadeiros interesses desse grupo, que evidentemente não se confundem com os daquele indivíduo que circunstancialmente o representa. Além disso, os indivíduos, embora vivam inseridos em uma sociedade, podem eventualmente migrar e mudar de grupo, e mesmo dentro de uma mesma sociedade cada indivíduo faz parte de vários grupos distintos,[57] o que mostra que o indivíduo, embora esteja sempre no âmbito de um grupo, não é apenas uma peça componente deste.[58]

Dessa forma, ainda que se admita o relativismo axiológico e a inexistência de um modelo de justiça universal e absoluto, válido em todos os tempos e lugares independentemente da criatura humana, não se pode apenas por essas premissas chegar à conclusão de que tudo o que vier a ser imposto coativamente pelo Estado

---

55. AUDARD, Catherine, em prefácio a RAWLS, John. **Justiça e democracia.** Tradução de Irene A Paternot. São Paulo: Martins Fontes, 2002, p. XXII-XXIII.

56. BOBBIO, Norberto. **Direito e Estado no pensamento de Emanuel Kant.** Tradução de Alfredo Fait. São Paulo: Mandarim, 2000, p. 60-61. Ainda para esse autor, no contrato social hobbesiano, "o Direito natural desaparece completamente para dar vida ao Direito positivo." (BOBBIO, Norberto. **Teoria do ordenamento jurídico.** Tradução de Maria Celeste Cordeiro dos Santos. 10.ed. Brasília: UnB, 1999, p. 43). Não se está dizendo, naturalmente, que o contratualismo de Locke seja correto em todos os seus aspectos, e que seja o único admissível. Não é isso. O que se pretende dizer, com a afirmação de que seu contratualismo não incorre no equívoco do de Hobbes, por exemplo, é apenas que não incorre no equívoco de considerar inexistentes quaisquer padrões normativos ou mesmo axiológicos antes da celebração do contrato.

57. Herman Heller registra que a doutrina organicista deve ser rejeitada "porque se revela como absolutamente incapaz para resolver o problema da unidade do indivíduo e da multiplicidade dos grupos a que pertence como membro." HELLER, Herman. **Teoria do Estado.** Tradução de Lycurgo Gomes da Motta. São Paulo: Mestre Jou, 1968, p. 126.

58. Cf., *v.g.,* GARGARELLA, Roberto. **As teorias da justiça depois de Rawls** – um breve manual de filosofia política. Tradução de Alonso Reis Freire. São Paulo: Martins Fontes, 2008, p. 8; 139; 154. Esse autor destaca, a propósito, que os que preconizam o contrário (os comunitaristas) "partem de descrições triviais ('nossas escolhas mostram-se influenciadas pelo contexto em que vivemos'), ou óbvias ('não podemos sair de nossa realidade') para chegar a prescrições injustificáveis ('nossas escolhas devem ser influenciadas pelo contexto em que vivemos')" *Ibid.,* p. 154.

deve ser considerado, só por isso, Direito, como se fosse impossível outro padrão ou critério, fora do Estado, para a determinação do jurídico.[59] Porque alguma coisa é artificial, observa David Hume, não quer dizer que é também arbitrária.[60]

Afinal, como se determinava – e como se determina, até hoje, em sociedades tradicionais autóctones da Amazônia e da África, por exemplo – o conteúdo do Direito existente *antes* da criação do Estado? Essa determinação ocorria, provavelmente, por meio de uma *democracia anárquica,* conduzida pelos chefes das famílias (*v.g.,* conselhos de anciãos ou de sábios). Somente com o incremento da complexidade e da dimensão do grupo social, ensejado pela sedentarização, surgiu a necessidade de se escolher (ainda que por meio da tal democracia anárquica) um líder. A partir de então, de forma lenta e gradual, a figura do líder – inspirada na tendência natural ao ser humano de abusar do poder que tem[61] – procura destruir os tais conselhos de anciãos e a democracia rudimentar existente, construindo instituições que lhe permitam ampliar, manter e transferir hereditariamente o seu poder.[62] Daí não ser adequado dizer que tudo que esse líder determinar, e apenas o que ele determinar, é, só por isso, Direito.

Como observa Arnaldo Vasconcelos, eleger o Estado como produtor único e exclusivo do Direito violenta

> a realidade mesma, que nos oferece o espetáculo da criação diária do Direito por pessoas individuais e por entes coletivos, tais as instituições. E mais, o que é pior: atribui-se exagerada dose de politicidade ao Direito, com o que se tenderá a confundi-lo com o poder, enredando-o nas malhas astuciosas das ideologias antidemocráticas.[63]

O mesmo pode ser dito em relação ao papel dos órgãos estatais destinados a fazer cumprir as prescrições jurídicas,[64] e mostra que não necessariamente está

---

59. Usando comparação empregada por Dworkin em contexto que, embora diverso, tem alguma semelhança com o discutido neste ponto do texto, isso seria como "se um zoólogo tivesse provado que os peixes não são mamíferos e então concluído que na verdade eles não passam de plantas." DWORKIN, Ronald. **Levando os direitos a sério**. Tradução de Nelson Boeira. São Paulo: Martins Fontes, 2002, p. 63.

60. "Embora as regras de justiça sejam artificiais, elas não são arbitrárias." HUME, David. Tratado da natureza humana – volume II, livro III. In: MORRIS, Clarence (Org.). **Os grandes filósofos do direito**. Tradução de Reinaldo Guarany. São Paulo: Martins Fontes, 2002. p. 184-210, p. 192.

61. MONTESQUIEU, Baron Charles de Secondat. **O espírito das leis**. Tradução de Cristina Murachco. São Paulo: Martins Fontes, 1996, p. 166; e ainda VELLOSO, Carlos Mario da Silva. **Temas de direito público**. Belo Horizonte: Del Rey, 1994, p. 363.

62. FLEINER-GERSTER, Thomas. **Teoria geral do Estado**. Tradução de Marlene Holzhausen. São Paulo: Martins Fontes, 2006, p. 38.

63. VASCONCELOS, Arnaldo. **Teoria da norma jurídica**. 5.ed. São Paulo: Malheiros. 2000, p. 54. No mesmo sentido: GOMES, Nuno de Sá. **Introdução ao estudo do direito**. Lisboa: Jvs, 2001, p. 58-59; HELLER, Herman. **Teoria do Estado**. Tradução de Lycurgo Gomes da Motta. São Paulo: Mestre Jou, 1968, p. 225.

64. Norbert Rouland registra que "[a]ssim como a saúde não se define pela doença, o direito não se reduz ao contencioso. Vivemos a maioria das relações pessoais e sociais às quais o direito dá uma estrutura

no Estado (ou em sua força) o fundamento do ordenamento jurídico, embora, nos dias de hoje, esteja nele, por certo, uma forma de implementá-lo e garantir sua efetividade. O Estado é um instrumento encontrado pela sociedade para organizar a criação e a efetivação das normas de conduta, mas esse instrumento não tem ampla faculdade para definir-lhes o conteúdo. Isso ressalta sua inegável importância, mas destaca não ser ele absoluto nesse papel.[65] Em verdade, o direito é "algo ínsito ao ser do homem, pela razão única e suficiente de sua humana superioridade. Fora desta situação, todo Direito tenderá a aparecer como uma dádiva, para os bons, ou castigo, para os maus. Em última instância, uma concessão política, justamente aquilo que ele não é."[66]

É preciso seguir, portanto, na investigação em torno dos fundamentos do ordenamento jurídico, que, como se viu, não estão no Estado. É do que cuidam os capítulos seguintes.

---

sem necessitar recorrer aos tribunais. A maioria dos desacordos conjugais ou das brigas de vizinhança se extingue bem antes que o juiz seja solicitado a solucioná-los; a maior parte dos contratos é normalmente executada pelas partes. Isso quer dizer que o direito mais fornece modelos de conduta do que pune comportamentos." ROULAND, Norbert. **Nos confins do direito**. Tradução de Maria Ermantina de Almeida Prado Galvão. São Paulo: Martins Fontes, 2003, p. 7.

65. Cf., *v.g.*, ASCENSÃO, José de Oliveira. **O direito** – introdução e teoria geral. 2.ed. Brasileira. Rio de Janeiro: Renovar, 2001, p. 55.

66. VASCONCELOS, Arnaldo. **Direito e força**: uma visão pluridimensional da coação jurídica. São Paulo: Dialética, 2001, p. 113.

2
FUNDAMENTO DO ORDENAMENTO JURÍDICO EM TERMOS METAFÍSICOS

Uma das formas possíveis de explicar os fundamentos de um ordenamento jurídico, apontando-lhe as origens, os elementos diferenciadores (em relação a outros sistemas normativos) e a razão de ser de sua obrigatoriedade, é recorrendo a elementos metafísicos, vale dizer, a elementos que não podem ser apreendidos pelos sentidos, situados como estão além do mundo físico. É o caso, basicamente, das correntes jusnaturalistas,[1] que recorrem ao Direito Natural, conceito dos mais antigos da filosofia, a respeito do qual houve – e ainda há – muita polêmica e grande evolução semântica.[2] Não obstante, apesar dessa evolução semântica e da pluralidade de correntes jusnaturalistas existentes, talvez seja possível apontar-lhes um elemento comum.

2.1 AS CORRENTES JUSNATURALISTAS AO LONGO DA HISTÓRIA E SEU ELEMENTO COMUM

O jusnaturalismo, no dizer de Kelsen, "sustenta que há um ordenamento das relações humanas diferente do Direito positivo, mais elevado e absolutamente válido e justo, pois emana da natureza, da razão humana ou da vontade de Deus."[3] A origem e a natureza desse ordenamento diferente, mais elevado e absolutamente válido e justo, dependem da visão de mundo adotada pelos partidários de cada

---

1. Cumpre notar, contudo, com Nelson Saldanha, que o termo jusnaturalismo "não existiu na Grécia antiga, nem na linguagem dos pensadores romanos. Ele veio com os *ismos* que começaram a aparecer no Ocidente racionalista depois das obras de Grotius, de Locke, de Voltaire." SALDANHA, Nelson. **Ordem e hermenêutica**. Rio de Janeiro: Renovar, 1992, p. 302.
2. GOYARD-FABRE, Simone. **Os fundamentos da ordem jurídica**. Tradução de Cláudia Berliner. São Paulo: Martins Fontes, 2002, p. 5. Por essa razão, aliás, Michel Villey afirma que "o termo direito natural, que não deixou de mudar de sentido ao longo da história, presta-se hoje para designar as idéias mais disparates." VILLEY, Michel. **Filosofia do direito**. definições e fins do direito. os meios do direito. Tradução de Maria Valéria Martinez de Aguiar. São Paulo: Martins Fontes, 2003, p. 310.
3. KELSEN, Hans. **Teoria geral do direito e do Estado**. Tradução de Luis Carlos Borges. São Paulo: Martins Fontes, 2000, p. 12.

divisão do pensamento jusnaturalista, que varia, paradoxalmente[4], de acordo com o tempo e o lugar em que discutida a questão.[5]

No Egito antigo, e nos demais Estados teocráticos da Antiguidade,[6] ainda não se colocava claramente o tema de um ordenamento diferente do Direito positivo. O Faraó, por exemplo, não apenas representava a vontade dos deuses, mas ele próprio era um deles. Assim, pelo menos no período mais antigo da história egípcia, *"el derecho es simplemente el mandato del Faraón, expresión de un imperativo divino. Lo justo es 'aquello que el rey ama'; lo injusto, 'aquello que el rey aborrece'. No hay leyes: el rey establece en cada caso lo justo, según las circunstancias."*[7] Não que, por isso, o Faraó pudesse ser absolutamente arbitrário, contrariando a tudo e a todos e desrespeitando o que aos seus súditos parecesse correto. Embora isso eventualmente pudesse ocorrer, o temor do ser humano diante do desconhecido e sua tendência a recorrer a criações sobrenaturais diante do que não consegue compreender racionalmente – aspectos que explicam o fato de, à época, a religião tudo permear -, influenciavam também os soberanos, que temiam abusar do poder que tinham em face de possíveis castigos divinos.8

A questão de um padrão a ser seguido pelo Direito positivo, a partir do qual seria possível também a sua crítica, aparece de forma mais clara na Antiguidade clássica, o que parece confirmar a afirmação de Leo Strauss de que onde não há filosofia o direito natural é desconhecido.[9] Com efeito, foi na Grécia antiga,

---

4. É um paradoxo o fato de os autores que postulam a existência de um padrão de justiça universal, absolutamente válido, divergirem no tempo e no espaço quanto à sua fonte e ao seu conteúdo. Entretanto, é sintomático que, em todos os tempos e lugares, existam pessoas em busca desse padrão. Como nota Nelson Saldanha, as alterações da noção de um Direito Natural são "correlatas de contextos histórico-culturais específicos, nos quais ocorre o predomínio de determinadas formas de pensar." *Ibid.,* p. 303.

5. MARÍN, Rafael Hernández. **Introducción a la teoría de la norma jurídica**. 2.ed. Madrid: Marcial Pons, 2002, p. 79.

6. *"Se trata de un principio que, nacido en Egipto, constituirá un bien común de toda Antigüedad pagana."* (TRUYOL Y SERRA, Antonio. **Historia de la filosofía del derecho y del Estado – 1**. de los orígenes a la baja edad media. 14.ed. Madrid: Alianza, 2004, p. 35. Aliás, também entre os Hebreus considerava-se que o legislador tinha participação no poder soberano de Deus. CATHREIN, V. **Filosofía del derecho** – el derecho natural y el positivo. Traducción de Alberto Jardon y César Barja. 5.ed. Madrid: Instituto Editorial Reus, 1945, p. 161.

7. *Ibid.,* 2004, p. 26.

8. FLEINER-GERSTER, Thomas. **Teoria geral do Estado**. Tradução de Marlene Holzhausen. São Paulo: Martins Fontes, 2006, p 94.

9. Citada por GOYARD-FABRE, Simone. **Os fundamentos da ordem jurídica**. Tradução de Cláudia Berliner. São Paulo: Martins Fontes, 2002, p. 6. No mesmo sentido, Alexy observa que questionar sobre a natureza do direito é questionar suas propriedades necessárias, e o conceito de necessidade conduz ao coração da filosofia. Em suas palavras, "questões sobre a natureza do Direito são questões sobre suas propriedades necessárias. O conceito de necessidade conduz ao coração da filosofia." (no original: *"questions about the nature of Law are questions about its necessary properties. The concept of necessity leads one to the heart of philosophy* – tradução livre – ALEXY, Robert. The nature of legal

2 • FUNDAMENTO DO ORDENAMENTO JURÍDICO EM TERMOS METAFÍSICOS

também o berço da filosofia, que se passou a associar a ideia de Direito, em face da qual o ordenamento positivo seria cotejado e criticado, a leis inseridas na ordem geral do universo,[10] decorrentes da natureza ou sancionadas pelos deuses.[11] Cite-se, a esse respeito, Sófocles, que celebrizou a ideia através do diálogo entre Antígona e Creonte em torno das razões que a teriam levado a descumprir as leis que a proibiriam de enterrar o irmão.

Já no âmbito da Idade Média europeia, em face da influência da Igreja Católica, o modelo ou ideal de Direito, a servir de paradigma para o julgamento, a crítica e a fundamentação da ordem jurídica, era a razão divina.[12] O direito positivo, pelos reis feito, deveria ser cumprido em qualquer caso, a menos que contrariasse "as leis divinas", sendo certo que o poder dos reis tinha fundamento em Deus, que os legitimava através da Igreja.[13] Como registra Del Vecchio, embora a doutrina cristã não tivesse significado político nem jurídico, mas tão somente moral, seus efeitos sobre essas esferas foram marcantes. Um primeiro efeito,

de natureza metodológica, consistiu na aproximação do Direito da Teologia. Se o Mundo é governado por um Deus pessoal, logo se vem a considerar o Direito como emanado de uma ordem divida e o Estado como instituição divina. Por sua vez, a vontade divina conhece-se, não pelo raciocínio, mas pela Revelação: antes de ser demonstrada, deve ser acreditada ou aceita pela fé.[14]

---

philosophy. **Ratio juris**, [s.l.], v. 17, n.2, p. 156-167, jun. 2004, p. 162). Daí a tentativa do positivismo jurídico, de substituir a filosofia do direito por uma "teoria geral do direito".

10. CHORÃO, Mário Bigotte. **Introdução ao direito** – o conceito de direito. Coimbra: Almedina, 1994, p. 158.

11. BOBBIO, Norberto. **O positivismo jurídico**. Tradução de Mário Pugliesi, Edson Bini e Carlos Rodrigues. São Paulo: Icone, 1995, p. 14.

12. Não se trata, contudo, de criação da Igreja católica ou de seus filósofos. Foram os hebreus que teorizaram a distinção entre o governante e Deus, preconizando a necessidade de as práticas (e as leis) do primeiro serem compatíveis com a vontade do segundo, a ser interpretadas pelos religiosos (no caso, profetas). "*Dios es la única fuente de poder, y el poder sólo es legítimo en cuanto se somete a los designios de Dios, convirtiéndose, de lo contrario, en tiránico. La señal externa de esta sumisión fue la unción del rey por el profeta Samuel, representante de Yahveh. Los textos correspondientes del Antiguo Testamento hallarán un eco perdurable en el pensamiento político cristiano, especialmente el de la Edad Media y la época de la Reforma y Contrarreforma.*" TRUYOL Y SERRA, Antonio. **Historia de la filosofía del derecho y del Estado** – 1. de los orígenes a la baja edad media. 14.ed. Madrid: Alianza, 2004, p. 54.

13. Tomás de Aquino, por exemplo, observava que "entre todas as outras, a criatura racional está sujeita à Divina Providência da maneira mais excelsa, uma vez que participa de uma porção de providência, sendo providente tanto para si como para outros. Portanto, ela tem uma porção da Razão Eterna, o que lhe dá uma inclinação natural para seu próprio ato e fim; e essa participação da lei eterna na criatura racional é chamada de lei natural." AQUINO, Santo Tomás. Suma teológica – primeira parte da segunda parte – tratado sobre a lei – questão 90. In: MORRIS, Clarence (Org.). **Os grandes filósofos do direito**. Tradução de Reinaldo Guarany. São Paulo: Martins Fontes, 2002. p. 49-72, p. 54.

14. DEL VECCHIO, Giorgio. **Lições de filosofia do direito**. Tradução de Antonio José Brandão. 5.ed. Coimbra: Armênio Amado Editor Sucessor, 1979, p. 60.

Subsequentemente, o iluminismo e o antropocentrismo a ele inerente deslocaram a fonte desse modelo ou ideal de Direito, que passou a ser o ser humano, sua razão ou sua dignidade. Seria dele que decorreria um conjunto de normas que deveria servir de fundamento e de paradigma ao direito positivo, fundamentando-o e permitindo sua análise crítica. Nos Séculos XVII e XVIII, "dar-se-ia o amplo movimento de secularização do velho Direito Natural escolástico, de feição decididamente ontológica. O novo Direito Natural, saído dessa revolução desencadeada por Hugo Grócio, fixa sua morada no mundo fenomênico dos homens, lugar dos relativismos."[15]

Vale notar, contudo, que mesmo entre autores medievais, que defendem a existência de uma lei natural invariável, é possível notar a admissão de certa variabilidade. Tomás de Aquino, por exemplo, conquanto afirme que "a lei natural, no tocante aos princípios gerais, é a mesma para todos", e que "não varia de acordo com o tempo, mas permanece imutável", admite que

uma mudança na lei natural pode ser admitida de duas maneiras. Primeiro, por meio da adição. Nesse sentido, nada impede que a lei natural seja modificada, pois muitas coisas benéficas para a vida humana foram acrescentadas à lei natural, tanto pela lei divina como pelas leis humanas.

[...]

[...] a lei natural é totalmente inalterável em seus primeiros princípios; mas em seus princípios secundários, como dissemos (A. 4), são certas conclusões particulares próximas dos primeiros princípios, a lei natural não é mudada de maneira tal que aquilo que ela prescreve não seja certo na maioria dos casos. Mas pode ser alterada em alguns casos particulares de rara ocorrência, por certas causas especiais que impedem a observância desses preceitos, como já foi declarado (A. 4).[16]

É curioso observar, nesse ponto, que os argumentos invocados por autores positivistas para demonstrar a inexistência de um padrão de justiça repousam justamente em casos particulares como aqueles a que se refere Tomás de Aquino.[17] Sem entrar, aqui, ainda, na discussão relativa ao equívoco de se pretender, porque algo não é absolutamente válido e objetivo, que seja, só por isso, completamente subjetivo e de impossível cognição, o certo é que a preservação da vida humana, por exemplo, parece ser um dos vetores a orientar a feitura de todo ordenamento jurídico, por mais variáveis que sejam as suas disposições. O fato de, em "situações-limite" (aborto, eutanásia, pena de morte etc.) a vida não ser absolutamente

---

15. VASCONCELOS, Arnaldo. **Direito, humanismo e democracia**. São Paulo: Malheiros, 1998, p. 31.

16. AQUINO, Santo Tomás. Suma teológica – primeira parte da segunda parte – tratado sobre a lei – questão 90. In: MORRIS, Clarence (Org.). **Os grandes filósofos do direito**. Tradução de Reinaldo Guarany. São Paulo: Martins Fontes, 2002. p. 49-72, p. 63.

17. Confira-se, por exemplo, KELSEN, Hans. **Que es la justicia?** Disponível em: <http://www.usma.ac.pa/web/DI/images/Eticos/Hans%20Kelsen.%20La%20Juticia.pdf>. Acesso em: 11 nov. 2008, *passim*.

2 • FUNDAMENTO DO ORDENAMENTO JURÍDICO EM TERMOS METAFÍSICOS

preservada em todos os lugares não significa que não seja – na maioria dos casos, como disse Aquino – protegida.

Seja como for, mais recentemente, no início e ao cabo da primeira metade do Século XX, diversos autores passaram a defender, de modo explícito, a existência de um direito natural variável. Daí a observação de Arnaldo Vasconcelos, a destacar que

> [o]s tipos de Direito Natural concebidos pelos jusfilósofos contemporâneos já ostentam, em suas denominações, vocábulos que demonstram claramente compromissos sociais de ordem histórica e sociológica. Tem-se, assim, entre outros: um Direito Natural de conteúdo variável, predicado por Stammler; de conteúdo progressivo, por Renard; um Direito Natural variável e mutável, formulado por Coing; flexível e aberto, por Fechner; de conteúdo social, por Leclercq. Dinâmico-existencial, como postula Dilthey; empírico existencial, na expressão de Wurtemberger; além de um Direito Natural relativo-existencial, como pretende Ripollés.[18]

Da mesma forma, depois de registrar que o descrédito em que incorreu o jusnaturalismo, quase logo depois de seu triunfo histórico, origina-se em sua indiferença para com o tempo e o espaço, José de Oliveira Ascensão observa que

> nas pesquisas de ponta modernas em matéria de Direito natural encontramos uma tendência comum que deve ser acentuada, e que reconduz o Direito natural à historicidade que é marca da nossa época: a ligação estreita do fundamento do direito a uma dada situação histórica.[19]

É o caso de Ronald Dworkin, que se reporta a princípios – que efetivamente influenciam na interpretação e na aplicação de regras – cuja origem

> não se encontra na decisão particular de um poder legislativo ou tribunal, mas na compreensão do que é apropriado, desenvolvida pelos membros da profissão e pelo público ao longo do tempo. A continuidade de seu poder depende da manutenção dessa compreensão do que é apropriado.[20]

---

18. VASCONCELOS, Arnaldo. **Direito, humanismo e democracia**. São Paulo: Malheiros, 1998, p. 45-46. Conferir ainda: LIMA, Paulo Jorge de. **Dicionário de filosofia do direito**. São Paulo: Sugestões Literárias, 1968, p. 238 e ss; GROPPALI, Alessandro. **Introdução ao estudo do direito**. Tradução de Manuel de Alarcão. 3.ed. Coimbra: Coimbra editora, 1978, p. 81. A esse respeito, Palombella frisa que o jusnaturalismo "tem especificado de modos variados sua própria posição em relação à historicidade, renunciando a proclamações não essenciais de fixidez e imutabilidade dos princípios naturais de justiça." PALOMBELLA, Gianluigi. **Filosofia do direito**. Tradução de Ívone C. Benedetti. São Paulo: Martins Fontes, 2005, p. 227.

19. ASCENSÃO, José de Oliveira. **O direito** – introdução e teoria geral. 2.ed. Brasileira. Rio de Janeiro: Renovar, 2001, p. 178-179. No mesmo sentido: MACHADO, Hugo de Brito. **Introdução ao estudo do direito**. 2.ed. São Paulo: Altas, 2004, p. 65. MARÍN, Rafael Hermández. **Introducción a la teoría de la norma jurídica**. 2.ed. Madrid: Marcial Pons, 2002, p. 81.

20. DWORKIN, Ronald. **Levando os direitos a sério**. Tradução de Nelson Boeira. São Paulo: Martins Fontes, 2002, p. 64. Para a definição de Dworkin como um expoente do jusnaturalismo contemporâneo, confira-se: VIGO, Rodolfo. El antipositivismo jurídico de Ronald Dworkin. **Anuario jurídico, XV**. México (DF): Universidad Nacional Autonoma de México, 1988, p. 295-332. Disponível em: <http://

Na verdade, a ideia de direito natural eterno e imutável pode ser considerada decorrente de uma concepção, que durante muito tempo foi predominante, de que o universo teria sido *criado* tal como existe hoje, e seria também eterno e imutável. O natural estava associado à invariância, à permanência. Atualmente, não só o universo, mas as espécies vivas, as culturas e tudo o mais que nele está inserido são vistos como algo dinâmico. A própria natureza muda.[21] Por que, então, o direito natural, para ser assim considerado, precisaria ser imutável?

Não é o propósito desta tese, contudo, aprofundar e exaurir o exame das particularidades de cada corrente ou vertente do jusnaturalismo.[22] O rápido apanhado que se acabou de fazer tem o único propósito de destacar que, apesar da evolução apontada, e do fato de os conceitos antigo e moderno de direito natural serem bastante distintos[23], o jusnaturalismo caracteriza-se pelo recurso à existência de normas não positivadas, as quais serviriam de modelo e dariam fundamento, quando observadas, ao Direito Positivo.[24]

Em suma, de forma bastante simples, pode-se dizer que, para o jusnaturalismo, *o que o direito é depende de certa forma do que o direito deve ser,*[25] existindo um padrão (sua origem e sua natureza, mutável ou não, são outras questões) a partir do qual a ordem jurídica positiva, vigente em determinado tempo e lugar, pode ser julgada.

Não é necessário, insista-se, para caracterizar uma corrente como jusnaturalista, que o modelo daquilo *que o direito deve ser* seja eterno, imutável e invariável, existindo como realidade independente do ser humano.[26] Basta que se trate de

---

www.bibliojuridica.org/libros/5/2104/13.pdf>. Acesso em: 10 nov. 2008. Herman Heller, muito antes, já afirmava que princípios morais do direito "constituem a base das normas jurídicas positivas." HELLER, Herman. **Teoria do Estado**. Tradução de Lycurgo Gomes da Motta. São Paulo: Mestre Jou, 1968, p. 266.

21. Esse paralelo é feito por Cathrein, para quem "*como no hay en la naturaleza especie alguna inmutable, sino que todo está sometido a mudanza continuada, así tampoco pueden darse en el campo del espíritú conceptos inmutables y necesarios; tambien ellos están sometidos a un proceso constante de transformación.*" CATHREIN, V. **Filosofía del derecho** – el derecho natural y el positivo. Traducción de Alberto Jardon y César Barja. 5.ed. Madrid: Instituto Editorial Reus, 1945, p. 15.

22. Para tanto, confira-se: CATHREIN, V., *op. cit.*, 1945, p. 160-195.

23. GOYARD-FABRE, Simone. **Os fundamentos da ordem jurídica**. Tradução de Cláudia Berliner. São Paulo: Martins Fontes, 2002, p. 5.

24. KELSEN, Hans. La fundamentación de la doctrina del derecho natural. **Anuario del departamento de derecho de la Universidad iberoamericana**. Ciudad de México: Escuela de Derecho de la Universidad Iberoamericana, t. 2, n. 2, p. 251-290, p. 254, 1970.

25. DWORKIN, Ronald. ´Natural law' revisited. **University of Florida law review**, Flórida, v. XXXIV, n. 2, p. 165-188, p. 165, winter of 1982. Em suas palavras, "o jusnaturalismo insiste que o que o direito é depende, de alguma forma, daquilo que o direito deve ser." (no original: "*natural law insists that what the law is depends in some way on what the law should be.*" – tradução livre).

26. Em sentido contrário, desprovido de razão porque divergente do que sustentam diversas correntes jusnaturalistas contemporâneas, e porque contrário ao que preconizam as doutrinas positivistas, Dimitri Dimoulis associa o jusnaturalismo à defesa do tal sistema ideal de normas eterno, absoluto e imutável, para, com isso, afirmar ultrapassado não só *essa vertente* do jusnaturalismo, mas, em uma indevida generalização, todo ele. Aos autores que, contemporaneamente, sustentam visões não

modelo normativo pressuposto, idealizado e distinto do direito posto, a servir-lhe de fundamento e de parâmetro de correção.

2.2 JUSTIÇA E JUSNATURALISMO

Como decorrência do apontado no item anterior, uma ordem jurídica deve fundamentar-se, para teóricos jusnaturalistas, no direito natural. Este consiste em um conjunto de normas ideal, atribuído a uma origem que, paradoxalmente, se tem modificado ao longo da História e ao sabor das alterações havidas na visão de mundo alimentada pelo ser humano, mas que, de uma forma ou de outra, corresponde à própria ideia de justiça. Ou, por outras palavras, para os jusnaturalistas, o ordenamento jurídico positivo deve ser justo, sendo essa característica aferível a partir de sua concordância ou aproximação com o ideal de Direito representado pelo direito natural.

A principal questão, porém, reside em saber: *quem* será o juiz dessa concordância ou aproximação? Se, para o jusnaturalismo, o que o direito é depende, de certa maneira, daquilo que o direito deve ser, pergunta-se: daquilo que o direito deve ser para quem? A quem cabe dizer o conteúdo do direito natural, a fim de, com ele, justificar a observância – ou a inobservância – do direito positivo? Esse o principal problema, que expõe as correntes jusnaturalistas a duras críticas.

2.3 PRINCIPAIS CRÍTICAS FORMULADAS AO JUSNATURALISMO

As correntes jusnaturalistas receberam, e ainda recebem, diversas críticas, que lhes apontam, basicamente, os seguintes defeitos, todos inter-relacionados: *i)* geram insegurança e incerteza; *ii)* são acientíficas; *iii)* do mesmo modo que permitem a desobediência a uma ordem jurídica ditatorial, permitem a um ditador desobedecer a uma ordem democrática, para ele supostamente contrária ao direito natural.[27]

---

positivistas do direito, Dimoulis refere-se como "juspositivistas em sentido amplo". Confira-se, a propósito, DIMOULIS, Dimitri. **Positivismo jurídico** – introdução a uma teoria do direito e defesa do pragmatismo jurídico-político. São Paulo: Método, 2006, p. 78 e ss. Parece equivocado dizer-se que os defensores de uma influência da moral (ou de um conjunto de valores relativamente mutável no tempo e no espaço) sobre o direito sejam "positivistas em sentido amplo", pois valores – sejam eles relativos ou não – não são apreendidos pelos sentidos, sendo, em verdade, nesse sentido, metafísicos. Além disso, como bem observa McIntyre, "*understanding the world of morality and changing it are far from incompatible tasks. The moral concepts wich are objects for analysis to the philosophers of one age may sometimes be what they are partly because of the discussions by philosophers of a previous age.*" McINTYRE, Alasdair. **A short history of ethics**. New York: Touchstone, 1996, p. 2-3.

27. LATORRE, Angel. **Introdução ao direito**. Tradução de Manuel Alarcão. Coimbra: Almedina, 1974, p. 167.

Esses defeitos decorreriam do fato de não ser supostamente possível determinar, de forma objetiva, o conteúdo da tal ordem suprapositiva paradigmática ou ideal, vale dizer, do direito natural. Daí colocar-se a questão apontada no item anterior: quem é autorizado a dizer o conteúdo do direito natural e julgar o grau de correspondência do direito positivo para com ele?

Aqui parece acontecer, no âmbito do jusnaturalismo, o mesmo equívoco verificado em discussões em torno das formas de governo. Na mais clássica delas, Platão defende que o melhor governo seria aquele liderado por sábios, no que ele até poderia[28] estar, em tese, correto. A questão é que sua proposta tangencia o principal problema: quem será considerado sábio e a quem caberá a determinação dos sábios incumbidos de governar? De igual forma, a afirmação de que o ordenamento positivo deve fundar-se em um modelo ideal de direito, do qual depende sua correção, tangencia a questão: quem determinará se o direito positivo está, ou não, conforme esse modelo ideal?

Portanto, dizer simplesmente que o fundamento do direito positivo reside no direito natural desloca o problema. E esse deslocamento muitas vezes não contribui para tornar adequado (diria o leitor: para quem?) o ordenamento jurídico. Afinal, quem, então, tem a autoridade para determinar o conteúdo do direito natural? Se se diz que a lei humana tem de compatibilizar-se com a divina, concluir-se-á, não raro, que ela se terá de compatibilizar com a vontade da igreja.[29] Se o parâmetro é a "natureza", o padrão seria a opinião dos cientistas? Quais? Talvez por isso, o "primeiro Radbruch" dizia, do direito natural eterno e invariável, a ser descoberto e não criado pelo ser humano, tratar-se de um equívoco (ainda que, em suas palavras, o equívoco "mais frutífero que se possa imaginar"), pois

---

28. *Poderia,* porque sua proposta pressupõe não apenas a prévia determinação dos sábios (que é o grande problema, por ela tangenciado), mas igualmente ignora que os sábios, por serem humanos, podem abusar do poder que lhes for dado. Daí porque Kant defende precisamente o contrário de Platão, afirmando não ser "de se esperar que reis filosofem ou que filósofos se tornem reis, mas tampouco é de se desejar, porque a posse do poder corrompe inevitavelmente o livre julgamento da razão." KANT, Immanuel. **À paz perpétua.** Tradução de Marco Zingano. Porto Alegre: L&PM, 2008, p. 56.

29. "O primeiro legislador é Deus (De Deo legislatore); a suprema lei, a lei divina, da qual a lei natural 'inserida em nossos corações' é uma dependência, e as leis humanas, prolongamentos. O que autoriza os teólogos a arrogar-se um poder de alta vigilância sobre a ciência do direito (cf. o Prefácio orgulhoso do De legibus)." (VILLEY, Michel. **O direito e os direitos humanos.** Tradução de Maria Ermantina de Almeida Prado Galvão. São Paulo: Martins Fontes, 2007, p. 132). E isso, nem é preciso lembrar, nem sempre conduziu a resultados satisfatórios, pois, como lembra Voltaire, "muito frequentemente os teólogos começam por dizer que Deus foi ultrajado quando não concordamos com eles." VOLTAIRE. **Cartas filosóficas.** Tradução de Márcia Valéria Martinez de Aguiar. São Paulo: Martins Fontes, 2007, p. 55.

[j]á a mesma época e o mesmo povo apresentaram lado a lado opiniões divergentes sobre a meta e, desse modo, sobre a configuração da ordem jurídica, opiniões que pareciam todas igualmente 'naturais' a seus defensores e entre as quais a ciência não tem a capacidade de decidir com validade geral – sem falar na transformação histórica e na diversidade nacional das concepções do direito.[30]

Por outras palavras, muitas das ideias jusnaturalistas não só não resolvem a questão, mas, às vezes, podem até mesmo agravar os problemas que visam a resolver. Admitir a possibilidade de se afastar a ordem positiva em face de uma ordem ideal, mais justa, pode ser muito bom, mas pode também ser muito ruim. Tudo dependerá da qualidade dessa ordem positiva, da qualidade da tal ordem mais justa e, especialmente, do autor desses julgamentos todos.[31]

Além disso, a ideia de um ordenamento jurídico dotado de validez universal e eterna é apontada como um grande equívoco, desmentido pela própria evolução do que se compreende por justo ao longo da História e pela mudança verificada nesse padrão em sociedades, ainda que de uma mesma época, situadas em lugares diferentes do planeta.

Quanto a esse último aspecto, as críticas de Tobias Barreto são incisivas. Respondendo aos que registram os avanços do direito positivo ao longo dos tempos, mas preconizam que este esteja sempre de acordo com o direito natural, eterno e universal, afirma que ser "eterno e conjuntamente sujeito às leis do tempo e do espaço é alguma coisa de semelhante a... viva a república, e o nosso rei também."[32] A ironia é divertida, mas revela desconhecimento do que é a busca por um ideal ou modelo de perfeição. Hegel, a esse respeito, observa que

exigir de um código a perfeição, querer que constitua algo de absolutamente acabado e não admita qualquer acréscimo [...] são erros que assentam no desconhecimento da natureza dos objetos finitos, como seja o direito privado, onde a exigida perfeição constitui uma aproximação perpétua.[33]

---

30. RADBRUCH, Gustav. **Introdução à ciência do direito**. Tradução de Vera Barkow. São Paulo: Martins Fontes, 1999, p. 22. Diz-se "primeiro Radbruch" por conta da apontada conversão que teria havido no seu pensamento, depois da Segunda Guerra Mundial, do positivismo para o jusnaturalismo. Parece, contudo, que se trata muito mais de uma questão de ênfase. No primeiro Radbruch já estão os elementos que, depois da Guerra, foram explicitados e aprofundados pelo segundo.

31. A título de exemplo, Arthur Kaufmann registra que, durante o nazismo, não se perverteu "apenas o positivismo; também se abusou da idéia do direito natural, ao recusar aplicação a leis vigentes em nome dum 'direito natural étnico." KAUFMANN, Arthur. **Filosofia do direito**. Tradução de Antonio Ulisses Cortês. Lisboa: Fundação Calouste Gulbenkian, 2004, p. 45.

32. BARRETO, Tobias. **Estudos de direito**. Campinas: Bookseller, 2000, p. 518.

33. HEGEL, Georg Wilhelm Friedrich. **Princípios da filosofia do direito**. Tradução de Orlando Vitorino. São Paulo: Martins Fontes, 1997, p. 192.

Barreto afirma ainda que, de fato, as regras que disciplinam a vida em sociedade não são dadas pela natureza, de forma independente da ação humana. Com isso, evidentemente, está a insurgir-se contra uma ideia de direito natural imutável, eterno e independente do ser humano,[34] quando diz que um "direito natural tem tanto senso, como uma moral natural, uma gramática natural, uma ortografia natural, uma civilidade natural, pois que todas estas normas são efeitos, são inventos culturais."[35] Precisamente por isso, prossegue ele,

> [...] nunca veio ao espírito de ninguém a singular idéia de uma indústria, uma cerâmica, uma arte natural, significando um complexo de preceitos, impostos pela razão, ou inspirados por Deus, para regular as ações do homem, no modo de exercer o seu trabalho ou de fabricar os seus vasos, ou de construir seus artefatos. Seria esta uma idéia supinamente ridícula.
>
> É isto mesmo, porém, o que se dá com relação ao direito.[36]

Tobias Barreto não nega, contudo, a presença da razão humana a justificar tais ações e a definir-lhes as regras. Combate, tão somente, o suposto caráter imutável e apriorístico[37] de tal conjunto de normas ideais, *dado* ao ser humano e não *construído* por ele:

> Assim, para limitar-nos a poucos exemplos, a civilidade tem regras; quem as descobriu? A dança tem regras, quem as descobriu? Ninguém ousará negar a presença da razão em todas elas; mas também ninguém ousará afirmar que haja um conceito a priori de civilidade, nem um conceito a priori da dança, ou de outra qualquer arte. De onde vem, pois, o apriorismo do direito?[38]

A crítica de Tobias Barreto não atinge a todas as correntes jusnaturalistas, mas apenas aquelas que veem o direito natural como ente abstrato, imutável e eterno, dado ao ser humano e não construído por ele.[39] Suas observações

---

34. Em suas palavras, dizer "que o direito é um produto da cultura humana importa negar que ele seja, como ensinava a finada escola racionalista e ainda hoje sustentam seus póstumos sectários, uma entidade metafísica, anterior e superior ao homem." BARRETO, Tobias. **Estudos de direito**. Campinas: Bookseller, 2000, p. 132.

35. *Ibid.*, 2000, p. 32. Por isso, diz-se que o positivismo jurídico – o sociológico, e não o normativo – "vibrou o golpe mais contundente nos critérios apriorísticos que identificavam o Direito com princípios ideais absolutos." (MARQUES NETO, Agostinho Ramalho. **A ciência do direito**. 2.ed. Rio de Janeiro: Renovar, 2001, p. 162), tendo, por outro lado, o grande mérito de não o confundir ou identificar inteiramente com a produção normativa estatal imposta coativamente.

36. BARRETO, Tobias, *op. cit.*, 2000, p. 90.

37. Algum tempo depois, Pontes de Miranda, também da "escola do Recife" fundada por Tobias Barreto, escreve, nos mesmos termos, que "não há senão a variabilidade das leis, como só existe a mutabilidade dos costumes, das usanças e das formações proloquiais, que se colorem e se embotam mais tarde, que se desvanecem e se sucedem, por mercê da mutação perpétua, que é condição mesma da vida." MIRANDA, Pontes de. **À margem do direito**. Campinas: Bookseller, 2002, p. 104.

38. BARRETO, Tobias, *op. cit.*, 2000, p. 146.

39. Essa é também a caricatura do jusnaturalismo que, ainda hoje, alguns de seus opositores desenham, para lhes facilitar a crítica. É o caso, por exemplo, de Dimitri Dimoulis para quem "o termo jusnaturalismo é

incorrem no equívoco de considerar antitéticos os conceitos de natureza e de cultura, como se fossem contrários, quando em verdade são complementares.[40] Não atingem, por isso, a afirmação de que, para o jusnaturalismo, *o que o direito é depende de certa forma do que o direito deve ser*[41], ou "que a obrigatoriedade da norma jurídica decorrerá, necessariamente, da adequação de seus preceitos ao sentimento de justiça prevalecente em cada época",[42] pois direito que *deve ser* e sentimento de justiça prevalecente em cada época não precisam necessariamente ser eternos e invariáveis, nem deixam de ser, pelo fato de não estarem positivados, também decorrentes do elemento cultural.[43] Basta que sejam diferentes do direito positivo e lhe sirvam de modelo. Alan Gewirth, por exemplo, afirma, sobre o jusnaturalismo, que

> *Natural-law thinkers have been concerned to determine the moral limits which cannot be transgressed by positive laws if they are to be just, and the factual limits which cannot be transgressed if they are to be effective.*
>
> *[...]*
>
> *Now whenever a legal thinker begins to reflect on the moral purposes for which laws are instituted or the factual limits which they cannot transgress, he is, in the sense just presented, a natural-law thinker.*[44]

---

insatisfatório, pois a maioria dos moralistas modernos não acredita na existência de um direito superior, imutável e distinto do direito positivo." (DIMOULIS, Dimitri. **Positivismo jurídico** – introdução a uma teoria do direito e defesa do pragmatismo jurídico-político. São Paulo: Método, 2006, p. 86). Na verdade, sem pretender aqui defender uma ou outra dessas correntes, não se pode deixar de reconhecer a existência de diversas correntes jusnaturalistas que não preconizam o mencionado caráter superior, eterno e imutável do direito natural (VASCONCELOS, Arnaldo. **Direito, humanismo e democracia**. São Paulo: Malheiros, 1998, p. 31). Talvez, aliás, a divergência entre jusnaturalistas e positivistas sempre tenha sido menor do que se imagina, pois tanto os partidários de correntes positivistas como os que se dizem jusnaturalistas acusam-se uns aos outros de criticar uma caricatura da teoria que defendem, caricatura esta que teria defeitos que a teoria original não teria. Carrió, por exemplo, acusa Dworkin, no debate deste com Hart, de haver "*creado o inventado su blanco. La modalidad de positivismo jurídico contra la cual argumenta, no existe.*" CARRIÓ, Genaro. **Notas sobre derecho y lenguaje**. 4.ed. Buenos Aires: Abeledo-Perrot, 1990, p. 369.

40. Nesse sentido, Miguel Reale observa que "entre natureza e cultura não há a antítese, apontada por Tobias Barreto ainda condicionado pelos parâmetros fisicalistas do século XIX, mas sim complementaridade." REALE, Miguel. **Direito natural/direito positivo**. São Paulo: Saraiva, 1984, p. 15.

41. DWORKIN, Ronald. ´Natural law' revisited. **University of florida law review**, Flórida, v. XXXIV, n.2, p. 165-188, winter of 1982, p. 165.

42. VASCONCELOS, Arnaldo. **Teoria da norma jurídica**. 5.ed. São Paulo: Malheiros, 2000, p. 107.

43. Por conta disso, Djacir Menezes indaga: "mas o Direito Natural seria *isso* que Tobias Barreto descrevia?" MENEZES, Djacir. **Tratado de filosofia do direito**. São Paulo: Atlas, 1980, p. 184.

44. GEWIRTH, Alan. The quest for specificity in jurisprudence. **Ethics**, Washington, v. 69, n. 3, p. 155-181, p. 171, apr. 1959. Em uma tradução livre: "Os teóricos do direito natural se têm preocupado em determinar limites morais que não podem ser transgredidos por leis positivas, se se pretender que estas sejam justas, e limites factuais que não podem ser transgredidos, se se esperar que elas sejam eficazes. [...] Agora, sempre que um teórico do direito começa a refletir sobre os objetivos morais para os quais as leis são instituídas ou os limites factuais que elas não podem ultrapassar, ele é, no sentido que se acabou de apresentar, um teórico do direito natural."

O exemplo das regras de gramática, usado por Tobias Barreto para dizer que uma gramática natural é tão sem sentido quanto um direito natural, serve perfeitamente para ilustrar essa ideia. Reconhecer que a gramática é criação humana, com efeito, não significa ser ela desprovida de finalidade (permitir a comunicação com o uso de determinada língua, o que deve ser sempre considerado quando de seu exame) e tampouco significa que as pessoas que usam essa língua não possam fazer com que *a gramática que é* sofra a influência daquilo que elas consideram a *gramática que deveria ser*.[45] As evoluções por que passam as gramáticas – que raramente decorrem da decisão isolada de uma autoridade dotada de poder normativo sobre as regras pertinentes ao uso da língua – configuram demonstração suficiente do que se está aqui a dizer.[46]

Tanto é assim que a crítica de Tobias Barreto não consegue afastar, como é próprio dos positivismos em suas mais variadas correntes, as considerações valorativas do âmbito do Direito e de sua ciência. Não consegue, por outras palavras, afastar a ideia de que *o que o direito deve ser* tem sim influência sobre *o que o direito é*. Para confirmá-lo, basta observar que Tobias reconhece que "no imenso maquinismo humano, o direito figura também, por assim dizer, como uma das peças de torcer e ajeitar, em proveito da sociedade, o homem da natureza."[47] Ora, *torcer* e *ajeitar* em que sentido? Para que haja "proveito da sociedade", o que deve ser torcido, o que deve ser ajeitado e o que deve ser mantido no ser humano da natureza?[48] É evidente que tais julgamentos envolvem juízos de valor, de certo e errado, bom e ruim, desejável e indesejável, justo e injusto, que a ciência positiva do direito, ainda que em sua vertente sociológica, supostamente atenta apenas aos fatos, tangencia ou ignora, mas que, não obstante, continuam presentes.[49]

---

45. Para uma comparação entre a língua e a moral, e a variação de ambas no tempo e no espaço, confira-se: LUKES, Steven. **Moral relativism**. New York: Picador, 2008, p. 56 e ss.

46. A comparação entre a jurisprudência – assim entendido o conhecimento do Direito – e a gramática e a música já havia sido sugerida por Cícero, conforme se observa em VILLEY, Michel. **O direito e os direitos humanos**. Tradução de Maria Ermantina de Almeida Prado Galvão. São Paulo: Martins Fontes, 2007, p. 68.

47. BARRETO, Tobias. **Estudos de direito**. Campinas: Bookseller, 2000, p. 102.

48. A mesma crítica pode ser dirigida, atualmente, à chamada "análise econômica do direito", da qual Richard Posner é um dos mais destacados expoentes. Segundo essa escola, o direito deve ser elaborado, interpretado e aplicado de sorte a "maximizar a riqueza social". Não se diz, contudo, por que a maximização da riqueza seria um objetivo digno de ser perseguido. Para essa crítica, confira-se: DWORKIN, Ronald. **Uma questão de princípio**. Tradução de Luís Carlos Borges. São Paulo: Martins Fontes, 2001, p. 356. Na verdade, a riqueza é apenas um meio (talvez o mais importante deles, mas, ainda assim, um meio) para que se ampliem as liberdades das pessoas, liberdades com as quais estas poderão perseguir os objetivos que lhes pareçam mais caros. Para uma crítica à aplicação da "análise econômica" ao campo hermenêutico, confira-se: TÔRRES, Heleno Taveira. **Direito tributário e direito privado** – autonomia privada, simulação, elusão tributária. São Paulo: RT, 2003, p. 213 e ss. Voltar-se-á ao tema no item 5, *infra*.

49. H. Batiffol percebe essa insuficiência do positivismo sociológico com muita propriedade. Em suas palavras, "[o] próprio Durkheim distinguiu na vida social o normal e o patológico, devendo ser o primeiro

2 • FUNDAMENTO DO ORDENAMENTO JURÍDICO EM TERMOS METAFÍSICOS 33

Esse *direito que deve ser,* quer seja chamado de ideal, natural, moral, de ideia de justiça, de pretensão de correção, ou de qualquer outro nome ou expressão, é um modelo de direito situado no plano da possibilidade. É aquele direito que alguém, por ser dotado de racionalidade, como toda criatura humana, e, por conseguinte, da aptidão de diferenciar o *real* do *possível,* imagina que poderia ser melhor que o direito vigente. Conquanto esse direito ideal possa exercer influência sobre o direito positivo, tanto no plano da elaboração, como no plano da interpretação, da observância e da aplicação de suas disposições, vale ressaltar que eles – o direito posto e o que lhe serve de modelo – *não se confundem.* É um despropósito, portanto, outra crítica, também dirigida ao direito natural, segundo a qual este "não existe" apenas porque não pode ser invocado perante os tribunais. Essa afirmação, como parece claro, além de incorrer no equívoco de reduzir o direito ao direito judicial,[50] pretende que o direito ideal, ou natural, só seja direito se tiver todas as características do direito positivo, o que é um contrassenso. A completa identidade entre ambos, essa sim, faria com que não se pudesse falar em dois, mas em um só, o positivo. Por outro lado, além de essa impossibilidade de invocação não ser necessariamente verdadeira (pois aquilo que o *direito deve ser,* na visão do julgador, interfere de algum modo na forma como este vê e aplica o *direito que é*), é evidente que o modelo, situado no plano da idealidade, não pode ter as mesmas características do produto acabado, situado no plano da concretude e para o qual aquele serviu – e continuará servindo – de paradigma.[51] Seria como pretender que um projeto de casa, imaginado por um arquiteto, tivesse já um quarto no qual se pudesse dormir ou uma cozinha na qual fosse possível preparar o almoço; ou defender, como é o caso da crítica positivista em questão, que, por que o projeto não tem essas características, ele não existe em absoluto, devendo ser ignorado.

---

protegido e o último combatido. Ele acreditou poder limitar essa concessão perigosa assimilando, pelo menos ocasionalmente, o normal ao geral. É demasiadamente claro, entretanto, que costumes ou regras jurídicas que levam a resultados desastrosos mal podem ser considerados normais, pois mais gerais que sejam. Por exemplo: quando a legislação relativa às habitações faz cessar a construção, esse fato pode ser normal – não se considerando a sua generalização depois da primeira guerra, ante a falta de residência – mas seu resultado apresenta um problema cuja solução depende de uma série de escolhas e não de simples verificação do estado de coisas. Essas escolhas são feitas em função das idéias sobre o que essa ação legislativa deve procurar obter, ou seja, sobre o que a sociedade deve tender a tornar-se para que a vida social não apenas exista, mas seja justa e salutar." BATIFFOL, H. **A filosofia do direito**. Tradução de Neide de Faria. São Paulo: Difusão Européia do Livro, 1968, p. 56.

50. VASCONCELOS, Arnaldo. **Direito, humanismo e democracia**. São Paulo: Malheiros, 1998, p. 46 e ss.
51. A observação de Nelson Saldanha, nesse ponto, é precisa. Diz ele que o Direito Natural não existe como um sistema a mais, ou como um *outro* Direito, duplicado em relação ao positivo, mas sim "como uma construção provinda de um pensamento, insatisfeito com a imperfeição das normas positivas ou convicto das bases racionais e 'universais' que elas devem ter. Cada uma das grandes formulações do jusnaturalismo corresponde deste modo a uma visão dessas bases, ou daquela imperfeição." Essa atitude, diz ele, é "sempre precária mas sempre significativa, discutível mas necessária." SALDANHA, Nelson. **Ordem e hermenêutica**. Rio de Janeiro: Renovar, 1992, p. 305-306.

2.4 POR QUE A QUESTÃO RELATIVA AO DIREITO NATURAL INSISTE EM REAPARECER?

Conquanto possam ter sua parcela de procedência, as críticas ao jusnaturalismo resenhadas no item anterior não fornecem a resposta para as perguntas formuladas no início desta tese. Não dizem o que fundamenta a ordem jurídica, limitando-se, quando muito, a afirmar o que não a fundamenta. E, mesmo assim, não esclarecem um aspecto do problema: por que, então, o direito natural insiste em reaparecer?

Por outras palavras, por qual razão, sobretudo em períodos de crise, a invocação do direito natural é verificada, por maiores que sejam as críticas a ele feitas?[52] Por mais convencidos que estivessem os juristas da segunda metade do Século XIX a respeito da decadência do jusnaturalismo,[53] este ressurgiu pouco tempo depois, ao cabo da Segunda Guerra Mundial e da verificação de até onde o direito positivo, assim entendido tudo o que é coativamente imposto por um Estado, pode chegar.[54] Não por outra razão, aliás, diz-se que, por mais contundentes que sejam as críticas positivistas, de forma recorrente se assiste "à ressurreição desse cadáver do direito natural que nunca se termina de enterrar nem de exumar".[55]

Arnaldo Vasconcelos, a propósito, observa que, fosse o Direito positivo justificável em si e por si, como pretendido pelos positivistas, independentemen-

---

52. Michel Villey registra, a propósito da Escola do direito natural, que "por mais que se a condene, ela renasce das cinzas. É um 'cadáver que não se cansa de ressuscitar' (H. Batiffol)." VILLEY, Michel. **Filosofia do direito**. definições e fins do direito. os meios do direito. Tradução de Maria Valéria Martinez de Aguiar. São Paulo: Martins Fontes, 2003, p. 310.

53. Windscheid dizia ter-se acabado "o sonho do direito natural" (WINDSCHEID, B. Über Recht und Rechtswissenschaft (1854). **Gesammelte Abhandlungen**. Leipzig: Dunker & Humblot, 1904, p. 9 *apud* KERVÉGAN, Jean-François. **Hegel, Carl Schmitt** – o político entre a especulação e a positividade. Tradução de Carolina Huang. Barueri: Manole, 2006, p. XVII), enquanto Karl Bergbohm dizia ser ele uma "erva daninha que deve ser arrancada sem piedade" (BERGBOHM, Karl. Jurisprudenz und rechtphilosophie. Band 1. **Das naturrecht der gegenwart**. Leipzig: Dunker & Humblot, 1892, p. 118 *apud* KERVÉGAN, Jean-François, *op. cit.*, 2006, p. XVIII). Especificamente sobre a crítica de Bergbohm, Cathrein observa: *"no creemos, sin embargo, que haya alcanzado su intento, sino que más bien su obra pudiera servir de apoyo al derecho natural. El mismo, en su guerra contra el derecho natural, ha apoyado el hecho, según ampliamente demuestra, de que aun aquellos mismos que quieren combatirlo caen siempre de nuevo en sus redes; queriendo destruído, rinden homenaje inconscientemente; porque el derecho natural 'se nos mete por todos los poros'. ¿No es ya esto una prueba clara de que el derecho natural tiene raíces mucho más profundas e indiscutibles de lo que Bergbohm parece suponer?"* CATHREIN, V. **Filosofía del derecho** – el derecho natural y el positivo. Traducción de Alberto Jardon y César Barja. 5.ed. Madrid: Instituto Editorial Reus, 1945, p. 195.

54. VILLEY, Michel. **O direito e os direitos humanos**. Tradução de Maria Ermantina de Almeida Prado Galvão. São Paulo: Martins Fontes, 2007, p. 4.

55. GOYARD-FABRE, Simone. **Os fundamentos da ordem jurídica**. Tradução de Cláudia Berliner. São Paulo: Martins Fontes, 2002, p. 104. Miguel Reale, em termos análogos, já dizia que o direito natural "ressurge constantemente das cinzas a que seus adversários pensavam tê-lo reduzido." REALE, Miguel. **Direito natural/direito positivo**. São Paulo: Saraiva, 1984, p. 2.

2 • FUNDAMENTO DO ORDENAMENTO JURÍDICO EM TERMOS METAFÍSICOS · 35

te do chamado Direito natural, "sem serventia de ordem prática, deixaria este de interessar e, dentro em pouco, ninguém lhe lembraria a existência passada, nem lhe lamentaria a morte tardia. Não foi o que se deu, porém."[56] Em termos semelhantes, Brian Bix observa que "enquanto algumas correntes de pensamento feneceram em uma questão de décadas, pelo contrário ao menos uma abordagem da teoria do direito, a teoria do direito natural, tem estado presente literalmente por milênios, e ainda permanece vibrante."[57]

Isso acontece por uma razão muito simples, e que não está associada, necessariamente, à procedência desta ou daquela corrente jusnaturalista, as quais, registre-se, tampouco estão aqui a ser defendidas.

De fato, como explicado no início deste livro, o ser humano é animal que se distingue dos demais pelo fato de diferenciar o *real* do *possível*. Tem a aptidão de conhecer o direito que existe e de imaginar o direito que poderia existir. Essa sua característica, inafastável por decorrer de sua natureza de ser racional, confere-lhe a faculdade de julgar. Julgar se existe alguma possibilidade, a ser implementada, que lhe parece melhor que a realidade atual.[58] Dessa forma, é impossível suprimir do ser humano a capacidade de, diante de uma ordem jurídica, imaginar-lhe um conteúdo diferente; ou de considerar que *o que o direito é depende de certa forma do que o direito deve ser*[59], pois o valor dado por cada um ao *direito que é* depende da adequação deste *direito que é* à ideia que cada um tem do *direito que deve ser*.

Além de o *direito que deve ser* interferir na forma como se compreende o *direito que é*, no âmbito do processo de interpretação deste, não se pode negar que, quanto maior a adequação entre o direito real, posto, e o direito ideal, desejável,

---

56. VASCONCELOS, Arnaldo. **Teoria da norma jurídica**. 5.ed. São Paulo: Malheiros, 2000, p. 102.
57. No original: "*While some schools of thought have faded in a matter of decades, by contrast at least one approach to legal theory, natural law theory, has been around literally for millennia, yet remains vibrant.*" (BIX, Brian H. Legal Positivism. In: GOLDING, Martin P.; EDMUNDSON, William A. **The blackwell guide to the philosophy of law and legal theory**. Oxford: Blackwell, 2006. p. 29-49, p. 29). É preciso acrescentar, contudo, que a teoria do direito natural, por todo esse tempo pelo qual permaneceu vibrante, passou por transformações importantes, adaptanto-se às críticas que lhes eram desferidas e às novas circunstâncias.
58. Daí porque, diz Vicente Ráo, dê-se "ao direito natural esta denominação ou aquela, atribua-se-lhe um fundamento ou outro, amplie-se ou restrinja-se o seu conteúdo, o certo é que um direito natural existe, e a ele, consciente ou inconscientemente, sempre se recorre, ora quando se investigam o fundamento e a legitimidade da regra de direito e sua tendência ao aperfeiçoamento, ora quando os direitos inerentes à natureza, à dignidade e à personalidade do homem periclitam, ameaçados pela força, nos Estados que, em seu poder de editar normas jurídicas, não se reputam sujeitos à limitação de qualquer espécie." RÁO, Vicente. **O direito e a vida dos direitos**. 5.ed. São Paulo: RT, 1999, p. 85.
59. DWORKIN, Ronald. ´Natural law' revisited. **University of florida law review**, Flórida, v. XXXIV, n.2, p. 165-188, winter of 1982, p. 165.

maior será o empenho para cumprir e fazer com que se cumpra o primeiro.[60] E, quanto menor for essa adequação, maior será o estímulo para se descumprir ou, na melhor das hipóteses, tentar alterar o direito existente.

Não se trata, destaque-se, de algo próprio do Direito enquanto objeto ou da ciência jurídica enquanto ramo do conhecimento. Do mesmo modo que, diante de um edifício, o arquiteto pode imaginar outro mais alto, mais resistente, de construção menos custosa ou mais seguro; diante de um remédio, o médico ou o farmacêutico podem imaginar outro mais eficaz, dotado de menores efeitos colaterais ou mais acessível ao consumidor; diante de um computador, o engenheiro eletrônico pode imaginar outro mais rápido, mais barato e mais estável; também o jurista (e qualquer cidadão que com ela se depare) pode, diante de uma ordem jurídica, imaginar outra que, em sua concepção, seria mais adequada à promoção de seus fins, os quais, por mais subjetivos e imprecisos que possam parecer, sempre serão por cada um idealizados e alimentados, ainda que com significados não necessariamente convergentes.

Como toda obra humana, o Direito é examinado à luz de seus fins. Sem entrar, ainda, na questão de saber quais são eles, o que importa é que, quando o direito posto não realiza os fins cuja realização as pessoas esperam, distancia-se daquilo que essas pessoas consideram que ele, o direito posto, deve ser. Essa distância não só faz com que as pessoas não se sintam impelidas a cumprir as prescrições jurídicas, mas, em grau extremo, faz com que deixem mesmo de reconhecer aquele objeto como Direito.

E não se trata, mais uma vez, de algo próprio da ciência jurídica, que teria esse fantasma metafísico a lhe assombrar. Nada disso. Remédios que não curam, facas que não cortam nem furam, aviões que não voam, carros que não andam, rádios que não emitem sons e canetas que não riscam, por exemplo, o que são? O mesmo talvez possa ser dito do Direito que não realiza os fins para os quais se entende que ele foi criado.

---

60. Merece registro, aqui, o fato de que H. Hart, conquanto positivista, admite que "para um sistema de regras ser imposto pela força sobre quaisquer pessoas, deve haver um número suficiente que o aceite voluntariamente. Sem a cooperação voluntária deles, assim criando *autoridade*, o poder coercivo do direito e do governo não pode estabelecer-se. [...] Se o sistema for justo e assegurar genuinamente os interesses vitais de todos aqueles de quem pede obediência, pode conquistar e manter a lealdade da maior parte, durante a maior parte do tempo, e será consequentemente estável. Pelo contrário, pode ser um sistema estreito e exclusivista, administrado segundo os interesses do grupo dominante, e pode tornar-se continuamente mais repressivo e instável, com a ameaça latente de revolta." (HART, Herbert L. A. **O conceito de direito**. Tradução de A. Ribeiro Mendes. 3.ed. Lisboa: Calouste Gulbenkian, 2001, p. 217-218) Com isso, ele reconhece tanto que o direito não se pode impor *apenas* com o uso da força, como que sua eficácia depende da concordância de seu conteúdo com "os interesses vitais de todos aqueles de quem pede obediência", vale dizer, o conteúdo das normas do direito posto se deve aproximar do conteúdo que aqueles de quem pede obediência acham que ele *deveria ser*.

2 • FUNDAMENTO DO ORDENAMENTO JURÍDICO EM TERMOS METAFÍSICOS

Por mais subjetiva que possa ser a ideia de justiça, pode-se dizer que cada indivíduo alimenta uma e espera sua realização pelo Direito. Dessa forma, diante de ordem jurídica demasiadamente contrária àquilo que lhe parece que ela deveria ser, o ser humano passa a ter cada vez mais elementos de convicção para descumprir os seus preceitos ou pugnar por sua modificação. Será isso, esse padrão à luz do qual se faz tal julgamento, o direito natural? Pode até existir outra forma de explicar essa realidade, bem como um termo mais apropriado (ideia de direito, senso de justiça, direito justo, pretensão de correção etc.) para designar esse direito ideal,[61] mas não parece possível afastá-lo. O que se faz, quando se tenta, é apenas ignorá-lo, pois o fato de ele não existir de forma apriorística, objetiva e independente da criatura humana, não quer dizer que ele não possa existir enquanto ideal por ela imaginado.

---

61. Também para Simone Goyard-Fabre, "direito natural e ideal confundem-se." (GOYARD-FABRE, Simone. **Os fundamentos da ordem jurídica**. Tradução de Cláudia Berliner. São Paulo: Martins Fontes, 2002, p. 38). No mesmo sentido, referindo-se a um ideal de direito (não eterno e não imutável), existente na consciência de todos, a servir de paradigma para o direito posto: GROPPALI, Alessandro. **Introdução ao estudo do direito**. Tradução de Manuel de Alarcão. 3.ed. Coimbra: Coimbra editora, 1978, p. 79-81.

3
FUNDAMENTO DO ORDENAMENTO JURÍDICO PARA O POSITIVISMO JURÍDICO

É desnecessário explicar que, como forma antitética de dar resposta às mesmas questões, ligadas à identidade e ao fundamento de um ordenamento jurídico, existem teorias que preconizam a consideração apenas do direito posto, ou positivado, ausente de considerações a respeito de como este direito deveria ser ou de qual seria sua finalidade. É o que se costuma chamar, genericamente, de positivismo jurídico.

Tal como as correntes jusnaturalistas, também as positivistas têm as mais variadas ramificações e graduações,[1] havendo, não obstante, um elemento comum, sendo precisamente este o ponto que as assemelha entre si e as faz diferentes, todas, das ideias jusnaturalistas. Trata-se da rejeição à "metafísica". Antes de examinar tais questões, contudo, cumpre fazer o registro de que, nos itens seguintes, não será feito exame detalhado do positivismo jurídico, suas correntes, divergências internas, características etc. Essa forma de pensamento será analisada apenas até onde isso for necessário para demonstrar como o ordenamento jurídico é fundamentado pelos seus partidários, as razões dessa forma de fundamentação e suas possíveis deficiências.

3.1 O QUE SE ENTENDE POR POSITIVISMO JURÍDICO?

Em geral, diz-se da abordagem positivista que ela "deve limitar-se ao direito tal como está 'estabelecido' ou dado, e deve abster-se de entrar em valorações éticas ou de ter em conta as implicações das normas nas realidades sociais."[2] Para

---

1. Por conta disso, Genaro Carrió afirma que a expressão positivismo jurídico *"es intolerablemente ambigua"*. CARRIÓ, Genero R. **Notas sobre derecho y lenguage**. 4.ed. Buenos Aires: Abeledo-Perrot, 1994, p. 321.
2. LATORRE, Angel. **Introdução ao direito**. Tradução de Manuel Alarcão. Coimbra: Almedina, 1974, p. 151. No mesmo sentido: BOBBIO, Norberto. **O positivismo jurídico**. Tradução de Mário Pugliesi, Edson Bini e Carlos Rodrigues. São Paulo: Icone, 1995, p. 131; DIMOULIS, Dimitri. **Positivismo jurídico** – introdução a uma teoria do direito e defesa do pragmatismo jurídico-político. São Paulo:

o juspositivista, diz-se, o único direito é o direito positivo, ao qual o estudioso deve limitar sua atenção. Interessa apenas saber como o direito *é*, e não como ele *deveria ser*.[3] Embora se reconheça, notadamente entre os positivistas mais moderados, a interferência da moral sobre o direito, não se reconhece a existência de uma "conexão necessária" entre ambos. Nas palavras de Herbert Hart, "não é em sentido algum uma verdade necessária que as leis reproduzam ou satisfaçam certas exigências da moral, embora de facto o tenham frequentemente feito."[4]

Essa, contudo, é a concepção do positivismo em sua vertente normativista, que, embora seja a atualmente mais difundida, não é a única. O positivismo se limita ao *dado*, ou ao *posto*, vale dizer, à realidade do mundo sensível, realidade que pode ser a normativa ou a factual.[5] O que importa, para que o estudo seja considerado positivista,[6] é que, quer atente para fatos (positivismo sociológico) ou para normas (positivismo normativo), recuse-se a considerar os *fins* do direito,[7] pois estes não podem ser apreendidos pelos sentidos. É o que explica Arthur Kaufmann:

> O positivismo jurídico empírico desenvolvido na segunda metade do século XIX (todo o positivismo quer limitar-se ao 'positivamente dado' e sobretudo banir a metafísica) concebe o Direito como um facto da realidade sensível, seja como facto do mundo interior (positivismo jurídico psicológico; *Ernst Rudolf Bierling*) seja como facto do mundo exterior (positivismo jurídico sociológico; *Rudolf v. Jhering* no seu período tardio, *Max Weber*). Este positivismo jurídico empírico considerava-se como a verdadeira 'ciência' do direito e, por certo, precisamente

---

Método, 2006, p. 67-68. Daí dizer-se que, para o positivismo, entendido como uma forma de *imanentismo jurídico*, só existe um direito, que é o positivo, e que se justifica pela sua mera existência, "sem possibilidade de apelo a qualquer instância superior." CHORÃO, Mário Bigotte. **Introdução ao direito** – o conceito de direito. Coimbra: Almedina, 1994, p. 63.

3. KELSEN, Hans. **Teoria Pura do Direito**. Tradução de João Baptista Machado. 6. ed. São Paulo: Martins Fontes, 2000, p. 1; BARROSO, Luís Roberto. Fundamentos teóricos e filosóficos do novo direito constitucional brasileiro (pós-modernidade, teoria crítica e pós-positivismo). In: BARROSO, Luis Roberto (Org.). **A nova interpretação constitucional**. ponderação, direitos fundamentais e relações privadas. Rio de Janeiro: Renovar, 2006. p. 2-47, p. 23; DIMOULIS, Dimitri. **Positivismo jurídico** – introdução a uma teoria do direito e defesa do pragmatismo jurídico-político. São Paulo: Método, 2006, p.70; GOYARD-FABRE, Simone. **Os fundamentos da ordem jurídica**. Tradução de Cláudia Berliner. São Paulo: Martins Fontes, 2002, p. XXVII.

4. HART, Herbert L. A. **O conceito de direito**. Tradução de A. Ribeiro Mendes. 3.ed. Lisboa: Calouste Gulbenkian, 2001, p. 202.

5. Por isso se diz que a diversidade de positivismos "provém das diversas 'realidades positivas' às quais se vinculam". BERGEL, Jean-Louis. **Teoria geral do direito**. Tradução de Maria Ermantina Galvão. São Paulo: Martins Fontes, 2001, p. 15.

6. O positivismo jurídico, convém destacar, até pode ser distinto do positivismo filosófico, mas eles têm, inegavelmente, bases comuns, como a rejeição da metafísica, o cientificismo, a sobrevalorização da realidade sensível e o desprezo pelo inteligível. Confira-se, a propósito, GOYARD-FABRE, Simone. **Os fundamentos da ordem jurídica**. Tradução de Cláudia Berliner. São Paulo: Martins Fontes, 2002, p. 73.

7. VILLEY, Michel. **Filosofia do direito**. Definições e fins do direito. Os meios do direito. Tradução de Maria Valéria Martinez de Aguiar. São Paulo: Martins Fontes, 2003, p. 183.

3 • FUNDAMENTO DO ORDENAMENTO JURÍDICO PARA O POSITIVISMO JURÍDICO — **41**

pelo facto de proceder empiricamente, isto é, do mesmo modo que as ciências da natureza. Ao invés, na jurisprudência dogmática, que procede de modo normativo (valorativo), não estaria presente a ciência, mas sim a política (postulado da neutralidade valorativa da ciência). Precisamente do lado oposto, *Hans Kelsen* (1881-1973), um dos mais importantes filósofos do direito do nosso século, fundador da 'teoria pura do direito' mas também um notável cultor da lógica das normas.[8]

O que tais correntes têm em comum, como já se adiantou, é o afastamento da metafísica. Daí porque se pode dizer, apesar da heterogeneidade das diversas doutrinas positivistas, que se caracterizam "pelo fato de rejeitarem qualquer metafísica jurídica, qualquer justiça transcendente e qualquer ideia de direito natural, mas se louvam apenas no conhecimento da realidade positiva, jurídica ou científica."[9] O positivismo preconiza o estudo da realidade tal como ela é, desprezando qualquer consideração a respeito de como ela poderia ou deveria ser. Daí a separação, feita pelos positivistas em geral, entre o Direito e a Moral,[10] e a indiferença que, na análise que pretendem meramente descritiva e objetiva, invariavelmente têm pela justiça.

3.2 POSITIVISMO JURÍDICO E JUSTIÇA

Preocupados apenas com a realidade *sensível*, vale dizer, aquela que pode ser apreendida através dos sentidos, os positivistas não consideram possível o exame de valores, que seriam subjetivos, decorrentes de meras emoções etc. Daí não considerarem possível o estudo da Justiça, afastando-a de suas preocupações científicas.

Para um positivista normativista, por exemplo, justo ou injusto seriam adjetivos daquilo que estivesse conforme ou desconforme o direito posto, único passível de exame científico. Ou, então, seriam qualificações decorrentes de juízos de valor puramente emocionais e pessoais. Não seriam, portanto, adjetivos com os quais se pudesse adequadamente qualificar o próprio direito existente, fora do qual não haveria padrão de julgamento possível. Algo como o proposto por Hobbes, para quem "... nada que o soberano representante faça a um súdito pode, sob nenhum pretexto, ser propriamente chamado de injustiça ou injúria"[11], pois

---

8. KAUFMANN, Arthur. **Filosofia do direito**. Tradução de Antonio Ulisses Cortês. Lisboa: Fundação Calouste Gulbenkian, 2004, p. 21.
9. BERGEL, Jean-Louis. **Teoria geral do direito**. Tradução de Maria Ermantina Galvão. São Paulo: Martins Fontes, 2001, p. 15.
10. LATORRE, Angel. **Introdução ao direito**. Tradução de Manuel Alarcão. Coimbra: Almedina, 1974, p. 166; MERLE, Jean-Christophe; MOREIRA, Luiz. Introdução. In: MERLE, Jean-Christophe; MOREIRA, Luiz (Org.). **Direito e legitimidade**. São Paulo: Landy, 2003. p. 9-20, p. 13.
11. HOBBES, Thomas. **Leviatã**. Tradução de João Paulo Monteiro e Maria Beatriz Nizza da Silva. São Paulo: Nova Cultural, 2000. c. XVIII, p. 147. Norberto Bobbio, contudo, destaca que essa posição de Hobbes seria de um positivismo extremado, sendo poucos os positivistas que dela partilhariam;

"embora a lei de natureza proíba o roubo, o adultério etc., se for, porém a lei civil que nos mandar invadir alguma coisa, essa invasão não constituirá roubo, adultério etc."[12]. A partir de afirmações como essas, pode-se dizer que, "com Hobbes, fica plenamente estabelecido que o direito nada deve ao Céu, nem à experiência, nem à história: ele se insere no âmbito do legicentrismo estatal que é obra da razão, e seu valor provém apenas do poder de decisão do poder público."[13]

Não se está a dizer, naturalmente, que todos os positivistas partilhem das mesmas ideias de Hobbes, sobretudo em relação a outros aspectos do pensamento deste, mas não se pode negar a existência, entre os partidários do pensamento positivista, de um elemento comum, que é o reconhecimento de que um estudo científico do direito, para ser assim considerado, deve necessariamente abstrair juízos de valor e, dessa forma, rejeitar qualquer julgamento a respeito de seu objeto, vale dizer, do ordenamento jurídico a ser examinado. Por conta disso, as correntes positivistas, sobretudo as de cunho normativista, atraem para si diversas críticas, das quais se destaca a sua amoralidade e a possibilidade, que abrem, de que se institua ordem jurídica com qualquer conteúdo, que serão examinadas oportunamente.

3.3 POSITIVISMO E FINALIDADE DO DIREITO

Como já se pôde perceber, o pensamento positivista cinde a realidade e ocupa-se apenas da parte dela que pode ser aferida através dos sentidos. Apenas o mundo sensível pode ser estudado cientificamente, porque apenas ele pode ser medido, pesado e experimentado. Daí a desconsideração dos valores e, com eles, a tudo o que *deveria ser,* diversamente do que é. Desconsideração, em poucas palavras, aos fins.

Por isso mesmo, não preocupa os autores positivistas a questão de saber para que o Direito serve, quais seriam seus fins ou sua finalidade. A ordem jurídica não

---

admitiriam a possibilidade de se afirmar injusta uma ordem estatal, apenas reconhecendo a ausência de cientificidade dessa afirmação. (BOBBIO, Norberto. **O positivismo jurídico**. Tradução de Mário Pugliesi, Edson Bini e Carlos Rodrigues. São Paulo: Icone, 1995, p. 137). Ainda sobre a posição de Hobbes como sendo a de um importante precursor do positivismo jurídico, confira-se: BATIFFOL, H. **A filosofia do direito**. Tradução de Neide de Faria. São Paulo: Difusão Européia do Livro, 1968, p. 15; REALE, Miguel. **Direito natural/direito positivo**. São Paulo: Saraiva, 1984, p. 76 e DIMOULIS, Dimitri. **Positivismo jurídico** – introdução a uma teoria do direito e defesa do pragmatismo jurídico-político. São Paulo: Método, 2006, p. 69, especialmente as referências da nota de rodapé 18. Ainda sobre o *ceticismo moral* de Hobbes, comum às doutrinas positivistas: COMPARATO, Fábio Konder. **Ética**. São Paulo: Companhia das Letras, 2006, p. 196 e 203.

12. HOBBES, Thomas. **Do cidadão**. Tradução de Renato Janine Ribeiro. São Paulo: Martins Fontes, 1998, p. 223.
13. GOYARD-FABRE, Simone. **Os fundamentos da ordem jurídica**. Tradução de Cláudia Berliner. São Paulo: Martins Fontes, 2002, p. XXIV e 48-51.

precisa de qualquer justificação além de sua própria existência.[14] Herbert Hart, por exemplo, admite que, como outras formas de positivismo, a sua "teoria não apresenta qualquer pretensão de identificar o cerne ou a finalidade do direito e das práticas jurídicas enquanto tais"[15].

A questão, contudo, reside em saber se tem grande utilidade, ou mesmo se é verdadeiramente possível, examinar uma obra humana, qualquer que seja, desprezando-lhe a finalidade. Gustav Radbruch faz uso de comparação simples, porém eloquente, para demonstrar a impossibilidade de se definir qualquer obra humana sem se recorrer à sua finalidade. São suas palavras:

> Que o direito é obra dos homens e que, como toda a obra humana, só pode ser compreendido através da sua idéia, é por si mesmo evidente. Reconheceremos isto mesmo, se tentarmos definir qualquer obra humana, por mais simples que seja - por exemplo, uma mesa - sem tomarmos em consideração, primeiro que tudo, o fim para o qual ela foi feita. Uma mesa pode, sem dúvida, definir-se como uma prancha assente sobre quatro pernas. E contudo, se dermos esta definição de mesa logo surgirá a seguinte dificuldade: há mesas que não tem quatro pernas, mas tem três, duas, uma perna só, e há as até sem pernas, como as dobradiças, por forma que só vem afinal a constituir elemento essencial do conceito de mesa a idéia de prancha. Esta, porém, também não se distingue de qualquer outra tábua, ou grupo de tábuas reunidas, a não ser pela sua finalidade. E assim chegaremos à conclusão de que o respectivo conceito, o conceito de mesa, por último, só pode definir-se, dizendo que mesa é um móvel que serve para sobre ele se colocarem quaisquer objetos destinados às pessoas que em torno dele podem vir a achar-se. Não pode, portanto, haver uma justa visão de qualquer obra ou produto humano, se abstrairmos do fim para que serve e do seu valor. Uma consideração cega aos fins, ou cega aos valores, é pois aqui inadmissível, e assim também a respeito do direito ou de qualquer fenômeno jurídico. Do mesmo modo, por exemplo, uma ciência natural do crime, como pretendeu construí-la a antropologia criminal, só é possível depois de se Ter substituído a um conceito de crime, referido a valores jurídicos, um conceito naturalístico de crime. Seria um milagre extraordinário - produto duma espécie de harmonia preestabelecida entre dois modos totalmente diversos de contemplar a realidade, que ninguém suspeitaria possível - se um conceito formado com referência a valores, como o de direito ou o de crime, pudesse coincidir com um conceito naturalístico obtido através duma contemplação não valorativa (*wertblind*) das coisas.[16]

---

14. BARROSO, Luís Roberto. Fundamentos teóricos e filosóficos do novo direito constitucional brasileiro (pós-modernidade, teoria crítica e pós-positivismo). In: _____ (Org.). **A nova interpretação constitucional**. ponderação, direitos fundamentais e relações privadas. Rio de Janeiro: Renovar, 2006. p. 2-47, p. 25.

15. HART, Herbert L. A. **O conceito de direito**. Tradução de A. Ribeiro Mendes. 3.ed. Lisboa: Calouste Gulbenkian, 2001, p. 310.

16. RADBRUCH, Gustav. **Filosofia do direito**. Tradução de Cabral de Moncada. 6.ed. Coimbra: Armênio Amado, 1997, p. 44-45. Michel Villey, no mesmo sentido, de forma mais direta, simplesmente afirma: "De que me serve conhecer os horários dos trens se não tenho a menor ideia do destino da viagem e da estação em que devo embarcar?" (VILLEY, Michel. **Filosofia do direito**. Definições e fins do direito. Os meios do direito. Tradução de Maria Valéria Martinez de Aguiar. São Paulo: Martins Fontes, 2003, p. 7). Em termos semelhantes, John Finnis nota que "ações, práticas etc. só podem ser totalmente

Da mesma forma como uma mesa só pode ser definida a partir de sua finalidade, um móvel que serve para sobre ele se colocarem quaisquer objetos destinados às pessoas que em torno dele podem vir a achar-se, o Direito só poderia ser definido, como qualquer outra obra humana,[17] por seus fins.[18] É essa a razão pela qual o Direito não pode buscar fundamento em si mesmo, autopoieticamente[19], mas, como todo instrumento que existe em função de objetivos ou finalidades, na razão pela qual esses objetivos e finalidades devem ser atendidos, razão que evidentemente o transcende. Daí porque o desprezo a esses fins, que, como admite Hart[20], não são em absoluto objeto das preocupações de uma teoria positivista do direito, pode conduzir a situações nas quais a própria identificação do Direito enquanto tal é dificultada. O Direito passa a ser identificado, não raro, com a coação.[21] E não é por outra razão que isso acontece: se o Direito só existe porque o ser humano é dotado da aptidão de distinguir *realidade* e *possibilidade*, que lhe confere a liberdade, o positivismo, ao ignorar o mundo da possibilidade, não apenas desumaniza o direito, como implica a própria negação deste, que se passa a confundir com a força.

---

    entendidas por meio do entendimento de seus propósitos, ou seja, de seus objetivos, valores, alcance ou importância, segundo foram concebidos pelas pessoas que as realizaram, nelas se engajaram etc." FINNIS, John. **Lei natural e direitos naturais**. Tradução de Leila Mendes. Rio Grande do Sul: Unisinos, 2007, p. 17.

17. Daí porque Gadamer diz *quixotesca* a pretensão de uma ciência de qualquer aspecto da sociedade humana alheia a valores. GADAMER, Hans-Georg. **Elogio da teoria**. Tradução de João Tiago Proença. Lisboa: Edições 70, 2001, p. 54.

18. BERGEL, Jean-Louis. **Teoria geral do direito**. Tradução de Maria Ermantina Galvão. São Paulo: Martins Fontes, 2001, p. 21.

19. Em sentido diverso, Gunter Teubner entende que o Direito "não é determinado nem por autoridades terrestres, nem pela autoridade dos textos, nem tão-pouco pelo direito natural ou pela revelação divina: o Direito determina-se a ele mesmo por auto-referência, baseando-se na sua própria positividade." (TEUBNER, Gunter. **O direito como sistema autopoiético**. Tradução de José Engrácia Antunes. Lisboa: Fundação Calouste Gulbenkian, 1993, p. 2). É o caso, porém, de indagar: seu conteúdo é determinado aleatoriamente? Como o próprio Direito pode determinar o conteúdo da Constituição elaborada pelo poder constituinte originário? E dentro das diversas possibilidades que uma Constituição confere ao legislador (que pode elaborar leis nos mais variados sentidos sem incorrer em inconstitucionalidade), de que forma o próprio direito positivo lhe estaria a determinar inteiramente os conteúdos? A teoria dos sistemas até pode explicar o funcionamento do Direito depois de positivada a Constituição, que serve de filtro entre as influências exteriores e o ordenamento, determinando como aquelas podem ser transformadas nas normas que compõem este; mas não se presta para responder à pergunta: por que esta Constituição, e não outra?

20. HART, Herbert L. A. **O conceito de direito**. Tradução de A. Ribeiro Mendes. 3.ed. Lisboa: Calouste Gulbenkian, 2001, p. 310.

21. Nesse sentido: BOBBIO, Norberto. **Teoria do ordenamento jurídico**. 10.ed. Tradução de Maria Celeste Cordeiro dos Santos, Brasília: UnB, 1999, p. 65. Para uma análise crítica da indicação do uso da força como característica ou fundamento da ordem jurídica: VASCONCELOS, Arnaldo. **Direito e força**: uma visão pluridimensional da coação jurídica. São Paulo: Dialética, 2001, *passim*.

3.4 A QUESTÃO DO FUNDAMENTO DO DIREITO PARA AS VÁRIAS CORRENTES POSITIVISTAS

Como consequência das características do positivismo rapidamente resenhadas nos itens precedentes, não há nele grande preocupação com o fundamento da ordem jurídica. Esta é considerada enquanto *fato* e, nessa condição, considera--se como direito o que vige enquanto tal em dada sociedade, sendo imposto pelo uso da força, independentemente de seu conteúdo.[22] A razão de ser das normas jurídicas, portanto, é buscada no próprio sistema jurídico (confundindo-se com a validade) ou em elementos que, conquanto sejam externos a ele, são igualmente positivos,[23] como ocorre com o positivismo sociológico relativamente à realidade factual, ou com a admissão de que um mínimo de eficácia social[24] é necessário para que a ordem jurídica tenha validade.

Relativamente ao positivismo normativista, que reduz seus estudos ao direito *tal como é*, não lhe interessa saber *por que* o direito é como é. O que importa é que se trata de ordem jurídica dotada de eficácia. Se tal eficácia é obtida pelo reconhecimento, pelo consenso, pela força, pelo medo, ou por qualquer outra forma, isso não importa.[25] Daí porque Pontes de Miranda afirma que ao erro

> de só se quererem princípios eternos à base das instituições políticas e sociais sucedeu, como se viu, o de se quererem só instituições, ou mesmo só textos, à base dos princípios.
>
> Acolá, a preocupação de legitimar o que existia. Ali, a de abster-se de qualquer justificação.[26]

O fundamento do ordenamento jurídico, com efeito, é pressuposto pelo positivismo, que estuda o direito tal como ele é, sem indagar por que ele é como é, ou por que não é de outra forma. Renuncia, por outras palavras, "a toda indagação racional do fundamento das regras jurídicas."[27] Tais aspectos caberiam a outros ramos do saber, e não seriam jurídicos.

---

22. BOBBIO, Norberto. **O positivismo jurídico**. Tradução de Mário Pugliesi, Edson Bini e Carlos Rodrigues. São Paulo: Icone, 1995, p. 132; ROSS, Alf. **Direito e justiça**. Tradução de Edson Bini. Bauru: Edipro, 2000, p. 77.
23. MERLE, Jean-Christophe; MOREIRA, Luiz. Introdução. In: MERLE, Jean-Christophe; MOREIRA, Luiz (Org.). **Direito e legitimidade**. São Paulo: Landy, 2003. p. 9-20, p. 13.
24. DIMOULIS, Dimitri. **Positivismo jurídico** – introdução a uma teoria do direito e defesa do pragmatismo jurídico-político. São Paulo: Método, 2006, p. 120-121.
25. Por isso mesmo, Alan Gewirth afirma que Kelsen *"feels that if the jurist appeals to any even prudential considerations as criteria for regarding a set of laws as valid, this will introduce alien elements into his jurisprudence. But this seems to leave nothing as the basis of de jure validity except the de facto observance of the law itself."* GEWIRTH, Alan. The quest for specificity in jurisprudence. **Ethics**, Washington, v. 69, n. 3, p. 155-181, apr. 1959, p. 165.
26. MIRANDA, Pontes de. **Democracia, liberdade, igualdade, os três caminhos**. Campinas: Bookseller, 2001, p. 67.
27. *Ibid.*, 2001, p. 65.

3.5 POSITIVISMO E CONCEPÇÃO DE CIÊNCIA

Uma das principais características do positivismo jurídico é seu compromisso com determinada concepção de ciência. Isso porque, como se sabe, ele decorre da tentativa de tratar o Direito cientificamente, partindo de uma concepção de conhecimento científico como sendo aquele que pode ser submetido à experimentação, a medições e a pesagens, o que afastaria de suas considerações tudo o que não pudesse ser apreendido pelos sentidos, tal como os valores,[28] ou qualquer outra coisa considerada suprassensível ou metafísica.[29] Associada a essa ideia de ciência está a concepção de que uma verdade objetiva e definitiva é alcançável, passível de descoberta por intermédio do conhecimento científico. Para isso, afastam-se os juízos de valor, devendo-se, em nome da objetividade, apenas descrever a realidade. Explica Norberto Bobbio, a esse respeito, que o positivismo jurídico

> nasce do esforço de transformar o estudo do direito numa verdadeira e adequada *ciência* que tivesse as mesmas características das ciências físico-matemáticas, naturias e sociais. Ora, a característica fundamental da ciência consiste em *sua avaloratividade*, isto é, na distinção entre *juízos de fato* e *juízos de valor* e na rigorosa exclusão destes últimos do campo científico: a ciência consiste somente em juízos de fato.
>
> [...]
>
> A ciência exclui do próprio âmbito os juízos de valor, porque ela deseja ser um conhecimento puramente *objetivo* da realidade, enquanto os juízos em questão são sempre *subjetivos* (ou pessoais) e conseqüentemente contrários à exigência de objetividade.[30]

Essa concepção de ciência e de objetividade, contudo, não tem mais o crédito que tinha há um par de séculos. E sua superação, invariavelmente, conduz à superação do positivismo jurídico, a ela diretamente associado.[31] Essa é a razão pela qual, com inteira razão, Jane Reis Gonçalves Pereira afirma que "o positivismo jurídico quebrantou não apenas em decorrência da mutação das instituições

---

28. A concepção científica de Kelsen – escreve Miguel Reale – "é cega para o mundo dos valores, pois ele pertenceu àquela corrente de teóricos que depositou excessiva confiança na causalidade e na indução." REALE, Miguel. **Direito natural/direito positivo**. São Paulo: Saraiva, 1984, p. 70.

29. M. Rosental e P. Iudin. registram que, para o positivismo, "o papel da ciência consistiria em descrever (e não em explicar) os fatos considerados como certos estados da consciência. O positivismo ressuscita o agnosticismo e Hume e de outros idealistas, e aplica-se em demonstrar que o conhecimento não vai mais além das percepções e que os problemas da existência do mundo exterior, objetivo, independente das percepções, não podem ser colocados cientificamente, pois teriam caráter metafísico." ROSENTAL, M.; IUDIN, P. **Pequeno dicionário filosófico**. Tradução de Guarany Galo e Rudy Margherito. São Paulo: Exposição do Livro. [s.d.], p. 464.

30. BOBBIO, Norberto. **O positivismo jurídico**. Tradução de Mário Pugliesi, Edson Bini e Carlos Rodrigues. São Paulo: Icone, 1995, p. 137.

31. Nesse sentido: VASCONCELOS, Arnaldo. **Direito, humanismo e democracia**. São Paulo: Malheiros, 1998, p. 10.

3 • FUNDAMENTO DO ORDENAMENTO JURÍDICO PARA O POSITIVISMO JURÍDICO

políticas então operada, mas em virtude do abalo sofrido pelo próprio modelo científico em que se assentava."[32]

Primeiro, porque a ciência não apenas descreve a realidade. Antes de descrever, o cientista julga, escolhe e avalia.[33] E, depois de descrever, propõe. Em todas essas situações, como é claro, faz juízos de valor. Inicialmente, sobre *o que* será descrito. E, por conseguinte, de forma relacionada a esse primeiro juízo, faz outro, sobre *para que* aquilo será descrito. Afinal, uma pessoa não decide, de forma aleatória e arbitrária, contar a quantidade de grãos de areia existente no deserto do Saara ou determinar o peso ou as dimensões dos livros existentes em sua própria biblioteca. De resto, indagaria o leitor, para quê? Ao descrever algo, o cientista o faz movido por razões, e tem propósitos a atingir, o que demanda juízos de valor que interferem na descrição a ser feita.[34] A razão pela qual se considera relevante a parcela da realidade a ser descrita envolve juízos de valor, podendo-se dizer o mesmo dos motivos que levam a essa descrição, se ligados à preservação (porque boa) ou à modificação (porque má) da realidade.

A ciência descreve a realidade, mas não se limita a isso.[35] Ela descreve para *prever.*[36] E para quê? É evidente que para agir sobre a realidade, alterando-a ou preservando-a.[37] A descrição dos fenômenos atmosféricos se presta para que se possam prever catástrofes e assim adotar medidas que possam minimizar os

---

32. PEREIRA, Jane Reis Gonçalves. **Interpretação constitucional e direitos fundamentais.** Rio de Janeiro: Renovar, 2006, p. 27-28.
33. Por essa razão, Miguel Reale observa que não há "nenhuma ciência assepticamente isenta de pressupostos axiológicos, o que Kelsen ignorou." REALE, Miguel, *op. cit.*, 1984, p. 70.
34. E isso para não referir a influência da "pré-compreensão" do sujeito na descrição que por ele é feita. Não é por outra razão que pessoas que apenas "descrevem" certas parcelas da realidade divergem no resultado de suas descrições. As diferenças de descrição, nota John Finnis, "são derivadas das diferenças de opinião, entre os teóricos descritivos, a respeito do que é *importante* e *significativo* no campo dos dados e da experiência com a qual eles todos estão igual e completamente familiarizados." FINNIS, John. **Lei natural e direitos naturais.** Tradução de Leila Mendes. Rio Grande do Sul: Unisinos, 2007, p. 22.
35. A esse respeito, J. Bronowski observa que "em nenhum sentido se poderá qualificar a ciência de mera descrição de fatos." BRONOWSKI, J. **O senso comum da ciência.** Tradução de Neil Ribeiro da Silva. Belo Horizonte: Itatiaia; São Paulo: EdUSP, 1977, p. 110.
36. Como observa John Ziman, "a influência do conhecimento sobre a ação surge de seu poder de previsão." (ZIMAN, John. **O conhecimento confiável.** Tradução de Tomás R. Bueno. Campinas: Papirus, 1996, p. 145). Por isso, "nem é preciso dizer que a maneira mais impressionante de validar uma teoria científica é confirmar suas previsões", sendo possível afirmar que "o propósito fundamental da ciência é adquirir os meios de fazer previsões confiáveis." *Ibid.*, 1996, p. 50.
37. Henry Poincaré, a esse respeito, destaca que "a ciência prevê, e é porque prevê que pode ser útil, e servir de regra de ação". Por isso mesmo, ainda em suas palavras, "não há meio de escapar a esse dilema; ou bem a ciência não permite prever, e então não tem valor como regra de ação, ou então permite prever de modo mais ou menos imperfeito, e então não deixa de ter valor como meio de conhecimento." POINCARÉ, Henry. **O valor da ciência.** Tradução de Maria Helena Franco Martins. Rio de Janeiro: Contraponto, 1995, p. 140-141.

danos por elas causados. O mesmo se pode dizer das consequências da emissão de gases poluentes, que são previstas com a finalidade de que se altere a realidade e se evitem as consequências, consideradas negativas, do aquecimento global.

Ainda exemplificando, o cientista que procura descrever a forma de reprodução de um vírus não o faz de forma arbitrária. Valores o movem a isso. Ele espera, em verdade, elaborar – ou contribuir para que outrem elabore – um medicamento que iniba ou prejudique esse ciclo reprodutivo, curando o organismo humano eventualmente por ele infectado. Considerar a infecção algo a ser evitado, ou remediado, envolve um juízo de valor. Mas pode ocorrer, também, de o cientista pretender incrementar a reprodução do tal vírus, para torná-lo mais letal e resistente, viabilizando o seu uso como arma biológica. Aqui, também, seu trabalho é orientado por valores.

Quando o cientista pretende descrever o movimento de astros (e não das partículas de poeira soltas dentro de um armário velho), o faz para compreender o funcionamento do universo, e assim satisfazer a curiosidade, inerente ao ser humano, a respeito das perguntas fundamentais sobre de onde viemos e para onde vamos. Almeja, ainda, a construção de naves que permitam a pessoas ou a sondas a exploração de tais astros.[38] E, onde há finalidade, há juízo de valor.[39]

Os valores, em suma, estão sempre presentes, e ocultar a sua existência, ignorá-la ou afastá-la das considerações do cientista implica, tão somente, permitir que qualquer fim seja buscado, sem que se tenha de lhe dar uma justificativa ou sem que sejam submetidos os valores a qualquer juízo crítico.[40] Em resumo: como é factualmente impossível afastar os valores de qualquer ação humana voluntária, ignorá-los abre espaço para que não se submetam a qualquer controle. Abre espaço para que sejam adotados quaisquer valores, como, aliás, a História mostrou ter ocorrido, inclusive em relação ao próprio positivismo jurídico.

Autores positivistas se defendem dessa acusação – de que o positivismo permitiria regimes jurídicos injustos, arbitrários e iníquos – afirmando que a ciência, exatamente porque apenas (supostamente) descreve a realidade, sem

---

38. Há sempre uma finalidade, mediata ou imediata, e nunca uma pura e simples descrição. m termos semelhantes, entrevistado por Guitta Pessis-Pasternak, Pierre Papin destaca que "a grande força do método científico reside em sua capacidade de prever os fenômenos e, assim, agir sobre a matéria" PAPIN, Pierre. Entrevista concedida a PESSES-PASTERNAK, Guitta. **A ciência:** deus ou o diabo? Tradução de Edgard de Assis Carvalho e Mariza Perassi Bosco. São Paulo: Unesp, 2001, p. 142.

39. Nesse sentido, destacando a inexistência de neutralidade mesmo nas ciências ditas exatas: PERELMAN, Chaïm. **Lógica jurídica.** Tradução de Vergínia K. Pupi. São Paulo: Martins Fontes, 2000, p. 153.

40. E se isso ocorre em relação às ciências que têm por objeto parcelas da realidade "bruta", com mais razão ainda acontece em relação ao conhecimento que se tem das obras humanas, notadamente quando vistas enquanto tal, em seu aspecto institucional, sempre ligado a um fim. GADAMER, Hans-Georg. **Elogio da teoria.** Tradução de João Tiago Proença. Lisboa: Edições 70, 2001, p. 54.

3 • FUNDAMENTO DO ORDENAMENTO JURÍDICO PARA O POSITIVISMO JURÍDICO

julgá-la, não a afirma boa nem ruim. Dessa forma, – dizem eles – mesmo ao positivista continua sendo possível julgar a ordem jurídica que cientificamente apenas descreve, afirmando-a ruim, inadequada, injusta ou antiética, e lutar contra ela, pugnando por sua mudança. Só não se pode dizer que tais atos de protesto e os argumentos usados em sua defesa são científicos.

Essa defesa, contudo, não é procedente. Como apontado, a ciência não é meramente descritiva, nem é avalorativa, pelo que, ao afirmá-la apenas descritiva e avalorativa, o positivismo não impede – nem teria mesmo como impedir – que o cientista descreva o objeto a partir de seu horizonte e calcado em seus valores e em suas pré-compreensões. Dar as costas para esse fato, em vez de reduzir, incrementa a subjetividade.[41] Por outro lado, o argumento de que os valores são puramente subjetivos e emocionais, relativos e variáveis, se procedente fosse, retirar-lhes-ia por completo a importância. Tudo poderia ser certo, ou errado, a depender do ponto de vista, pelo que um juízo axiológico não poderia ser contraposto a uma afirmação "científica", supostamente neutra. As críticas, em tal contexto, não teriam qualquer valor, justamente por decorrerem de emoções meramente subjetivas de quem as fizesse.

Por outro lado, o direito, como toda obra humana, é criado em virtude de valores. Condutas são proibidas, permitidas ou determinadas por serem consideradas indesejáveis, desejáveis ou necessárias, conceitos marcadamente axiológicos. Os valores fazem parte do próprio objeto a ser estudado, sendo a análise avalorativa uma forma de mutilar a realidade examinada. Daí porque, observa argutamente Michel Villey a respeito do positivismo jurídico,

> apesar do sucesso desta espantosa filosofia nas esferas acadêmicas, é impossível extrair o direito de uma ciência que zomba do Bem e do Mal. As doutrinas positivistas só aparentemente os ignoram: mascaram seus princípios. Tanto quanto as teorias do Contrato Social e da Escola do direito natural, são *ideologias*.[42]

---

41. Prova disso é a teoria da interpretação adotada por muitos dos partidários do positivismo jurídico, segundo a qual o intérprete tem um "poder discricionário" para decidir as questões, havendo várias decisões "cientificamente possíveis". Essa ideia está presente na maior parte dos autores positivistas, sendo célebre, a propósito, a ideia de "quadro ou moldura" a que alude Kelsen (KELSEN, Hans. **Teoria pura do direito**. Tradução de João Baptista Machado. 6. ed. São Paulo: Martins Fontes, 2000, p. 369), e o que sobre ela disse Larenz: "quando Kelsen, para se manter longe de tais juízos de valor, declara que a ciência do Direito é incapaz de atingir, através da 'interpretação' de uma norma, juízos 'corretos', 'deita a criança fora com a água do banho'" LARENZ, Karl. **Metodologia da ciência do direito**. Tradução de José Lamego. 3.ed. Lisboa: Fundação Calouste Gulbenkian, 1997, p. 107.
42. VILLEY, Michel. **Filosofia do direito**. definições e fins do direito. os meios do direito. Tradução de Maria Valéria Martinez de Aguiar. São Paulo: Martins Fontes, 2003, p. 331-332. Em termos semelhantes: FINNIS, John. **Lei natural e direitos naturais**. Tradução de Leila Mendes. Rio Grande do Sul: Unisinos, 2007, p. 343.

Poder-se-ia dizer, em oposição ao que escreveu Villey no trecho citado, que o autor positivista não ignora a existência de valores; apenas rejeita a possibilidade de serem estudados cientificamente. Puro seria o método,[43] e não o objeto por seu intermédio examinado. Mas esse argumento também não procede. Purificada a ciência, que é a lente por meio da qual o objeto será visto pelo sujeito, o objeto será por igual purificado, pois não há como vê-lo senão através dela. "Na verdade" - observa Richard Palmer - "método e objecto não podem separar-se: o método já delimitou *o que* veremos. Já nos disse o que o objeto é enquanto objeto."[44]

Finalmente, a ideia de verdade como algo que pode ser definitivamente alcançado de forma absoluta pelo ser humano, através da experiência e da verificação, também tem passado por revisões no âmbito da teoria do conhecimento. As descobertas havidas no âmbito da física – talvez a mais "objetiva" das ciências naturais – no final do Século XIX e ao longo do Século XX, e a epistemologia construída em torno de tais mudanças de paradigma apontam para a superação de mencionadas visões de ciência e verdade. Atrelado indissociavelmente a elas, sendo delas fruto e instrumento, o positivismo padece dos mesmos problemas e da mesma superação. Disso tratará, com maior detalhamento, o capítulo 5.3, *infra*.

3.6 POSITIVISMO E NATUREZA HUMANA

Outra característica das correntes de pensamento positivistas é a rejeição à metafísica. As teorias positivistas dizem ocupar-se apenas da realidade sensível. Entretanto, como o ser humano se diferencia dos animais exatamente por diferenciar o *real* do *possível*, o *sensível* do *inteligível*, aprisionar o cientista apenas a um desses mundos é atentar contra a própria natureza humana. Ignora-se, no estudo, precisamente o que faz o ser humano diferente dos demais seres. Ernst Cassirer observa, relativamente ao positivismo comteano, que os

---

43. Essa é a visão, por exemplo, de Miguel Reale, para quem "[n]ão existe Direito puro na doutrina de Kelsen. O que existe é a procura, é a pesquisa de uma pureza metodológica capaz de isolar o estudo do Direito do estudo de outras ciências sociais, como a História, a Economia, a Psicologia e assim por diante." (REALE, Miguel. **Direito natural/direito positivo**. São Paulo: Saraiva, 1984, p. 63). O mesmo é dito por Simone Goyard-Fabre GOYARD-FABRE, Simone. **Filosofia crítica e razão jurídica**. Tradução de Maria Ermantina de Almeida Prado Galvão. São Paulo: Martins Fontes, 2006, p. 234.

44. PALMER, Richard. **Hermeneutica**. Tradução de Maria Luísa Ribeiro Ferreira. Rio de Janeiro: Edições 70, 1989, p. 33. Daí porque, se a visão que se tem do objeto é provisória, o método também deve sê-lo. (FEYERABEND, Paul. **Against method**. 3.ed. London: Verso, 1993, p. 14. Ainda do mesmo autor: On the limited validity of methodological rules. Translated by Eric M. Oberheim and Daniel Sirtes. In: PRESTON, John (ed.). **Paul Feyerabend** – Knowledge, science and relativism – philosophical papers. Cambridge: Cambridge University Press, 1999. v.3, p. 120-153, p. 138 e ss.). Ainda sobre o equívoco de se pretender pura a teoria, e não o direito através dela estudado, confira-se: VASCONCELOS, Arnaldo. **Teoria pura do direito** – repasse crítico de seus principais fundamentos. Rio de Janeiro: Forense, 2003, p. 109.

discípulos y seguidores de Comte no estaban inclinados, sin embargo, a aceptar esta distinción. Negaran la diferencia entre fisiología y sociología, porque temían que reconociéndola se verían conducidos a un dualismo metafísico; su ambición se cifraba en establecer una teoría puramente naturalista del mundo social y cultural. A este fin consideraron necesario negar y destruir todas las barreras que parecen separar el mundo humano del animal.[45]

É inevitável. Como a capacidade de acesso ao mundo suprassensível é o marco diferenciador da criatura humana, o positivismo, ao rejeitar a análise de toda a parcela suprassensível ou metafísica do mundo, termina por atentar contra a própria natureza humana, amesquinhando-a de uma forma ou de outra. Daí porque Alain Supiot destaca que o erro

profundo – e o irrealismo fundamental – dos juristas que acham realista expulsar as considerações de justiça da análise do Direito é esquecer que o homem é um ser bidimensional, cuja vida social se desenvolve a um só tempo no terreno do ser e do dever-ser. O Direito não é revelado por Deus nem descoberto pela ciência, é uma obra plenamente humana, da qual participam aqueles que se dedicam a estudá-lo e não podem interpretá-lo sem levar em consideração os valores por ele veiculados. A obra jurídica atende à necessidade, vital para toda sociedade, de compartilhar um mesmo dever-ser que a preserve da guerra civil. As concepções de justiça mudam, evidentemente, de uma época para outra e de um país para outro, mas a necessidade de uma representação comum da justiça em certo país e época não muda. O Direito é o lugar dessa representação, que pode ser desmentida pelos fatos, mas confere um senso comum à ação dos homens.[46]

Sendo o ser humano o único ser situado entre o mundo sensível e o mundo inteligível, determinar que somente as realidades sensíveis sejam objeto da atenção do cientista é, realmente, atentar contra a própria natureza humana.[47] Não é por outra razão que, ao identificar o direito como tudo o que existe de fato enquanto tal e se impõe pela coação,[48] o positivismo não fornece elementos que permitam diferenciá-lo da ordem dada pelo domador ao animal domado.

---

45. CASSIRER, Ernst. **Antropología filosófica**. Traducción de Eugenio Ímaz. 2.ed. México: Fondo de Cultura Económica, 1963, p. 104. Arnaldo Vasconcelos, também a propósito do positivismo sociológico, registra que "o fetichismo do fato levou ao fenômeno da reificação, a saber, da degradação da imagem do homem, tomado, para fins científicos, como sendo coisa, e não como pessoa, na pluralidade de significados espirituais e éticos que se contém nessa palavra." (VASCONCELOS, Arnaldo. **Direito, humanismo e democracia**. São Paulo: Malheiros, 1998, p. 41). No mesmo sentido, Carlos Cossio já observava, a respeito do positivismo sociológico, que "*se estuvo haciendo una teoría jurídica de la que el hombre verdadero estaba ausente o era reemplazado por el bípedo implume.*" COSSIO, Carlos. **Teoría de la verdad jurídica**. Buenos Aires: Losada, 1954, p. 38.

46. SUPIOT, Alain. **Homo juridicus** – ensaio sobre a função antropológica do direito. Tradução de Maria Ermantina de Almeida Prado Galvão. São Paulo: Martins Fontes, 2007, p. XXIV.

47. Por isso mesmo, diz-se que "esse direito que se reduz à forma decisional do ato do legislador fica ressequido ao ponto de refletir apenas um anti-humanismo." GOYARD-FABRE, Simone. **Os fundamentos da ordem jurídica**. Tradução de Cláudia Berliner. São Paulo: Martins Fontes, 2002, p. XXIX.

48. Merece referência, neste ponto, a observação de Nelson Saldanha, que registra ser o direito ao mesmo tempo ideia e realidade, fato e valor, *corpus* e *animus*. Por isso, a relação entre poder e direito é compa-

3.7 TEM O POSITIVISMO TODOS OS DEFEITOS QUE LHE ATRIBUEM?

É preciso cautela, contudo, quando se critica o positivismo, notadamente em sua feição normativista, por haver permitido o nazismo[49] ou por admitir um direito com qualquer conteúdo.

Com efeito, o positivismo normativista, por não ter "qualquer pretensão de identificar o cerne ou a finalidade do direito e das práticas jurídicas enquanto tais"[50], realmente não dá ao cientista critérios ou ferramentas para *julgar* a ordem jurídica que ele apenas supostamente descreve.[51] Com sua "desenvoltura sem princípios, no fazer e desfazer leis, o direito democrático e liberal engendrava a desenvoltura dos ditadores legislantes do terceiro, quarto e quinto decênios do século XX."[52]

Esse defeito o positivismo certamente tem, e não foi por outra razão que o jusnaturalismo experimentou um renascimento[53] na Alemanha, no período de redemocratização, após 1945, dada a incapacidade do positivismo jurídico e de sua neutralidade axiológica de lidarem com o terrorismo estatal praticado no *III Reich*.[54] Seria ingenuidade, é verdade,

---

rada "com a que existe, entre tudo o que é humano, entre natureza e cultura." (SALDANHA, Nelson. **O poder constituinte**. São Paulo: RT, 1986, p. 35). Reduzindo o fundamento do direito à coação, à coatividade ou à coercibilidade, o positivismo quebranta a própria distinção entre direito e poder e, em última análise, entre o natural e o cultural, bestializando a criatura humana.

49. Michel Villey registra que "os juristas alemães formados no positivismo legalista sentiram então vergonha por terem servido e aplicado demasiado passivamente as leis de Hitler (*Hitlers argument)*." (VILLEY, Michel. **Filosofia do direito**. definições e fins do direito. os meios do direito. Tradução de Maria Valéria Martinez de Aguiar. São Paulo: Martins Fontes, 2003, p. 312). E, mais adiante (p. 331), arremata: "Kelsen – quaisquer que fossem as suas convicções democráticas -, subordinando o direito às normas do poder mais 'efetivo', punha os juristas alemães a serviço da ordem hitleriana". No mesmo sentido: BARROSO, Luís Roberto. Fundamentos teóricos e filosóficos do novo direito constitucional brasileiro (pós-modernidade, teoria crítica e pós-positivismo. In: BARROSO, Luis Roberto (Org.). **A nova interpretação constitucional**. ponderação, direitos fundamentais e relações privadas. Rio de Janeiro: Renovar, 2006. p. 2-47, p. 26; MARMELSTEIN, George. **Curso de direitos fundamentais**. São Paulo: Atlas, 2008, p. 4 e ss; BONAVIDES, Paulo. **Teoria constitucional da democracia participativa**. Por um direito constitucional de luta e resistência, por uma nova hermenêutica, por uma repolitização da legitimidade. São Paulo: Malheiros, 2001, p. 122.

50. HART, Herbert L. A. **O conceito de direito**. Tradução de A. Ribeiro Mendes. 3.ed. Lisboa: Calouste Gulbenkian, 2001, p. 310.

51. Para exame do julgamento feito em Nuremberg, e da defesa usada pelos acusados, que estavam apenas cumprindo o direito vigente, confira-se: MARMELSTEIN, George. **Curso de direitos fundamentais**. São Paulo: Atlas, 2008, p. 6 e ss.

52. MIRANDA, Pontes de. **Democracia, liberdade, igualdade, os três caminhos**. Campinas: Bookseller, 2001, p. 65.

53. Para o uso dessa expressão, e uma crítica marcadamente positivista a esse renascimento, confira-se ROSS, Alf. **Direito e justiça**. Tradução de Edson Bini. Bauru: Edipro, 2000, p. 297.

54. GUERRA FILHO, Willis Santiago. **Teoria processual da constituição**. São Paulo: Celso Bastos Editor/Instituto Brasileiro de Direito Constitucional, 2000, p. 110. Ainda sobre esse renascimento, e a insuficiência do positivismo, demonstrada pelas ditaduras nazifascistas derrotadas na Segunda

3 • FUNDAMENTO DO ORDENAMENTO JURÍDICO PARA O POSITIVISMO JURÍDICO

e talvez até mesmo má-fé pensar que Kelsen teve alguma influência ou participação na elaboração das leis nazistas. Longe disso. Kelsen era um democrata e ele próprio foi perseguido pelo regime de Hitler. Porém, não há como negar que a sua teoria pura forneceu embasamento jurídico para tentar justificar as atrocidades praticadas contra judeus e outras minorias. Afinal, o formalismo da teoria pura não dá margem a discussão em torno do conteúdo da norma. Na ótica de Kelsen, não cabe ao jurista formular qualquer juízo de valor acerca do direito. Se a norma fosse válida, deveria ser aplicada sem questionamentos. E foi precisamente essa a questão levantada pelos advogados nazistas: segundo eles, os comandados de Hitler estavam apenas cumprindo ordens e, portanto, não poderiam ser responsabilizados por eventuais crimes contra a humanidade.[55]

Merece transcrição, a propósito, o relato de Gustav Radbruch, professor da Universidade de Heidelberg e demitido pelo nacional-socialismo:

> Ordens são ordens, é a lei do soldado. A lei é a lei, diz o jurista. No entanto, ao passo que para o soldado a obrigação e o dever de obediência cessam quando ele souber que a ordem recebida visa a prática dum crime, o jurista, desde que há cerca de cem anos desapareceram os últimos jusnaturalistas, não conhece excepções deste gênero à validade das leis nem ao preceito de obediência que os cidadãos lhes devem. A lei vale por ser lei, e é lei sempre que, como na generalidade dos casos, tiver do seu lado a força para se fazer impor.
>
> Esta concepção de lei e sua validade, a que chamamos *Positivismo,* foi a que deixou sem defesa o povo e os juristas contra as leis mais arbitrárias, mais cruéis e mais criminosas. Torna equivalentes, em última análise, o direito e a força, levando a crer que só onde estiver a segunda estará também o primeiro.[56]

Como se sabe, tal crítica é rebatida por autores positivistas com a afirmação de que não existe "*una obligación moral de obedecer las reglas jurídicas por el mero*

Guerra Mundial: VILLEY, Michel. **Filosofia do direito**. definições e fins do direito. os meios do direito. Tradução de Maria Valéria Martinez de Aguiar. São Paulo: Martins Fontes, 2003, p. 312; CHORÃO, Mário Bigotte. **Introdução ao direito** – o conceito de direito. Coimbra: Almedina, 1994, p. 165; KERVÉGAN, Jean-François. **Hegel, Carl Schmitt** – o político entre a especulação e a positividade. Tradução de Carolina Huang. Barueri: Manole, 2006, p. XIX; ASCENSÃO, José de Oliveira. **O direito** – introdução e teoria geral. 2.ed. Brasileira. Rio de Janeiro: Renovar, 2001, p. 178; FARALLI, Carla. **A filosofia contemporânea do direito** – temas e desafios. Tradução de Candice Premaor Gullo. São Paulo: Martins Fontes, 2006, p. 21; PALOMBELLA, Gianluigi. **Filosofia do direito**. Tradução de Ivone C. Benedetti. São Paulo: Martins Fontes, 2005, p. 226.

55. MARMELSTEIN, George. **Curso de direitos fundamentais**. São Paulo: Atlas, 2008, p. 11. É o que sustenta, como se sabe, Simone Goyard-Fabre, para quem Kelsen, como defensor da democracia, não poderia jamais ser visto como autor de teoria que poderia justificar qualquer regime, até mesmo o nazista. (GOYARD-FABRE, Simone. **O que é democracia?** A genealogia filosófica de uma grande aventura humana. Tradução de Cláudia Berlinger. São Paulo: Martins Fontes, 2003, p. 316-317). Kelsen, com efeito, era um defensor da democracia, mas, como apontou com precisão Alan Gewirth, "*the way in which he works out his project incurs the danger of obscuring the very democratic values in which he so sincerely believes.*" Em uma tradução livre: "a maneira pela qual ele implementa seu projeto incorre no perigo de obscurecer os valores bastante democráticos nos quais ele tão sinceramente acredita." GEWIRTH, Alan. The quest for specificity in jurisprudence. **Ethics**, Washington, v. 69, n. 3, p. 155-181, apr. 1959, p. 178.

56. RADBRUCH, Gustav. **Filosofia do direito**. Tradução de Cabral de Moncada. 6.ed. Coimbra: Armênio Amado, 1997, p. 415.

hecho de que sean tales."[57] Ao fazê-lo, contudo, os positivistas terminam por reconhecer, ainda que indiretamente, que a obrigatoriedade das normas jurídicas, ou a razão que justifica sua observância, *reside na sua adequação com a moral.* Seja como for, o que importa é lembrar que o jusnaturalismo tampouco é inteiramente imune a uma crítica análoga. Na medida em que preconiza a necessidade de o direito posto adequar-se a um modelo, fornecido pelo direito natural, o jusnaturalismo coloca nas mãos do detentor da atribuição de interpretar ou revelar esse direito natural a faculdade de desautorizar o próprio direito positivo, o que, a História mostra, também pode servir às ditaduras.[58]

Os regimes nazifascistas, instalados na Europa na primeira metade do Século XX, até podem ter-se valido do positivismo normativista *depois* de haverem editado normas jurídicas com o conteúdo que lhes atendia as necessidades. Normas que tornavam ilimitadas as possibilidades de revisão de sentenças transitadas em julgado, simplesmente por serem injustas (sob o ponto de vista do *Führer*), a edição de leis retroativas, a desconsideração de planejamentos tributários praticados por contribuintes, a execução de judeus, homossexuais, deficientes etc. em campos de concentração e assim por diante. Mas isso depois de alterada – de forma legítima ou ilegítima, desde que com o uso da força, para muitas correntes positivistas tanto faz – a ordem jurídica anterior.

Na verdade, enquanto ainda vigoravam as leis editadas anteriormente à ascensão dos nazistas ao poder,[59] estes, quando não queriam a elas se submeter, valiam-se do recurso a um "direito natural étnico".[60] Isso porque, no sistema nazista, o Estado não era um fim em si mesmo, mas um "meio de atualização das exigências do *Volsgeist* como expressão dos valores supremos da raça germânica"[61]. Dessa forma, vê-se que o jusnaturalismo nem sempre está associado ao que no presente momento histórico parece justo, e que o respeito ao direito posto nem sempre é sinônimo de arbitrariedade.[62] É essa a razão pela qual Martônio

---

57. CARRIÓ, Genaro. **Notas sobre derecho y lenguage**. 4.ed. Buenos Aires: Abeledo-Perrot, 1994, p. 332. Em sentido semelhante: LATORRE, Angel. **Introdução ao direito**. Tradução de Manuel Alarcão. Coimbra: Almedina, 1974, p. 154.
58. LATORRE, Angel. **Introdução ao direito**. Tradução de Manuel Alarcão. Coimbra: Almedina, 1974, p. 167.
59. Sobre o problema da aplicação de leis oriundas de um antigo regime depois de uma revolução ou um golpe que instaura uma nova ordem jurídica, confira-se: CALAMANDREI, Piero. **Eles, os juízes, vistos por um advogado**. Tradução de Eduardo Brandão. São Paulo: Martins Fontes, 2000, p. 222-223.
60. KAUFMANN, Arthur. **Filosofia do direito**. Tradução de Antonio Ulisses Cortês. Lisboa: Fundação Calouste Gulbenkian, 2004, p. 45. Conferir ainda: DIMOULIS, Dimitri. **Positivismo jurídico** – introdução a uma teoria do direito e defesa do pragmatismo jurídico-político. São Paulo: Método, 2006, p. 261.
61. REALE, Miguel. **Direito natural/direito positivo**. São Paulo: Saraiva, 1984, p. 77-78.
62. Alf Ross cita ainda outras situações nas quais o direito natural teria sido invocado para fundamentar injustiças, tal como quando foi utilizado para justificar o domínio do homem sobre a mulher (Carl

3 • FUNDAMENTO DO ORDENAMENTO JURÍDICO PARA O POSITIVISMO JURÍDICO

Mont´Alverne Barreto Lima sustenta que "na Alemanha, foram exatamente os positivistas que enfrentaram o partido nazista durante o período da República de Weimar, antes da absoluta tomada do poder por Hitler em 1933".[63]

Depois dessa "absoluta tomada do poder", o nazismo certamente demonstrou a insuficiência do positivismo jurídico, mas não se pode dizer que tenha sido propiciado por ele. Uma visão não positivista do direito teria permitido alguma resistência por parte de juristas e aplicadores do direito,[64] se estes tivessem o interesse de fazê-lo, diante da edição das primeiras normas de caráter arbitrário, mas, antes disso, o respeito ao direito positivo, no caso da Alemanha, teria impedido a própria absoluta tomada do poder que as propiciou.

Mas, - e esse é o aspecto que se almeja destacar aqui - o contrário também pode ocorrer: diante de leis democraticamente elaboradas, de conteúdo aceito consensualmente pela sociedade, uma autoridade poderia afirmá-las contrárias

---

Ludwig von Haller), a escravidão nos Estados do sul, nos EUA (Thomas Dew), o poder absoluto (Hobbes), a invalidade de leis que, no início do Século XX, fixavam salário mínimo (Suprema Corte dos EUA, caso Adkin), para, como conclusão, dizer que, "como uma prostituta, o Direito Natural está à disposição de todos." (ROSS, Alf. **Direito e justiça**. Tradução de Edson Bini. Bauru: Edipro, 2000, p. 304). O curioso, porém, é que ele escolhe casos que sabe causarem o descrédito do direito natural, revelando, com isso, a existência de um padrão de correção à luz do qual essas invocações podem ser julgadas negativamente. Se juízos de valor fossem meras emoções totalmente subjetivas, por qual razão ele teria escolhido tão minuciosamente os casos que menciona? Seu erro, na verdade, reside em pretender que juízos de valor sejam "totalmente arbitrários" e que, por essa condição, estariam acima "de toda força de controle intersubjetivo." (*Ibid.*, 2000, p. 305) Essa, aliás, é uma das principais falácias do positivismo normativista, quando se calca no relativismo axiológico para preconizar a possibilidade de um direito com qualquer conteúdo. Afinal, "a ordem jurídica não existe como uma finalidade em si mesma, mas sempre como meio institucional de se concretizarem certos fins sociais, tidos como valiosos. Que esses fins sociais sejam considerados justos para uma determinada comunidade e injustos para outra não significa que o direito deva reduzir-se a puras normas abstratas." COMPARATO, Fábio Konder. **Ética**. São Paulo: Companhia das Letras, 2006, p. 359.

63. LIMA, Martônio Mont´Alverne Barreto. Justiça constitucional e democracia: perspectivas para o papel do poder judiciário. **Revista da Procuradoria Geral da República**, São Paulo, v. 8, p. 81-101, 1996, p. 95.

64. Robert Alexy, a esse respeito, faz alusão à natureza "gradativa" como um ordenamento se torna arbitrário e injusto, apontando ser nesses momentos que as doutrinas não positivistas prestam maiores serviços à democracia e aos direitos fundamentais, pois fornecem ao julgador meios de conter o arbítrio quando isso ainda é possível. (ALEXY, Robert. **El concepto y la validez del derecho y otros ensayos**. Tradución de Jorge M. Seña. Barcelona: Gedisa, 1994, p. 55). Essa natureza gradativa pode ser percebida na maior parte das ditaduras, de esquerda ou de direita, tanto faz, na Europa, ou América, ou em qualquer outro lugar. Não é por outra razão que os dois primeiros livros de Elio Gaspari, sobre a ditadura militar instaurada no Brasil em 1964, intitulam-se *A ditadura envergonhada* e *A ditadura escancarada,* respectivamente. É a ideia subjacente ao belo poema "No caminho com Maiakóvski", que não é de nenhum Maiakóvski, mas sim de Eduardo Alves da Costa: "Na primeira noite eles se aproximam e roubam uma flor do nosso jardim. E não dizemos nada. Na segunda noite, já não se escondem; pisam as flores, matam nosso cão, e não dizemos nada. Até que um dia, o mais frágil deles entra sozinho em nossa casa, rouba-nos a luz, e, conhecendo nosso medo, arranca-nos a voz da garganta. E já não podemos dizer nada."

ao (que em sua compreensão seria o) direito natural, para assim (tentar) justificar o seu desrespeito.

Ao positivismo jurídico se deve, não se pode negar, grande avanço no estudo de aspectos formais da ordem jurídica.[65] A estrutura da norma; a fenomenologia de sua incidência; a distinção entre incidência e aplicação; a distinção entre existência, validade e eficácia (jurídica); a diferença entre vigência e eficácia (social); a questão da relação entre as normas e a solução de antinomias, entre muitos, mas muitos outros aspectos relacionados à forma da ordem jurídica e de seu funcionamento foram bastante aprimorados pelo positivismo. Na verdade, seu grande defeito, ou insuficiência, está em tangenciar os *fins* do direito. Esse é também o pensamento de Márcio Monteiro Reis, para quem o modelo positivista "trouxe grande contribuição ao Direito, deu-lhe sistematicidade, trouxe método para o seu exame e, consequentemente, segurança para as relações que se desenvolvem sob sua proteção", mas que, no entanto, "chegou a um ponto a partir do qual não foi mais capaz de evoluir."[66]

Como nada que a criatura humana faz conscientemente é desprovido de finalidade[67], o estudo de uma obra humana, como é o caso do direito, não tem como ser feito em desatenção aos seus fins. Como estudar uma máquina, por exemplo, sem ter em mente sua finalidade? É por saber que o avião se presta para voar, mas que deve fazê-lo com segurança e economia, e sem agredir o meio ambiente, que o engenheiro estuda os modelos existentes e projeta outro, capaz de atingir tais finalidades com maior eficiência. Os juízos de valor estão sempre presentes e ignorá-los apenas permite, como já se disse, espaço para maior insegurança e arbitrariedade, pois cada partícipe da atividade de conhecer e de aplicar o direito sequer precisa afirmar os fins que o motivam e que pretende sejam alcançados. Aliás, no caso do direito, que existe necessariamente para o atendimento de certos fins, ignorá-los implica mutilar o objeto estudado, visualizando-lhe apenas um aspecto, o que contraria a própria epistemologia positivista. Afinal, como ensina Arnaldo Vasconcelos, "o Direito só existe *para*. Não é ele um simples dever ser, puramente lógico, mas um dever ser ético e axiológico, um *dever-ser-para-ser* justo e legítimo."[68]

---

65. O problema, na verdade, foi que ele se ateve, basicamente, apenas a esses aspectos lógico-formais. Não por outra razão, Comparato afirma, calcado em Hegel, que o positivismo reduziu "a ciência do direito a uma análise lógica de proposições normativas." COMPARATO, Fábio Konder, *op. cit.*, 2006, p. 311.

66. REIS, Márcio Monteiro. Moral e direito – a fundamentação dos direitos humanos nas visões de Hart, Peces-Barba e Dworkin. In: TORRES, Ricardo Lobo (Org.). **Teoria dos direitos fundamentais**. 2.ed. Rio de Janeiro: Renovar, 2001. p. 121-156, p. 125.

67. COSSIO, Carlos. **La "causa" y la comprension en Derecho**. 4.ed. Buenos Aires: Juarez, 1969, p. 126.

68. VASCONCELOS, Arnaldo. **Teoria pura do direito** – repasse crítico de seus principais fundamentos. Rio de Janeiro: Forense, 2003, p. 116.

3 • FUNDAMENTO DO ORDENAMENTO JURÍDICO PARA O POSITIVISMO JURÍDICO   57

Isso se mostra com clareza, por exemplo, no âmbito do positivismo socio-lógico, que confunde o estudo do direito com o estudo dos fatos, dizendo que este "brotaria" daqueles, quando, na verdade, confundir o direito com o fato é privar o direito de sua função, que é a de retificar os fatos.[69] Os positivistas não ignoravam isso, reconhecendo caber à ciência do direito "ajeitar"[70] a natureza, omitindo apenas qualquer referência explícita ao que seria "ajeitar"; não dizendo, por exemplo, por que proibir conduta "x" ou permitir conduta "y", e não o con-trário, seria a maneira de se proceder a essa correção.[71] E o faziam precisamente pela tentativa de afastar o componente axiológico, inafastável em qualquer obra humana.

No âmbito do positivismo normativista, de igual modo, a afirmação de que se deve apenas estudar o direito posto, e não como esse direito deveria ser, inutiliza em grande parte a ciência jurídica, que passa a ser como uma medicina que busca apenas conhecer as técnicas cirúrgicas atuais, sem se preocupar em aprimorá-las. Pode-se dizer, por essa razão, que o positivismo jurídico, com o propósito de estudar o direito de forma científica, vale dizer, de forma supostamente neutra e objetiva, em verdade atrasou o seu progresso. Enquanto os demais cientistas, inclusive sociais, "falam dos resultados de suas respectivas ciências, tanto em termos de elaboração teórica quanto de aplicações práticas" – as palavras são de Agostinho Ramalho Marques Neto –

> o jurista, ao contrário, sob o peso de uma formação dogmática que não o deixa sequer vislumbrar ciência alguma que constitua o referencial teórico do seu universo específico, limita-se a falar da lei, a procurar interpretá-la, mas raramente a critica em seus próprios pressupostos, pois sua formação mesma o induz a considerar a norma como algo perfeito e acabado, formalmente válido em si mesmo como produto do sistema de poder constituído.[72]

A maior insuficiência do positivismo, portanto, é epistemológica, vale dizer, situa-se no âmbito da teoria do conhecimento ou da teoria da ciência. De forma

---

69. VILLEY, Michel. **Filosofia do direito**. Definições e fins do direito. Os meios do direito. Tradução de Maria Valéria Martinez de Aguiar. São Paulo: Martins Fontes, 2003, p. 330. No mesmo sentido, Jean-Louis Bergel observa que o positivismo sociológico teve o mérito de vincular o direito à realidade social, e não necessariamente ao que o Estado impõe coativamente, mas incorreu no defeito de tor-ná-lo um "reflexo servil dos fatos." BERGEL, Jean-Louis. **Teoria geral do direito**. Tradução de Maria Ermantina Galvão. São Paulo: Martins Fontes, 2001, p. 21.

70. Cf., *v.g.*, BARRETO, Tobias. **Estudos de direito**. Campinas: Bookseller, 2000, p. 102; MIRANDA, Pontes de. **Sistema de ciência positiva do direito**. Atualizado por Vilson Rodrigues Alves. São Paulo: Bookseller, 2000. v.1, p. 39.

71. É contraditória, por isso mesmo, a expressão "positivismo crítico". Isso porque, para fazer uma crítica a alguma coisa, é preciso julgá-la, cotejá-la com o que ela *poderia ser*, o que envolve juízos de valor, e, por conseguinte, um exame que vai além do que está posto (e, portanto, não é positivista).

72. MARQUES NETO, Agostinho Ramalho. **A ciência do direito**. 2.ed. Rio de Janeiro: Renovar, 2001, p. 214.

desnecessária e injustificável, encobre parte do universo cognoscível, situada no âmbito da possibilidade, precisamente a parte que, por ser acessível pela criatura humana, e até onde se sabe, só por ela, a diferencia dos outros animais.

Mas, como já salientado, não se pode dizer que o positivismo foi responsável por tudo o que de ruim se fez em nome do Direito ou da Justiça. O jusnaturalismo, nesse aspecto, tem também sua parcela de responsabilidade. Afinal, "foi invocando justiça que Hitler, a Inquisição, as Cruzadas tiveram lugar, bem como a Conquista do Novo Mundo e a conversão dos índios se efetivaram."[73] Além disso, colocar de lado o direito posto, em nome de ideais absolutos de justiça, pode ser muito perigoso, pois a grande questão reside em saber *quem* determinará esse ideal de justiça, julgando a adequação do direito posto para com ele.[74] O mesmo defeito do governo de sábios a que aludia Platão: mesmo sem colocar a questão do possível abuso de poder por parte dos sábios, o problema está em saber quem os escolheria.[75]

Em suma, da mesma forma como não é adequado ignorar o problema da fundamentação da ordem jurídica, tendo-a como pressuposta pelo jurista, ao qual apenas cabe estudar o direito positivo, não parece conveniente situar essa fundamentação, apenas, em um ideal de justiça, na razão divina, em uma razão humana universal ou na natureza das coisas, pois o problema está em saber quem será o intérprete de tais fontes, ao qual caberá delas extrair o tal modelo ao qual o direito posto se deve amoldar.

---

73. BITTAR, Eduardo C. B.; ALMEIDA, Guilherme Assis. **Curso de filosofia do direito**. São Paulo: Atlas, 2001, p. 499. Não é demais lembrar que os fanáticos e intolerantes, que mais mal fizeram à humanidade, não eram defensores de nenhum relativismo moral ou axiológico, mas sim defensores da existência de um ideal absoluto de justiça e de verdade. Como destaca Amós Oz, "a semente do fanatismo sempre brota ao se adotar uma atitude de superioridade moral que não busca o compromisso, a praga de muitos séculos." OZ, Amós. **Contra o fanatismo**. Tradução de Denise Cabral de Oliveira. 3.ed. Rio de Janeiro: Ediouro, 2004, p. 24.

74. Daí dizer-se que "*la identificación entre Derecho y justicia encierra un enorme peligro. Los detentadores del poder en el Estado pueden invertir los términos: Todo lo que es Derecho es justo – aun cuando repugne a la idea de justicia -. Por tanto, quien resista a sus dictados actuará represiblemente, antiéticamente, será una persona de mala índole. La historia muestra bastantes ejemplos de utilización de esta máxima adecuadísima para justificar cualquier forma de poder.*" NAWIASKY, Hans. **Teoria general del derecho**. Tradución de José Zafra Valverde. Granada: Comares, 2002, p. 29.

75. Para citar apenas mais um exemplo, Margarida Corbisier, depois de mencionar o jocoso exemplo de prefeito de uma cidade do nordeste brasileiro que supostamente teria pretendido a revogação da lei da gravidade, invocada por um engenheiro que se opunha a uma caixa d´água de cuja construção se estava na cidade a cogitar, arremata: "Quando, em que dia, saberemos rir da pretensão, da ignorância, da insensatez dos Parlamentos que ousam pôr a votos, e mais além, violentar pelo divórcio e pelo aborto, a lei da gravidade de família?" (CORBISIER, Margarida. Democracia – Estado de direito? In: SOUZA, José Pedro Galvão (Coord.). **Estado de direito** – primeiras jornadas brasileiras de direito natural. São Paulo: RT, 1980. p. 247-260, p. 259). Com isso, à toda evidência, a mencionada autora se opõe a leis democraticamente aprovadas, que permitem o divórcio, por exemplo, dizendo-as contrárias à "lei natural" (tão natural quanto a da gravidade) que preconiza a proteção da família.

4
FUNDAMENTO DO ORDENAMENTO JURÍDICO NO PÓS-POSITIVISMO

Depois da Segunda Guerra Mundial, as atrocidades praticadas pelos regimes totalitários da Europa, especialmente da Alemanha nazista, tornaram explícita a insuficiência de uma visão puramente formal do direito, produto do positivismo normativista. Viu-se até que ponto poderia chegar o sistema de normas coativamente imposto por um Estado. Algo diverso da coação deveria ser invocado como fundamento para o Direito, que não poderia mais ser visto de forma alheia aos seus fins, nem como tudo o que existe enquanto tal, independentemente de qualquer consideração de cunho axiológico.

Assim, depois de um renascimento do Direito Natural, sobretudo em Gustav Radbruch,[1] que teria supostamente sido efêmero ou episódico,[2] alguns teóricos do Direito passaram a se denominar pós-positivistas, corrente que consistiria em uma superação dialética entre o jusnaturalismo e o positivismo jurídico. Essa superação dialética consistiria, basicamente, no reconhecimento da positividade de princípios jurídicos[3], que permitiria ao intérprete tomar decisões com base em valores, mas não valores subjetivos, e sim valores devidamente positivados na ordem jurídica. "Ao positivismo jurídico" – as palavras são de Michel Villey – "foi necessário um antídoto. Os modernos opuseram-lhe a figura dos 'direitos humanos', tirada da filosofia da Escola do Direito Natural, cujo desaparecimento

---

1. RADBRUCH, Gustav. **Filosofia do direito**. Tradução de Cabral de Moncada. 6.ed. Coimbra: Armênio Amado, 1997, p. 415 e ss.
2. Paulo Bonavides defende que o ressurgimento do Direito Natural não foi uma lâmpada, mas um relâmpago. (BONAVIDES, Paulo. **Teoria constitucional da democracia participativa**. Por um direito constitucional de luta e resistência, por uma nova hermenêutica, por uma repolitização da legitimidade. São Paulo: Malheiros, 2001, p. 207). Kaufmann, contudo, registra que esse renascimento foi episódico, "mas algo restou". Serviu de crítica à ciência e à filosofia do direito, não preparadas "para o fenômeno da 'injustiça legal'." KAUFMANN, Arthur. **Filosofia do direito**. Tradução de Antonio Ulisses Cortês. Lisboa: Fundação Calouste Gulbenkian, 2004, p. 47.
3. É o caso, por exemplo, de GUERRA FILHO, Willis Santiago. **Teoria processual da constituição**. São Paulo: Celso Bastos Editor/Instituto Brasileiro de Direito Constitucional, 2000, p. 169, que associa essa "superação" ao fato de se admitir atualmente a positividade de normas com estrutura de princípio, pois com isso se estaria conferindo validade objetiva, ou positividade, aos valores.

muitos teóricos do século XIX erradamente anunciaram."[4] Paulo Bonavides, a esse respeito, escreve que o pós-positivismo

> corresponde aos grandes momentos constituintes das últimas décadas deste século. As novas Constituições promulgadas acentuam a hegemonia axiológica dos princípios, convertidos em pedestal normativo sobre o qual assenta todo o edifício jurídico dos novos sistemas constitucionais.[5]

É inegável que houve, realmente, especialmente nas últimas décadas do Século XX, evolução na forma como é interpretado e aplicado o direito positivo, com a teorização em torno da normatividade, da aplicação e da conciliação de princípios. Assim, nesse contexto, muitos autores não gostam de se assumirem jusnaturalistas ou juspositivistas.[6] Além de soar ultrapassado, podem ser acusados de estar a discutir uma abstração inexistente, no primeiro caso, ou de se prenderem a um normativismo ultrapassado e amoral, no segundo.

Entretanto, a verdade é que, a partir da segunda metade do Século XX, várias teorias jurídicas surgiram e convivem, dando explicações diversas para o fenômeno jurídico.[7] Tal como na literatura, na música e nas artes plásticas, o período de duração das "escolas" foi-se tornando cada vez menor e, atualmente, várias delas são contemporâneas e antagônicas. Nesse contexto, com exceção de alguns autores que são explícitos e diretos em se qualificar como positivistas[8] ou como jusnaturalistas,[9] a maior parte deles ou não se posiciona a respeito da discussão, rapidamente posta de lado por ser tida como ultrapassada, ou – sobretudo no Brasil – simplesmente se rotula pós-positivista. E, como dito, o pós-positivismo

---

4. VILLEY, Michel. **O direito e os direitos humanos**. Tradução de Maria Ermantina de Almeida Prado Galvão. São Paulo: Martins Fontes, 2007, p. 3. Não se está aqui a afirmar, naturalmente, que Villey seja pós-positivista. De forma alguma. Ele, contudo, aponta como os "direitos humanos" foram usados como antídoto ao positivismo, atitude da qual ele inclusive é acerbo crítico.
5. BONAVIDES, Paulo. **Curso de direito constitucional**. 8.ed. São Paulo: Malheiros, 1999, p. 237.
6. Ronald Dworkin, a esse respeito, observa que ninguém quer ser chamado de jusnaturalista (*"no one wants to be called a natural lawyer"*). (DWORKIN, Ronald. ´Natural law' revisited. **University of florida law review**, Flórida, v. XXXIV, n.2, p. 165-188, winter of 1982, p. 165). No mesmo sentido: VILLEY, Michel. **Filosofia do direito**. definições e fins do direito. os meios do direito. Tradução de Maria Valéria Martinez de Aguiar. São Paulo: Martins Fontes, 2003, p. 333.
7. Para uma síntese dessas teorias, veja-se: FARALLI, Carla. **A filosofia contemporânea do direito** – temas e desafios. Tradução de Candice Preamor Gulo. São Paulo: Martins Fontes, 2006, *passim*. E também: KAUFMANN, Arthur. **Filosofia do direito**. Tradução de Antonio Ulisses Cortês. Lisboa: Fundação Calouste Gulbenkian, 2004, p. 46 e ss.
8. Cf., *v.g.*, DIMOULIS, Dimitri. **Positivismo jurídico** – introdução a uma teoria do direito e defesa do pragmatismo jurídico-político. São Paulo: Método, 2006, p. 73. LOPES, Ana Maria D'Avila. Proteção constitucional dos direitos fundamentais culturais das minorias sob a perspectiva do multiculturalismo. **Revista de informação legislativa**, Brasília: Senado Federal, v. 45, p. 19-29, 2008, p. 20-21.
9. É o caso de DWORKIN, Ronald, *op. cit.*, 1982, p. 165, para mencionar apenas um autor que, aliás, é impropriamente qualificado como "pós-positivista". Sobre o equívoco de enquadrá-lo como "pós-positivista", confira-se: DIMOULIS, Dimitri, *op. cit.*, 2006, p. 50.

4 • FUNDAMENTO DO ORDENAMENTO JURÍDICO NO PÓS-POSITIVISMO

se caracterizaria pelo reconhecimento da positividade de normas com estrutura de princípios, que veiculariam direitos fundamentais[10]. Sobre o antagonismo entre jusnaturalistas e positivistas, nesse contexto, Paulo Bonavides defende que ele "não poderia sobreviver a um direito constitucional que já consagrou, em definitivo, a juridicidade dos princípios, transformados em paradigma e vértice da pirâmide normativa."[11]

É sempre difícil apontar as características de uma corrente jusfilosófica. A própria divisão dos autores em correntes ou escolas, como as classificações em geral, é problemática. A realidade é sempre mais complexa do que os modelos que o ser humano faz para separá-la em classes.[12] Nem todos os autores que se consideram integrantes de uma corrente têm posições idênticas, divergindo em relação a alguns pontos, o que dificulta a identificação de elementos em comum. Além disso, algumas das características abaixo apontadas podem ser localizadas também em autores reconhecidamente jusnaturalistas ou positivistas. De qualquer forma, talvez seja possível, de forma aproximada e não definitiva, apontar as principais características do pós-positivismo como as seguintes:

a) a norma jurídica, sendo o *sentido* de um ato de linguagem, é necessariamente determinada pelo intérprete, que "completa" um trabalho iniciado, mas só iniciado, pelo legislador;

b) na determinação da norma aplicável, o intérprete parte dos textos normativos, mas considera sobretudo os princípios aplicáveis e as peculiaridades do caso concreto, em face das quais esses princípios serão ponderados;

c) os princípios são mandamentos que determinam a promoção de determinados valores ou objetivos com a maior intensidade possível. Estão consagrados, implícita ou explicitamente, no texto constitucional;

d) na determinação da norma aplicável ao caso, o intérprete há de realizar a conciliação dos princípios aplicáveis, de modo a adotar a solução que os realize de forma "ótima", vale dizer, com a maior intensidade possível. Em caso de conflito

---

10. Como se sabe, os direitos fundamentais são definidos como a versão positivada, na ordem jurídica interna, e no plano constitucional, dos direitos humanos.

11. BONAVIDES, Paulo. **Teoria constitucional da democracia participativa**. por um direito constitucional de luta e resistência, por uma nova hermenêutica, por uma repolitização da legitimidade. São Paulo: Malheiros, 2001, p. 115.

12. Pedro Demo registra, a propósito, que "nosso cérebro é máquina dedicada a descobrir, no fluxo da realidade complexa e muitas vezes pouco inteligível, padrões recorrentes. Como não conseguimos dominar a complexidade como tal da realidade, reduzimo-la a padrões regulares, até o ponto de identificarmos o 'conhecido' e o 'regular." (DEMO, Pedro. **Metodologia do conhecimento científico**. São Paulo: Atlas, 2000, p. 16). Esses padrões, contudo, são criações do homem, que neles tenta encaixar a realidade, encaixe que, precisamente por conta da maior complexidade e variância da realidade, não acontece com perfeição.

entre os princípios implicados, deve haver uma ponderação, de sorte a que se adote a solução que os realize da forma mais equilibrada possível;

e) os direitos indispensáveis à promoção da dignidade da pessoa humana estão positivados na Constituição, implícita ou explicitamente, em normas que podem ter estrutura de princípio. São os direitos fundamentais;

f) os direitos fundamentais, até por serem consagrados em norma com estrutura de princípio, não têm como ser prestigiados de forma absoluta.[13] Têm de ser conciliados, ou "relativizados", com aplicação do postulado da proporcionalidade, de forma a que seja possível o controle intersubjetivo e racional da decisão respectiva;

Deve-se reconhecer, contudo, que o termo "pós-positivismo" é demasiadamente vago e não indica com clareza o conteúdo dessa corrente.[14] Indica apenas tratar-se de algo surgido depois do positivismo jurídico, mas mesmo nesse sentido a denominação não é correta, pois subsistem diversas correntes positivistas na atualidade, que assim se intitulam, e que não são anteriores às ditas pós-positivistas.[15] Por outro lado, como toda forma de pensamento ou de obra humana, o pós-positivismo não será eterno. Depois dele, como será chamada a forma de pensamento que o suceder? Pós-pós-positivismo? É evidente, como se vê, a necessidade de se encontrar um nome para essa corrente de pensamento ou simplesmente deixar de utilizar este, passando-se a teorizar sobre o direito

---

13. Sem razão, portanto, é a crítica feita por Michel Villey (VILLEY, Michel. **Filosofia do direito**. definições e fins do direito. os meios do direito. Tradução de Maria Valéria Martinez de Aguiar. São Paulo: Martins Fontes, 2003, p. 154 e VILLEY, Michel. **O direito e os direitos humanos**. Tradução de Maria Ermantina de Almeida Prado Galvão. São Paulo: Martins Fontes, 2007, p. 6-8), que desconsidera a natureza relativa dos direitos fundamentais e ignora a possibilidade de conciliação destes por meio do postulado da proporcionalidade. A ponderação de metas, fins ou valores é inerente a qualquer atividade racional, e, independentemente do direito, é feita por cada um de nós diariamente. Basta ver a "ponderação" que um médico faz antes de receitar um remédio, sopesando se com ele se alcançará a cura (adequação), se não há outro mais barato, ou com menos contraindicações (necessidade), e se os efeitos colaterais, se inevitáveis, não são piores que a própria doença (proporcionalidade em sentido estrito). A questão, que o pós-positivismo não resolve, é se tais metas só podem ser consideradas e entre si ponderadas porque foram reconhecidas como positivadas, e, nesse caso, o que fazer diante de um ordenamento no qual as "metas" positivadas são injustas.
14. DIMOULIS, Dimitri. **Positivismo jurídico** – introdução a uma teoria do direito e defesa do pragmatismo jurídico-político. São Paulo: Método, 2006, p. 86.
15. Por isso mesmo, George Marmelstein, embora a adote, afirma que essa nova corrente jusfilosófica "está sendo chamada de pós-positivismo" (MARMELSTEIN, George. **Curso de direitos fundamentais**. São Paulo: Atlas, 2008, p. 11). "Está sendo chamada" indica, com propriedade, tratar-se de terminologia provisória, como são as "pós" de uma maneira geral. Habermas adverte, a esse respeito, que aqueles autores "que se declaram 'pós' não são apenas oportunistas de fato atilado; temos de levá-los a sério como sismógrafos do espírito de uma época." (HABERMAS, Jürgen. **Pensamento pós-metafísico**: estudos filosóficos. Tradução de Flávio Beno Siebeneichler. Rio de Janeiro: Tempo brasileiro, 1990, p. 12). Mesmo assim a expressão é imprópria, pois há teorias positivistas posteriores a algumas das tidas como pós-positivistas.

4 • FUNDAMENTO DO ORDENAMENTO JURÍDICO NO PÓS-POSITIVISMO

sem a preocupação com o rótulo a ser colocado nas teorias, como fazem muitos pensadores de outras áreas, lucidamente mais preocupados com os resultados de suas pesquisas e reflexões do que com a inserção delas dentro desta ou daquela corrente de pensamento.

Talvez por isso, Arthur Kaufmann não utiliza a expressão. Refere-se à superação da alternativa *direito natural/positivismo*, que atribui à filosofia de Gustav Radbruch, e afirma, basicamente, que: *(i)* os direitos humanos e fundamentais têm o conteúdo que antes se atribuía ao direito natural; *(ii)* não se trata de positivismo, porque se incluem os valores, embora se reconheça sua relatividade; *(iii)* não se está diante de jusnaturalismo, porque não se deduz um direito 'absultamente justo' a partir da ideia de direito.[16] Suas ideias parecem apropriadas, cabendo apenas destacar que tampouco resolvem a questão de saber por que os direitos humanos e fundamentais têm o conteúdo que têm e por que devem ser adotados.

4.1 PÓS-POSITIVISMO E PÓS-MODERNISMO

Não é incomum encontrar quem associe pós-positivismo e pós-modernismo.[17] Além da preposição, tais correntes teriam em comum a descrença na existência de uma verdade absoluta e de uma justiça ou de um bem absolutos. No caso do direito, o critério de correção não estaria nem no direito posto, nem em um direito natural universalmente válido, mas seria construído consensualmente em cada sociedade.

É preciso cautela, contudo, com essa associação, pois sob certos aspectos o pós-modernismo, ao criticar a existência de padrões de verdade ou de correção, mina alicerces sobre os quais algumas teorias pós-positivistas são construídas, como a ideia de direitos humanos e de dignidade da pessoa humana.[18] Por outro lado, a associação entre as duas formas de pensamento é ainda mais dificultada

---

16. Confira-se: KAUFMANN, Arthur. **Filosofia do direito**. Tradução de Antonio Ulisses Cortês. Lisboa: Fundação Calouste Gulbenkian, 2004, p. 65-66.

17. Para um exemplo dessa associação, confira-se: BARROSO, Luís Roberto. Fundamentos teóricos e filosóficos do novo direito constitucional brasileiro (pós-modernidade, teoria crítica e pós-positivismo. In: _____ (Org.). **A nova interpretação constitucional**. ponderação, direitos fundamentais e relações privadas. Rio de Janeiro: Renovar, 2006. p. 2-47, p. 28 e ss. Em sentido semelhante, embora não use a expressão "pós-positivismo": DOUZINAS, Costas. Law and justice in postmodernism. In: CONNOR, Steven (ed.). **The Cambridge companion to postmodernism**. Cambridge: Cambridge University Press, 2004. p. 126-223, p. 196 e ss. Sobre o pós-modernismo, veja-se: LYOTARD, Jean--François. **The postmodern condition**: a report on knowledge. Translated by Geoff Bennington and Brian Massumi. Manchester: Manchester University Press, 1984, *passim*.

18. Gargarella, por exemplo, registra que "o pensamento 'pós-modernista' distingue-se justamente pela rejeição à pretensão de elaborar uma teoria da justiça." GARGARELLA, Roberto. **As teorias da justiça depois de Rawls** – um breve manual de filosofia política. Tradução de Alonso Reis Freire. São Paulo: Martins Fontes, 2008, p. XXI.

pela imprecisão tanto do conceito de pós-positivismo como de pós-modernismo.[19] Não se sabendo ao certo o que é um e o que é o outro, torna-se difícil estabelecer a existência, ou não, de pontos em comum.

Quando se cogita de moderno, em oposição a pós-moderno, a palavra não é usada como sinônimo de contemporâneo, ou de atual, mas como oposição a tradicional. É o que esclarece Philippe van den Bosch, para quem

> a distinção entre moderno e pós-moderno foi operada por um intelectual contemporâneo, Jean-François Lyotard, em sua obra *La condition postmoderne* (Éditions de Minuit, 1979). Moderno não é sinônimo de contemporâneo, mas opõe-se a tradicional. É moderno quem pensa que a verdade, o bem e a sabedoria não residem nas tradições, nas idéias e nos costumes de nossos antepassados, mas no que nossa mente pode descobrir. Portanto, o moderno rejeita as tradições em nome da razão, da inovação e do progresso. Desde o Renascimento, nossa civilização é resolutamente moderna. Mas nossa época, que duvida do progresso e até da capacidade de encontrar o verdadeiro e o bem, é daí em diante pós-moderna.[20]

Realmente, o moderno se caracteriza pela crença na possibilidade de, com o uso da razão, se chegar a uma verdade absoluta, seja no campo científico, tecnológico, social ou político. Contemporaneamente, porém, coloca-se em dúvida a própria existência de verdade objetiva e de conhecimento absoluto, falando-se, portanto, de pós-modernismo, assim entendida a superação da visão moderna de mundo.

É preciso reconhecer, contudo, ao se traçar esse tipo de divisão no pensamento filosófico, que tais períodos e classificações são criações humanas que têm algo de arbitrário,[21] pois a realidade não respeita as divisões estanques que

---

19. "É difícil" – observa Simone Goyard-Fabre – "dizer segundo quais critérios se define uma 'pós-modernidade' cujas figuras são múltiplas e fugidias." (GOYARD-FABRE, Simone. **Filosofia crítica e razão jurídica**. Tradução de Maria Ermantina de Almeida Prado Galvão. São Paulo: Martins Fontes, 2006, p. 5). Talvez por isso mesmo Castoriadis afirma que os rótulos "pós", lançados e utilizados com muito sucesso contemporaneamente, revelam a patética incapacidade de nossa era de se definir, sendo levada a dizer-se somente pós alguma coisa. CASTORIADIS, Cornelius. **O mundo fragmentado**. Tradução de Rosa Maria Boaventura. Rio de Janeiro: Paz e Terra, 1992. v.1, p. 13.

20. BOSCH, Philippe van den. **A filosofia e a felicidade**. Tradução de Maria Ermantina Galvão. São Paulo: Martins Fontes, 1998, p. 18. O termo, porém, não é empregado com muita precisão. Alan Sokal, a respeito, observa: "*The term 'postmodernism' is even more diffuse: it has been used to cover an ill-defined galaxy of ideas in fields ranging from art and architecture to the social sciences and philosophy. I propose here to use the term postmodernism much more narrowly, to denote an intellectual current characterized by the more-or-lesss explicit rejection of the rationalist tradition of the Enlightment, by theoretical discourses disconnected from any empirical test, and by a cognitive and cultural relativism that regards science as nothing more than a 'narration', a 'mity'or a social construction among many others.*" SOKAL, Alan. Pseudoscience and postmodernism: antagonists or fellow-travelers? In: FAGAN, Garrett (ed.). **Archaeological fantasies**: How pseudoarchaeology misrepresents the past and misleads the public. New York: Routledge, 2006. p. 286-361, p. 293.

21. "*Such periods exist more as man-made ways of carving up the past and the present than as real stretches of time with actual, momentous beginnings and endings*". WARD, Glenn. **Postmodernism**. London: Hodder & Stoughton, 2003, p. 13.

o ser humano faz na tentativa de melhor compreendê-la. Tanto não existem pontos determinados de começo e fim de cada período, que o pós-modernismo, conquanto tenha suas raízes atribuídas a Nietzsche, tem muitas de suas características identificadas já em Kant, quando este reconhece os limites da razão,[22] e até mesmo em Miguel de Cervantes, na feitura de uma obra em que ficção e realidade se misturam[23]- característica atribuída ao pós-modernismo na literatura. Lyotard considera pós-modernos, por exemplo, os ensaios de Montaigne.[24] Mas é interessante observar que o maior problema do pensamento moderno, que ensejou a sua contestação e o surgimento do que, por enquanto, se tem chamado pós-modernismo, foi o fato de que, não se conseguindo determinar a verdade, o justo e o certo de modo objetivo, mas tendo-se uma crença de que isso seria possível, colocou-se a questão de saber *quem* determinaria o verdadeiro, o justo e

---

22. Essa é a interpretação de Habermas, para quem o contra discurso que pretende esclarecer o esclarecimento sobre suas próprias limitações "tomou como ponto de partida a filosofia kantiana." HABERMAS, Jürgen. **O discurso filosófico da modernidade**. Tradução de Luiz Sérgio Repa e Rodnei Nascimento. São Paulo: Martins Fontes, 2002, p. 422.

23. Diz-se, em relação ao pós-modernismo, que sua influência na literatura pode ser verificada pelo surgimento de livros que: *(i)* misturam vários gêneros ou estilos literários; *(ii)* comentam outros trabalhos de ficção e *(iii)* contêm interrupções externas do "fluxo natural" da trama. No dizer de Glenn Ward, *"the postmodernist novel is concerned with being fiction, and with being about fiction. It asks, can reality be separated from the stories we tell about it?"* (WARD, Glenn. **Postmodernism**. London: Hodder & Stoughton, 2003, p. 31 – tradução livre: "o romance pós-modernista preocupa-se em ser ficção, e em ser sobre ficção. Ele pergunta: pode a realidade ser separada das histórias que contamos sobre ela?") Em suma, a literatura pós-moderna não esconde do leitor o fato de que ele está lendo uma história, e procura confundi-lo em torno da separação entre a realidade e a ficção. Pois bem. Não obstante escrito há mais de quatro séculos, Dom Quixote usa e abusa desses recursos, revelando que realmente as separações na realidade, inclusive na História, são problemáticas. Logo em seu início são feitas remissões à dificuldade de se escrever um livro, sobretudo por conta daqueles que "não se contendo nos limites de sua ignorância, costumam condenar com mais rigor e menos justiça os trabalhos alheios." Quanto às citações, diz: "custa-me muito a andar procurando autores que me digam aquilo que eu muito bem me sei dizer sem eles." (CERVANTES, Miguel de. **Dom quixote de la mancha**. Tradução dos Viscondes de Castilho e Azevedo. São Paulo: Nova Cultural, 2002, prólogo, p. 15). O mais interessante, porém, está no capítulo VI, da primeira parte, que cuida "Do curioso e grande expurgo que o padre-cura e o barbeiro fizeram na livraria do nosso engenhoso fidalgo". Nessa parte, Cervantes faz uma análise muito bem-humorada e irônica dos principais livros existentes à época, usando seus personagens para, através deles, exprimir juízos de valor sobre os livros e determinar quais deveriam ser queimados ou não. Algo semelhante ocorre em outras passagens, até que, no início e no final da segunda parte, Cervantes faz alusão à primeira parte, à sua notoriedade (a segunda parte, como se sabe, foi lançada muitos anos depois da primeira), faz alusão a uma cópia que teria sido lançada... Nesse trecho, Cervantes aproveita inclusive para corrigir alguns lapsos constantes da primeira, como o desaparecimento e o posterior aparecimento do ruço de Sancho Pança, sem explicação. E afirma: "lendo com vagar obras impressas, facilmente se lhes descobrem os erros, e tanto mais se esquadrinham, quanto maior é a fama de quem os compôs. Os homens famosos pelo seu engenho, os grandes poetas, os ilustres historiadores, sempre a maior parte das vezes são invejados por aqueles que têm por gosto e particular entretenimento o julgar os escritos alheios, sem ter dado um só à luz do mundo." Como se vê, claramente, estas são características que, atualmente, são atribuídas a textos supostamente pós-modernos.

24. LYOTARD, Jean-François. **The postmodern condition**: a report on knowledge. Translated by Geoff Bennington and Brian Massumi. Manchester: Manchester University Press, 1984, p. 81.

o certo. Aquele arvorado nessa condição passaria a dominar os demais. E isso não apenas no direito, mas em todas as demais áreas da atuação humana. Por conta disso, Gustavo Just da Costa e Silva observa que a chamada pós-modernidade pode ser enquadrada "pela perspectiva de uma evolução interna à condição democrática, em que, em dado momento, a crise viria a afetar precisamente aquela dimensão de preservação do sagrado."[25]

Nas palavras de Glenn Ward, o problema do modernismo é "que ele se torna autoritário e dogmático, presumindo dizer para as 'massas' o que é bom para elas, e pretendendo encaixá-las em sistemas racionais e abstratos"[26]. Daí o surgimento do pensamento pós-moderno, que "*allude at once to local traditions, popular culture, international modernism, and high-technology, yet refuse to let any one of these elements to become dominant.*"[27]

Em trecho escrito a propósito da distinção entre moderno e pós-moderno na arquitetura, mas que poderia perfeitamente referir-se ao Direito, Glenn Ward escreveu que

> *meanings are never absolute or universal. According to this argument, the idea that there are timeless or universal aesthetic truths which we should all learn to appreciate is the product of a privileged social group (the modernist 'taste culture') with a specific area of knowledge and a particular agenda. Ideas about purity and progress and beauty are far from neutral: they are cover-ups for the social, historical, and political positions of power from which architects draw up their designs.*[28]

A propósito das repercussões da visão moderna de mundo especificamente sobre o Direito, o mesmo autor prossegue afirmando que

> *The up side it was an investment in universal human rights that ultimately led to the French Revolution and the United States' Declaration of Human Rights. The down side to it is that, in believing*

---

25. SILVA, Gustavo Just da Costa. Teologia política como legado hermenêutico. secularização e democracia segundo Nelson Saldanha. In: TÔRRES, Heleno Taveira (Coord.). **Direito e poder** – nas instituições e nos valores do público e do privado contemporâneos – estudos em homenagem a Nelson Saldanha. Barueri: Manole, 2005. p. 716-725, p. 723.
26. No original, o problema do modernismo é que "*that he became authoritarian and dogmatic, presuming to tell the 'masses' what was good for them, and attempting to fit them into abstract, rational systems*".
27. WARD, Glenn. **Postmodernism**. London: Hodder & Stoughton, 2003, p. 23. Tradução livre: "aludem ao mesmo tempo às tradições locais, à cultura popular, ao modernismo internacional e à alta tecnologia, mas se recusam a permitir que qualquer um destes elementos se torne dominante."
28. *Ibid.*, 2003, p. 23. Tradução livre: "significados nunca são absolutos ou universais. De acordo com esse argumento, a idéia de que existem verdades estéticas atemporais ou universais, que devemos todos aprender a apreciar, é produto de um grupo social privilegiado com uma área específica do conhecimento e uma agenda particular. Idéias sobre a pureza, o progresso e beleza estão longe de serem neutras: são disfarces para posições sociais, históricas e políticas de poder a partir das quais os arquitetos traçam seus projetos."

4 • FUNDAMENTO DO ORDENAMENTO JURÍDICO NO PÓS-POSITIVISMO **67**

that their values should be universally applied, Enlightenment thinkers tented arrogantly to see Europe as the most enlightened and advanced part of the world.[29]

É, vale insistir, sempre difícil traçar divisões na história ou em qualquer outra parcela da realidade. De fato, é possível identificar uma característica do pensamento moderno no positivismo: busca pela verdade objetiva.[30] Mas, da mesma forma, uma característica pós-moderna: descrença na existência de valores universais, de padrões de correção e de justiça. Em relação ao jusnaturalismo, há características pré-modernas (sobretudo nas correntes teológicas), modernas (jusnaturalismo racionalista) ou mesmo pós-modernas (direito natural de conteúdo variável). O mesmo se pode dizer do pós-positivismo, embora essa relação, como já afirmado, seja problemática por conta da imprecisão e da vaguidade tanto do rótulo pós-positivismo como do rótulo pós-modernismo: há aspectos modernos, como a defesa, que geralmente se faz, da necessidade de se respeitar, de forma universal, a dignidade da pessoa humana, e também pós-modernos, como a defesa do pluralismo, da tolerância e o fato de que a verdade é alcançada intersubjetivamente, e não dada objetivamente.[31]

O aprofundamento no pensamento pós-moderno, portanto, não parece necessário aqui, da mesma forma como não é adequada a sua associação ao pós--positivismo. Como crítica aos excessos do pensamento moderno, sobretudo em sua fase inicial[32], destinada a retificá-lo,[33] a filosofia pós-moderna tem aspectos que devem ser considerados, como a necessidade de respeito ao pluralismo e à tolerância, e a inexistência (ou a inalcançabilidade, pelo ser humano) de verdades

---

29. *Ibid.*, 2003, p. 9. Tradução livre: "O lado bom foi um investimento em direitos humanos universais, que conduziu à Revolução Francesa e à Declaração dos Direitos Humanos. O lado ruim é que, por acreditarem que seus valores devem ser aplicados universalmente, os pensadores do iluminismo tenderam a ver arrogantemente a Europa como a parte mais iluminada e avançada do mundo."

30. Douzinas, por isso, aponta a abordagem positivista de Hans Kelsen e Herbert Hart como "tipicamente modernista". DOUZINAS, Costas. Law and justice in postmodernism. In: CONNOR, Steven (ed.). **The Cambridge companion to postmodernism**. Cambridge: Cambridge University Press, 2004. p. 126-223, p. 198.

31. KAUFMANN, Arthur. **Filosofia do direito**. Tradução de Antonio Ulisses Cortês. Lisboa: Fundação Calouste Gulbenkian, 2004, p. 48.

32. Excessos que, diga-se de passagem, já vêm sendo apontados há algum tempo. Podem ser citados, a propósito, Kant e Rousseau. O primeiro, ao apontar a limitação do conhecimento, incapaz de chegar à verdade absoluta e objetivamente válida. E, o segundo, ao indicar os defeitos do "progresso", da "modernidade" e da "civilização".

33. É o caso de Canotilho, que afirma: "Apesar da abertura para curiosidades factuais relativamente aos pós-modernos e para reconhecer que eles, com alguma crueldade, nos colocam imensos problemas de compreensão do mundo e da vida, eu continuo a afirmar-me como moderno, porque acredito nos projectos, nas transformações, e nesta idéia de que, através do Direito, se pode formatar melhor uma sociedade." CANOTILHO, J. J. Gomes. Videoconferência – 21/2/2 – UFPR. J. J. Gomes Canotilho e grupos das Jornadas da Fazenda Cainã. In: COUTINHO, Jacinto Nelson de Miranda (Org.). **Canotilho e a constituição dirigente**. Rio de Janeiro: Renovar, 2003. p. 23-36, p. 35.

absolutas.[34] Mas é preciso cuidado com as conclusões que às vezes se tiram dessas constatações. Afinal, se não se pode confiar na razão e no progresso, qual o motivo para se confiar nas teorias pós-modernas? Não são elas fruto da razão? Por outro lado, se não existe um padrão de verdade e de justiça, como se pode defender a justiça (ou a injustiça) ou a veracidade (ou a falsidade) de uma afirmação ou de uma conduta?[35] Como registra Simone Goyard-Fabre, a suposta "ruptura com a modernidade" não deixa de ter suas incoerências, pois, pelo menos no campo político, "não nega, em absoluto, pouco importa o que se tenha dito, todas as aquisições da modernidade como, por exemplo, o antiabsolutismo nascido da *Glorious Revolution...*"[36] O que se deve fazer é distinguir, como adverte Ian Shapiro,

> o começo do Iluminismo, que é vulnerável aos argumentos dos críticos antiiluministas, e o Iluminismo maduro, que não é. Os ataques à preocupação do Iluminismo com a certeza fundadora não depõem contra a visão falibilista de ciência que compõe o pensamento e a prática mais contemporâneos; e, quaisquer que sejam as dificuldades contidas na idéia de direitos individuais, não representam quase nada diante da tentativa de desenvolver uma teoria de legitimidade política sem eles.[37]

Reconhecer que algo é relativo, insuficiente e provisório não é o mesmo que afirmar a sua inexistência ou a sua imprestabilidade.[38] Não atentar para essa distinção é o erro do pós-modernismo.[39] Erro no qual uma teoria do direito

---

34. Norbert Rouland, a esse respeito, registra que "a pós-modernidade não consiste em virar a página da modernidade como se fecha um livro, mas em harmonizar suas aquisições com as da pré-modernidade e com os novos desafios de poder e de civilização. O tempo e o espaço não cavam intransponíveis abismos entre as sociedades tradicionais e as nossas, como se acreditava há um século. Ao contrário, percebemos cada vez melhor os grandes fluxos que unem os diversos territórios nos quais o homem descobre e constrói seu destino, de modo que o nosso futuro pode iluminar-se com as experiências de culturas remotas ou desaparecida. Cada a nós continuar a desvelar nossa unidade profunda a partir da diversidade de suas encarnações." ROULAND, Norbert. **Nos confins do direito**. Tradução de Maria Ermantina de Almeida Prado Galvão. São Paulo: Martins Fontes, 2003, p. 407.
35. É o que observa WARD, Glenn. **Postmodernism**. London: Hodder & Stoughton, 2003, p. 180.
36. GOYARD-FABRE, Simone. **O que é democracia?** A genealogia filosófica de uma grande aventura humana. Tradução de Cláudia Berlinger. São Paulo: Martins Fontes, 2003, p. 41.
37. SHAPIRO, Ian. **Fundamentos morais da política**. Tradução de Fernando Santos. São Paulo: Martins Fontes, 2006, p. 7. Uma crítica equilibrada aos excessos do iluminismo, verificados nesse período inicial (e não no "maduro"), pode ser encontrada na reabilitação que Gadamer procura fazer do pré-conceito, da tradição e da autoridade na busca pelo conhecimento: GADAMER, Hans-Georg. **Verdade e método** – traços fundamentais de uma hermenêutica filosófica. Tradução de Flávio Paulo Meurer. Petrópolis: Vozes, 2008. v.1, p. 373.
38. Laurence Tribe e Michael Dorf, com propriedade, pontuam que "uma coisa é reconhecer os limites da objetividade humana, e outra muito diferente é abandonar o esforço de melhorá-la." (TRIBE, Laurence; DORF, Michael. **Hermenêutica constitucional**. Tradução de Amarílis de Souza Birchal. Belo Horizonte: Del Rey, 2007, p. 86). No mesmo sentido: SHAPIRO, Ian. **Fundamentos morais da política**. Tradução de Fernando Santos. São Paulo: Martins Fontes, 2006, p. 205.
39. Daí porque Steven Lukes destaca que "a crítica pós-modernista pode dar margem a desafios ainda mais amplos à autoridade da ciência, desafios que nenhum dos lados da disputa está disposto a endossar." No original: "*The postmodernist critique could lend support to wider challenges to scientific authority,*

4 • FUNDAMENTO DO ORDENAMENTO JURÍDICO NO PÓS-POSITIVISMO — 69

não deve incorrer. O fato de uma afirmação ser verdadeira de forma provisória, até que sua eventual falsidade seja demonstrada, não significa que não existam verdades ou, o que é o mesmo, que tudo possa ser verdade.[40] Karl Popper, a propósito, observa que

> há um cerne de verdade no ceticismo e no relativismo. O cerne de verdade é justamente o de que não existe qualquer critério geral de verdade. Mas isto não abona a conclusão de que a escolha entre teorias concorrentes seja arbitrária. Significa meramente, muito simplesmente, que podemos errar em nossa escolha – que podemos sempre não dar com a verdade, ou não atingir a verdade; que para nós não há certeza...; que somos falíveis.[41]

Admitir o contrário seria tão absurdo quanto pretender que, porque a física e a astronomia cometeram erros no passado, suas afirmações atuais não devem apenas ser vistas como verdades passíveis de refutação (e, por isso, provisórias), mas como algo que não é verdade e que tem o mesmo valor que qualquer outra afirmação, por mais arbitrária, irresponsável e infundada que seja. Dever-se-ia, nesse caso, preconizar a possibilidade de se acreditar em qualquer coisa, não importando o quanto sejam absurdas e despropositadas em face do estágio atual do conhecimento: astrologia, tarô, duendes, papai Noel e até mesmo uma teoria que afirme estar a terra suspensa nos ombros de um gigante seriam admissíveis. O absurdo dispensa considerações adicionais e parece suficiente para demonstrar até onde as ideias "pós-modernas" podem validamente corrigir eventuais excessos de uma visão moderna de mundo, e a partir de onde começam a incorrer em disparates.[42] Esses disparates, em última instância, terminam por fazer com que

---

challenges that neither side in the science wars was disposed to endorse." (LUKES, Steven. **Moral relativism**. New York: Picador, 2008, p. 14). Muitos dos autores pós-modernistas afirmam não pretender essa completa falta de fundamentos, defendendo, no mais das vezes, uma posição social-democrata com tendências de esquerda. Não indicam, contudo, os fundamentos para essas conclusões, que seriam calcadas apenas em um suposto dever de tolerância. Esquecem, contudo, como nota Shapiro, que essa tolerância, sem uma fundamentação antecedente, pode levar a que se abracem posições como a fascista. SHAPIRO, Ian, *op. cit.*, 2006, p. 218.

40. Como destaca Popper, "a ausência de um critério de verdade não torna sem significação a noção de verdade, da mesma forma que a ausência de um critério de saúde não torna sem significado a noção de saúde. Uma pessoa enferma pode procurar a saúde ainda que não tenha critério para ela. Uma pessoa que erra pode buscar a verdade ainda que não tenha critério para ela." POPPER, Karl. **A sociedade aberta e seus inimigos**. Tradução de Milton Amado. Belo Horizonte/São Paulo: Itatiaia/EdUSP, 1974. v.2, p. 393.

41. POPPER, Karl, *op. cit.*, 1974. v.2, p. 394.

42. E mesmo quem acredita (ou diz acreditar) em tais disparates, no fundo, não duvida de muitos dos resultados obtidos pela ciência. A esse respeito, com fina ironia, Lukes observa que "criacionistas e fundamentalistas religiosos tomam vacinas contra a gripe cujo desenvolvimento pressupõe o acerto do darwinianismo, voam em aviões e navegam na internet com seus computadores." (no original: "*Creationists and religious fundamentalists take flu vaccines whose development presupposes the truth of Darwinianism, fly in airplanes, and surf the Web on computers.*") LUKES, Steven. **Moral relativism**. New York: Picador, 2008, p. 15.

as ideias pós-modernas retirem por completo a credibilidade de qualquer obra humana, inclusive, paradoxalmente, delas próprias[43], não havendo, como afirma Popper, "qualquer base para tirar conclusões tão desesperadas."[44]

4.2 FUNDAMENTO DO ORDENAMENTO JURÍDICO PARA AUTORES "PÓS-POSITIVISTAS"

Embora se considerem oriundos de uma síntese dialética entre positivismo e jusnaturalismo, autores pós-positivistas geralmente não se ocupam do tema relacionado ao fundamento da ordem jurídica. Teorizam aperfeiçoamentos e inovações na forma de interpretar e aplicar o direito posto, mas não se ocupam a respeito do que lhe serve de fundamento.[45]

Para manter a coerência com a afirmação de que o embate entre positivistas e jusnaturalistas estaria inteiramente superado com a positivação de certas normas na Constituição, teriam de dizer que o fundamento do ordenamento jurídico, pelo menos no Brasil, reside na soberania popular, a teor do art. 1.º da CF/88.

Essa definição, contudo, padeceria de problemas que não poderiam ser simplesmente tangenciados. Não se pode dizer que o fundamento do direito posto é esse ou aquele por conta do que ele próprio, o direito posto, determina. Aliás, sequer se pode dizer que um documento é uma constituição apenas porque

---

43. Confira-se, a esse respeito, o registro de Alda Judith a respeito da crítica radical da crença na ciência, que termina por incorrer no paradoxo de ser – ela, a crítica – autorrefutadora. (ALVES-MAZZOTTI, Alda Judith; GEWANSDSZNAYDER, F. **O método nas ciências naturais e sociais**: pesquisa quantitativa e qualitativa. São Paulo: Pioneira, 2001, p. 115). Essa crítica deve ser vista como um reconhecimento de que as verdades científicas são relativas, provisórias e intersubjetivas, mas não como a própria negação da possibilidade de tais verdades. No mesmo sentido: LUKES, Steven. **Moral relativism**. New York: Picador, 2008, p. 14. Aliás, Alan Sokal destaca a contradição de muitos autores pós-modernos, que apontam o caráter relativo e provisório do conhecimento científico para desacreditá-lo, mas inexplicavelmente dedicam fé bastante forte em outras formas de conhecimento que, além de não serem dotadas de maior certeza que o científico, são completamente desprovidas de evidências que as tornem plausíveis, como a astrologia, por exemplo. Em suas palavras, trata-se de um "cetiscismo seletivo", que paradoxalmente decide ser mais cético justamente com a forma de conhecimento cujos enunciados estão amparados em alguma evidência experimental, capaz de tornar racionalmente justificável o consenso intersubjetivo em torno das afirmações feitas. (SOKAL, Alan. Pseudoscience and postmodernism: antagonists or fellow-travelers? In: FAGAN, Garrett (ed.). **Archaeological fantasies**: How pseudoarchaeology misrepresents the past and misleads the public. York: Routledge, 2006. p. 286-361, *passim*.

44. POPPER, Karl. **A sociedade aberta e seus inimigos**. Tradução de Milton Amado. Belo Horizonte/São Paulo: Itatiaia/EdUSP, 1974. v.2, p. 401.

45. A esse respeito, Gilberto Bercovici observa, com inteira propriedade, que "a maior parte da doutrina jurídica neglicencia o poder constituinte." (BERCOVICI, Gilberto. **Soberania e constituição**: para uma crítica do constitucionalismo. São Paulo: Quartier Latin, 2008, p. 37), postura que seria esperada de autores positivistas, mas que, não obstante, é adotada inclusive por aqueles que se intitulam "pós-positivistas".

isso nele se acha escrito. Laurence Tribe, a esse respeito, lembra que *"the fact that a text proclaims its own supremacy, while displaying confidence on the part of its own authors and ratifiers, can't in itself establish that text as legitimate, much less as 'supreme'"*.[46]

Assim, o fundamento da ordem jurídica brasileira pode ser a soberania popular, mas não porque assim está disposto no art. 1.º da CF/88. Por outro lado, uma grande parte do povo brasileiro sequer conhece a Constituição Federal de 1988. Desprovidos de condições mínimas de subsistência, não sabem ler, nem têm a mais mínima consciência de seus direitos. Não se pode dizer, portanto, que escolheram conscientemente constituintes em 1988 ou que aprovaram o texto da Constituição por eles promulgada.

Pode-se dizer, na verdade, a teor do art. 1.º da Constituição brasileira, que o Estado brasileiro deve orientar-se pelo princípio democrático e que o ordenamento jurídico *deve* buscar legitimidade na aprovação popular. Mas, pode-se perguntar: e se tal artigo não existisse? Se atribuísse a soberania a outra fonte? Poderia a Constituição escolher seu próprio fundamento? Parece claro que não, sendo o artigo, a rigor, uma consequência, mero reconhecimento, e não a causa, da fundamentação do poder político na soberania popular.[47]

4.3 COMO A DICOTOMIA ENTRE JUSNATURALISTAS E POSITIVISTAS É RESOLVIDA?

Como se está percebendo do que foi explicado nos itens anteriores, muitas das soluções dadas para os problemas em torno dos quais jusnaturalistas e positivistas discutiam não parecem autorizar a afirmação de que o antagonismo entre tais correntes filosóficas está superado.

A esse respeito, autores pós-positivistas invariavelmente afirmam superado o jusnaturalismo referindo-se, nesses momentos, ao direito natural de fundamentação divina[48] ou, ainda quando se reportam ao direito natural fundado na razão humana, àquele cujo conteúdo seria eterno, universal e invariável. Esses podem até estar superados, mas isso não significa, como já foi visto, que todas as

---

46. TRIBE, Laurence. **The invisible constitucion**. New York: Oxford Press, 2008, p. 6.
47. Ainda sobre o fato de a Constituição não ser a fonte da soberania, e sim o contrário, confira-se a lição de Gilberto Bercovici, para quem "o princípio da soberania popular significa que a constituição é fruto da soberania popular, e não o contrário." BERCOVICI, Gilberto. **Soberania e constituição**: para uma crítica do constitucionalismo. São Paulo: Quartier Latin, 2008, p. 20.
48. "A tentativa de reduzi-lo à versão teológica parece-nos, antes, uma tática de apresentá-lo na estreiteza de forma única e simples, como se ela representasse todo o Direito Natural, a fim de melhor dar-lhe combate." VASCONCELOS, Arnaldo. **Direito, humanismo e democracia**. São Paulo: Malheiros, 1998, p. 32.

correntes jusnaturalistas se submetam à mesma crítica. Há as que preconizam a existência de um direito natural de conteúdo variável.

Também não se pode dizer que o positivismo está superado apenas porque o normativismo kelseniano teve suas insuficiências demonstradas historicamente, pois existem correntes mais recentes e aperfeiçoadas do positivismo que procuram aprimorá-lo.

Aliás, certas teorias pós-positivistas, apegadas ao fato de que os princípios podem ser aplicados e teorizados porque positivados, ou reconhecidos como normas jurídicas, nada mais fazem do que dar novas vestes ao positivismo jurídico. Afinal, para ter alguma serventia, o princípio precisou, para seus partidários, ser considerado como norma jurídica positiva. Teorias que preconizam excessiva atenção à linguagem, que seria o substrato de tudo, sem atentar a conteúdos ou valores, do mesmo modo, podem ser consideradas o "retorno sob novas vestes do positivismo."[49]

Chega-se mesmo a dizer que a Constituição Federal de 1988 seria pós-positivista, confundindo-se o objeto (a Constituição) com o modo de estudá-la (positivista, pós-positivista etc.), e tudo porque nela teriam sido positivados princípios à luz dos quais as regras legais teriam de ser compatibilizadas.[50] Na verdade, desde a primeira Constituição brasileira, outorgada em 1824, existem disposições semelhantes às que hoje constam do art. 5.º da Constituição promulgada em 1988. O art. 179 da Constituição de 1824, por exemplo, já veiculava rol de "direitos fundamentais" a partir do qual seria possível afirmar a existência de diversos "mandamentos de otimização" destinados a preservar valores inerentes à dignidade da pessoa humana, tal como hoje se diz das Constituições contemporâneas.

Não é novidade, portanto, inerente a Constituições surgidas depois da Segunda Guerra Mundial, supostamente pós-positivistas, a consagração de princípios. Já existia, em 1824, além do princípio da legalidade, e da irretroativi-

---

49. ASCENSÃO, José de Oliveira. **O direito** – introdução e teoria geral. 2.ed. Brasileira. Rio de Janeiro: Renovar, 2001, p. 179. No mesmo sentido: VILLEY, Michel. **Filosofia do direito**. definições e fins do direito. os meios do direito. Tradução de Maria Valéria Martinez de Aguiar. São Paulo: Martins Fontes, 2003, p. 31. A razão parece estar, nesse caso, com Goyard-Fabre, quando observa que "[e]mbora a linguagem seja para o direito um auxiliar indispensável, é ao campo do ilocutório – extralinguístico – que pertence sua essência. É certo que o direito precisa do locutório para ser dito e comunicado; sem ele, a qualificação jurídica dos fatos seria até impossível. Mas a essência do direito não reside na linguagem jurídica; encontra-se 'acima dos elementos linguísticos'; oculta-se na 'extraordinária engenharia subterrânea, inaparante, que está por trás de nossos procedimentos e de nossa vida social.' (P. Amselek)." GOYARD-FABRE, Simone. **Os fundamentos da ordem jurídica**. Tradução de Cláudia Berliner. São Paulo: Martins Fontes, 2002, p. 293.

50. BRASIL. Superior Tribunal de Justiça. 1.ª T, REsp 834.678/PR, Rel. Min. Luiz Fux, j. em 26.6.2007. **Diário de Justiça**, Brasília, DF, 23 ago. 2007, p. 216.

4 • FUNDAMENTO DO ORDENAMENTO JURÍDICO NO PÓS-POSITIVISMO — 73

dade, a exigência de que a lei tivesse "utilidade pública" (art. 179, II). No âmbito tributário, já se previa o que hoje se conhece por princípio da capacidade contributiva (inciso XV). Basta ler o mencionado artigo 179 da Carta de 1824 para nele localizar disposições semelhantes às que hoje veiculam os princípios da proteção à coisa julgada (XII), o direito à saúde (XXXI), à educação (XXXII), o sigilo de correspondência (XXVII), o direito de petição (XXX), a liberdade profissional (XXIV) etc. Constava, até mesmo, a exigência de que o Código Civil e o Código Comercial se fundassem na *justiça* e na *equidade* (XVIII). Não obstante tudo isso, em disposições com *status* constitucional, havia a escravidão, só abolida em 1888.

Daí se pode concluir que, na segunda metade do Século XX, o que se modificou e se aprimorou foi a maneira de interpretar e de aplicar tais disposições. Não é o texto da Constituição de 1988 que é "pós-positivista", mas a maneira de interpretá-lo, numa demonstração eloquente de que o método molda a forma como se vê o objeto e de que texto e norma são coisas distintas, sendo esta o *sentido* daquele, dado pelo intérprete.

Nesse contexto, em procedimento contraditório, autores pós-positivistas ora afirmam que os princípios podem ser invocados por haverem sido (supostamente só agora) positivados na Constituição, tendo *status* de norma jurídica,[51] ora afirmam que existem princípios que, independentemente de terem ou não sido positivados, estão "incorporados ao patrimônio da humanidade"[52], e que "toda cultura, enquanto não viole a dignidade humana, é válida e valiosa, e, como tal, deve ser respeitada e protegida."[53] Oscila-se entre um evidente neopositivismo (dando importância aos princípios porque eles *agora são vistos como normas positivas, previstas no ordenamento positivo*), e um claro – embora inconfesso – apelo jusnaturalista (aludindo-se a um princípio suprapositivo que seria "patrimônio da humanidade", independentemente de estar positivado ou não),[54] revelando

---

51. BARROSO, Luís Roberto. Fundamentos teóricos e filosóficos do novo direito constitucional brasileiro (pós-modernidade, teoria crítica e pós-positivismo). In: BARROSO, Luis Roberto (Org.). **A nova interpretação constitucional**. ponderação, direitos fundamentais e relações privadas. Rio de Janeiro: Renovar, 2006. p. 2-47, p. 29.

52. *Ibid.*, 2006, p. 38.

53. LOPES, Ana Maria D´Ávila. Proteção constitucional dos direitos fundamentais culturais das minorias sob a perspectiva do multiculturalismo. **Revista de informação legislativa**, Brasília: Senado Federal, v. 45, p. 19-29, p. 26, 2008.

54. Quando, por exemplo, John Rawls e Roberto Gargarella (GARGARELLA, Roberto. **As teorias da justiça depois de Rawls** – um breve manual de filosofia política. Tradução de Alonso Reis Freire. São Paulo: Martins Fontes, 2008, p. 11) afirmam que o utilitarismo, usado como critério para determinação do direito positivo, é insatisfatório porque suprime os direitos da minoria, pressupõem, embora não o reconheçam expressamente, a existência de direitos *anteriores* àqueles reconhecidos e positivados pela maioria em desfavor da minoria. Em suma, reconhecem a existência de padrões de julgamento do direito positivo que estão além dele, precisamente os padrões que usam para afirmar que o utilitarismo não é adequado.

com isso o acerto de Gregório Robles, quando afirma que "*en materia de derechos humanos es fácil, y también habitual, quedarse en la pátina de las palabras biensonantes, sin especificar los contenidos concretos que tan bellas palabras implican.*"[55]

Na verdade, não se pode confundir positivismo com positividade. A positivação de normas cujo conteúdo corresponde ao que se conhece por direitos humanos, os quais podem ser associados ao direito natural[56], além de não representar, como visto, grande novidade, não significa que tenha desaparecido a possibilidade de o ordenamento existente ser criticado à luz de um ordenamento jurídico possível.

Além disso, o fato de se reconhecer a positividade dos princípios, a supremacia da Constituição sobre as leis e de se haver construído toda uma teorização sobre a interpretação e a aplicação dos princípios, embora tenha trazido notáveis avanços ao estudo do direito positivo, não foi responsável pela "objetivação de valores".[57] O que se aprimorou foi a forma de lidar com eles, que já poderiam ser considerados objetivados em qualquer norma jurídica.

Como se sabe, toda norma jurídica, e até toda norma de conduta, decorre da valoração de um fato. Quem elabora uma norma, seja um rei, um faraó, legisladores democraticamente eleitos ou a própria sociedade (pela via consuetudinária), o faz de modo a permitir, obrigar ou proibir condutas a partir de algum critério. Observa-se um fato (*v.g.,* o fato de que algumas pessoas matam seus desafetos), *valora-se* esse fato (*v.g,* considera-se indesejável que isso ocorra) e, a partir de tais premissas, *normatiza-se* um tratamento jurídico para ele. As normas, evidentemente, não são feitas a partir de considerações aleatórias a respeito da conveniência de se proibirem ou não certas condutas. Alguma valoração as antecede. Por isso mesmo, o próprio Kelsen, que não parece ser classificável como "pós-positivista", admitia a figura do valor objetivo (objetivado nas normas). Em sua concepção, os valores podem ser de duas espécies, a saber, os subjetivos ou *axiológicos* e os objetivo ou *lógicos*. Os da primeira espécie são presentes em cada intérprete, ou aplicador, que em face dos mesmos pode considerar que a norma é injusta ou deveria dispor de maneira diferente. Os da segunda são

---

55. ROBLES, Gregório. **Los derechos fundamentales y la ética en la sociedad actual**. Madrid: Civitas, 1995, p. 11.

56. No dizer de Miguel Reale, "os direitos humanos, mais do que nunca na ordem do dia, estão sempre ligados a esta ou àquela outra forma de jusnaturalismo" (REALE, Miguel. **Direito natural/direito positivo**. São Paulo: Saraiva, 1984, p. IX). No mesmo sentido: HERVADA, Javier. **Lições propedêuticas de filosofia do direito**. Tradução de Elza Maria Gasparotto. São Paulo: Martins Fontes, 2008, p. 405.

57. É o que afirma, por exemplo, Willis Santiago Guerra Filho, para quem a positivação de valores, que os tornaria objetivos, teria sido a forma encontrada pelo "pós-positivismo" para superar o antagonismo entre positivismo jurídico e jusnaturalismo. GUERRA FILHO, Willis Santiago. **Teoria processual da constituição**. São Paulo: Celso Bastos Editor/Instituto Brasileiro de Direito Constitucional, 2000, p. 169.

consagrados nas próprias normas, objetivamente. Por isto podem ser aferidos independentemente da postura subjetiva do intérprete. Os da primeira espécie na relação de uma conduta com o dever ser segundo a concepção de cada um. Os da segunda espécie situam-se "na relação de uma conduta com uma norma objetivamente válida".[58]

A questão, portanto, não reside em saber se o ordenamento X objetiva valores através das normas que o compõem. Isso é comum a todos os ordenamentos, que, como dito, não permitem ou proíbem comportamentos de forma aleatória. Por isso, a admissão da positividade de princípios, assim entendidas as normas que têm estrutura de mandamento de otimização, ou que preconizam a promoção de um estado ideal de coisas sem indicar os meios ou as condutas a tanto necessárias, em nada resolve a questão posta, e que divide jusnaturalistas e juspositivistas.[59]

Pode haver, quando muito, a superação de alguns aspectos do problema, relativos, por exemplo, a uma suposta discricionariedade do intérprete na determinação do sentido das normas, ao reconhecimento da existência de normas jurídicas com estrutura de mandamento de otimização[60] e aos aprimoramentos de ordem hermenêutica que daí decorrem.[61] Mas a questão fundamental que separava as correntes não se resumia a isso, reportando-se em verdade aos fundamentos da ordem jurídica. Afinal, o que deve ocorrer se as tais normas houverem objetivado valores considerados (saber *por quem* é outra questão) injustos?

---

58. KELSEN, Hans. **Teoria pura do direito**. Tradução de J. Batista Machado. 3.ed. Coimbra: Arménio Amado, 1974, p. 43.

59. Daí porque Javier Hervada afirma, referindo-se ao pós-positivismo, que "essa tentativa está de antemão condenada ao fracasso – apesar do brilhante sucesso que está tendo – pois não só não resolve os problemas que o positivismo propôs à ciência jurídica, como os agrava, porque, mais que pós-positivismo, é uma forma de ultrapositivismo. A Teoria do Direito – em suas atuais versões – é, na realidade, um dos últimos estertores da decadente e quase fenecida *modernidade*." HERVADA, Javier. **Lições propedêuticas de filosofia do direito**. Tradução de Elza Maria Gasparotto. São Paulo: Martins Fontes, 2008, p. 350.

60. A incapacidade da doutrina positivista normativista tradicional, pelo menos nos moldes da Teoria Pura do Direito de Hans Kelsen, de lidar com normas com estrutura de princípio pode ser observada de diversas passagens da própria Teoria Pura, nas quais se afirma que "a graduação do valor no sentido objetivo não é possível, visto uma conduta somente poder ser conforme ou não ser conforme uma norma objetivamente válida, contrariá-la ou não a contrariar – mas não ser-lhe conforme ou contrariá-la em maior ou menor grau." (KELSEN, Hans. **Teoria pura do direito**. Tradução de João Baptista Machado. 6.ed. São Paulo: Martins Fontes, 2000, p. 22). Pode-se dizer, nesse ponto, que o reconhecimento de normas positivas com estrutura diversa, que comportam aplicação em maior ou menor grau, é um aprimoramento da doutrina positivista, mas que não deixa, só por isso, de ser – ou de poder ser – igualmente considerada positivista.

61. Esses aprimoramentos, no âmbito da hermenêutica e da argumentação, decorrem, na observação de Villey, do reconhecimento de que o direito não se restringe à lei. VILLEY, Michel. **Filosofia do direito**. definições e fins do direito. os meios do direito. Tradução de Maria Valéria Martinez de Aguiar. São Paulo: Martins Fontes, 2003, p. 441.

4.4 PÓS-POSITIVISMO E ORDENAMENTOS JURÍDICOS INJUSTOS

A premissa de que partem os textos que se intitulam pós-positivistas, não raro, é a Constituição, os direitos fundamentais nela positivados e o reconhecimento de sua positividade. Construiu-se – isso é inegável – uma aperfeiçoada e notável teoria dos direitos fundamentais e da interpretação constitucional, com a qual se reconhece o papel criador do intérprete, a relevância das circunstâncias do caso concreto e dos princípios pertinentes ao problema, e sobretudo a importância de uma fundamentação racional, que vise a conter o arbítrio dos julgadores e permitir o controle intersubjetivo da racionalidade de seus juízos.

Nesse aspecto, deve-se reconhecer que houve certa superação do antagonismo entre jusnaturalismo e positivismo, quando se cogita da função do intérprete e do aplicador da lei. Nem se preconiza que o intérprete deva simplesmente adequar a norma ao direito natural, mas tampouco se exclui toda a análise a respeito dos elementos que influenciam sua inafastável parcela criadora na aplicação da norma, por suposta acientificidade. Não é o propósito deste texto, entretanto, aprofundar tais aspectos hermenêuticos, pois, não obstante sua importância, não são relevantes para a solução do problema que se coloca aqui. Afinal, a questão é: e se a ordem jurídica, em vez de positivar princípios que consubstanciam o reconhecimento dos direitos humanos, positiva normas (regras e princípios) injustas? Imagine-se, por hipótese,[62] um ordenamento jurídico que consagre, em sua Constituição, o seguinte artigo:

> Art. 1.º O Estado XXX rege-se pelos seguintes princípios:
>
> I – superioridade da raça ariana;
>
> II – proteção ao meio ambiente;
>
> III – inferioridade do sexo feminino;
>
> IV – proteção à livre-iniciativa.

Dos quatro incisos acima transcritos, seria possível dizer que contêm mandamentos de otimização. Ou, na definição de Humberto Ávila, normas

> imediatamente finalísticas, primariamente prospectivas e com pretensão de complementaridade e de parcialidade, para cuja aplicação se demanda uma avaliação da correlação

---

62. O exemplo pode parecer toscamente caricaturesco, mas não está assim tão distante de outras constituições que existem (China) ou já existiram (África do Sul). Na Constituição chinesa vigente, de 1982, por exemplo, constam como princípios fundamentais "1.º) o socialismo; 2.º) a ditadura democrático-popular; 3.º) o marxismo-leninismo e o pensamento de Mao Zedong; 4.º) a direcção do partido comunista chinês." MIRANDA, Jorge. **Teoria do Estado e da constituição**. Rio de Janeiro: Forense, 2002, p. 121.

4 • FUNDAMENTO DO ORDENAMENTO JURÍDICO NO PÓS-POSITIVISMO

entre o estado de coisas a ser promovido e os efeitos decorrentes da conduta havida como necessária à sua promoção.[63]

Poder-se-ia até teorizar, adicionalmente, que, em face do princípio da livre iniciativa, indivíduos não arianos poderiam exercer atividade econômica, mas não teriam as mesmas vantagens que os indivíduos arianos, pois seria necessário conciliar o princípio contido no inciso IV com o veiculado pelo inciso I. Uma empresa de um não ariano, por exemplo, sofreria mais restrições de natureza ambiental do que a empresa de um ariano, pois com isso se conciliariam de forma otimizada os mandamentos dos incisos I, II e VI.

O exemplo mostra, a toda evidência, que a teorização construída em torno dos princípios, fundada naqueles que efetivamente foram positivados nas Constituições, não supera o antagonismo entre jusnaturalismo e positivismo jurídico.[64] Isso porque não oferece elementos que permitam julgar, ou não, o tal artigo. Teorizam a ponderação de princípios, mas em função de sua forma, ou estrutura normativa, não tendo maior relevo o seu conteúdo.[65]

Mostra, ainda, o acerto de Gregório Robles, quando este afirma que, ao tangenciar o problema do fundamento dos direitos em geral e dos direitos humanos, em particular, omite-se a questão de saber *por que* a realização de tais direitos é boa. Não se podem defender valores sem saber por que, pelo que, quando se afirma que o ordenamento jurídico deve fundar-se nos direitos humanos, se está a defender *"no cualquier cosa, sino determinados ideales y valores. La determinación de estos exige partir precisamente de su fundamento."*[66]

O pós-positivismo, em suma, não é um sinal do fracasso do jusnaturalismo. O que houve, em verdade, foi que a maior parte das ordens jurídicas positivou normas, com estrutura de princípio,[67] que têm conteúdo que se diz correspon-

---

63. ÁVILA, Humberto. **Teoria dos princípios**. 4.ed. São Paulo: Malheiros, 2004, p. 70.

64. Demonstrando a compatibilidade do positivismo jurídico com os princípios jurídicos, assim entendidas as normas dotadas de elevado grau de generalidade e abstração, confira-se: DIMOULIS, Dimitri; LUNARDI, Soraya Gasparetto. O positivismo jurídico diante da principiologia. In: DIMOULIS, Dimitri; DUARTE, Écio Oto (Coord.). **Teoria do direito neoconstitucional** – superação ou reconstrução do positivismo jurídico? São Paulo: Método, 2008. p. 179-197, p. 179 e ss.; PEREIRA, Jane Reis Gonçalves. **Interpretação constitucional e direitos fundamentais**. Rio de Janeiro: Renovar, 2006, p. 96-97.

65. É a observação de Dimitri Dimoulis a respeito, por exemplo, de Ana Paula Barcellos, autora que, para ele, não oferece critérios para solução do problema surgido na hipótese de serem injustos os princípios positivados, a serem objeto de ponderação. DIMOULIS, Dimitri. **Positivismo jurídico** – introdução a uma teoria do direito e defesa do pragmatismo jurídico-político. São Paulo: Método, 2006, p. 91.

66. ROBLES, Gregório. **Los derechos fundamentales y la ética en la sociedad actual**. Madrid: Civitas, 1995, p. 13.

67. O positivismo se aprimorou para lidar com elas, não porque admita realidades não positivadas, mas sim porque eles, os princípios, foram positivados. É o que reconhece Luis Roberto Barroso, ao afirmar que "os princípios tiveram de conquistar o *status* de norma jurídica, superando a crença de que teriam uma dimensão puramente axiológica, ética, sem eficácia jurídica ou aplicabilidade direta e imediata."

dente ao que antes se atribuía ao direito natural.[68] Entretanto, o fato de o direito positivo estar, circunstancialmente, de acordo com o que se considera ser o direito natural não significa que o antagonismo nas correntes filosóficas tenha desaparecido. Afinal, e se a correspondência desaparecer? Se se estiver diante de norma jurídica injusta? Qual seria o fator que justificaria – e legitimaria – uma revolução com a finalidade de estabelecer uma nova ordem jurídica, coerente com os valores cultivados pelas pessoas cuja conduta a ela se submete? A resposta, para um jusnaturalista, seria fácil: o direito natural.[69]

Aliás, mesmo sem se estar diante de cenário inusitado de uma Constituição com o conteúdo imaginado parágrafos acima, a questão do fundamento do ordenamento – não respondida satisfatoriamente ou simplesmente omitida pela maior parte dos autores o pós-positivistas – subsiste importante para que se justifique o cumprimento à ordem jurídica atual.

Mas isso restabelece o problema das doutrinas jusnaturalistas: dada a relatividade dos valores e a variabilidade do conteúdo do direito natural, reconhecida por seus teóricos contemporâneos, *quem* pode determinar-lhe o conteúdo e julgar a adequação do direito positivo para com ele?

Essa questão mostra-se bastante atual, estando longe de ser uma discussão acadêmica sem sentido, se se considerar que, embora pareça improvável a edição de

---

(BARROSO, Luís Roberto. Fundamentos teóricos e filosóficos do novo direito constitucional brasileiro (pós-modernidade, teoria crítica e pós-positivismo. In: _____ (Org.). **A nova interpretação constitucional**. ponderação, direitos fundamentais e relações privadas. Rio de Janeiro: Renovar, 2006. p. 2-47, p. 30). Continuou-se, por conseguinte, no positivismo.

68. Afirmando de modo claro e explícito a fundamentação *moral* dos direitos fundamentais, Dworkin registra que esse fundamento moral faz com que sejam oponíveis às deliberações da maioria. Em suas palavras, "*most legitimate acts of any government involve trade-offs of different people's interests; these acts benefit some citizens and disadvantage others in order to improve the community's well-being on the whole. When Congress stipulates a tariff on particular imports, a tax on particular luxuries, or a subsidy for farmers growing a particular crop, or when a state or city decides to build an airport, a sports stadium, or a new highway in one place rather than another, that decision helps some citizens and harm others. It is justified if its overhall effect, taking account of the gains to some citizens and losses to others, is beneficial. If it really is best for everyone overall to build the airport near my house rather than yours, I have no legitimate complaint against that decision. But certain interests of particular are so important that it would be wrong – morally wrong – for the community to sacrifice those interests just to secure an overall benefit. Political rights mark off and protect these particularly important interest.*" DWORKIN, Ronald. **Is democracy possible here?** (principles for a new political debate). Princeton University Press: Princeton, 2006, p. 31.

69. Por isso se diz que o Direito Natural não fracassou. O que ocorreu foi que o Direito Positivo acolheu a maioria de seus princípios, tendo a doutrina aperfeiçoado a metodologia de interpretação e aplicação das normas, para manejar os princípios. Mas isso não significa o fim do Direito Natural. De modo algum. Onde quer que venha a ser positivada uma ordem jurídica injusta, com o qual a respectiva sociedade (as pessoas individualmente, e o todo por elas formado) não se conforme, o Direito Natural retorna e legitima uma revolução. Se em pequena intensidade, pela via exegética. E a necessidade de correção for maior, pela via revolucionária. ORTEGA, Manuel Segura. **La racionalidad jurídica**. Madrid: Tecnos, 1998, p. 29.

uma Constituição com artigo semelhante ao imaginado alguns parágrafos acima, é comum o estarrecimento de pessoas de uma cultura para com as práticas consideradas normais por pessoas de outra.[70] O multiculturalismo,[71] com efeito, restabelece, com toda a ênfase, a discussão entre positivistas e jusnaturalistas, e revela que não é o fato de em algumas Constituições terem sido positivadas normas relativas aos direitos humanos, com estrutura de princípio, que resolve o antagonismo. Afinal, e nos ordenamentos em que tais normas não se encontram positivadas?

4.5 PÓS-POSITIVISMO E MULTICULTURALISMO

A deficiência das teorias que se intitulam pós-positivistas, no que diz respeito à fundamentação do ordenamento jurídico, emerge, com clareza, quando se enfrenta a questão do multiculturalismo, especialmente no âmbito internacional.

Com efeito, no âmbito de um mesmo Estado nacional, em cuja Constituição direitos fundamentais são consagrados, pode-se dizer que o direito à própria cultura existe, mas deve ser conciliado proporcionalmente com os direitos dos demais membros da sociedade, inclusive dos integrantes do grupo de cuja peculiaridade cultural se cogita.[72] Foi o que se fez, no Brasil, em relação ao julgamento "raposa serra do sol", no qual o STF entendeu que uma reserva indígena deveria ser demarcada de forma contínua, mas ressalvou a presença do Estado (monitoramento da União) em toda ela, fazendo com que não representasse a criação de uma "nação indígena" perante a comunidade internacional.[73] Seguiu-se a observação de Jürgen Habermas, segundo a qual "a compreensão moderna do direito proíbe certamente um 'Estado dentro do Estado.'"[74]

Não é o que ocorre, evidentemente, quando o integrante de uma cultura examina a ordem jurídica de um Estado composto de pessoas que adotam outro

---

70. Além disso, com que direito podemos exigir que se creia na bondade do que defendemos, ou mesmo nas virtudes da Constituição atualmente em vigor, *"si no somos capaces de fundamentarlo? Me cuesta trabajo aceptar que el gran filósofo del derecho Norberto Bobbio se haya quedado tan tranquilo diciendo que el problema de los derechos humanos no es el de su fundamentación sino el de su realización. ¿Para qué entonces elaborar teorías sobre los derechos?"* ROBLES, Gregório. **Los derechos fundamentales y la ética en la sociedad actual**. Madrid: Civitas, 1995, p. 14.

71. A diversidade seria, para alguns, a demonstração de que não existe um padrão universal de justiça, possibilitando a adoção de qualquer padrão. ROULAND, Norbert. **Nos confins do direito**. Tradução de Maria Ermantina de Almeida Prado Galvão. São Paulo: Martins Fontes, 2003, p. 234.

72. MCGOLDRICK, Dominic. Multiculturalism and its discontents. In: GHANEA, Nazila; SANTHAKI, Alexandra. **Minorities, peoples and self-determination**. Leiden: Martinus Nijhoff, 2005. p. 211-235, p. 233.

73. BRASIL. Supremo Tribunal Federal. Pleno, AC 2009, item 69 do voto do Min. Carlos Ayres de Britto, relator.

74. HABERMAS, Jürgen. **Entre naturalismo e religião** – estudos filosóficos. Tradução de Flávio Beno Siebeneichler. Rio de Janeiro: Tempo Brasileiro, 2007, p. 339.

padrão cultural, não havendo critério jurídico-positivo que permita dizer o que é "o certo" em cada uma delas. Em tais casos, nos quais os princípios constitucionais de uma determinada ordem jurídica não servem necessariamente de paradigma, como julgar a correção de um ordenamento jurídico diverso[75] do nosso? Preconizar-se que todos os Estados devem respeitar os direitos humanos não resolve a questão, pois continua sendo possível indagar: por quê?

De fato, é o aparente antagonismo existente entre a universalização dos direitos humanos, de um lado, e o respeito às diferenças culturais, de outro, incrementado pela aceleração[76] no processo de globalização[77], que escancara, para quem quiser ver, o fato de que a positivação de certos direitos em constituições e tratados não é suficiente para superar a divergência entre positivistas e jusnaturalistas.

---

75. Norbert Rouland observa que "a maior parte da humanidade não compartilha a visão ocidental do direito e de sua sanção. O recurso aos advogados e aos juízes para solucionar um conflito é tão natural para um americano quanto parece incongruente a um chinês; o muçulmano junta o direito à religião com tanta resolução quanto o ocidental tem de afastá-lo dela." (ROULAND, Norbert. **Nos confins do direito**. Tradução de Maria Ermantina de Almeida Prado Galvão. São Paulo: Martins Fontes, 2003, p. 31). Sua avaliação, contudo, embora correta ao apontar a existência de alguma variação nos padrões axiológicos ou éticos no espaço e no tempo, peca pelo excessivo simplismo, quando trata todos os membros de um grupo como se tivessem os mesmos valores. Há "ocidentais" que juntam direito e religião, como se observa, por exemplo, da atuação da bancada evangélica na Câmara dos Deputados no Brasil, ou de George W. Bush, nos Estados Unidos, que afirmou ser "santa" a guerra que iniciava contra países do oriente médio. E, do mesmo modo, há "orientais" que pugnam essa separação, como é o caso de Gandhi. Tais exemplos serão adiante retomados.

76. Diz-se aceleração porque, a rigor, "nunca deixou de haver globalização, antes e depois da era cristã" (BONAVIDES, Paulo. **Do país constitucional ao país neocolonial**. São Paulo: Malheiros, 1999, p. 15). Trata-se de algo natural e inerente às organizações humanas, como adverte Pontes de Miranda: "A História, a Etnologia e, até certo ponto, a Pré-História mostram-nos que as organizações humanas surgem e se sucedem no sentido de círculos cada vez mais largos e no sentido de cada vez maior integração dos grupos sociais. Etnólogos falam de lei de aglutinação crescente; moralistas, de expansão e desenvolvimento da solidariedade; sociólogos, se só interessados no fenômeno político, de crescimento dos imperialismos e da absorção estatal; economistas, de progressiva interpenetração dos interesses e consequente federalismo econômico; antropogeógrafos, de lei dos espaços crescentes; e até teólogos e sociólogos das religiões, em expansibilidade aglutinante das crenças. São, evidentemente, visões parciais, enunciados insuficientes. Em todos os processos sociais (que nós podemos representar como dimensões dos corpos coletivos) observa-se a mesma tendência à expansão" (MIRANDA, Pontes de. **Comentários à constituição de 1967**. São Paulo: RT, 1968. v. 1, p. 47). No mesmo sentido, Alain Supiot destaca que "isso a que chamamos a 'globalização' não é um fenômeno radicalmente novo, mas a última etapa de um processo plurissecular de mundialização." SUPIOT, Alain. **Homo juridicus** – ensaio sobre a função antropológica do direito. Tradução de Maria Ermantina de Almeida Prado Galvão. São Paulo: Martins Fontes, 2007, p. 231.

77. Sobre a relação entre multiculturalismo e globalização, confira-se: MCGOLDRICK, Dominic. Multiculturalism and its discontents. In: GHANEA, Nazila; SANTHAKI, Alexandra. **Minorities, peoples and self-determination**. Leiden: Martinus Nijhoff, 2005. p. 211-235, p. 213. E ainda: CARBONELL, Miguel. **Constitucionalismo y multiculturalismo**. Disponível em: <http://www.juridicas.unam.mx/publica/librev/rev/derycul/cont/13/ens/ens3.pdf>. Acesso em: 5 nov. 2006, que aponta o maior contato entre as culturas como motivador também de "*un redescobrimiento del valor de lo propio, de lo distinto y de lo antiguo*". Vale dizer, a globalização propicia a maior influência de umas culturas sobre outras, mas, também, como movimento antitético, à maior valorização das particularidades culturais.

4 • FUNDAMENTO DO ORDENAMENTO JURÍDICO NO PÓS-POSITIVISMO

Voltando ao exemplo apontado na introdução, há tribos nativas da América do Sul nas quais crianças são eventualmente abandonadas na mata para morrer, asfixiadas, envenenadas ou enterradas vivas por serem portadoras de deficiências físicas ou problemas congênitos.[78] Algo que parece grotesco e desumano, mas que para muitos dos que o praticam é normal.

Por sua vez, muitas das práticas que nos parecem normais são igualmente incompreensíveis para pessoas oriundas de outras culturas.[79] Os próprios nativos da América do Sul, por exemplo, conforme o relato feito por Montaigne das impressões que três deles tiveram quando visitaram Ruão, encontrando-se com Carlos IX,

> [d]isseram antes de tudo que lhes parecia estranho tão grande número de homens de alta estatura e barba na cara, robustos e armados e que se achavam junto do rei (provavelmente se referiam aos suíços da guarda) se sujeitassem em obedecer a uma criança e que fora mais natural se escolhessem um deles para o comando. Em segundo lugar observaram que há entre nós gente bem alimentada, gozando as comodidades da vida, enquanto metades de homens emagrecidos, esfaimados, miseráveis mendigam às portas dos outros (em sua linguagem metafórica a tais infelizes chamavam 'metades'); e acham extraordinário que essas metades de homens suportem tanta injustiça sem se revoltarem e incendiarem as casas dos demais.[80]

O que geralmente se afirma, diante de tais discrepâncias culturais, é que uma cultura não deve julgar a outra a partir de seus próprios valores, mas que todas

---

78. Há relatos da prática tradicional por parte de técnicos da Funai e da Funasa, e até um projeto de lei a tramitar no Congresso Nacional com o qual se procura combater o problema (PL 1057/07, do Deputado Henrique Afonso, do PT do Acre). As crianças são mortas não só quanto portadoras de deficiência, mas também quando há discrepância entre o número de homens e mulheres (servindo o sacrifício para "igualar" o número de indivíduos de cada sexo), quando nascem gêmeos, ou quando nasce uma criança enquanto sua mãe ainda amamenta a nascida anteriormente. Há uma diversidade de causas, não sendo nosso propósito elencar todas aqui. Nesse sentido: AMAZÔNIA. **Projeto proíbe infanticídio em tribos indígenas**. Disponível em: <http://www.amazonia.org.br/noticias/noticia.cfm?id=259036>. Acesso em: 6 jun. 2008 e PORTAL SESC. **Bebês indígenas, marcados para morrer** – crianças indesejadas são sacrificadas nas aldeias. Disponível em: <http://www.sescsp.org.br/sesc/revistas_sesc/pb/artigo. cfm?Edicao_Id=276&breadcrumb=1&Artigo_ID=4340&IDCategoria=4948&reftype=1>. Acesso em: 7 jun. 2008. O infanticídio, aliás, tem sido adotado por grupos humanos para o controle do número de seus integrantes desde o surgimento do *homo habilis*, entre dois a um milhão e meio de anos antes de nossa época. A prática consistiria – juntamente com outras, como a criação de certos tabus sexuais – em mecanismo de defesa dos grupos, que do contrário teriam crescido descontroladamente tão logo dominadas as ferramentas que lhes permitiram proteger-se das feras e reduzir a mortalidade entre os adultos. ROULAND, Norbert. **Nos confins do direito**. Tradução de Maria Ermantina de Almeida Prado Galvão. São Paulo: Martins Fontes, 2003, p. 43-44.

79. Revelando ideias altamente avançadas para a sua época, Montaigne, depois de admitir não ver nada de bárbaro nos povos nativos da América do Sul, observa que "cada qual considera bárbaro o que não se pratica em sua terra." MONTAIGNE, Michel de. **Ensaios**. Tradução de Sérgio Milliet. São Paulo: Nova Cultural, 2000. v. 1, p. 195.

80. MONTAIGNE, Michel de. **Ensaios**. Tradução de Sérgio Milliet. São Paulo: Nova Cultural, 2000. v. 1, p. 203.

devem *aprender umas com as outras,* buscando corrigir defeitos e incorporar qualidades.[81] Afinal, todas as culturas – observa Boaventura de Sousa Santos –

> são incompletas e problemáticas nas suas concepções de dignidade humana. A incompletude provém da própria existência de uma pluralidade de culturas, pois se cada cultura fosse tão completa como se julga, existiria apenas uma só cultura. A idéia de completude está na origem de um excesso de sentido de que parecem enfermar todas as culturas e é por isso que a incompletude é mais facilmente perceptível do exterior, a partir da perspectiva de outra cultura.[82]

Daí dizer-se que *"la existencia de otras culturas permite observar modelos alternativos de organización de los cuales pueden tomarse elementos útiles para la reforma y mejoramiento de las organizaciones sociales."*[83]

Tais afirmações são acertadas, mas não resolvem a questão relativa ao fundamento da ordem jurídica. Com efeito, por que uma cultura deve aprender com a outra? O que uma cultura deve aprender com a outra? Qual o padrão de julgamento ou o critério para que se identifiquem, em cada cultura, os defeitos a serem corrigidos e as qualidades a serem incorporadas? E mais: por que se deve assegurar a diversidade cultural? A resposta a essas questões exige julgamentos, juízos de valor, e estes não podem ser feitos à luz do direito posto ou no âmbito de uma teoria positivista que se diz alheia aos valores.

É nesse ponto, quando se busca resposta para essas perguntas, que se percebe que a apontada superação entre jusnaturalismo e juspositivismo não é alcançada com o uso dos métodos apontados pelo pós-positivismo. O dualismo reaparece. Há autores, como Jack Donnely, que apontam na moral, ligada à natureza humana, o fundamento dos direitos humanos e, por conseguinte, do ordenamento jurídico estatal, que deve no respeito a tais direitos buscar apoio.[84] Outros sustentam que inexiste padrão axiológico universal e pré-existente, sendo ele *criado* em cada sociedade, o que tornaria absolutamente impossível a uma julgar as outras.[85]

---

81. ROULAND, Norbert. **Nos confins do direito**. Tradução de Maria Ermantina de Almeida Prado Galvão. São Paulo: Martins Fontes, 2003, p. 234.

82. SANTOS, Boaventura de Sousa. Para uma concepção intercultural dos direitos humanos. In: SARMENTO, Daniel; IKAWA, Daniela; PIOVESAN, Flávia (Coord.). **Igualdade, diferença e direitos humanos**. Rio de Janeiro: Lumen Juris, 2008. p. 3-46, p. 18.

83. CARBONELL, Miguel. **Constitucionalismo y multiculturalismo**. Disponível em: <http://www.juridicas.unam.mx/publica/librev/rev/derycul/cont/13/ens/ens3.pdf>. Acesso em: 5 nov. 2006, p. 10.

84. DONNELY, Jack. Human rights, individual rights and collective rights. In: BERTING, Jan et al. (ed.). **Human rights in a pluralist world. Individuals and collectivities**. London: Westport, 1989. p. 39-62, p. 40 e 41. Em termos semelhantes, Habermas afirma que "uma ordem jurídica só pode ser legítima, quando não contrariar princípios morais." (HABERMAS, Jürgen. **Direito e democracia**: entre facticidade e validade. Tradução de Flávio Beno Siebeneichler. Rio de Janeiro: Tempo Brasileiro, 1997. v.1, p. 141).

85. Cf., *v.g.*, WALZER, M. **Spheres of justice**. Oxford: Blackwell, 1983, *passim*.

É verdade que o direito, enquanto realidade institucional, não pode ser simplesmente transplantado de uma sociedade para outra. Como uma moeda, ou uma expressão idiomática, as normas só têm sentido no ambiente em que foram criadas, na medida em que são *reconhecidas* pelos demais. Por isso, Alain Supiot observa que, conquanto o trabalho infantil seja algo altamente reprovável nas grandes cidades do mundo ocidental, o mesmo raciocínio talvez não se aplique a certas comunidades da África Subsaariana, em relação às quais proibir "o trabalho das crianças em sociedades sem escola é proibir-lhes qualquer possibilidade de aprendizado de sua cultura."[86]

Essa dificuldade já era percebida há muito, com agudeza, por Montaigne, que advertia, a respeito dos alegados defeitos (especialmente a antropofagia) das comunidades nativas americanas, que

> o fato de condenar tais defeitos não nos leve à cegueira acerca dos nossos. Estimo que é mais bárbaro comer um homem vivo do que o comer depois de morto; e é pior esquartejar um homem vivo entre suplícios e tormentos e o queimar aos poucos, ou entregá-lo a cães e porcos, a pretexto de devoção e fé, como não somente o lemos mas vimos ocorrer entre vizinhos nossos conterrâneos; e isso em verdade é bem mais grave do que assar e comer um homem previamente executado.[87]

Como, então, saber o que deve ser preservado de cada cultura e o que não deve? Isso, como afirmado, envolve um juízo de valor, pelo que a tentativa de afastar a metafísica não tem como ser bem-sucedida. Charles Taylor, por exemplo, afirma que a ideia de que todo ser humano tem igual valor e merece igual respeito é "metafísica", devendo ser afastada.[88] Em seu lugar, contudo, preconiza que todo ser humano tem potencialidades, que lhes são dadas pela racionalidade. Esses dados, potencialidades e racionalidade, seriam concretos, e não metafísicos. E, em virtude disso, pretende que a afirmação segundo a qual todos têm que ter o direito de desenvolver essas potencialidades não seja metafísica. Entretanto, é evidente que a afirmação de que as pessoas devem ter o direito de desenvolver suas potencialidades envolve um juízo de valor, sendo, nesse sentido, metafísica.

---

86. SUPIOT, Alain. **Homo juridicus** – ensaio sobre a função antropológica do direito. Tradução de Maria Ermantina de Almeida Prado Galvão. São Paulo: Martins Fontes, 2007, p. 258.
87. MONTAIGNE, Michel de. **Ensaios**. Tradução de Sérgio Milliet. São Paulo: Nova Cultural, 2000. v. 1, p. 199.
88. TAYLOR, Charles. **Multiculturalism**. Examining the politics of recognition. Princeton: Princeton University Press, 1994, p. 41: "devemos tentar nos afastar desse pano de fundo metafísico. [...] Desse modo, o que é colhido como valioso aqui é um *potencial humano universal*, uma capacidade que todos os humanos compartilham. Essa potencialidade, mais do que qualquer coisa que se possa fazer com ela, é o que assegura que todas as pessoas merecem respeito." (no original: "*we may try to shy away from this 'metaphysical' background. [...] Thus, what is picked out as of worth here is a universal human potential, a capacity that all humans share. This potential, rather than anything a person may have made of it, is what ensures that each person deserves respect*.").

Afinal, por que as pessoas têm de ter a oportunidade de desenvolver suas poten-cialidades? Por que isso deve ser incentivado e viabilizado, e não reprimido ou evitado? E por que todas têm de ter esse direito, e não só algumas, os homens, por exemplo?

Na verdade, tanto os que preconizam a necessidade de respeito às particula-ridades das várias culturas, como os que preconizam que todas elas devem – em maior ou menor grau – preservar os direitos humanos, o fazem a partir de juízos de valor, e, logo, de considerações metafísicas, pois eles, os juízos de valor, não podem ser apreendidos pelos sentidos, não pertencendo ao mundo físico. A di-ferença é que os primeiros geralmente admitem isso, de uma forma ou de outra, ainda que com o uso de palavras diferentes para designar o que aqui se chama de "considerações metafísicas", enquanto os segundos o rejeitam expressamente.

Mesmo o mais cético multiculturalista[89] defende ser *desejável* a existência de diversidade cultural e de tolerância e que, por conta da ausência de um padrão absoluto, uma cultura *não deve* procurar impor suas práticas às demais. Faz isso para evitar juízos de valor a respeito das culturas, dada a relatividade destes, mas não percebe que essas frases são, em si mesmas, juízos de valor[90] ou julga-mentos morais substantivos, como observa Álvaro de Vita[91], que acrescenta: se as diferentes manifestações culturais devem ser respeitadas, não podendo uma cultura intervir sobre outra para impor os seus valores, à míngua de um padrão universal de julgamento, o nazismo e o genocídio devem ser protegidos ou não devem motivar intervenção externa, por fazerem parte da cultura do povo que os adota?[92] Uma cultura que tenha como peculiaridade a pretensão de ser uni-versal e intolerante deve ser respeitada?[93] Se se diz que não, por defender-se que se *deve* assegurar o pluralismo e a tolerância, de sorte a que as várias culturas

---

89. Também conhecidos como partidários do ceticismo moral ou do relativismo moral, por calcarem-se na visão pós-moderna de que *não existe* padrão de bem ou de justiça externo a cada sociedade, que o constrói.

90. "Se todas as culturas se equivalem, o que criticar na cultura dos colonizadores ou dos colonialistas?" COMTE-SPONVILLE, André. **Valor e verdade** – estudos cínicos. Tradução de Eduardo Brandão. São Paulo: Martins Fontes, 2008, p. 345.

91. VITA, Álvaro de. **O liberalismo igualitário**: sociedade democrática e justiça internacional. São Paulo: Martins Fontes, 2008, p. 199.

92. Como aponta Gargarella, há autores que se recusam a classificar como injustas práticas como a es-cravidão e o estabelecimento de castas, em defesa do relativismo cultural. (GARGARELLA, Roberto. **As teorias da justiça depois de Rawls** – um breve manual de filosofia política. Tradução de Alonso Reis Freire. São Paulo: Martins Fontes, 2008, p. 157). Redfield, no mesmo sentido, registra que igual benevolência (para com todas as manifestações culturais) "é mais difícil de ser mantida quando se é chamado a antropologizar os nazistas". No original: "*the equal benevolence is harder to maintain when one is asked to anthropologize the Nazis.*" REDFIELD, Robert. **The primitive world and its transfor-mation**. New York: [s.n.], 1953, p. 145.

93. VITA, Álvaro de. **O liberalismo igualitário**: sociedade democrática e justiça internacional. São Paulo: Martins Fontes, 2008, p. 201.

possam conviver, isso não é o reconhecimento de que uma cultura que consagra o pluralismo e a tolerância é superior a uma outra, que não o faz?[94] Parece claro que sim, da mesma forma como parece possível traçar padrões mínimos que *devem* ser seguidos por todas as sociedades humanas, independentemente de suas diferenças culturais. O próprio multiculturalismo o faz, quando preconiza a universalização do pluralismo e da tolerância.[95] A questão é saber se não há algo de mais substancial do que isso para ser defendido. É o que se propõe a seguir, quando se procurará responder as questões formuladas na introdução deste trabalho.

---

94. *Ibid.*, 2008, p. 201-202. Precisamente por isso, Alain Supiot registra que "o relativismo costuma ornar-se dos adereços da tolerância universal, mas repousa sempre na crença de que, se todas as culturas são equivalentes, a que garante essa equivalência vale necessariamente mais que as outras." SUPIOT, Alain. **Homo juridicus** – ensaio sobre a função antropológica do direito. Tradução de Maria Ermantina de Almeida Prado Galvão. São Paulo: Martins Fontes, 2007, p. 246.

95. Por isso Steven Lukes afirma, com razão, que há uma flagrante incoerência "em afirmar o relativismo de todos os princípios morais e em seguida proclamar o princípio moral da tolerância como um princípio universal." No original, "*there is a striking inconsistency in asserting the relativity of all moral principles and then proclaiming the moral principle of tolerance as universal principle*." LUKES, Steven. **Moral relativism**. New York: Picador, 2008, p. 40.

5
UMA SOLUÇÃO POSSÍVEL

A crítica, embora importante por permitir que se descubra o que não é satisfatório e deve ser aperfeiçoado, é insuficiente se desacompanhada de sugestões sobre como esse aperfeiçoamento deve acontecer. Não basta, portanto, apontar os problemas das teorias jusnaturalistas, positivistas e pós-positivistas na teorização a respeito de qual deve ser o fundamento da ordem jurídica. É preciso contribuir para corrigi-los. É dessa contribuição que cuida este capítulo 5.

Alguém poderá considerá-la, esta contribuição, pós-positivista. E é, em certo sentido, pois reconhece a superação do positivismo, ao qual não se pretende filiar. Mas alguém também pode atribuir-lhe o rótulo de jusnaturalista, embora aqui não se defenda a existência de um sistema de valores independente da criatura humana, objetivamente posto na natureza, eterno e invariável, nem a necessária e total correspondência entre os conceitos de direito e de justiça, ou entre o direito que é e o direito que deveria ser. Preconiza-se que o *direito que deveria ser*, que toda criatura humana é capaz de imaginar,[1] não pode ser ignorado quando se cogita da criação, da interpretação, da observância e da aplicação do direito vigente, mas não se defende, como adiante será visto, que um e outro se confundam.

A definição ou a rotulação, a rigor, é o que menos importa. O que interessa é buscar um fundamento para o ordenamento jurídico que não seja um sistema de normas ideal e previamente gravado na natureza em virtude da razão divina, da ordem das coisas ou de uma razão humana universal, mas que tampouco seja a mera coação estatal; fundamento que seja compatível com a diversidade cultural, mas que não por isso seja conivente com qualquer coisa que se faça sob a justificativa multiculturalista.

---

1. Como registram Laurence Tribe e Michael Dorf, "grande parte das pessoas já perdeu a fé nas idéias de eterno, universal e verdade inquestionável. Mas de alguma forma, na sua maneira comum de viver, ainda conseguem distinguir entre o que parece um argumento bom e o que parece um sofisma: sabem que a escravidão e o assassinato são errados, mesmo que não saibam extrair essas verdades dos princípios fundamentais." (TRIBE, Laurence; DORF, Michael. **Hermenêutica constitucional**. Tradução de Amarílis de Souza Birchal. Belo Horizonte: Del Rey, 2007, p. 18). É a essa capacidade, que cada pessoa tem, de distinguir o que parece um argumento bom, que se faz referência no texto, quando se alude à noção, que cada um tem, de como o direito deveria ser.

5.1 É POSSÍVEL AFASTAR A METAFÍSICA?

O principal ponto de discórdia entre positivistas, jusnaturalistas e pós-positivistas reside na consideração, que têm (ou não), pelo metafísico. Pode-se dizer, aliás, que se diferenciam precisamente pelo tratamento que dão à metafísica: as teorias jusnaturalistas se dizem metafísicas, as positivistas antimetafísicas e as pós-positivistas *pós-metafísicas*.

Para avaliar-lhes o acerto e examinar se é mesmo possível afastar, ou superar, a metafísica, é indispensável, primeiro, definir o que é metafísica. As pessoas discutem em torno da palavra, sem antes precisar-lhe o sentido; com isso, no mais das vezes, passam a defender ou a atacar coisas diferentes.[2] Breve consulta ao dicionário revela os inúmeros – e diversos – sentidos da palavra, a depender de quem a utiliza, se um filósofo grego do Século I a.C, um teólogo medieval, um positivista ou um filósofo contemporâneo. A oposição à metafísica – pontua Ferrater Mora – assim como o reconhecimento

> de sua legitimidade ou de seu interesse, dizem muito pouco acerca do que se entende em cada caso por 'metafísica'. Com efeito, um autor como Carnap opôs-se geralmente à metafísica. O mesmo fez um autor como Heidegger. Mas as tendências filosóficas de cada um desses pensadores são tão distintas que se pode duvidar de que o que cada um entende por 'metafísica' seja o mesmo.[3]

Atribui-se o emprego do termo metafísica a Andronico de Rodes[4], que viveu no Século I a.C. Trata-se da referência (*metà tà physiká*[5]) aos tratados de Aristóteles situados, em sua obra, depois daqueles dedicados à física.[6] Em seu

---

2. MENEZES, Djacir. **Hegel e a filosofia soviética**. Rio de Janeiro: Zahar, [s.d], p. 183.
3. MORA, José Ferrater. **Dicionário de filosofia**. Tradução de Roberto Leal Ferreira e Álvaro Cabral. São Paulo: Martins Fontes, 2001, p. 476.
4. "Do gr. tardio μεταφιζικα 'depois da física' <assim se designaram os livros de Filosofia Primeira de Aristóteles, que não apresentavam título por aparecerem a seguir à Física na compilação de Andrónico de Rodes>." ACADEMIA DAS CIÊNCIAS DE LISBOA. **Dicionário da língua portuguesa contemporânea**. Lisboa: Verbo, 2001. v. 2, p. 2452.
5. "[M]etaphysica, deriv. do gr. Méd. *metaphysiká*, da expressão tà metà physiká 'além da física', título atribuído no séc. I aos treze livros de Aristóteles, que tratam de questões que transcendem o domínio da física." CUNHA, Antônio Geraldo da. **Dicionário etimológico nova fronteira da língua portuguesa**. Rio de Janeiro: Nova Fronteira, 1982, p. 516.
6. Hans Reiner critica essa ideia, bastante difundida, por entender que "na realidade, Andrônico de Rodes seguiu Eudemo – e, com ele, o próprio 'espírito aristotélico' – ao empregar o nome 'metafísica', já que 'filosofia primeira', embora mais adequado em si, é inadequado na ordem dos conhecimentos." (MORA, José Ferrater. **Dicionário de filosofia**. Tradução de Roberto Leal Ferreira e Álvaro Cabral. São Paulo: Martins Fontes, 2001, p. 467). A crítica, contudo, reside apenas na discussão relativa à origem "bibliotecária" do termo, havendo quem, como Reiner, credite a origem ao próprio pensamento aristotélico, e quem, como Franciscus Patricius (1413-1494), e a maior parte dos autores atuais, mantenha a versão de que a posição das obras e o termo se devem a Andrônico.

sentido mais comum, designa o ramo da filosofia que investiga realidades que transcendem a experiência sensível.[7] Entre os positivistas, a expressão é propositalmente usada em sentido pejorativo, designando "qualquer teoria destituída de sentido, verificabilidade, operacionalidade pragmática ou concretude, apresentando consequentemente tendências dogmáticas, irrealistas ou ideológicas."[8]

Entretanto, a maior parte dos autores que se insurgem contra a metafísica, quando argumentam contra ela, o fazem tendo em vista uma "metafísica que existiria em si e por si."[9] O problema é que estendem a crítica – e a consequente rejeição ao que criticam – a toda e qualquer realidade suprassensível,[10] mesmo àquelas em relação às quais não se diz existirem em si e por si, independentemente de uma inteligência que as pense, suprimindo ou ignorando, com isso, a própria distinção existente entre o ser humano e os outros animais.

Neste trabalho, o termo metafísica será utilizado para designar a realidade suprassensível (e, por extensão, o que se diz a respeito dela). Metafísico é o que está além do físico, não sendo apreensível pelos órgãos dos sentidos[11], ou, por outras palavras, o que "vai além dos limites da experiência física; *transcendente*."[12] No dizer de Kant, trata-se do "o inventário de tudo o que possuímos pela razão pura",[13] vale dizer, independentemente dos sentidos ou da experiência.

Existe um mundo sensível, de fatos "brutos" ou realidades físicas, como uma pedra na praia, o sol a brilhar, um trovão. Esse mundo, que existe independentemente do ser humano, pode ser por ele apreendido pelos sentidos. Pela visão e pelo tato percebe a pedra e sua consistência, a luz do sol e o seu calor. Pela

---

7. HOUAISS, Antonio; VILLAR, Mauro de Salles. **Dicionário Houaiss da língua portuguesa**. Rio de Janeiro: Objetiva, 2001, p. 1.907.

8. *Ibid.*, 2001, p. 1.907. Em passagem que confirma o acerto da definição de Houaiss, Karl Popper observa que para os positivistas, Metafísica não é só "não empírica", mas também absurda e sem sentido, razão pela qual querem eles acabar com ela inteiramente. POPPER, Karl. **A lógica da pesquisa científica**. Tradução de Leônidas Hegenberg e Octanny Silveira da Mota. 12.ed. São Paulo: Cultrix, 2006, p. 36.

9. BECKER, Alfredo Augusto. **Teoria geral do direito tributário**. 3.ed. São Paulo: Lejus, 1998, p. 62.

10. Depois de mencionar os diversos sentidos que à palavra "metafísica" já se atribuíram, Ferrater Mora observa que "a metafísica continua sendo, em grande medida, a ciência do 'transcendente', mas essa transcendência apóia-se, em muitos casos, na absoluta imediação e na imanência do eu pensante." MORA, José Ferrater. **Dicionário de filosofia**. Tradução de Roberto Leal Ferreira e Álvaro Cabral. São Paulo: Martins Fontes, 2001, p. 472.

11. Feyerabend, tendo definido o termo "metafísico" de sorte a abranger tudo o que não é empírico, observa que a interpretação de toda teoria física tem elementos metafísicos. FEYERABEND, Paul. **Realism, rationalism and scientific method**. Cambridge: Cambridge University Press, 1981. v.1, p. 42 e ss.

12. AULETE, Caldas. **Minidicionário contemporâneo da língua portuguesa**. Rio de Janeiro: Nova Fronteira, 2004, p. 532.

13. "[...] *it is nothing but the inventory of all we possess through pure reason.*" KANT, Immanuel. **Critique of pure reason**. Translated by Paul Guyer and Allen W. Wood. Cambridge: Cambridge University Press, 1998 p. 104.

audição, percebe o trovão. Karl Popper designa o mundo físico, composto pelos tais fatos brutos, de "Mundo 1".[14]

Os processos mentais, a consciência, o pensamento e a memória, desenvolvidos pelo Ser humano, inclusive a respeito das realidades do "Mundo 1" (*v.g.,* a imagem do sol formada no cérebro de quem o vê), fariam parte do que Popper chama "Mundo 2".

Por sua vez, o mundo composto pelas ideias e realidades institucionais criadas pela mente humana, mas que passam a existir independentemente da mente criadora, é designado por ele como "Mundo 3".[15]

Esses três mundos fazem parte, todos, de um conceito amplo de realidade (composta de uma parcela *sensível* e de outra *inteligível,* estando o ser humano situado entre as duas ou nas duas), e estão em constante interação. O ser humano está no mundo dos sentidos, pois é animal; mas tem acesso à abstração e à ideia, enquanto ser racional. O cérebro, estrutura biológica composta de átomos de carbono, hidrogênio, oxigênio etc., situa-se no "Mundo 1". O pensamento de alguém, no momento em que faz reflexões recorrendo às suas sensações e às suas memórias, ocorre no âmbito do "Mundo 2". Finalmente, quando o cérebro, depois de algum período de atividade, cria uma poesia, uma música ou a fórmula para fabricar um remédio ou um explosivo, tais criações – que não se confundem com a atividade pensante que as originou, nem com a realidade concreta que a partir dela poderá ser construída ou modificada – situam-se no Mundo 3. Com elas, naturalmente, os fatos do Mundo 1 poderão ser alterados, alteração que pode ir desde a impressão, em um papel, dos símbolos em face dos quais outras consciências[16] poderão ter acesso à mesma ideia, até a execução de atos (o uso da fórmula medicinal em um doente ou a explosão da bomba sobre uma cidade) decorrentes da execução dessa ideia.

Não se pode dizer, em oposição, que a fórmula do explosivo ou do remédio é representada em símbolos postos em um papel, fazendo assim parte do Mundo

---

14. POPPER, Karl. **A vida é aprendizagem** – Epistemologia evolutiva e sociedade aberta. Tradução de Paula Taipas. São Paulo: Edições 70, 2001, p. 43 e ss.

15. O "mundo 1" é o mundo composto de fatos brutos, mas, é de se observar, a ele o homem nunca tem acesso diretamente. Isso porque é ele intermediado por seus sentidos, que lhe fornecem informações interpretadas por seu cérebro, e sua estrutura neural, na qual já existem – até como fruto da evolução das espécies – modelos ou padrões pré-concebidos de como aquelas informações devem ser entendidas. Nesse sentido: NOZICK, Robert. **Invariances** – the structure of the objective world. Massachusetts/London: Harvard University Press, 2001, p. 108.

16. Isso mostra que os símbolos efetivamente são, como destaca Marcelo Neves, calcado em Lacan, "uma forma de intermediação entre o sujeito e o outro." NEVES, Marcelo. **A constitucionalização simbólica**. São Paulo: Martins Fontes, 2007, p. 11.

1, único existente, sendo os demais fantasias de Karl Popper.[17] Em verdade, os símbolos no papel – ou na tela de um computador – *representam* a fórmula, que não se confunde com eles. O que se usa na representação não se confunde com o que é representado. A fórmula é o *sentido* de tais símbolos, e esse sentido só pode ser atribuído a eles por uma consciência dotada de inteligência, vale dizer, por uma consciência que tenha acesso ao que se está aqui chamando de Mundo 3.

O Mundo 3, nem é preciso dizer, é metafísico, pois aquilo que nele está situado não pode ser apreendido pelos sentidos, estando além da física, no mundo da transcendência. Aliás, além de ser metafísico o Mundo 3, o ser humano, por ter na criação desse mundo e no acesso a ele o seu traço característico e diferenciador dos demais seres, pode ser assim definido como um *animal metafísico* ou como um *animal simbólico*, que tem uma inteligência e uma imaginação simbólicas, elementos indispensáveis para que possa distinguir o atual e o possível, o sensível e o inteligível.[18] Alain Supiot sintetiza essas ideias dizendo que o ser humano

> é um animal metafísico. Ser biológico, está antes de tudo no mundo por seus órgãos dos sentidos. No entanto, sua vida se desenvolve não só no universo das coisas, mas também num universo de signos. Esse universo se estende, para além da linguagem, a tudo o que materializa uma idéia e deixa assim, presente no espírito, o que está fisicamente ausente. Esse é o caso de todas as coisas nas quais está inscrito um sentido e mormente dos objetos fabricados que, dos mais humildes (uma pedra talhada, um lenço), aos mais sagrados (*A Gioconda,* o Panteão), incorporam a idéia que lhes presidiu a fabricação, distinguindo-se assim do mundo das coisas naturais.[19]

---

17. Para Habermas, "essa doutrina dos três mundos, elaborada pelos 'platônicos do significado', não é menos metafísica do que a 'doutrina dos dois reinos' do idealismo subjetivo. Pois não soluciona o enigma da comunicação entre esses três mundos: Frege opina que o elemento 'atemporal tem que estar entrelaçado de alguma maneira com o temporal'" (HABERMAS, Jürgen. **Direito e democracia** – entre facticidade e validade. Tradução de Flávio Beno Siebeneichler. Rio de Janeiro: Tempo Brasileiro, 1997. v.1, p. 30). Entretanto, mesmo ele admite a distinção entre o ato de pensar e o produto desse ato, "pensamentos que ultrapassam os limites de uma consciência individual." (*Ibid.*, 1997. v.1, p. 28). Ora, o mundo 2 é precisamente a consciência do indivíduo, e o mundo 3 é formado pelos pensamentos que ultrapassam essa consciência. Com relação à comunicação entre os três mundos, ela é explicada em POPPER, Karl. **A vida é aprendizagem** – epistemologia evolutiva e sociedade aberta. Tradução de Paula Taipas. São Paulo: Edições 70, 2001, p. 49-56. A existência de certas ideias, como a dos números primos, por exemplo, por certo depende de uma mente racional que as apreenda, mas não se pode dizer que dependa dessa mente individualizada para existir. Exemplificando, se toda a espécie humana fosse extinta, mas outra forma de vida inteligente surgisse posteriormente, continuariam existindo, para essa nova espécie, os números primos.
18. CASSIRER, Ernst. **Antropología filosófica**. Traducción de Eugenio Ímaz. 2.ed. México: Fondo de Cultura Económica, 1963, p. 91. No mesmo sentido, Arnaldo Vasconcelos observa que "pertence só ao homem a capacidade de pensar por meio de imagens e símbolos." VASCONCELOS, Arnaldo. **Direito, humanismo e democracia**. São Paulo: Malheiros, 1998, p. 31.
19. SUPIOT, Alain. **Homo juridicus** – ensaio sobre a função antropológica do direito. Tradução de Maria Ermantina de Almeida Prado Galvão. São Paulo: Martins Fontes, 2007, p. VII.

O mesmo autor prossegue a demonstração da natureza essencialmente metafísica da criatura humana recordando que,

> como todo animal vivo, de início o homem está no mundo por seus sentidos, mas, diferentemente dos outros, tem acesso, mediante a linguagem, a um universo que transcende o aqui e o agora dessa experiência sensível. À finitude de sua vida orgânica e visceral subrepõe-se o mundo sem limite de suas representações mentais. A criança faz bolos de areia, mas é uma fortaleza que ela constrói, sobre a qual reina e povoa de criaturas inventadas por ela. Ela está ali na praia, mas, pela história que conta a si, está muito longe, no tempo dos cavaleiros, numa profunda floresta, ou então transportada por um foguete para outro planeta. Pelas palavras que cochicha a si mesma, ou que troca com seus colegas de brincadeira, conhece a embriaguez de uma liberdade que nenhum animal jamais conheceu, a de reconstruir a seu bel-prazer um outro mundo possível, onde ela pode voar no ar, desdobrar-se, ficar invisível, ou ogre, ou gigante... Um mundo onde ela confere sentido aos objetos que modela ou aos desenhos que traça e que se tornam a marca visível de seu espírito.

Uma vez que entramos nesse mundo simbólico, apenas a morte cerebral pode fazer-nos sair dele.[20]

Essas ideias, como se sabe, estão presentes na filosofia de Kant. São a base de sua célebre afirmação de que duas coisas lhe enchem a alma de admiração, o céu estrelado sobre ele e a lei moral dentro dele.[21] Em suas palavras,

> La primera arranca del sitio que yo ocupo en el mundo sensible externo, y ensancha el enlace en que yo estoy hacia lo inmensamente grande con mundos y más mundos y sistemas de sistemas, y además su principio y duración hacia los tiempos ilimitados de su movimiento periódico. La segunda arranca de mi yo invisible, de mi personalidad y me expone en un mundo que tiene verdadera infinidad, pero sólo es captable por el entendimiento, y con el cual (y, en consecuencia, al mismo tiempo también con todos los demás mundos visibles) me reconozco enlazado no de modo puramente contingente como aquél, sino universal y necesario. La primera visión de una innumerable multitud de mundo aniquila, por así decir, mi importancia como siendo criatura animal que debe devolver al planeta (solo un punto en el universo) la materia de donde salió después de haber estado provisto por breve tiempo de energía vital (no se sabe cómo). La segunda, en cambio, eleva mi valor como inteligencia infinitamente, en virtud de mi personalidad, en la cual la ley moral me revela una vida independiente de la animalidad y aun de todo el mundo sensible, por lo menos en la medida en que pueda inferirse de la destinación finalista de mi existencia en virtud de esta ley, destinación que no está limitada a las condiciones y límites de esta vida.[22]

---

20. *Ibid.*, 2007, p. 5. Precisamente por isso, Carlos Cossio afirma: "*no quiero decir que me desligo de la Metafísica, porque esto es imposible para el hombre, siendo el hombre mismo un animal metafísico.*" COSSIO, Carlos. **Teoría de la verdad jurídica**. Buenos Aires: Losada, 1954, p. 9.

21. Na versão espanhola: "*Dos cosas llenan el ánimo de admiración y respeto, siempre nuevos y crecientes cuanto más reiterada y persistentemente se ocupa de ellas la reflexión: el cielo estrellado que está sobre mí y la ley moral que hay en mí.*" KANT, Immanuel. **Critica de la razón practica**. Traducción de J. Rovira Armengol. Buenos Aires: La Página/Losada, 2003, p. 135.

22. *Ibid.*, 2003, p. 135.

Dessa forma, a conclusão é a de que simplesmente não é possível afastar tudo o que for metafísico do âmbito da ciência ou de qualquer outra obra, ação ou atividade humana.[23] Tanto que autores positivistas, quando dizem ter se afastado de qualquer consideração metafísica, o que fazem, na verdade, é apenas deixar de referi-la expressamente. Para demonstrá-lo, para lembrar dos positivistas da escola sociológica, que diziam estar atentos apenas aos fatos, mas preconizavam caber à ciência "corrigi-los" ou "melhorá-los"[24]... Seria o caso, contudo, de indagar a eles: corrigir e melhorar em qual sentido? À luz de qual critério? Seria, por acaso, um critério colhido a partir dos sentidos, do mundo físico? É evidente que corrigir, melhorar e ajeitar pressupõem juízos de valor, e estes são inegavelmente metafísicos. Afinal, na feliz observação de Kant, a experiência diz aquilo que é, mas não que aquilo tem que ser necessariamente como é e não de outra forma.[25] Daí dizer-se, com acerto, que "juízos de fato não podem dar origem a juízos de valor"[26] ou, do mesmo modo, que "as normas não podem nascer dos fatos; é, ao contrário, o sentido dos fatos ou dos acontecimentos entre os quais nos movemos que lhes vem das normas ou das exigências principais, sem o que os homens não passariam de animais regidos por uma causalidade física."[27] Javier Hervada destaca, nesse sentido, que o

> conhecimento metafísico faz parte do modo comum e corriqueiro de conhecer do próprio homem, cuja inteligência funciona metafisicamente de maneira constante, como mostra a mais simples análise da linguagem. Toda vez que utilizamos um conceito, estamos agindo metafisicamente; toda vez que estabelecemos a diferença entre o normal e o imperfeito – e não entre o geral ou comum e o minoritário ou particular – acontece a mesma coisa etc., de modo que o conhecimento metafísico é algo conatural para nós. Por isso, quando no âmbito dos saberes cultos ocorre uma rejeição absoluta – não só metodológica como no caso das ciências fenomênicas – do conhecimento metafísico e uma redução consciente e voluntária ao conhecimento fenomênico ou empírico, é produzido um abandono incorreto de uma parte fundamental de nosso saber, que torna opaca uma dimensão essencial da realidade.[28]

---

23. Por isso, Djacir Meneses observa, calcado em Mondolfo, que a pretensão marxista de reduzir a existência humana "ao conjunto de relações sociais parece que ameaça resolver totalmente a interioridade espiritual humana na exterioridade das relações sociais e suprimir, por conseguinte, o princípio da atividade pessoal do homem, reduzindo-o a puro produto passivo ou reflexo da sociedade." MENEZES, Djacir. **Hegel e a filosofia soviética**. Rio de Janeiro: Zahar, [s.d.], p. 217.
24. MIRANDA, Pontes de. **Sistema de ciência positiva do direito**. Atualizado por Vilson Rodrigues Alves. São Paulo: Bookseller, 2000. v.1, p. 39.
25. "*Experience teaches us, to be sure, that something is constituted thus and so, but not that it could not be otherwise.*" KANT, Immanuel. **Critique of pure reason**. Translated by Paul Guyer and Allen W. Wood. Cambridge: Cambridge University Press, 1998, p. 137.
26. VASCONCELOS, Arnaldo. **Direito e força**: uma visão pluridimensional da coação jurídica. São Paulo: Dialética, 2001, p. 76.
27. GOYARD-FABRE, Simone. **Os fundamentos da ordem jurídica**. Tradução de Cláudia Berliner. São Paulo: Martins Fontes, 2002, p. 360.
28. HERVADA, Javier. **Lições propedêuticas de filosofia do direito**. Tradução de Elza Maria Gasparotto. São Paulo: Martins Fontes, 2008, p. 44.

Aliás, a própria premissa positivista de afastar necessariamente toda a metafísica é, ela própria, metafísica,[29] "visto que não se baseia nos puros fatos."[30] Com efeito, por que a metafísica teria que ser afastada? Esse afastamento não decorre da experiência, mas de um juízo de valor, que é ele próprio metafísico. E, especificamente em relação ao positivismo normativista, é igualmente metafísica a pretensão de reconhecer como direito apenas o direito posto, e fazê-lo de forma supostamente alheia aos valores, pois isso é feito em prol de uma maior *segurança* que seria assim supostamente obtida, que é também um valor aprioristicamente considerado.[31]

Poder-se-ia dizer, em oposição, que os juízos de valor seriam construídos pelo ser humano a partir da realidade física, sendo esta a "prova" de sua natureza não metafísica. Tal objeção, contudo, não teria procedência, pois, como observa Radbruch, não se defende

> que as valorações, os juízos de valor, como todos os juízos, não sejam influenciados pelos factos do mundo do 'ser'. Nenhuma dúvida de que as nossas valorações sejam o produto causal, a superestrutura ideológica de determinados factores do domínio do ser, como, por exemplo, o meio social em que vivemos. A 'sociologia do saber' aí está a instruir-nos acerca do condicionamento local das ideologias. Porém, não se trata aqui da relação *causal* entre certas circunstâncias existentes e certos juízos valorativos, mas de relação *lógica* entre Ser e Valor. Ninguém afirma que as valorações sejam independentes dos fatos, mas sim que os fatos não podem servir de fundamento às valorações.[32]

Os fatos, em si e por si, independentemente do ser humano, não *devem ser* coisa nenhuma. Eles simplesmente *são*. É o ser humano que, observando-os, valora-os, tendo-os por convenientes ou inconvenientes, desejáveis ou repelíveis, bons ou ruins, a demandarem esforços para que se repitam ou para que não mais aconteçam. E essa valoração, que dá origem ao *ter que* e ao *dever ser*, é inafastavelmente metafísica.

---

29. "Como preocupação metodológica geral, o positivismo parte de uma premissa que em si é de natureza metafísica – a condenação ou o repúdio de toda a metafísica." (ASCENSÃO, José de Oliveira. **O direito** – introdução e teoria geral. 2.ed. Brasileira. Rio de Janeiro: Renovar, 2001, p. 171). No mesmo sentido: KAUFMANN, Arthur. **Filosofia do direito**. Tradução de Antonio Ulisses Cortês. Lisboa: Fundação Calouste Gulbenkian, 2004, p. 497. Isso explica a afirmação de Popper, para quem "em vez de afastar a Metafísica das ciências empíricas, os positivistas levam à invasão do reino científico, pela Metafísica." POPPER, Karl. **A lógica da pesquisa científica**. Tradução de Leônidas Hegenberg e Octanny Silveira da Mota. 12.ed. São Paulo: Cultrix, 2006, p. 38.

30. HERVADA, Javier, *op. cit.*, 2008, p. 44. Especificamente a respeito da Teoria Pura do Direito, demonstrando o seu caráter não puramente descritivo, confira-se: VASCONCELOS, Arnaldo. **Teoria pura do direito** – repasse crítico de seus principais fundamentos. Rio de Janeiro: Forense, 2003, p. 173.

31. FINNIS, John. **Lei natural e direitos naturais**. Tradução de Leila Mendes. Rio Grande do Sul: Unisinos, 2007, p. 344.

32. RADBRUCH, Gustav. **Filosofia do direito**. Tradução de Cabral de Moncada. 6.ed. Coimbra: Armênio Amado, 1997, p. 50.

Tanto é assim que Jean-François Kervégan, depois de afirmar a necessidade de se renunciar "a toda fundamentação metafísica, antropológica ou mesmo moral dos direitos do homem", afirma que estes devem contar com "fundamentação estritamente política, ou seja, apoiada no único princípio da igualdade política (e não natural, pois nada é menos igualitário do que a natureza) dos indivíduos- -cidadãos."[33] O que o mencionado autor não explica, nem poderia explicar sem recorrer a aspectos metafísicos, é *de onde* extraiu a necessidade de que se rejeitem fundamentações metafísicas, antropológicas ou morais, e se recorra a uma "fundamentação política", que deveria apoiar-se "no único princípio da igualdade política". Quando se diz que algo *tem que* ser, *deve* ser, *merece* ser, *deveria* ser, enfim, quando se recorre ao mundo da possibilidade, para com dados extraídos dele julgar o mundo da realidade e fazer escolhas, recorre-se à metafísica.

Precisamente por isso, é a metafísica que faz a ciência – como os produtos da criação humana em geral – evoluir. Afinal, "as descobertas científicas não poderiam ser feitas sem fé em ideias de cunho puramente especulativo e, por vezes, assaz nebulosas, fé que, sob o ponto de vista científico, é completamente destituída de base e, em tal medida, 'Metafísica'"[34], sendo certo que, nos dias de hoje, sabe-se que o cientista não realiza experimentos aleatórios para, induzindo a partir de seus resultados, produzir teorias desinteressadas, neutras e objetivas.[35] Ao revés, a ciência progride por meio de conjecturas e refutações: o conhecimento não se forma da indução pela experiência do real; formula-se a hipótese – metafísica![36] – e, em seguida, verifica-se se ela, hipótese, corresponde à realidade (falseamento)[37]. Enquanto a teoria, mera hipótese, resistir aos testes

---

33. KERVÉGAN, Jean-François. Democracia e direitos humanos. Tradução de Tito Lívio Cruz Romão. In: MERLE, Jean-Christophe; MOREIRA, Luiz (Org.). **Direito e legitimidade**. São Paulo: Landy, 2003. p. 115-125, p. 123.

34. POPPER, Karl. **A lógica da pesquisa científica**. Tradução de Leônidas Hegenberg e Octanny Silveira da Mota. 12.ed. São Paulo: Cultrix, 2006, p. 40.

35. "Foi realizada uma pesquisa que verificou que estudantes do sexo masculino tendem a carregar seus livros junto aos quadris, seguros por apenas uma das mãos. Já as mulheres levam-nos com ambas as mãos, cingidos junto ao peito. Original e viável essa pesquisa pode ser. Sua relevância, contudo, está por ser demonstrada." (CASTRO, Cláudio Moura. Memórias de um orientador de tese. In: NUNES, Edson de Oliveira (Org.). **A aventura sociológica**: objetividade, paixão, improviso e método na pesquisa social. Rio de Janeiro: Zahar, 1978. 304-323, p. 315). Saber se uma pesquisa é *relevante* ou não envolve um juízo de valor, pelo que é impossível afastá-los do âmbito da ciência.

36. *"It is now granted that metaphysical considerations may be of importance when the task is to invent a new physical theory."* FEYERABEND, Paul. **Knowledge, science and relativism**. Cambridge: Cambridge University Press, 1999. v.3, p. 99 – "É agora admitido que considerações metafísicas podem ser importantes quando se trata de inventar uma nova teoria física." – tradução livre.

37. POPPER, Karl. **A vida é aprendizagem** – Epistemologia evolutiva e sociedade aberta. Tradução de Paula Taipas. São Paulo: Edições 70, 2001, p. 71. Kant, a propósito, muito antes de Popper, tornou claras as limitações do processo indutivo na formação do conhecimento. Em suas palavras, *"experience never gives its judgments true or strict but only assumed and comparative universality (through induction), so properly it must be said: as far as we have yet perceived, there is no exception to this or that rule."* KANT,

ou às tentativas de refutação, será tida (sempre provisoriamente) por verdadeira. Assim funciona e progride a ciência, que depende, embora muitos não o consigam admitir, de elementos metafísicos.

Esses fatos demonstram o acerto da afirmação de Kant, para quem é inútil demonstrar indiferença perante investigações metafísicas. Os que o tentam, "esses pretensos insensíveis, por mais que queiram ser reconhecidos, substituindo a terminologia da Escola por uma linguagem popular, não são capazes de pensar qualquer coisa sem recair, inevitavelmente, em afirmações metafísicas."[38]

Não se desconhece, por certo, a existência de um pensamento que se diz "pós-metafísico", fundado, em suma, na afirmação de que teria sido superado o paradigma da filosofia da consciência, substituído pelo paradigma da linguagem. Com isso, a construção do mundo não seria feita por uma subjetividade transcendente, mas sim por estruturas gramaticais.[39] Entretanto, não parece que tal mudança de paradigma, aqui não discutida,[40] tenha o efeito de afastar a metafísica, fazendo-a superada, *pelo menos dentro do sentido que atribuímos à expressão neste texto*. Muito pelo contrário. Afinal, o *significado* das tais estruturas gramaticais não é aferível apenas a partir dos sentidos, nem pertence ao mundo destes. Para demonstrá-lo, basta pedir a alguém com a visão perfeita, mas que nada sabe do idioma japonês, para que se manifeste sobre o conteúdo de um livro escrito exclusivamente nessa língua. No mundo físico estão as folhas de papel e os pigmentos de tinta, as vibrações sonoras, os movimentos braçais, os pontos iluminados

---

Immanuel. **Critique of pure reason**. Translated by Paul Guyer and Allen W. Wood. Cambridge: Cambridge University Press, 1998, p. 137 – "a experiência não concede nunca aos seus juízos uma universalidade verdadeira ou estrita, mas apenas uma universalidade suposta e comparativa – por indução -, de tal sorte que, mais adequadamente, se deveria dizer: tanto quanto até agora nos foi dado verificar, não se encontram exceções a esta ou àquela regra." – tradução livre.

38. "[...] *much they may think to make themselves unrecognizable by exchanging the language of the schools for a popular style, these so-called indifferentists, to the extent that they think anything at all, always unavoidably fall back into metaphysical assertions, which they yet professed so much to despise.*" KANT, Immanuel. **Critique of pure reason**. Translated by Paul Guyer and Allen W. Wood. Cambridge: Cambridge University Press, 1998, p. 100.

39. HABERMAS, Jürgen. **Pensamento pós-metafísico**: estudos filosóficos. Tradução de Flávio Beno Siebeneichler. Rio de Janeiro: Tempo brasileiro, 1990, p. 15.

40. Pode-se entender que a "metafísica" que se diz superada, no tal pensamento "pós-metafísico", é a que representaria um mundo suprassensível (*v.g.*, um "paraíso") existente por si independentemente da criatura humana, e não toda e qualquer realidade suprassensível. No âmbito do direito, a metafísica que teria sido superada seria representada por aquele direito natural absoluto, eterno e invariável, independente de quaisquer construções humanas, e não aquele direito considerado ideal por cada sujeito, ainda que de forma variável no tempo e no espaço. Daí porque Steven Lukes afirma que "nós vivemos, frequentemente se diz, em uma idade 'pós-metafísica' na qual nossas concepções morais são desprovidas de fundamentos. Ou melhor (o que quer dizer o mesmo) existem em demasia fundamentos diferentes." No original: "*We live, it is often said, in a 'post-metaphysical age' in which our moral views are 'without foundations'. Or rather (which is to say the same thing) there are too many foundations.*" LUKES, Steven. **Moral relativism**. New York: Picador, 2008, p. 132.

na tela de um computador. Mas só no mundo metassensível, ou metafísico, ao qual o ser humano tem acesso por meio do intelecto, estão os sentidos que essas realidades fáticas representam. Além disso, não está claro como, da linguagem, nasce a obrigatoriedade do direito. Afinal, por que uma prescrição linguística é tida como obrigatória? Certamente a razão de ser dessa obrigatoriedade é exterior à própria linguagem, razão pela qual Goyard-Fabre observa que, como "a grade conceitual da 'virada linguística' não foi suficientemente aprofundada para dar conta das exigências específicas da regulação jurídica, não se compreende o que, na linguagem, é gerador da normatividade do direito."[41]

Em verdade, a metafísica não é algo relacionado à religião, a um mundo ideal que existiria por si e em si, independentemente da criatura humana. Não é isso. Trata-se apenas de algo que não tem existência física ou concreta, e que não se confunde com o que é apreendido pelos sentidos, embora através dos sentidos se possa ter acesso aos sinais que servem de transporte[42] a essa realidade. É o caso, por exemplo, dos números. Só se tem acesso a ela por conta da racionalidade, sendo esse o motivo pelo qual Kant afirma que negá-la seria "o mesmo de alguém pretender demonstrar por meio da razão que não há razão."[43]

As conclusões que a esse respeito Ernst Cassirer extrai da biografia de Helen Keller são bastante expressivas. Helen Keller, como se sabe, foi uma *cega-surda--muda* que, com a ajuda de métodos especiais, aprendeu a se comunicar utilizando apenas o tato, desenvolvendo, não obstante, extraordinária capacidade intelectual. Isso mostra que a cultura não deriva o seu caráter específico da matéria que a compõe, podendo ser expressada

> *con cualquier material sensible. El lenguaje verbal posee una ventaja técnica muy grande comparado con el lenguaje táctil, pero los defectos técnicos de este último no destruyen su uso esencial. El libre desarrollo del pensamiento simbólico y de la expresión simbólica no se halla obstruido por el mero empleo de signos táctiles en lugar de los verbales. Si el niño ha conseguido captar el 'sentido' del lenguaje humano, ya no importa tanto el material particular en el que este 'sentido' se hace accesible. Como lo prueba el caso de Helen Keller, el hombre construye su mundo simbólico sirviéndose de los materiales más pobres y escasos. Lo que vitalmente importa*

---

41. GOYARD-FABRE, Simone. **O que é democracia?** A genealogia filosófica de uma grande aventura humana. Tradução de Cláudia Berlinger. São Paulo: Martins Fontes, 2003, p. 328.

42. Os computadores fornecem excelente campo para pesquisa da interconexão entre os mundos sensível e inteligível, pois com eles se tornou possível separar, completamente, as ideias daquilo que lhes serve de suporte físico, sem que isso aconteça, necessariamente, dentro da consciência de uma criatura humana. Livros, músicas e figuras não dependem mais do papel no qual estão impressos, e tampouco se confundem com o disco rígido, o disco óptico ou o *pen-drive* no qual estão gravados. O aprofundamento dessa questão, contudo, não se comporta nos limites desta tese, nem seria relevante para as suas conclusões.

43. *"Sería como si alguien pretendiera demostrar con la razón que no hay razón."* KANT, Immanuel. **Critica de la razón practica**. Traducción de J. Rovira Armengol. Buenos Aires: La Página/Losada, 2003, p. 11.

no son los ladrillos y las piedras concretos sino su función general como forma arquitectónica. En el reino del lenguaje, su función simbólica general es la que vivifica los signos materiales y los 'hace hablar'; sin este principio vivificador el mundo de una criatura sordomuda y ciega puede llegar a ser incomparablemente más ancho y rico que el mundo del animal más desarrollado.[44]

A ideia, portanto, pode ser construída a partir do sensível, mas evidentemente não se confunde com ele. E o acesso que a criança cega-surda-muda tem ao "mundo 3", acesso que o felino dotado dos mais aguçados sentidos não tem, é demonstração suficiente dessa verdade.[45] Por isso, um estudo que se volte apenas para as realidades sensíveis, ignorando ou dizendo ignorar as suprassensíveis ou ideais, é não apenas inadequado, sobretudo nas ciências ditas humanas ou sociais, mas verdadeiramente impossível. Em vez de caracterizar-se como científico, como no mais das vezes é a sua pretensão, terminará ostentando as características de seu antônimo,[46] dogmaticamente afastando de suas considerações, por razões aprioristicas, metade do mundo, precisamente aquela que caracteriza a criatura humana enquanto tal.

5.2 NATUREZA HUMANA E O DIREITO

Verificado que o ser humano é um *animal metafísico*, eis que dotado da capacidade de abstração, de apreensão e criação de realidades suprassensíveis, é o caso de aferir quais repercussões essa sua natureza tem sobre o direito[47], a forma de tratá-lo, de considerá-lo e de fundamentá-lo.

Antes disso, contudo, é preciso registrar que não se defende, aqui, a existência de uma natureza humana absoluta. Aliás, não parece existir nada absoluto além da relatividade. O ser humano ao qual se faz referência aqui é a criatura humana[48]

---

44. CASSIRER, Ernst. **Antropología filosófica**. Traducción de Eugenio Ímaz. 2.ed. México: Fondo de Cultura Económica, 1963, p. 63.

45. Justamente por isso, Álvaro Ricardo de Souza Cruz refuta a ideia de que Popper seria positivista, dizendo: "ele não concordava com a visão de que a única e privilegiada forma de conhecimento pudesse ser a experiência sensível, uma vez que seria tão-somente pela lógica que o homem seria capaz de perceber as regularidades no conjunto de suas observações e, a partir daí, então tirar conclusões e conceitos sistemáticos. [...] Popper jamais concordou com a desconsideração que o Círculo fazia da metafísica, pois para ele grandes descobertas e avanços científicos derivavam de concepções estritamente metafísicas." (CRUZ, Álvaro Ricardo de Souza. **O discurso científico na modernidade**: o conceito de paradigma é aplicável ao direito? Rio de Janeiro: Lumen Juris, 2009, p. 25).

46. MACHADO SEGUNDO, Hugo de Brito. **Por que dogmática jurídica?** Rio de Janeiro: Forense, 2008, *passim*.

47. Como reconhece Miguel Reale, "quando está em causa o problema do homem, põe-se, concomitantemente, com mais urgência, a indagação dos fundamentos do Direito, e vice-versa." REALE, Miguel. **Direito natural/direito positivo**. São Paulo: Saraiva, 1984, p. 3.

48. E, mesmo em relação à criatura humana na atualidade, não é o propósito desta tese aprofundar o exame de sua natureza. Até porque, como observa Matt Ridley, embora tenha havido grande evolução nessa área da ciência e da filosofia, nós nunca atingiremos essa meta, e talvez seja melhor mesmo se nunca o fizermos. Mas enquanto pudermos continuar perguntando *por que*, teremos um nobre propósito."

5 • UMA SOLUÇÃO POSSÍVEL

na atualidade, surgida em momento muito recente se considerado o período compreendido desde a origem do universo até os dias de hoje, e que certamente passará por modificações (naturais ou artificiais) no futuro, próximo ou distante.[49] O que importa é que, como mencionado, o ser humano, em face de uma estrutura neurológica mais desenvolvida, tem a aptidão de abstrair e, assim, pensar em coisas que não estão à sua frente, nem são acessíveis aos seus sentidos. Com isso, pode distinguir o *real* do *possível* (cf. itens 1 e 5.1, *supra*) e ainda "apontar para algo que se recomenda ou que se quer avisar."[50] Desenvolveu também, como algo necessário e intrínseco ao exercício dessas faculdades, a linguagem.[51]

É provável que essa capacidade neurológica seja fruto da seleção natural, pois por conta dela o ser humano desenvolveu um sofisticado sistema de cooperação mútua, fundado na empatia que se sente pelo semelhante, sistema esse que facilita a sobrevivência dos indivíduos que o adotam, facilitando-lhes a perpetuação dos genes. O processo de seleção natural desenvolveu no ser humano – como, aliás, também em outros animais – não apenas o senso de preservação do próprio indivíduo, mas o sentimento de preservação em relação ao grupo, ao semelhante.[52] O que a racionalidade viabilizou, e nisso distanciou o ser humano

---

(no original: *"we will never quite reach that goal, and it would perhaps be better if we never did. But as long as we can keep asking why, we have a noble purpose."* – tradução livre – RIDLEY, Matt. **The red queen** – sex and the evolution of the human nature. New York: Perennial, 2003, p. 349). O que importa, no momento, é apenas perquirir em torno de características humanas relevantes para o surgimento do Direito, aspectos nos quais se centra este trabalho.

49. Como observa Nozick, "não existem pontos fixos em filosofia, ou mesmo no desenvolvimento humano", ou, em uma tradução livre, *"there are no fixed points in philosophy, or in human development either. What is human may change."* NOZICK, Robert. **Invariances** – the structure of the objective world. Massachusetts/London: Harvard University Press, 2001, p. 300.

50. GADAMER, Hans-Georg. **Elogio da teoria**. Tradução de João Tiago Proença. Lisboa: Edições 70, 2001, p. 13. Note-se que, para *recomendar* ou *avisar*, a criatura humana há de fazer juízos de valor. E, também, há de representar, por símbolos, o que está a recomendar, ou a avisar, e a razão de ser disso.

51. *Id.*, **Verdade e método** – traços fundamentais de uma hermenêutica filosófica. Tradução de Flávio Paulo Meurer. Petrópolis: Vozes, 2008. v.1, p. 576. Para um exame da relação entre linguagem, símbolo e racionalidade: CASSIRER, Ernst. **Antropología filosófica**. Traducción de Eugenio Ímaz. 2.ed. México: Fondo de Cultura Econômica, 1963, p. 91.

52. "Animais são capazes de assumir um comportamento cooperativo, mas a orientação normativa torna possível uma cooperação mais próxima e mais adaptável a novas situações, em benefício mútuo para as partes. A capacidade de ter consciência da própria existência, e a estrutura neurológica a tanto subjacente, talvez tenham sido selecionadas precisamente porque permitem e facilitam tais beneficiamentos mútuos e tais comportamentos de incremento mútuo da adaptação." (no original: *"Animals are able to engage in cooperative behavior, but normative guidance makes possible closer and more adaptable cooperation in novel situations, to the parties' mutual benefit. The capacity for conscious self-awareness, and its underlying neural basis, might well have been selected for precisely because it does enable and facilitate such mutually beneficial and mutual fitness-enhancing behavior."* – tradução livre – NOZICK, Robert. **Invariances** – the structure of the objective world. Massachusetts/London: Harvard University Press, 2001, p. 299). Em termos semelhantes: WRIGHT, R. **Nonzero**: the logic of human destiny. New York: Pantheon books, 2000, *passim*; MATT, Ridley. **The origins of virtue** – human instincts and

dos outros animais, foi o aprimoramento desse sentimento, com a criação de complexos sistemas de normas de conduta.

Em pósfácio ao *Genealogia da moral,* de Nietzsche, Paulo César de Souza esclarece que "no que toca a uma genealogia dos sentimentos e atitudes morais, os desenvolvimentos mais fascinantes, nos dias de hoje, decorrem de um pensador que foi mal compreendido e subestimado por Nietzsche: Charles Darwin."[53] A racionalidade, a liberdade, a linguagem, a sociabilidade e a aptidão de elaborar regras de conduta, por conseguinte, são elementos não só caracterizadores da criatura humana, mas também interdependentes, que se pressupõem, não sendo possível dizer, do ponto de vista evolutivo, qual surgiu primeiro. Estão, ser humano, racionalidade, liberdade, linguagem e direito – para usar as palavras de Pontes de Miranda em torno do animal e do instinto – demasiado associados, solidários, para que se possa conhecer-lhes separadamente a gênese. O animal a que servem tais características naturalmente selecionadas sobrevive graças a elas e de certo modo foi feito por elas.[54]

Por conta dessas suas características, o ser humano tem sua conduta disciplinada por um conjunto de normas jurídicas, normas que somente existem e vinculam na medida em que assim são reconhecidas e aceitas pelos membros do grupo que por elas têm a conduta disciplinada. Toda essa estrutura neurológica e a capacidade de abstrair e de diferenciar o real do possível não seriam necessárias, sendo de resto perfeitamente prescindíveis, se o fundamento da observância de uma ordem jurídica fosse a ameaça, a força ou o medo. Não haveria distinção, nessa hipótese, entre o ser humano e qualquer outro animal.[55]

É uma questão não só ética, mas biológica e até lógica. A racionalidade humana e a estrutura neurológica a ela correspondente são *causas* da criação de um sofisticado conjunto de normas de conduta.[56] Esse conjunto de normas, por sua vez,

---

the evolution of cooperation. New York: Penguin books, 1998, *passim;* DAWKINS, Richard. **O gene egoísta**. Tradução de Geraldo H. M. Florsheim. São Paulo: Itatiaia, 2001, *passim.*

53. SOUZA, Paulo César de. Posfácio. In: NIETZSCHE, Friedrich. **Genealogia da moral**. Tradução de Paulo César de Souza. São Paulo: Companhia das Letras, 1998. p. 169-172, p. 172.

54. MIRANDA, Pontes de. **O problema fundamental do conhecimento**. Campinas: Bookseller, 1999, p. 31.

55. Por isso mesmo, a aspiração à Justiça não é "o vestígio de um pensamento pré-científico, mas representa, em todas as situações, um dado antropológico fundamental." SUPIOT, Alain. **Homo juridicus** – ensaio sobre a função antropológica do direito. Tradução de Maria Ermantina de Almeida Prado Galvão. São Paulo: Martins Fontes, 2007, p. IX.

56. Como observa John Searle, os animais também são capazes de usar instrumentos, mas somente aqueles que podem ter alguma função em virtude de sua estrutura física. Uma pedra para quebrar amêndoas, ou um pedaço de pau para manipular objetos. Só o homem, entretanto, consegue atribuir a objetos funções que nada têm a ver com sua estrutura física, mas que depende do de uma forma de *aceitação* coletiva baseada na construção de *um estatuto* em torno daquele objeto. É o caso, já mencionado nesta tese, do dinheiro. SEARLE, John R. **Libertad y neurobiologia**. Traducción de Miguel Candel. Barcelona: Paidós, 2005, p. 98.

5 • UMA SOLUÇÃO POSSÍVEL   101

propicia uma maior cooperação entre os membros do grupo e lhes confere, como *consequência*, melhores condições de sobrevivência, permitindo a transmissão, às gerações futuras, das apontadas racionalidade e estrutura biológica, que são assim naturalmente selecionadas, incrementando o círculo virtuoso.[57] Nesse contexto, um conjunto de normas que se caracteriza pela imposição forçada, e não pelo fato de ser reconhecido pelos membros do grupo como uma realidade institucional que viabiliza a cooperação mútua, sequer pode ser chamado de ordenamento jurídico. E, ainda que possa, será como um mero jogo de palavras, assim como se cogita de uma faca que não corta, de um carro que não anda ou de um avião que não voa.[58]

Mas não só. Além de a cooperação mútua, fundada no reconhecimento e na aceitação, ser fruto da própria seleção natural (por ser favorável à perpetuação da espécie)[59], a ordem jurídica não se poderia impor pela força, de qualquer modo, por conta da capacidade humana de diferenciar o *real* do *possível*. Vale dizer, ainda que não se pudesse apontar a origem do direito na evolução das espécies e na seleção natural, a condição humana tornaria inviável a ordem jurídica calcada apenas na coação subjacente às suas disposições.

Ao examinar qualquer parcela da *realidade*, o ser humano tem a capacidade de imaginá-la de forma diferente, e de julgar, ou valorar, se essa forma diferente seria melhor, ou pior, do que a forma real. Exemplificando, se uma criatura humana examina uma televisão, é capaz de imaginar uma mais leve, mais barata, mais econômica ou de imagem mais nítida. Não é outra, aliás, a razão pela qual o televisor disponível para o consumidor em 2009 é bem diferente e, para a maior parte das pessoas, melhor que aquele disponível em 1969.[60]

---

57. Por isso, considerada a natureza *destrutiva* da inveja e de outros sentimentos que se opõem ao altruísmo, à solidariedade e à cooperação entre os membros do grupo, os valores éticos teriam sua origem na seleção natural. Diz-se, assim, que as regras éticas não foram "inventadas por um legislador humano iluminado. Elas provêem do fundo de nosso passado evolucionário. Já estavam em nossa linha ancestral numa época em que ainda não éramos humanos." (SAGAN, Carl. **Bilhões e bilhões**. Tradução de Rosaura Eichemberg. São Paulo: Companhia das Letras, 1998, p. 208). Às palavras de Sagan acrescentamos que essa até pode ser sua origem remota, mas, seguramente, a racionalidade humana os ampliou significativamente, tanto em sentido como em abrangência, não se podendo creditar a existência de todos os valores morais e éticos apenas a essa origem biológica.

58. VILLEY, Michel. **Filosofia do direito**. definições e fins do direito. os meios do direito. Tradução de Maria Valéria Martinez de Aguiar. São Paulo: Martins Fontes, 2003, p. 449.

59. A *empatia* verificada entre semelhantes, tanto maior quanto maior a semelhança, é provavelmente decorrência direta do processo de seleção natural. É ela que faz com que um homem dê mais atenção e cuidados ao seu filho que ao filho de um estranho, mas que passe a ter por estes maior sensibilidade quando imagina que poderia se tratar do seu. É essa empatia, ainda, de origem darwiniana, que torna solidários os membros de qualquer grupo (músicos, evangélicos, professores, advogados, pais de crianças excepcionais, imigrantes...).

60. E mesmo esse, fabricado em 2008, tem ainda aspectos passíveis de melhora. Poderia ser ainda mais leve, fino e barato, consumir menos energia, ter imagens tridimensionais ou mesmo sensíveis ao toque... O leitor que passar por estas linhas em 2020, ou 2030, certamente rirá deste exemplo, diante dos

O mesmo ocorre com o ordenamento jurídico. Diante de uma norma *que é*, é natural a consideração, por parte de quem a examina, em torno de como essa norma *deveria ser*.[61] Havendo concordância – e a questão, aqui, é de grau[62] – entre a norma que *é* e aquela que, para a pessoa cuja conduta por ela é disciplinada, *deveria ser*, será essa uma forte razão para o cumprimento da norma. Esse o motivo da afirmação de Arnaldo Vasconcelos, para quem "ninguém se obriga juridicamente senão por si, impelido por essa motivação. Sem medo, sem ameaça. Porque a obrigação há de ser responsável, isto é, assumida livremente."[63]

Aliás, é precisamente a correspondência entre a norma que *é* e a norma que *deveria ser* que faz com que se reconheça, ou não, na norma que é, uma norma jurídica, válida e obrigatória. A normatividade – escreve Pablo Lucas Verdu – "*se acepta porque es conveniente y buena para la integración social*".[64] Caso não haja em absoluto essa correspondência, nada, além da força, poderá fazer com que a norma posta seja observada. Nenhuma diferença, também nesse caso, haverá entre o ser humano que cumpre essa determinação – que não reconhece como realidade institucional – e o animal que entra na jaula por medo do chicote que estala à sua frente. Não se pode – diz Arnaldo Vasconcelos – "confundir o ser humano com o jumento do verdureiro, que para andar, ou parar, ou retroceder no caminho tem de ver o movimento do chicote ou ouvir o silvar dele em sua proximidade."[65] Daí porque, como o que caracteriza a norma é o reconhecimento e a aceitação, que fazem dela uma *realidade institucional,* já não se poderá chamar de norma jurídica aquela não reconhecida nem aceita,[66] cuja observância decorre

---

equipamentos que estarão à sua disposição para esse mesmo fim. E eles existirão, melhores, porque é sempre possível, ao homem, julgar a realidade em face da possibilidade, com o propósito de alterá-la ou de preservá-la.

61. Herman Heller, em termos semelhantes, afirma que "o homem é essencialmente utópico, isto é, capaz de contrapor ao ser um dever ser e valorizar o poder atual segundo uma idéia do direito." HELLER, Herman. **Teoria do Estado**. Tradução de Lycurgo Gomes da Motta. São Paulo: Mestre Jou, 1968, p. 264.

62. Precisamente por isso, a *legitimidade* da ordem jurídica é também medida em graus, e não sob a forma de um absoluto tudo ou nada. São as palavras de Ronald Dworkin, para quem "*political legitimacy is not an all-or-nothing matter but a matter of degree*." (DWORKIN, Ronald. **Is democracy possible here?** (principles for a new political debate). Princeton University Press: Princeton, 2006, p. 97). Por isso se diz que "a ordem jurídica e a ordem estatal podem ser, sem dúvida, mais ou menos legítimas." MERLE, Jean-Christophe; MOREIRA, Luiz. Introdução. In: _____ (Org.). **Direito e legitimidade**. São Paulo: Landy, 2003. p. 9-20, p. 10).

63. VASCONCELOS, Arnaldo. **Teoria da norma jurídica**. 5.ed. São Paulo: Malheiros. 2000, p. 258.

64. VERDU, Pablo Lucas. **El sentimiento constitucional** – aproximacion al estudio del sentir constitucional como modo de integración política. Madrid: Reus, 1985, p. 5.

65. VASCONCELOS, Arnaldo. **Direito e força**: uma visão pluridimensional da coação jurídica. São Paulo: Dialética, 2001, p. 93.

66. PERELMAN, Chaïm. **Lógica jurídica**. Tradução de Vergínia K. Pupi. São Paulo: Martins Fontes, 2000, p. 241.

simplesmente do medo.[67] Além disso, como a força não pode ser exercida contra todos, em todos os lugares e para sempre, a "ordem jurídica" que nela busca o seu fundamento não subsiste por muito tempo.[68] Por isso se diz que o consentimento dos governados é, ao mesmo tempo, "a origem e o limite do poder."[69]

Santiago Nino, nesse sentido, e pela mesma razão, reconhece que

> el grado en que se consiga obtener conformidad con las directivas y decisiones jurídicas, sobre la base de la legitimidad de los órganos que las dictaron, dependerá de hasta qué punto las concepciones morales de la gente concurren en considerar legítimos a tales órganos, y en qué medida la población esté dispuesta a observar lo prescripto por autoridades que considera legítimas.[70]

Trata-se, ainda no dizer de Nino, de

> una condición necesaria para que éste (el orden jurídico) se mantenga y alcance cierta estabilidad; de ahí la preocupación aun por parte de los gobernantes más cínicos, de apelar al sentido de justicia de la comunidad en apoyo de su autoridad y del contenido de sus mandatos.[71]

Como animal racional, que distingue o *real* do *possível*, o ser humano é ser em constante realização. É contraditório por natureza. Age por instinto, mas também guiado pela razão. É animal, mas dotado de um espírito.[72] Está no mundo sensível, mas é capaz de aceder ou adentrar no mundo inteligível. É finito em sua existência individual, mas infinito em suas possibilidades.[73] Compreende o que é, mas também o que *deve ser*.[74] É, em suma,

> um ser de contradições, isto é, um ser de possibilidades que oscilam entre extremos, dos quais ele representa a síntese. Um ser que se situa entre finitude/infinitude, natureza/cul-

---

67. SEARLE, John R. **Libertad y neurobiologia**. Traducción de Miguel Candel. Barcelona: Paidós, 2005, p. 108.
68. A violência até pode, eventualmente, participar na instituição de uma nova ordem jurídica (sendo necessária para destituir as bases da anterior), mas não a alimenta. "Toda pressão que dura é indício certo de revolução que se retarda." MIRANDA, F.C. Pontes de. **Sistema de ciência positiva do direito**. Campinas: Bookseller, 2000. v. 3, p. 116.
69. COMPARATO, Fábio Konder. **Ética**. São Paulo: Companhia das Letras, 2006, p. 594. Konder ampara-se, na passagem citada, nas lições de Claude Lévi-Strauss.
70. NINO, Carlos Santiago. **Introducción al análisis del derecho**. 2.ed. Buenos Aires: Astrea, 2003, p. 4.
71. *Ibid.*, 2003, p. 4.
72. A expressão, aqui, é usada em sentido evidentemente não-religioso, relativo à parte imaterial do ser humano.
73. Hannah Arendt, a esse respeito, observa que "a tarefa e a grandeza potencial dos mortais têm a ver com sua capacidade de produzir coisas – obras, feitos e palavras – que mereceriam pertencer e, pelo menos até certo ponto, pertencem à eternidade, de sorte que, através delas, os mortais possam encontrar o seu lugar num cosmo onde tudo é imortal exceto eles próprios. Por sua capacidade de feitos imortais, por poderem deixar atrás de si vestígios imorredouros, os homens, a despeito de sua mortalidade individual, atingem o seu próprio tipo de imortalidade e demonstram sua natureza 'divina'." ARENDT, Hannah. **A condição humana**. Tradução de Roberto Raposo. 10.ed. Rio de Janeiro: Forense Universitária, 2008, p. 28.
74. VASCONCELOS, Arnaldo. **Teoria da norma jurídica**. 5. ed. São Paulo: Malheiros, 2000, p. 12.

tura, animalidade/moralidade, matéria/espírito, ser/dever-ser, inconsciência/consciência, fraqueza/força, pequenez/grandeza, paixão/razão, maldade/bondade etc. Nietzsche, entre outros, falou sobre esta situação do homem com profunda sabedoria.

Está no Zaratustra:

'O homem é uma corda estendida entre o animal e o super-homem – uma corda por cima de um abismo.

Perigoso é atravessar o abismo – perigoso seguir este caminho – perigoso olhar para trás – perigoso ser tomado de pavor e parar!

A grandeza do homem está em ser ele uma ponte e não um final; o que podemos amar no Homem, é ser ele transição e naufrágio.' (A, 14)

O homem é ponte lançada entre extremos e transição rumo a sua ultrapassagem. É e está sendo, projetando-se e autoproduzindo-se. Mas, não perde a identidade enquanto se transforma, de vez que a mudança, nele, significa aperfeiçoamento.[75]

Por isso é capaz de atos bons e de atos maus, e sobretudo de *julgá-los bons e maus*, sendo essa sua natureza contraditória também inafastável quando se cogita do disciplinamento de sua conduta pelo Direito, o qual seria inútil, se ele fosse inteiramente mal, ou desnecessário, se ele fosse inteiramente bom. Daí a afirmação de Alain Supiot, segundo a qual o Direito vincula as dimensões biológica e simbólica constitutivas do ser humano. Em suas palavras,

O Direito liga a infinitude de nosso universo mental à finitude de nossa experiência física, cumprindo em nós uma função antropológica de instituição da razão. A loucura espreita, tão logo se negue uma ou outra das duas dimensões do ser humano, quer para tratá-lo como animal, quer para tratá-lo como um puro espírito, livre de qualquer limite afora os que ele confere a si mesmo. [...] Olhar o homem como um puro objeto ou olhá-lo como um puro espírito são as duas faces de um mesmo delírio.[76]

De outro lado, a correspondência entre norma posta, ou positivada, e norma possível, ou pressuposta, é aferida não apenas na avaliação da ordem jurídica como um todo, *em tese,* mas também quando da aplicação, em cada caso, de suas prescrições, momento em que o intérprete – e suas noções em torno de realidade e possibilidade – exerce papel relevante.

Com efeito, a norma jurídica não se confunde com o texto, com um sinal gráfico ou com uma série de condutas repetidamente praticadas, realidades captadas através dos sentidos. A norma é, na verdade, o *sentido* do texto, do

---

75. *Id*. **Direito, humanismo e democracia**. São Paulo: Malheiros, 1998, p. 29-30. É por essa razão que, depois de reproduzir a ideia de Hegel segundo a qual o homem é aquilo que ele próprio faz de si mesmo, mediante a sua atividade, Comparato afirma que "nisso ele se opõe radicalmente aos animais." COMPARATO, Fábio Konder. **Ética**. São Paulo: Companhia das Letras, 2006, p. 324.

76. SUPIOT, Alain. **Homo juridicus** – ensaio sobre a função antropológica do direito. Tradução de Maria Ermantina de Almeida Prado Galvão. São Paulo: Martins Fontes, 2007, p. X.

sinal gráfico ou das condutas repetidamente praticadas. Esse sentido, que não faz parte da realidade sensível, é metafísico. Faz parte do "mundo 3" a que alude Karl Popper.

O leitor mais atento, a esta altura, pode estar se indagando: e o que diferenciaria, então, direito real e direito ideal, ou direito posto e direito apenas imaginado? Afinal, tal como a fórmula matemática e o poema, a norma jurídica não está no mundo físico, embora possa ser expressa por símbolos que, estes sim, fazem parte da realidade sensível, precisamente a parte dessa realidade sensível que estabelece uma ligação, como uma ponte, à realidade inteligível.

Entretanto, o que diferencia o direito positivo e um direito possível, mas não positivado é precisamente a circunstância de o direito posto ser determinado a partir de realidades sensíveis que lhe servem de suporte, pois a elas se atribuiu, de modo intersubjetivo, determinado sentido, precisamente o sentido de determinar, proibir ou facultar condutas. O direito posto foi convencionado, é realidade institucional e, por isso, pode ser mais facilmente identificado de forma epistemicamente objetiva ou, a rigor, intersubjetiva. O pressuposto não.

Tem utilidade, aqui, a distinção entre *objetividade ontológica* e *objetividade epistêmica*.[77] Diz-se ontologicamente objetivo aquilo que existe independentemente de uma experiência subjetiva, vale dizer, independentemente de um observador. É o caso de uma montanha e de uma praia. Ontologicamente subjetivo, por sua vez, é aquilo que depende da existência de um sujeito observador. Nesse sentido ontológico, é subjetiva a existência de uma cédula de 20 reais, pois sem sujeitos que atribuam a um pedaço de papel essa qualidade, ele não será assim considerado.

Já a objetividade e a subjetividade epistêmicas são propriedades das afirmações. A afirmação de que as obras de Goya são mais bonitas que as de Picasso tem sua procedência a depender das preferências de quem a faz e de quem a interpreta. É subjetiva do ponto de vista epistêmico. Não é o que acontece com a afirmação de que Diego Velásquez foi um pintor espanhol, que é epistemicamente objetiva vez que sua veracidade pode ser aferida independentemente das preferências de quem a faz ou ouve ou lê.

O direito positivo, enquanto realidade institucional, vale dizer, enquanto sentido atribuído a certas coisas ou símbolos, é ontologicamente subjetivo, pois depende do ser humano (e de seu "Mundo 3") para existir, mas é possível fazer

---

77. SEARLE, John R. **Libertad y neurobiologia**. Traducción de Miguel Candel. Barcelona: Paidós, 2005, p. 92-93.

afirmações epistemicamente objetivas em torno dele. Exemplificando, sem alguém para reconhecer nos símbolos constantes de uma página de um livro o art. 1.º da Constituição brasileira, este sequer poderia ser considerado como tal. Entretanto, a afirmação de que esse dispositivo determina que o Brasil se organize sob a forma de uma República federativa e não de um Estado monárquico unitário pode ter sua procedência aferida – dentro de certos limites – independentemente das preferências de quem a faz.

Por mais objetividade epistêmica que exista em torno do sentido dos símbolos gráficos, que se convencionou serem normas jurídicas, a determinação desse sentido, em cada caso, será também determinada – aqui até em maior grau – pelo que o intérprete dos tais símbolos considera que o direito deveria ser. É evidente que essa influência sofrerá limites impostos pelos próprios símbolos interpretados e pelas demais normas constantes do ordenamento com aquela relacionadas. Mas, não se pode negar, essa influência existe.

Dessa forma, parece certo dizer que *o que o direito é* sofre influência, em certa medida, daquilo que *o direito deveria ser*. Examinado em sua globalidade, em tese, enquanto ordenamento jurídico, dessa correspondência depende sua eficácia e, em último caso (a questão é de grau), sua própria caracterização enquanto Direito. Do contrário, observada unicamente porque imposta pela força, e não porque reconhecida como realidade institucional, uma ordem jurídica sequer pode ser entendida como tal.[78] E, em sua aplicação concreta, à luz de cada caso, essa correspondência interfere na própria determinação de seu sentido, pelo intérprete. É precisamente por isso que Miguel Reale observa, a propósito do antagonismo entre direito positivo e direito natural, que

> se são infinitos os conteúdos ou formas do Direito Natural, há nessas variações uma nota comum, que consiste na ineliminável enunciação de algo que se valora positivamente – e se quer seja preservado, a todo custo, pela legislação positiva – e algo que se aprecia negativamente, e se deseja ver repudiado pelas normas legais.[79]

---

78. *"The operation of constitutive rules presupposes acceptance of these rules. For a brute fact to become an institutional fact, the transformation must find support in the attitudes of those for whom the institutional fact resonates as true. If no one accepts that 'X counts as Y in C', it would be difficult to assert the existence of the rule. [...] Authority is not sufficient to change the rule if the people who apply the rule in their daily lives are not convinced that they should make the shift."* (FLETCHER, George P. Law. In: SMITH, Barry (ed.). **John searle**. contemporary philosophy in focus. New York: Cambridge University Press, 2003. p. 85-101, p. 98-99). Em uma tradução livre: "O funcionamento de regras constitutivas pressupõe a aceitação destas regras. Para um fato bruto tornar-se um fato institucional, a transformação deve encontrar apoio na conduta daquelas pessoas para quem o fato institucional ressoa como verdade. Se não se admitisse que um 'X conta como Y em C', seria difícil afirmar a existência da regra. [...] Autoridade não é suficiente para alterar uma regra se as pessoas que a aplicam em seu quotidiano não estão convencidas de que devem fazer a mudança."

79. REALE, Miguel. **Direito natural/direito positivo**. São Paulo: Saraiva, 1984, p. 4.

Se se quer chamar esse direito ideal de direito natural, porque "obra humana, projeção de sua natureza"[80], de ética,[81] de moral, de pretensão de correção, de ideia de direito, ou de qualquer outro nome, isso não é relevante. A grande questão reside em saber qual é o conteúdo desse *direito que deveria ser* e a quem cabe determinar o *quantum* de sua influência sobre o *direito que é*. Essa a grande questão, sendo o pressuposto para que se assegurem, conforme será adiante demonstrado, liberdade, igualdade e democracia.

5.3 TEORIA DO DIREITO E CONCEPÇÃO DE CIÊNCIA

Verificou-se, nos itens precedentes, que o ser humano é um animal metafísico, capaz de distinguir o real do possível. Constatou-se, ainda, que aquilo que o Direito *é* depende, de alguma forma, daquilo que ele *deve ser*. Subsiste, contudo, a questão de saber se seria *científica* essa visão do Direito. Ou, por outras palavras: para ser considerado científico, o conhecimento não deve restringir-se ao que o direito *é*, afastando qualquer consideração valorativa ou axiológica em torno do que ele *deveria ser*?

Isso conduz a outra gama de questionamentos, a começar por estes: o que é ciência? Quando um conhecimento pode ser considerado científico?

Quando se perquire a respeito de ciência, cogita-se de uma espécie ou modalidade do conhecimento humano. Este, como se sabe, é geralmente dividido em conhecimento comum, e em conhecimento científico. Pode-se falar, ainda, em conhecimento filosófico e em conhecimento religioso.

O conhecimento comum é aquele que orienta as práticas humanas diárias. Decorre do chamado senso comum, é eminentemente prático e assistemático e, em regra, não tem caráter autoquestionador. Já o conhecimento científico é dotado de maior sistematicidade, consistência teórica e caráter autoquestionador.[82] É tênue a separação entre este último e o conhecimento filosófico,[83] que também é sistemático, consistente e autoquestionador: a distinção entre ambos reside na maior universalidade do conhecimento filosófico, em oposição a uma maior especialidade do conhecimento científico.[84] Finalmente, o conhecimento

---

80. VASCONCELOS, Arnaldo. **Direito, humanismo e democracia**. São Paulo: Malheiros, 1998, p. 31.

81. A rigor, ética parece ser conceito mais amplo, o mesmo podendo ser dito da moral, pois envolve também normas de conduta inerentes a situações das quais o direito sequer trata. Mas pode-se dizer que seu conteúdo se confunde com o do chamado direito natural quando funcionam de paradigma para julgamento do direito posto.

82. MARQUES NETO, Agostinho Ramalho. **A ciência do direito**. 2.ed. Rio de Janeiro: Renovar, 2001, p. 44-47.

83. E, para alguns autores, até mesmo inexistente.

84. Nesse sentido: DEL VECCHIO, Giorgio. **Lições de filosofia do direito**. Tradução de António José Brandão. 5.ed. Coimbra: Armenio Amado, 1979, p. 304; HERKENHOFF, João Baptista. **Carta de iniciação para gostar do Direito**. 2.ed. São Paulo: Acadêmica, 1995, p. 16.

religioso se diferencia dos demais pelo seu caráter dogmático, eis que alheio à possibilidade de questionamentos.

Como toda classificação, esta que se resumiu linhas acima não é dotada de linhas divisórias precisas e claras. Essa falta de clareza, já foi apontado, está presente na divisão entre ciência e filosofia. E, de certa forma, embora em muito menor intensidade, também entre o conhecimento científico e o conhecimento comum, ou popular: algo antes situado apenas no âmbito do conhecimento científico passa, depois de algum tempo, ao campo do senso comum,[85] do mesmo modo que um enunciado extraído do âmbito do conhecimento comum pode ensejar pesquisas científicas e, com isso, inserir-se no âmbito do conhecimento científico.[86] Distinção nítida existe, contudo, entre o conhecimento científico e o dogmático, podendo-se dizer que são antônimos, embora muitos pretensos cientistas adotem posturas, em nome da ciência, inteiramente dogmáticas.

Não é o propósito deste item, contudo, aprofundar a discussão a respeito das características dos conhecimentos popular, filosófico e religioso. Interessam, por ora, as características do conhecimento tido por científico, pois é sob a justificativa de serem ou não científicas que giram algumas das discussões entre juspositivistas e jusnaturalistas. Mas note-se: não se está dizendo que *este* estudo, aqui desenvolvido, seja científico. Embora o limite entre ciência e filosofia, já se disse, seja nos dias de hoje problemático, admitindo a distinção classicamente apontada este trabalho seria de Filosofia do Direito, e não de Ciência do Direito. Ainda assim, importam aqui as características do conhecimento científico porque é em nome dele que positivistas tangenciam a questão dos fundamentos do ordenamento jurídico.

A epistemologia contemporânea não mais considera como características do conhecimento científico a objetividade, a neutralidade, a clareza e a certeza. De fato, hoje se entende que a ciência é essencialmente provisória, composta de teorias e enunciados considerados verdadeiros até que se demonstre o contrário. As mudanças pelas quais passaram as principais teorias científicas nos Séculos XIX e XX são testemunhos disso.

E nem poderia ser diferente, pois o conhecimento, inclusive o científico, se estabelece no âmbito de uma *relação* entre o sujeito que conhece, ou cognoscente, e o objeto a ser conhecido.[87] Segundo Agostinho Ramalho Marques Neto, Kant

---

85. DEMO, Pedro. **Metodologia do conhecimento científico**. São Paulo: Atlas, 2000, p. 22.

86. É o que acontece quando um farmacêutico ou um químico, observando o costume popular de preparar chás de certas ervas para combater determinadas doenças, passa a pesquisá-las a fim de extrair-lhes o princípio ativo e, com isso, fabricar medicamentos com o mesmo propósito.

87. HESSEN, Johannes. **Teoria do conhecimento**. Tradução de Antonio Correia. 7.ed. Coimbra: Armênio Amado, 1978, p. 26.

teria sido o primeiro a ressaltar a importância, no processo de conhecimento, não do sujeito ou do objeto, "tomados isoladamente como fazem o empirismo e o idealismo tradicionais, mas da *relação* que entre eles se processa no ato de conhecer."[88] E, realmente, é Kant quem observa que "permanece inteiramente desconhecido a nós o que os objetos podem ser por si mesmos e separadamente da receptividade de nossos sentidos."[89]

Em face do conhecimento, forma-se, na consciência do sujeito, uma *imagem do objeto*. Não se trata do próprio objeto, mas apenas de uma imagem dele, sempre passível de aperfeiçoamento. A imagem do objeto é distinta deste e se encontra "de certo modo entre o sujeito e o objeto. Constitui o instrumento pelo qual a consciência cognoscente apreende o seu objecto."[90] Daí a advertência de Pontes de Miranda, segundo a qual "quando percebemos algum objeto, não o percebemos como o ser, que é, e tal como é. A fruta, que vemos, só a vemos por fora; o salão, que vemos, só o vemos por dentro."[91]

Sendo o conhecimento construído a partir de *imagem* do objeto, formada na consciência do sujeito em face do exame que este faz daquele, não é preciso maior esforço intelectual para concluir pela sua *provisoriedade* e pela sua *imperfeição*. Com efeito, será sempre possível, mediante novo exame do objeto, por outro enfoque, apreender-lhe características novas, aperfeiçoando a imagem que dele tem o sujeito. E será sempre possível, em tese, nesse novo exame, ver-se que a imagem até então construída é equivocada, merecendo retificações. Afinal, diz Agostinho Ramalho Marques Neto, o objeto do conhecimento é o objeto tal como o conhecemos, "isto é, o objeto *construído*, sobre o qual se estabelecem os processos cognitivos"[92], de modo que "o ato de conhecer é um ato de construir, ou melhor, de *reconstruir*, de aprimorar os conhecimentos anteriores."[93]

Assentado o conceito de verdade na correspondência entre uma afirmação sobre a realidade e essa realidade mesma, e sendo certo que a imagem que se tem da realidade é sempre imperfeita e provisória, conclui-se, também, que o que se

---

88. MARQUES NETO, Agostinho Ramalho. **A ciência do direito**. 2.ed. Rio de Janeiro: Renovar, 2001, p. 9.
89. "*What the objects may be in themselves would still never be known through the most enlightened cognition of their appearance, which alone is given to us.*" KANT, Immanuel. **Critique of pure reason**. Translated by Paul Guyer and Allen W. Wood. Cambridge: Cambridge University Press, 1998, p. 185
90. HESSEN, Johannes. **Teoria do conhecimento**. Tradução de Antonio Correia. 7.ed. Coimbra: Armênio Amado, 1978, p. 27. Em termos análogos: MARQUES NETO, Agostinho Ramalho. **A ciência do direito**. 2.ed. Rio de Janeiro: Renovar, 2001, p. 14.
91. MIRANDA, Pontes de. **O problema fundamental do conhecimento**. Campinas: Bookseller, 1999, p. 86.
92. MARQUES NETO, Agostinho Ramalho. **A ciência do direito**. 2.ed. Rio de Janeiro: Renovar, 2001, p. 14.
93. *Ibid.*, 2001, p. 14.

considera verdade é sempre provisório[94] e relativo, pois essa imagem é sempre passível de aperfeiçoamentos e retificações. A verdade está, ademais, além do objeto que, como conclui Hessen, "não pode ser verdadeiro nem falso", encontrando-se "de certo modo, mais além da verdade e da falsidade."[95] Na mesma esteira, partindo da premissa de que o objeto do conhecimento não é simplesmente dado e sim *construído* pelo sujeito, Marques Neto conclui que "todas as verdades, inclusive as científicas, são aproximadas e relativas; são parcialmente verdade e parcialmente erro."[96]

Se para se afirmar a veracidade do conhecimento é preciso demonstrar a identidade entre o objeto conhecido e a imagem que se faz dele,[97] e se essa imagem é imperfeita e imprecisa, nunca podendo ser integralmente idêntica ao próprio objeto, não será jamais possível dizer-se, de modo definitivo, que uma afirmação é verdadeira. Pode-se, quando muito, dizer-se que não se descobriu ainda a sua falsidade. Isso porque, como bem observa Marques Neto, "só poderíamos falar de conhecimentos definitivos, se o objeto de conhecimento correspondesse *exatamente* ao objeto real, ou seja, se fosse possível formular a equação O.C = O.R. Mas não possuímos meios que nos permitam verificar essa correspondência."[98]

Essa, como se sabe, é teoria de Karl Popper, que inclusive encontra, assim, explicação natural para o conhecimento humano e para como se dá sua construção e evolução. Trata-se, em última análise, da maneira *racional* de aprender e transmitir a experiência aprendida *com os erros*. O que os seres vivos de formação menos complexa fazem com o sacrifício de alguns indivíduos, para o proveito da espécie em face da seleção natural, o ser humano faz com a eliminação de ideias que se mostram errôneas ou ineficazes. O processo é análogo,[99] sendo certo que

---

94. JAPIASSU, Hilton. **Questões epistemológicas**. Rio de Janeiro: Imago, 1981, p. 37. Ainda que se insista, aqui, na distinção entre conhecimento (que seria relativo) e verdade (que poderia ser absoluta), não se faz mais do que um jogo de palavras, pois é apenas do conhecimento que a criatura humana dispõe para avaliar se algo é verdadeiro ou não.

95. HESSEN, Johannes. **Teoria do conhecimento**. Tradução de Antonio Correia. 7.ed. Coimbra: Armênio Amado, 1978, p. 30. Realmente, fatos não são verdadeiros nem falsos. Essas qualidades são pertinentes às afirmações que se fazem a respeito deles.

96. MARQUES NETO, Agostinho Ramalho, *op. cit.*, 2001, p. 15.

97. Desde Aristóteles, os pensadores têm definido a verdade, com ligeiras variações na forma de dizer, como a adequação de um pensamento, ou de um enunciado, com a realidade a respeito da qual se pensa ou enuncia. Diante disso, a realidade não é verdadeira. O que pode ser verdadeiro, ou não, é o que se diz dela. E essa correspondência – entre a realidade e o que se diz dela – nunca terá como ser, pela criatura humana, inteira e absolutamente verificada. Por isso, Comte-Sponville afirma que "pode haver verdade em nossos conhecimentos, mas nossos conhecimentos não são a verdade, nem poderiam identificar-se com ela." COMTE-SPONVILLE, André. **Valor e verdade** – estudos cínicos. Tradução de Eduardo Brandão. São Paulo: Martins Fontes, 2008, p. 358.

98. *Ibid.*, 2001, p. 15.

99. Análogo, vale dizer, semelhante, mas não idêntico. "É preciso anotar" – as palavras são de Álvaro Ricardo de Souza Cruz – "que Popper, a despeito da influência marcante do trabalho de Charles Darwin,

os organismos superiores são capazes de aprender por tentativa e erro como deve ser resolvido determinado problema. Podemos dizer que também eles fazem movimentos de experimentação – experimentações mentais – e que aprender é essencialmente testar, um após outro, movimentos de experimentação até encontrar um que resolva o problema.[100]

Como anotam Aftalión, Vilanova e Raffo, o genoma constitui o verdadeiro protagonista *"del proceso de aquisición y transmisión de conocimiento (vía herencia). La información que él contiene determina la formación de cada nueva célula y de cada nuevo órgano del organismo vivo – fenotipo –, que es su portador."*[101] Na sequência, o ser humano, adquirindo consciência de si, passa a adquirir conhecimento também desse processo de adaptação ao meio, lembrando de tentativas anteriores e imaginando tentativas futuras. Não é necessário o sacrifício do indivíduo autor da tentativa fracassada, para que a melhor maneira de enfrentar o problema fique registrada nos genes dos que subsistem, pois *"mientras que em el conocimiento innato el protagonista del proceso es el replicador ADN constitutivo del genoma"* – prosseguem Aftalión, Vilanova e Raffo – *"en el aprendizaje el protagonista es el individuo o los indivíduos mismos."*[102]

A relação entre conhecimento, evolução e adaptação do ser vivo ao meio e aos problemas que este lhe oferece é notável. "O instinto" – as palavras são de Pontes de Miranda – "responde a perguntas que se puseram antes da existência do animal que pratica o ato ou os atos instintivos. Se o problema é novo, se tem de ser apresentado ao indivíduo, à geração, ao 'animal que é', o instinto não lhe basta: só a inteligência lhe pode servir."[103] Torna-se possível aplicar, a partir daí, o método da seleção natural às ideias. Quando se reconhece isso, e por conseguinte também a imperfeição e a provisoriedade do que se considera ser a verdade, diz-se que se está fazendo *ciência*. Por isso é que o verdadeiro cientista, observa Popper, "formula enunciados, ou sistemas de enunciados, e verifica-os um a um"[104], tendo por trabalho "elaborar teorias e pô-las a prova."[105] Quando a teoria é posta à prova e resiste, decide-se positivamente pela sua manutenção. "Se se descobrir um

---

procura desde sempre evitar a chamada falácia naturalista, eis que percebe e anota não uma identidade entre os processos acima assinalados, mas apenas semelhanças." CRUZ, Álvaro Ricardo de Souza. **O discurso científico na modernidade**: o conceito de paradigma é aplicável ao direito? Rio de Janeiro: Lumen Juris, 2009, p. 37.

100. POPPER, Karl. **A vida é aprendizagem** – Epistemologia evolutiva e sociedade aberta. Tradução de Paula Taipas. São Paulo: Edições 70, 2001, p. 17.

101. AFTALIÓN, Enrique R.; VILANOVA, José; RAFFO, Julio. **Introducción al derecho**. 4.ed. Buenos Aires: Abeledo Perrot, 2004, p. 43.

102. *Ibid.*, 2004, p. 45.

103. MIRANDA, Pontes de. **O problema fundamental do conhecimento**. Campinas: Bookseller, 1999, p. 31.

104. POPPER, Karl. **A lógica da pesquisa científica**. Tradução de Leônidas Hegenberg e Octanny Silveira da Mota. 12.ed. São Paulo: Cultrix, 2006, p. 27.

105. *Ibid.*, 2006, p. 31.

motivo para rejeitá-la, contudo" – prossegue Popper – "se a decisão for negativa, ou em outras palavras, se as conclusões tiverem sido *falseadas,* esse resultado falseará também a teoria da qual as conclusões foram logicamente deduzidas."[106] A comprovação do acerto de uma teoria é sempre provisória, pois "subsequentes decisões negativas sempre poderão constituir-se em motivo para rejeitá-la."[107]

Partindo dessa ideia de ciência, e voltando-se para a forma como essa evolução acontece (e para os seus sobressaltos), Thomas Kuhn procura ratificá-la, destacando o caráter *revolucionário* do conhecimento científico, formado por um conjunto de ideias que, sendo colocado em dúvida (*v.g.,* quando não mais explica satisfatoriamente a realidade, fazendo-o de forma contraditória ou falha), leva a uma superação do modelo em torno (ou a partir) do qual as ideias são construídas, conhecido como *paradigma.*[108] Nesse caso, prossegue Kuhn,

> o novo candidato a paradigma poderá ter poucos adeptos e em determinadas ocasiões os motivos destes poderão ser considerados suspeitos. Não obstante, se eles são competentes aperfeiçoarão o paradigma, explorando suas possibilidades e mostrando o que seria pertencer a uma comunidade guiada por ele. Na medida em que esse processo avança, se o paradigma estiver destinado a vencer sua luta, o número e força de seus argumentos persuasivos aumentará. [...] Mais cientistas, convencidos da fecundidade da nova concepção, adotarão a nova maneira de praticar a ciência normal, até que restem apenas alguns poucos opositores mais velhos.[109]

Em relação a estes, não se poderá dizer, propriamente, que estão errados. Quando muito, dir-se-á que "o homem que continua a resistir após a conversão de toda a sua profissão deixou *ipso facto* de ser um cientista."[110] Daí dizer-se que

---

106. *Ibid.,* 2006, p. 34

107. *Ibid.,* 2006, p. 34. No mesmo sentido: SAGAN, Carl. **O mundo assombrado pelos demônios** – a ciência vista como uma vela no escuro. Tradução de Rosaura Eichemberg. São Paulo: Companhia das Letras, 1996, p. 36.

108. A respeito do paradigma em Kuhn, Álvaro Ricardo de Souza Cruz ensina que "paradigma deve ser compreendido como uma estrutura mental apta a classificar o objeto pesquisado, de modo a conceber não só a natureza metodológica da mesma, mas também suas dimensões psicológica, antropológica, moral e ética. Desse modo, mais do que um modelo, o paradigma conforma os problemas e as formas de solução de uma questão dada." CRUZ, Álvaro Ricardo de Souza. **O discurso científico na modernidade**: o conceito de paradigma é aplicável ao direito? Rio de Janeiro: Lumen Juris, 2009, p. 4.

109. KUHN, Thomas S. **A estrutura das revoluções científicas**. Tradução de Beatriz Vianna Boeira e Nelson Boeira. 9.ed. São Paulo: Perspectiva, 2005, p. 202.

110. *Ibid.,* 2005, p. 202. Talvez haja certo exagero na afirmação, algo simplista, de que as revoluções científicas operam-se sempre e necessariamente da forma como descrita por Kuhn. A rigor, a superação de um paradigma nem sempre o afasta por completo, embora isso possa eventualmente ocorrer. Nem sempre há *substituição,* havendo, não raro, apenas *complementação* de um paradigma por outro. Em relação ao geocentrismo, pode-se dizer que se trata de paradigma ultrapassado por completo. Entretanto, no que pertine à física newtoniana, por exemplo, as teorias subsequentes, da relatividade, e a quântica, servem-lhe de complemento, sobretudo na esfera do muito grande e do muito pequeno. Tanto que, no plano da maior parte das ações humanas (*v.g.,* funcionamento de aviões), a mecânica newtoniana continua explicando satisfatoriamente muitas coisas.

"o jogo da ciência é, em princípio, interminável. Quem decida, um dia, que os enunciados científicos não exigem prova, e podem ser vistos como definitivamente verificados, retira-se do jogo."[111] Pelo mesmo motivo, não é tão importante o método seguido pelo cientista, o qual, por moldar de modo apriorístico a forma como o sujeito visualiza o objeto, deve ser por igual visto como algo relativo, não dogmático e, por isso, passível de modificações.[112]

Portanto, é essencial a que se possa cogitar de "conhecimento científico" o reconhecimento da provisoriedade de suas verdades[113] e a possibilidade de serem testadas ou terem sua veracidade (ou falsidade) posta à prova continuamente. Não importa tanto o método utilizado pelo estudioso ou a neutralidade de suas afirmações. O que interessa, para que suas afirmações sejam consideradas científicas, é que possam ser testadas e falseadas. E, no plano das ciências sociais, que possam ser criticadas. Se podem, são verdades científicas, pelo menos até que essa falsificação ou esse falseamento aconteça.

Sendo o conhecimento humano uma continuação espontânea – decorrente de sua racionalidade – do processo de seleção natural, é fácil compreender que, da mesma forma como não se pode afirmar o estacionamento da evolução das espécies, também não há estacionamento de ideias. Sobretudo se se considerar que a mente humana é infinitamente criativa e fecunda. Novos problemas, e maneiras diferentes de abordar problemas antigos, podem sempre surgir. E, o que é mais relevante, opera-se constantemente o aperfeiçoamento da *imagem* que se tem dos mais variados objetos.

Talvez por isso J. M. Resina Rodrigues, ao cuidar do verbete *Ciência* na Enciclopédia *Polis* (Verbo), tenha dito que o ser humano

---

111. POPPER, Karl. **A lógica da pesquisa científica**. 12. ed. Tradução de Leônidas Hegenberg e Octanny Silveira da Mota. São Paulo: Cultrix, 2006, p. 56. Com essas referências feitas a Thomas Kuhn e a Popper, evidentemente, não se está a dizer que o pensamento desses dois autores seja em tudo equivalente. Isso é claro, e na introdução deste trabalho já se disse que a subscrição de algumas ideias de certos autores não implica a adoção de toda a sua filosofia, considerada globalmente. O que se quis evidenciar, tão somente, foi que ambos salientam a *provisoriedade* da verdade científica. No dizer de Álvaro Ricardo de Souza Cruz, "uma análise epistemológica dessa concepção de ciência em torno do choque de paradigmas permite caracterizar o conhecimento científico a partir do conceito de provisoriedade. Isso porque nenhuma proposição científica pode pretender assumir o *status* de verdade revelada, absoluta, com valor de eternidade." CRUZ, Álvaro Ricardo de Souza. **O discurso científico na modernidade**: o conceito de paradigma é aplicável ao direito? Rio de Janeiro: Lumen Juris, 2009, p. 6.
112. FEYERABEND, Paul. **Against method**. 3.ed. London: Verso, 1993, p. 14.
113. Como observa Habermas, *"we could not take truth to be a property of propositions that they 'cannot lose.' Even the arguments that here and now irresistibly convince us of the truth of 'p' can turn out to be false in a different epistemic context."* HABERMAS, Jürgen. **Truth and justification**. Translated by Barbara Fultner. Massachusetts: MIT Press, 2003, p. 38.

da rua imagina talvez que o sábio conta com princípios indiscutíveis e recebe da experiência a prova cabal das suas leis. Não é bem assim.

Há enunciados praticamente definitivos; mas são vagos. Quando se quer grande rigor, cai-se na situação da física contemporânea: não há nela um só princípio que se considere como indiscutivelmente evidente, nem uma só lei experimental que se considere como definitivamente estabelecida. Em física só há *hipóteses,* embora hipóteses que merecem uma confiança muito grande.[114]

Confiança muito grande, porque todas as tentativas de falsificação ou falseamento falharam, mas que não se converte jamais em certeza, porquanto não deixaram de ser hipóteses, e o falseamento continua, em tese, possível. E isso não apenas na física – exemplo talvez colhido por Resina Rodrigues por sua até então suposta objetividade – mas em todos os ramos do conhecimento que pretenda ser definido como científico, sendo a razão pela qual Marques Neto define a *objetividade* da ciência como sendo apenas "um processo infinito de aproximação."[115] A ciência adulta "do século XX teve de renunciar a duas pretensões, que a qualificaram como conhecimento superior a todos os demais, quais sejam, de apresentar exatidão em seus resultados e de resolver definitivamente os grandes problemas do homem."[116]

Aliás, além da circunstância de que mesmo a realidade sensível nos é intermediada pelos sentidos, não se podendo ter acesso a ela de forma absoluta e direta, há outro fator que não pode ser ignorado: o tratamento que as informações, trazidas pelos sentidos, recebem na consciência do sujeito que examina a realidade. As informações trazidas pelos sentidos não são simplesmente acumuladas no intelecto. Este já possui, moldado por informações anteriores, e, antes mesmo delas, pela própria seleção natural, rotinas ou instruções a respeito de como as interpretar.[117] Isso explica a retificação de Leibniz à frase de Locke, segundo a qual "nada há no intelecto exceto o que existiu primeiro nos sentidos". A retificação foi: "nada, exceto o próprio intelecto".[118]

---

114. RODRIGUES, J. M. Resina. verbete ciência. In: **Polis** – enciclopédia verbo da sociedade e do Estado. Lisboa/São Paulo: Verbo, 1983. v. 1, p. 841-843, p. 842.

115. MARQUES NETO, Agostinho Ramalho. **A ciência do direito**. 2.ed. Rio de Janeiro: Renovar, 2001, p. 15.

116. VASCONCELOS, Arnaldo. **Direito, humanismo e democracia**. São Paulo: Malheiros, 1998, p. 35.

117. Por isso se disse, no item 5.1, *supra*, ser impossível ao homem ter acesso direto ao "mundo 1" a que alude Karl Popper. Confira-se, a propósito: NOZICK, Robert. **Invariances** – the structure of the objective world. Massachusetts/London: Harvard University Press, 2001, p. 108.

118. DURANT, Will. **A filosofia de Emanuel Kant ao seu alcance**. Tradução de Maria Theresa Miranda. Rio de Janeiro: Edições de ouro, [s.d.], p. 46. Mais recentemente, como observa Antonio Cavalcanti Maia, Noam Chomsky destacou, nesse mesmo sentido, que "a rapidez com a qual a criança consegue galgar estágios no uso da linguagem só pode ser justificada com base na idéia de que existe algum tipo de dotação inata que nos permite, a nós, seres humanos, lidarmos com essa difícil tarefa de dominar complexas competências gramaticais: a nossa mente não pode funcionar como uma *tabula rasa*, em face da aquisição da linguagem." MAIA, Antonio Cavalcanti. **Jürgen Habermas** – filósofo do direito. Rio de Janeiro: Renovar, 2008, p. 69.

5 • UMA SOLUÇÃO POSSÍVEL | **115**

Por outro lado, essas informações são necessariamente interpretadas no intelecto, o que é feito a partir do *horizonte hermenêutico* no qual se encontra o intérprete, vale dizer, a sua posição no tempo e no espaço[119], suas ideias prévias, seus preconceitos e todo o conjunto de elementos que Gadamer define como *pré--compreensão*.[120] É por isso que duas pessoas, com os mesmos sentidos, quando examinam um objeto, dele fazem descrições diferentes, sendo certo que também Gadamer, em termos semelhantes aos apontados nos parágrafos anteriores, ressalta a limitação de toda compreensão humana.[121]

Com isso não se está querendo dizer, é importante destacar, que a verdade seja algo inteiramente subjetivo, que depende da vontade arbitrária de cada sujeito para acreditar ou deixar de acreditar em qualquer coisa. Não é isso. Existem sim parâmetros para a determinação da verdade de afirmações, os quais independem da subjetividade de quem as examina. Apenas não são universais, relacionando-se com o momento histórico e com os demais paradigmas em face dos quais são traçados. Não se tem como saber, de forma definitiva, se as afirmações científicas atualmente feitas são verdades objetivas. Sabe-se, quando muito, que são assim consideradas, de forma intersubjetiva.[122]

---

119. Nesse sentido: FEYERABEND, Paul. **Realism, rationalism and scientific method**. Cambridge: Cambridge University Press, 1981. v.1, p. 37-38. Um fato pitoresco que vivi deu-me prova suficiente disso. Em um determinado dia de sábado, depois do almoço, distraía-me com a leitura de Robert Nozick (NOZICK, Robert. **Invariances** – the structure of the objective world. Massachusetts/London: Harvard University Press, 2001), quando meus filhos vieram me pedir ajuda para colocar para voar umas pipas que o meu pai havia feito para eles. Interrompi a leitura de Nozick, precisamente no capítulo em que ele discute a existência, ou não, de verdades absolutas e de realidades objetivas, e fui ajudá-los com as pipas. Fomos ao jardim, e, com o vento forte de Fortaleza nos meses do "B-R-O" (setembro, outubro...), as pipas alçaram voo. Foi uma felicidade. Muitas aventuras, lanceios, pousos forçados no telhado da casa... Até que, terminada a brincadeira, fomos guardar as pipas. Foi quando minha filha veio-me com o seguinte questionamento: "– Pai, lá fora, no sol, minha pipa era cor-de-rosa, mas bem clarinha. Aqui dentro de casa, ela fica mais escura. Quase roxa. Qual é a cor *verdadeira* da minha pipa? A que ela tem lá fora, ou a cor aqui dentro?" Esse fato revela que mesmo a realidade sensível, supostamente objetiva porque mensurável, é relativa. Ou melhor, não a realidade, propriamente, mas a imagem que fazemos dela, que é necessariamente intermediada por nossos imperfeitos sentidos. Ou seria possível dizer, no caso, a cor *verdadeira* (ela deu bastante ênfase a essa palavra) da pipa, sem recorrer a algum ambiente – e à luz nele presente e ao sujeito nele inserido – *em relação ao qual* (logo, relativo ao qual) essa cor seria determinada?

120. GRONDIN, Jean. Gadamer's Basic Understanding of Understanding. In: DOSTAL, Robert J. (Org.). **The cambridge companion to Gadamer**. Cambridge: Cambridge University Press, 2002. p. 36-51, p. 41.

121. Daí dizer-se que "*[t]he simplest, quickest way to say what Gadamer's hermeneutics hopes to teach us is that all human understanding is 'finite.'*" And that "*finite points to a dependency of knowledge on conditions that the human knower can never fully know.*" WACHTERHAUSER, Brice. Getting it right: relativism, realism and truth. In: DOSTAL, Robert J. (Org.). **The cambridge companion to Gadamer**. Cambridge: Cambridge University Press, 2002. p. 52-78, p. 56.

122. Essa relatividade, decorrente da "processualidade do saber", "de forma alguma vem denegrir a ciência e a filosofia. Pelo contrário, vem reconhecer seu verdadeiro estatuto. Só se sentem denegridos os cientistas e filósofos obtusos e dogmáticos. Porque, no fundo, não querem ver morrer seus ídolos." JAPIASSU, Hilton. **Questões epistemológicas**. Rio de Janeiro: Imago, 1981, p. 35.

Daí porque uma teoria deixa de ser verdadeira quando a comunidade científica deixa de considerá-la como tal, conforme apontado por Thomas Kuhn no trecho citado anteriormente. Alguém até poderia discordar do que se está a dizer, afirmando que o fato de não sabermos qual é a verdade, de forma definitiva e absoluta, não significa que ela não exista. Até pode ser assim mesmo, mas não se pode saber, senão através do consenso intersubjetivo (e provisório), que algo é verdadeiro.[123] Não se pode, por outro lado, proibir qualquer pessoa de discordar dessa verdade consensualmente aceita e de tentar demonstrar o contrário, sendo essa a característica do conhecimento científico.

A conclusão que se pretende extrair de tudo isso é a de que, se mesmo em relação à realidade sensível, da qual se ocupam as chamadas ciências naturais, a verdade é relativa, provisória, intersubjetiva e consensual, sendo obtida apenas em ambiente orientado pelos princípios da liberdade e da tolerância, não há porque rejeitar essas mesmas características no que pertine à verdade relativamente ao que é ideal e transcendente, como é o caso dos valores[124]. Se as características da *cientificidade,* hoje, decorrem da possibilidade de falseamento[125] ou do caráter *não dogmático* do conhecimento, consistindo na relatividade e na provisoriedade das teorias, que pressupõem a liberdade e a tolerância, não há porque rejeitar essas mesmas características em relação ao estudo do direito. Pelo menos, não

---

123. Com efeito, poder-se-ia afirmar, em oposição, que existe sim uma verdade objetiva, e a existência de um consenso intersubjetivo seria uma *decorrência* dela, não devendo, contudo, ser confundido com ela. Isso até pode ser correto, mas o homem nunca terá como saber, pois só através do consenso chega – de forma sempre provisória – ao que se *considera* ser verdade objetiva. Confira-se, a propósito: NOZICK, Robert. **Invariances** – the structure of the objective world. Massachusetts/London: Harvard University Press, 2001, p. 90-91.

124. NOZICK, Robert, *op. cit.,* 2001, p. 237. É esse autor, ainda, quem observa que o mundo dos fatos brutos não é imutável, e que não existe critério *a priori* para determinar quais modificações são possíveis, e quais não o são. Elas são descobertas no curso do processo de formação do conhecimento. Algo semelhante, em suas palavras, se dá com a ética, sendo certo que esta, conquanto não seja igual em todos os tempos e lugares, tem uma função invariável e diretamente ligada à natureza humana: pode-se dizer que a ética, o cérebro mais desenvolvido, a linguagem e o sistema de cooperação mútua daí decorrente são fruto da seleção natural, sendo uma das causas da sobrevivência da espécie humana. Essa sua *função* pode ser considerada um dado objetivo, a partir do qual seus enunciados podem ser julgados e discutidos com razoável grau de intersubjetividade (*Ibid.,* p. 290 e ss.). Nesse sentido, Habermas observa que *"moral beliefs do guide (normatively) rule-governed social interactions in a similar way that empirical beliefs guide goaloriented interventions in the objective world. However, they are implicitly corroborated in a different way—not by successfully manipulating otherwise independently occurring processes, but by consensually resolving conflicts of interaction. And that can occur only against the background of intersubjectively shared normative beliefs."* HABERMAS, Jürgen. **Truth and justification**. Translated by Barbara Fultner. Massachusetts: MIT Press, 2003, p. 256.

125. Esse falseamento, no campo das ciências sociais, não pressupõe necessariamente a experimentação, como nas ciências naturais, mas sobretudo a possibilidade de *crítica*. Confira-se, a propósito, CRUZ, Álvaro Ricardo de Souza. **O discurso científico na modernidade**: o conceito de paradigma é aplicável ao direito? Rio de Janeiro: Lumen Juris, 2009, p. 41.

se pode fazer isso em nome da defesa da cientificidade, a menos que se esteja a defender modelo ultrapassado de ciência.

Mas, além de demonstrar a precariedade das bases epistemológicas do positivismo e a carência de razão dos que se recusam a examinar valores em face de sua falta de objetividade e pela suposta incerteza daí decorrente, exame da epistemologia atual fornece algumas pistas adicionais a respeito de como deve ser fundamentada a ordem jurídica.

A ciência, viu-se nos parágrafos anteriores, precisamente por ter a característica da provisoriedade de seus enunciados, que podem constantemente ser aperfeiçoados, modificados ou retificados, não se compatibiliza com o dogmatismo. São inerentes ao seu progresso e à busca pela verdade, liberdade, igualdade, democracia e tolerância. Todos devem ter igual oportunidade de se manifestar a respeito das teorias existentes, para sugerir reformulações e aperfeiçoamentos ou para defendê-las de sugestões que consideram equivocadas. Uma ideia, por sua vez, é considerada verdadeira na medida em que é aceita pela maioria dos que compõem a comunidade dos que se ocupam daquele assunto, sempre existindo, contudo, o direito de alguém, perante essa mesma comunidade, de demonstrar suas falhas.

Não existe razão para que, no âmbito da construção das normas que regem a vida em sociedade, não se seguirem os mesmos princípios. Carl Sagan, aliás, registra ser

> un hecho de la vida en nuestro pequeño planeta asediado que la tortura, el hambre y la irresponsabilidad criminal gubernamental son mucho más fáciles de encontrar en gobiernos tiránicos que en los democráticos. ¿Por qué? Porque los gobernantes de los segundos tienen muchas más probabilidades de ser echados del cargo por sus errores que los de los primeros. Es un mecanismo de corrección de errores en política.
>
> Los métodos de la ciencia —con todas sus imperfecciones— se pueden usar para mejorar los sistemas sociales, políticos y económicos, y creo que eso es cierto cualquiera que sea el criterio de mejora que se adopte. ¿Cómo puede ser así si la ciencia se basa en el experimento? Los humanos no son electrones o ratas de laboratorio. Pero todas las actas del Congreso, todas las decisiones del Tribunal Supremo, todas las directrices presidenciales de seguridad nacional, todos los cambios en el tipo de interés son un experimento. Cualquier cambio en política económica, el aumento o reducción de financiación del programa Head Start, el endurecimiento de las sentencias penales, es un experimento. Establecer el cambio de jeringuillas usadas, poner condones a disposición del público o despenalizar la marihuana son experimentos. No hacer nada para ayudar a Abisinia contra Italia, o para impedir que la Alemania nazi invadiera la tierra del Rin, fue un experimento. El comunismo en la Europa del Este, la Unión Soviética y China fue un experimento. La privatización de la atención de la salud mental o de las cárceles es un experimento. La considerable inversión de Japón y Alemania Occidental en ciencia y tecnología y casi nada en defensa —y como resultado el auge de sus economías— fue un experimento.[126]

---

126. SAGAN, Carl. **El mundo y sus demonios** – la ciencia como una luz en la oscuridad. Traducción de Dolors Üdina. Barcelona: Planeta, 1997, p. 406.

A associação entre *ciência, verdade* e *justiça*, feita de sorte a preconizar que o ambiente propício ao florescimento das duas primeiras seja também o da última, pode ser verificada, de forma mais clara e explícita, em Hans Kelsen, que, não obstante todo o seu ceticismo em relação aos valores e à justiça – ou talvez por conta dele – observa:

> *Dado que la democracia es por naturaleza profunda libertad y libertad significa tolerancia, no existe forma alguna de gobierno más favorecedora de la ciencia que la democracia, la ciencia sólo puede desarrollarse cuando es libre. Ser libre quiere decir no sólo no estar sometida a influencias externas, esto es, políticas, sino ser libre interiormente: que impere una total libertad en su juego de argumentos y objeciones. No existe doctrina que pueda ser eliminada en nombre de la ciencia, pues el alma de la ciencia es la tolerancia.*[127]

Em seguida, admite:

> *Puesto que la ciencia es mi profesión y, por lo tanto, lo más importante de mi vida, la justicia es para mí aquello bajo cuya protección puede florecer la ciencia y, junto con la ciencia, la verdad y la sinceridad. Es la justicia de la libertad, la justicia de la paz, la justicia de la democracia, la justicia de la tolerancia.*[128]

Conquanto não seja partidário do mesmo relativismo axiológico de Kelsen, Karl Popper faz associação semelhante. Para ele,

assim como podemos *procurar* proposições absolutamente verdadeiras no domínio dos fatos, ou pelo menos proposições que cheguem mais perto da verdade, assim também

---

127. KELSEN, Hans. **Que es la justicia?** Disponível em: <http://www.usma.ac.pa/web/DI/images/Eticos/Hans%20Kelsen.%20La%20Juticia.pdf>. Acesso em: 11 nov. 2008. A demonstrar a falta de divisões claras nas classificações feitas na realidade, inclusive nas teorias e escolas de pensamento, Lyotard defende, por igual, a possibilidade de um paralelo entre a verdade no âmbito da ciência e a justiça no âmbito da política (e, pode-se acrescentar, do Direito). Confira-se: LYOTARD, Jean-François. **The postmodern condition**: a report on knowledge. Translated by Geoff Bennington and Brian Massumi. Manchester: Manchester University Press, 1984, p. 8. Não que, por isso, verdade e consenso sejam a mesma coisa, ou que qualquer consenso intersubjetivo seja equivalente à verdade. Isso não ocorre, como já explicado, e o próprio Lyotard admite que nem sempre quando há consenso existe verdade, mas a verdade *leva* ao consenso (*Ibid.*, p. 24). Karl Popper faz algo semelhante, a partir do relato de Heródoto sobre a discussão entre Dario I e os gregos (que queimavam seus mortos) e os indianos (que os comiam) que viviam em território persa, cada um horrorizado com os costumes do outro. "Popper percebe no exemplo de Heródoto a necessária tolerância e respeito pelos costumes alheios como algo a se aplicar analogicamente no debate científico [...]" CRUZ, Álvaro Ricardo de Souza. **O discurso científico na modernidade**: o conceito de paradigma é aplicável ao direito? Rio de Janeiro: Lumen Juris, 2009, p. 44.

128. *Ibid.* Norberto Bobbio, em termos semelhantes, registra que "governo democrático e ciência livre não podem existir um sem o outro. A democracia permite o livre desenvolvimento do conhecimento da sociedade, mas o livre conhecimento da sociedade é necessário à existência e à consolidação da democracia por uma razão fundamental. John Stuart Mill escreveu que enquanto a autocracia precisa de cidadãos passivos, a democracia sobrevive apenas se pode contar com um número cada vez maior de cidadãos ativos." BOBBIO, Norberto. **Teoria geral da política** – a filosofia política e as lições dos clássicos. Tradução de Daniela Beccaccia Versiani. São Paulo: Campus, 2000, p. 398-399.

podemos *procurar* propostas absolutamente corretas e válidas no domínio dos padrões, ou pelo menos propostas melhores ou de maior validade.[129]

Vale observar que o itálico na palavra "procurar" consta do original e decorre da intenção de Popper de frisar que a natureza inalcançável da verdade absoluta não impede que se proceda a uma constante busca por ela, em um infinito processo de aproximação, aplicando-se a mesma ideia para os "padrões" de correção e de validade, ou seja, os padrões de certo e errado. E esse infinito processo de aproximação, tanto no caso da verdade como da justiça, só é possível em um ambiente livre, democrático e plural, precisamente pelo fato de que nunca se terá absoluta certeza quanto à perfeição do resultado encontrado. Com efeito, seria um erro – as palavras são ainda de Karl Popper,

> estender esta atitude além do *procurar* para o *encontrar*. Pois, embora procuremos propostas absolutamente corretas e válidas, nunca nos persuadiremos de que as encontramos definitivamente; porquanto, claramente, não pode haver um *critério de correção absoluta* – menos ainda do que um critério de verdade absoluta.
>
> [...]
>
> Mas, embora não tenhamos qualquer critério de correção absoluta, certamente podemos fazer progressos neste domínio. Como no domínio dos fatos, podemos fazer descoberta. Que a crueldade é sempre "má"; que deve sempre ser evitada onde for possível; que a regra áurea é um bom padrão, que talvez possa até ser melhorado, fazendo-se aos outros, onde possível, como *eles* querem que lhes seja feito; eis exemplos elementares e extremamente importantes de descobertas no domínio dos padrões.[130]

É preciso, contudo, atentar para uma distinção. Embora a busca pela verdade científica pressuponha liberdade e tolerância, assim como a busca pela justiça, pode haver diferença entre os propósitos dos que debatem na comunidade científica e os propósitos dos debatem no âmbito da elaboração das leis. Pode-se dizer que os primeiros têm maior preocupação com a busca pela verdade, enquanto os segundos podem estar mais preocupados com a busca pelo poder.[131] Essa distinção faz com que se torne ainda mais importante o estabelecimento de *regras do jogo* para o exercício da democracia e para o seu controle. Isso conduz à

---

129. POPPER, Karl. **A sociedade aberta e seus inimigos**. Tradução de Milton Amado. Belo Horizonte/São Paulo: Itatiaia/EdUSP, 1974. v.2, p. 406. Em termos análogos, Ian Shapiro observa que "na aventura acumulativa e experimental de fazer retroceder as fronteiras da ignorância, a democracia é o aliado mais confiável da verdade. A postura democrática e a postura científica reforçam-se mutuamente, apenas porque ambas precisam do debate público." SHAPIRO, Ian. **Fundamentos morais da política**. Tradução de Fernando Santos. São Paulo: Martins Fontes, 2006, p. 266.
130. *Ibid.*, 1974, v.2, p. 406-407.
131. Essa distinção, contudo, deve ser vista com cautela, eis que diz respeito ao que *geralmente* acontece. Não sendo viável o traçado de uma linha muito nítida, sendo possível verificar a sincera busca pela verdade (ou pela justiça) entre políticos, e a mera busca pelo poder (inclusive com a deliberada distorção da verdade) entre cientistas.

verificação sobre *por que* um ordenamento jurídico deve fundar-se na liberdade, na igualdade e na democracia, sendo isso o que se faz a seguir.

5.4 PRESSUPOSTOS MÍNIMOS PARA A CONSTRUÇÃO DE UM ORDENAMENTO JURÍDICO JUSTO

Viu-se, reiteradamente, que o ser humano é um animal que se caracteriza pela aptidão de diferenciar a realidade da possibilidade. Essa sua característica lhe confere a liberdade, e faz com que seja o centro de inúmeras contradições, porquanto finito em sua existência, mas infinito em suas possibilidades.

Observou-se, também, que essa liberdade, porque surgida no âmbito da convivência humana, vale dizer, no âmbito do grupo, há de ser conciliada ou compartilhada. A absoluta liberdade de um membro do grupo implicaria a absoluta sujeição dos demais. Daí a necessidade de um instrumento que, regrando a conduta de todos, tornasse possível a convivência de suas liberdades. O direito, portanto, está direta e necessariamente relacionado com a liberdade humana, sendo a sua finalidade a de propiciar a sua compartição.

Essa compartição, por definição, há de dividir as liberdades em parcelas iguais, ou semelhantes. Dar absoluta liberdade a um ou a uns, e negá-la inteiramente a outro ou a outros, não é proceder à sua compartição. Para isso, aliás, o direito seria inteiramente prescindível.

A principal questão, todavia, é como fazer com que essa compartição ocorra de forma equitativa. Por outro lado, poder-se-ia afirmar que liberdade e igualdade, nos moldes em que acima sumariamente defendidas, são conceitos metafísicos, que não têm qualquer importância ou densidade antes de reconhecidos e protegidos por normas positivadas por um aparelho dotado do monopólio da força.

As respostas a essas duas objeções estão intimamente relacionadas. O direito é realidade institucional. Como tal, só existe na medida em que assim é reconhecido pelos seres pensantes de um grupo. É o mesmo que uma cédula de R$ 100,00 ou um gol, que só existem para os que reconhecem o pedaço de papel como dinheiro ou a passagem do objeto esférico por entre duas traves e abaixo do travessão de um dos lados de um campo de futebol como ponto para o time situado no lado contrário do campo. Só quando uma norma jurídica é reconhecida como tal, por aqueles que por ela têm a conduta disciplinada, é que pode ser considerada como o veículo através do qual o Direito se exprime. Algo que é cumprido não por conta desse reconhecimento, mas *exclusivamente* por força da coação, do medo ou da ameaça, desprezando completamente a estrutura racional do ser humano e sua capacidade de criar realidades institucionais, equiparando-o ao animal irracional, definitivamente não é direito, independentemente de qualquer juízo de valor ou consideração subjetiva a respeito da justiça.

Para que haja esse reconhecimento, que se opera de forma gradual, à base do mais ou do menos, e não do tudo ou do nada, é preciso que o conteúdo da norma jurídica que existe seja correspondente àquele conteúdo que a pessoa de quem se espera o reconhecimento pretenderia que fosse. Como toda criatura humana é capaz desse julgamento, que coteja realidade e possibilidade, toda criatura humana, diante de algo que é, pensa em como esse algo poderia ser. E pensa também em como seria melhor que esse algo fosse.

Dessa forma, diante de uma norma posta, as pessoas que a examinam pensam, inevitavelmente, em todas as outras normas possíveis. Pensam, por igual, qual delas – a real ou as várias possíveis – seria a melhor.

Essa *norma possível* considerada *melhor* é o que os jusnaturalistas, de todos os tempos e lugares, chamam direito natural. Atribuem a fontes diversas, é verdade, mas a realidade à qual se referem é a mesma. E é inafastável, eis que é da natureza humana, ao lado do senso de realidade, o senso de possibilidade.[132] Por essa razão, Arnaldo Vasconcelos afirma que o direito obriga quando seus preceitos são capazes "de realizar, em cada época e de acordo com a sua específica mundividência, aquilo que se entende por justiça. Se essa falha em grau intolerável, como ensina Tomás de Aquino, o Direito positivo cede lugar ao Direito de resistência, não positivo."[133] Em semelhantes termos, Goyard-Fabre defende que o direito só pode ser assim considerado porque "participa de um horizonte de idealidade que lhe confere sua essência e sua normatividade."[134] Vale dizer, ele é o instrumento *real* através do qual se procura implementar aquilo tido por *ideal*.

Como a norma jurídica não existe em si, de forma ontologicamente objetiva, sendo em verdade o sentido – atribuído por alguém – a textos, sinais, sons, práticas reiteradas etc., o direito que deve ser, ou a norma possível, interfere inegavelmente na compreensão do direito que é, real, podendo levar até mesmo à tomada de decisões algo distantes do sentido literal do texto normativo. Isso é inevitável, e o pós-positivismo tem, neste ponto, dado notáveis colaborações na teorização do ato de interpretar e aplicar o direito posto. Por essa razão, diz-se que alguns autores pós-positivistas são, na verdade, neopositivistas, tendo aperfeiçoado a teoria positivista para adequá-la a uma espécie de norma jurídica dotada de es-

---

132. VASCONCELOS, Arnaldo. **Teoria pura do direito** – repasse crítico de seus principais fundamentos. Rio de Janeiro: Forense, 2004, p. 176-177.

133. *Id.* **Teoria da norma jurídica**. 5.ed. São Paulo: Malheiros, 2000, p. 97.

134. GOYARD-FABRE, Simone. **Os fundamentos da ordem jurídica**. Tradução de Cláudia Berliner. São Paulo: Martins Fontes, 2002, p. 38.

trutura diferente, que preconiza a promoção de um estado ideal de coisas e não a prática de uma conduta específica, vale dizer, os princípios jurídicos.

Mas, em relação à produção normativa, à elaboração da ordem jurídica, no plano hipotético, as contribuições do pós-positivismo, viu-se no capítulo anterior, não são assim tão úteis. Como fazer com que os textos normativos editados, a partir dos quais os intérpretes (re)construirão, em cada caso, as normas jurídicas pertinentes, aproximem-se daquele conteúdo que os seus intérpretes considerariam ideal? Ou, para usar a terminologia tradicional, como fazer com que o direito posto, ou positivo, seja elaborado de forma a corresponder ao pressuposto, ideal ou natural, sendo assim mais amplamente *reconhecido* pelos que por ele são disciplinados e, assim, seja dotado de maior eficácia?

Neste ponto, a teoria dos direitos fundamentais pode dar colaboração importante. Não porque eles estão, circunstancialmente, positivados nesta ou naquela Constituição, mas porque, com ela, teorizou-se a existência de uma quarta dimensão de direitos,[135] através da qual os direitos fundamentais possibilitam que o conteúdo do ordenamento jurídico não seja necessariamente aquele (qualquer um) determinado coativamente pelo Estado ou por alguém que se considere intérprete da razão humana ou da razão divina, mas pela sociedade emancipada, que decide, ela própria, o que entende ser mais justo. O direito à informação destina-se a dar meios àqueles que farão as escolhas, e o direito ao pluralismo visa a proteger as minorias em face de eventuais deliberações discriminatórias da maioria, preservando a própria liberdade que é pressuposto do direito e da democracia. Há uma aproximação, com isso, do conceito de verdade (e de justiça) contemporâneo: não é algo objetivamente existente e cognoscível, mas *intersubjetivamente* aceito, de forma consensual e provisória.

São indispensáveis à adequada fundamentação da ordem jurídica, portanto, fazendo com que ela se assemelhe ao que as pessoas por ela disciplinadas consideram ideal, a promoção da liberdade, da igualdade e da democracia, nos moldes em que se explicará a seguir.[136]

---

135. BONAVIDES, Paulo. **Curso de direito constitucional**. 8.ed. São Paulo: Malheiros, 1999, p. 524 e ss.
136. Tanto que mesmo autores de inspiração luhmaniana, que sustentam a natureza autopoiética do Direito, vale dizer, sustentam que o Direito se fundamenta em suas próprias disposições, são forçados a admitir, contraditoriamente, a necessidade de um conteúdo mínimo, ou de estruturas institucionais mínimas, que permitam essa "autopoiese". É o caso de Marcelo Neves, para quem "[n]o nível constitucional, a prestação jurídica relativa à solução de conflitos não resolvidos nos outros sistemas é assegurada com o estabelecimento dos procedimentos constitucionais de resolução de conflitos, o *due process of law*. Como prestação específica do direito perante o sistema político, a Constituição regulamenta o procedimento eleitoral, estabelece a 'divisão de poderes' e a distinção entre política (em sentido estrito) e administração, com uma semântica orientada para a imunização do 'Estado de direito' perante interesses de dominação particularistas." (NEVES, Marcelo. **A constitucionalização simbólica**. São Paulo: Martins Fontes, 2007, p. 160). Em outro trecho, de forma mais explícita e direta, o mesmo autor

5 • UMA SOLUÇÃO POSSÍVEL 123

Poder-se-ia dizer, com isso, que esta tese está a preconizar um direito que *deve ser*, dizendo como a ordem jurídica *deve ser* fundamentada. E é isso mesmo o que se está fazendo. A partir de uma descrição de alguns aspectos da realidade, vale dizer, da natureza humana, do caráter institucional do direito, da ineficiência e da inadequação de uma ordem jurídica fundada apenas na coação, parte-se para a prescrição a respeito de como, a partir desses aspectos descritivos, pode-se promover alguma alteração na realidade. Isso é feito com amparo na lição de Arnaldo Vasconcelos, para quem a ciência, inicialmente descritiva, e em seguida compreensiva e explicativa, é hoje *prescritiva*.[137] Não tem o propósito apenas de descrever a realidade, mas de alterá-la:

> O tempo da ciência puramente descritiva passou, faz séculos. Foi a época de Aristóteles e da Escolástica, da Antiguidade e da Idade Média. Depois veio o renascimento e Galileu, e com eles, a ciência explicativa, que esquadrinhou os céus a fim de torná-los inteligíveis através de seus esquemas matemáticos. Com Bacon e a Modernidade, surge a ciência construtiva que, a partir de Kant, vê-se autorizada a criar seu próprio objeto. Exige-se-lhe que seja fértil e eficaz.
>
> [...]
>
> A ciência contemporânea já não se coloca como objetivo principal a descrição da realidade, embora necessidade de antemão conhecê-la. Há de ter-se em conta, como acertadamente lembrou Robert Musil, um dos distintos contemporâneos de Kelsen, que, se existe um senso de realidade, tem de haver também um senso de possibilidade.[138]

Pode-se dizer que o remédio existe para curar moléstias que assolam o organismo e que o farmacêutico estuda as reações químicas (plano da realidade)

---

afirma que "o direito só poderá exercer satisfatoriamente sua função de congruente generalização de expectativas normativas de comportamento enquanto forem institucionalizados constitucionalmente os princípios da inclusão e da diferenciação funcional e, por conseguinte, os direitos fundamentais sociais (Estado de bem-estar) e os concernentes à liberdade civil e à participação política." (*Ibid.*, 2007, p. 78). Na verdade, ao preconizar um conteúdo para o Direito, que *deve* consagrar determinados princípios, que *deve* atingir determinadas finalidades (não postas), o mencionado autor contradiz a tese autopoiética. Afinal, se a Constituição, para "substituir o direito natural" (*Ibid.*, 2007, p. 70), precisa ter um determinado conteúdo, a fim de viabilizar a interferência de "apoios externos" no âmbito do Direito, isso significa que ele, o Direito, não encontra fundamento em si. Afinal, por que é necessário viabilizar essa interferência externa? Por que viabilizar a interferência de certas influências, e não de outras? Tais perguntas demandam o recurso a conceitos metajurídicos, e orientados a valores, para serem respondidas.

137. Não parece ser outra a razão, a propósito, pela qual Habermas constrói uma teoria que *propõe*. Do contrário, diz que "deveria escolher um outro gênero literário – talvez o do diário de um escritor helenista, preocupado apenas em documentar para a posteridade as promessas não cumpridas de sua cultura decadente." (HABERMAS, Jürgen. **Direito e democracia**. Entre facticidade e validade. Tradução de Flávio Beno Siebeneichler. Rio de Janeiro: Tempo Brasileiro, 1997. v.1, p. 14). O autor reitera essa ideia na p. 113 do mesmo livro. Bem antes dele, aliás, Marx assinalava que "os filósofos têm apenas interpretado o mundo de maneiras diferentes; a questão, porém, é *transformá-lo*." (MARX, Karl. Tese sobre Feuerbach n.º 11).

138. VASCONCELOS, Arnaldo. **Teoria pura do direito** – repasse crítico de seus principais fundamentos. Rio de Janeiro: Forense, 2004, p. 176-177.

para com elas tentar alterar o equilíbrio do organismo ou o ciclo de reprodução de uma bactéria, ou de células neoplásicas, para com isso combater uma doença, que considera indesejável (plano da possibilidade). Existem remédios melhores que outros, mas, apesar disso, se se descobre que uma determinada substância não produz qualquer efeito sobre a doença, ou mesmo que a agrava, essa substância sequer pode ser considerada, pelo menos para aquela doença, um *remédio*. Não é digna desse nome.

É o caso de dizer o mesmo do Direito e das teorias construídas em torno dele. Por mais que os fins do direito não sejam tão precisos quanto os da medicina, eles existem, e ele será tanto mais digno desse nome quando quanto mais eficaz for na promoção de seus fins.[139] A questão aqui, também, é de grau. Por isso, não basta descrevê-lo como é, embora isso seja imprescindível. Há que se perquirir como deve ser, e procurar fazer com que o direito que *é* se aproxime o tanto quanto possível do direito que *deve ser*.

5.4.1 Liberdade

Para a construção de uma ordem jurídica adequada, deve-se prestigiar, em primeiro lugar, a liberdade. Não porque seja essa a vontade de Deus ou decorrência da natureza das coisas. Não por conta do lema da Revolução Francesa ou por ser a base dos direitos fundamentais ditos de primeira dimensão. A liberdade deve ser prestigiada por uma simples razão, que subjaz às duas últimas que foram apontadas: é o que caracteriza o ser humano enquanto tal, viabilizando a própria existência do direito, que sem ela seria impensável.

Liberdade é, cumpre estabelecer aqui a definição, a faculdade, que a criatura humana tem, por ser capaz de distinguir o real do possível, de eleger uma das várias possibilidades que racionalmente consegue vislumbrar e de implementá-la, ou transformá-la em realidade.[140] Diante de uma situação concreta, que pode ser mantida ou alterada de várias formas diferentes, a possibilidade de se escolher uma dessas alternativas, ou nenhuma delas (mantendo inalterada a realidade), é o que se chama liberdade, que consiste, portanto, na possibilidade do indivíduo

---

139. Até porque a pergunta "acerca da origem das normas jurídicas é a indagação sobre qual deverá ser a fonte, de onde o Direito, sobre cuja definição formal praticamente existe um consenso, deverá extrair sua substância." MERLE, Jean-Christophe; MOREIRA, Luiz. Introdução. In: _____ (Org.). **Direito e legitimidade**. São Paulo: Landy, 2003. p. 9-20, p. 12.

140. É exatamente porque a liberdade consiste na possibilidade de a criatura humana expandir e realizar suas potencialidades, e porque estas são *infinitas,* que nada distinto da promoção da liberdade também a outras pessoas justifica o sacrifício da liberdade. Daí o poema de William Cowper, citado por Amartya Sen: "*Freedom has a thousand charms to show / That slaves, howe´er contented, never know*." SEN, Amartya. **Desenvolvimento como liberdade**. Tradução de Laura Teixeira Motta. São Paulo: Companhia das Letras, 2000, p. 337.

de escolher e de efetivamente implementar sua escolha, em relação a tudo o que sua racionalidade lhe mostra ser possível.

Exercida de forma plena por um indivíduo, a liberdade poderia implicar a completa supressão dessa mesma liberdade por parte de outros indivíduos. Assegurar a um o direito de fazer tudo o que quiser pode significar não assegurar a outros o direito à vida e à própria liberdade ou, nas palavras de Popper, "se eu for livre de fazer tudo o que quiser, então também sou livre para privar os outros da liberdade."[141] Daí a necessidade do direito para proceder à sua compartição. Afinal,

> se não se compartir a liberdade, não haverá exercício possível da liberdade. Esta só existe com a condição de ser limitada para cada um, em proveito de todos. A liberdade absoluta é também a absoluta impossibilidade de seu exercício. Donde resulta que, sendo a liberdade termo relacional, ninguém pode ser livre sozinho.[142]

E sendo, como é, o direito uma decorrência da liberdade, que todas as criaturas humanas têm, existindo em virtude dela, e tendo como fim proceder à sua compartição, não pode ele atentar ou permitir que se atente contra ela.

É relevante estabelecer, portanto, quando uma limitação à liberdade é necessária à sua compartição, vale dizer, ao gozo de iguais liberdades pelos demais membros da sociedade,[143] e quando é um atentado contra ela: somente são admissíveis restrições à liberdade quando essas restrições tiverem por finalidade resguardar a própria liberdade de outras pessoas,[144] eis que "a única razão para restringir as liberdades fundamentais e torná-las menos extensas é que, se isso não fosse feito, interfeririam umas com as outras".[145] Trata-se da ideia, já explorada por Stuart Mill, segundo a qual "o único propósito para o qual o poder pode ser legitimamente exercido sobre qualquer membro de uma comunidade civilizada,

---

141. POPPER, Karl. **A vida é aprendizagem** – Epistemologia evolutiva e sociedade aberta. Tradução de Paula Taipas. São Paulo: Edições 70, 2001, p. 123.

142. VASCONCELOS, Arnaldo. **Direito e força**: uma visão pluridimensional da coação jurídica. São Paulo: Dialética, 2001, p. 54.

143. Essa ideia está presente, por exemplo, no art. 4.º da Declaração Universal dos Direitos do Homem e do Cidadão, que prescreve: "A liberdade consiste em poder fazer tudo que não prejudique o próximo. Assim, o exercício dos direitos naturais de cada homem não tem por limites senão aqueles que asseguram aos outros membros da sociedade o gozo dos mesmos direitos. Estes limites apenas podem ser determinados pela lei."

144. O uso do direito para limitar o exercício da liberdade "só se justifica quando 'elimina empecilhos à liberdade', portanto, quando se opõe a abusos na liberdade de cada um." (HABERMAS, Jürgen. **Direito e democracia**: entre facticidade e validade. Tradução de Flávio Beno Siebeneichler. Rio de Janeiro: Tempo Brasileiro, 1997. v.1, p. 49). E, para saber quando a liberdade de um está sendo exercida de forma "abusiva", o recurso ao princípio da proporcionalidade é indispensável.

145. RAWLS, John. **Uma teoria da justiça**. Tradução de Jussara Simões. São Paulo: Martins Fontes, 2008, p. 77.

contra sua própria vontade, é impedir que se faça dano a outros."[146] Esse, portanto, é o *fim* a ser atingido com as restrições, que devem, por conseguinte, ser *adequadas, necessárias* e *proporcionais em sentido estrito* para alcançá-lo.

Ser meio adequado, como se sabe, significa conduzir, de fato, ao resultado pretendido. Desse modo, é adequada a limitação à liberdade que efetivamente trouxer maior prestígio ou proteção à liberdade das outras pessoas. Necessário, por sua vez, é o meio que, além de adequado, é também a forma menos gravosa de fazê-lo. Em se tratando de limitação à liberdade, a sua necessidade advém da inexistência de outros meios, menos gravosos à liberdade de cuja restrição se cogita, para prestigiar ou promover igual liberdade em favor de terceiros. Finalmente, é proporcional em sentido estrito a limitação que, adequada e necessária, traz ainda mais benefícios que malefícios, implicando maior prestígio e promoção à igual liberdade dos demais membros do grupo à custa da menor diminuição na liberdade do membro cuja liberdade sofre a restrição.

Pode-se dizer, em suma, que as limitações à liberdade somente se justificam quando forem meio *proporcional*[147] para a consecução do fim de torná-la compatível com iguais liberdades para os demais membros da sociedade.

Acrescente-se a isso, ainda, que, como consequência da igualdade entre as criaturas humanas, que será examinada no tópico seguinte, a liberdade de um não tem maior valor do que a liberdade de outro, pelo que as limitações recíprocas, que sofrem para que convivam, devem ser equivalentes.[148]

Essa é uma das diversas razões pelas quais existe íntima relação entre liberdade e democracia. Como observa Popper, exigir que o Estado limite a liberdade individual apenas na medida necessária para a coexistência humana indica que

---

146. MILL, Stuart. A liberdade. In: MORRIS, Clarence (Org.). **Os grandes filósofos do direito**. Tradução de Reinaldo Guarany. São Paulo: Martins Fontes, 2002. p. 364-399, p. 385.

147. Na verdade, proporcionalidade, ponderação, fórmula do peso, são apenas tentativas de teorizar o bom senso que orienta inconscientemente nossas escolhas em torno de objetivos, metas ou valores, a cada passo. Basta ver a "ponderação" que um médico faz antes de receitar um remédio, sopesando se com ele se alcançará a cura (adequação), se não há outro mais barato, ou com menos contraindicações (necessidade), e se os efeitos colaterais, se inevitáveis, não são piores que a própria doença (proporcionalidade em sentido estrito).

148. Com efeito, "tendo sido o Direito chamado a realizar a compartição das liberdades, a fim de possibilitar-lhe a convivência, nunca se poderia admitir que a parcela atribuída a um fosse maior ou melhor do que a parte destinada ao outro. A intervenção do Direito só se deu para que a compartição obedecesse ao princípio da igualdade dos homens. Não fosse assim, seria inteiramente prescindível." (VASCONCELOS, Arnaldo. **Direito, humanismo e democracia**. São Paulo: Malheiros, 1998, p. 23). No mesmo sentido, a evidenciar a intrínseca relação entre *liberdade* e *igualdade*, Vicente Ráo registra que não existe liberdade entre os homens se não houver reciprocidade entre as faculdades e as obrigações a eles atribuídas. RÁO, Vicente. **O direito e a vida dos direitos**. 5.ed. São Paulo: RT, 1999, p. 53.

o problema da liberdade política é, em tese, solúvel, mas não oferece critérios para tanto. Porque, diz ele,

> muitas vezes, em casos individuais, não conseguimos determinar se uma certa limitação de liberdade é realmente necessária, nem se é um fardo imposto a todos os cidadãos por igual. Necessitamos pois de outro critério que possa ser mais facilmente aplicado. A minha proposta de critério é a seguinte. *Um estado é politicamente livre se na prática as suas instituições políticas derem aos cidadãos a possibilidade de mudar de governo sem derramamento de sangue caso haja uma maioria que o deseje.* Ou, mais sucintamente: somos livres se pudermos ver-nos livres dos nossos governantes sem derramamento de sangue.[149]

Por outro lado, a liberdade tem como consequência direta a responsabilidade pelas escolhas livremente feitas.[150] Assim, a preservação da igualdade, que visa a garantir a todos o exercício da liberdade, não pode ter como consequência a supressão da responsabilidade pelas escolhas livremente feitas por cada indivíduo,[151] pois isso implicaria, em nome de uma suposta ampliação da liberdade, a sua completa supressão. É o que observa Amartya Sen, para quem "[h]á uma diferença entre 'pajear' as escolhas de um indivíduo e criar mais oportunidades de escolha e decisões substantivas para as pessoas, que então poderão agir de modo responsável sustentando-se nessa base."[152]

Essa é a finalidade maior de uma ordem jurídica, sua principal e essencial razão de ser. Caso não a preserve em absoluto – não a reconhecendo ou não reconhecendo a necessidade de proteção àquilo que lhe serve de evidente pressuposto, como a vida e a integridade física -, nem a reparta em termos minimamente equitativos, já não é propriamente de direito que se está a tratar.[153] Cuida-se de dominação, de submissão ou de imposição. Estará o direito, nesse caso, distante

---

149. POPPER, Karl. **A vida é aprendizagem** – epistemologia evolutiva e sociedade aberta. Tradução de Paula Taipas. São Paulo: Edições 70, 2001, p. 123.

150. Sobre a relação direta e necessária entre liberdade e responsabilidade, confira-se: PETTIT, Philip. **Teoria da liberdade**. Tradução de Renato Sérgio Pubo Maciel. Belo Horizonte: Del Rey, 2007, p. 26.

151. Calcado em John Rawls, Gargarella pontua que "uma sociedade justa deve, na medida do possível, tender a igualar as pessoas em suas circunstâncias, de tal modo que o que ocorra com suas vidas fique sob sua própria responsabilidade." GARGARELLA, Roberto. **As teorias da justiça depois de Rawls** – um breve manual de filosofia política. Tradução de Alonso Reis Freire. São Paulo: Martins Fontes, 2008, p. 27.

152. SEN, Amartya. **Desenvolvimento como liberdade**. Tradução de Laura Teixeira Motta. São Paulo: Companhia das Letras, 2000, p. 322. O relevante não é saber se as pessoas estão efetivamente nas mesmas posições, mas se têm liberdade (em sentido positivo e negativo) para estar na posição que desejam. Cf., *v.g.*, GARGARELLA, Roberto, *op. cit.*, 2008, p. 76.

153. Poder-se-ia objetar que o sistema de regras da Alemanha nazista era direito, embora pudesse ser considerado direito injusto, ou cruel. Para algumas pessoas, como os alemães não judeus, sim. Afinal, uma faca que não corta nem fura também pode continuar sendo chamada de faca. Observe-se, contudo, que para os judeus, como para quaisquer pessoas que sejam por um ordenamento tratadas como *coisas* e não como *sujeitos de direitos*, não existe nada que as motive a *reconhecê-lo* como jurídico, nem nada, além do medo, que as leve a observá-lo. Confira-se, nesse sentido, DWORKIN, Ronald. **Is democracy possible here?** (principles for a new political debate). Princeton University Press: Princeton, 2006, p. 96.

daquilo que as pessoas a ele submetidas consideram que ele deve ser, pois é inerente à criatura humana o exercício da liberdade, ainda que esse exercício se dê de forma diferente no tempo e no espaço.

E, o que é mais importante, assegurando a liberdade, a ordem jurídica propicia a que, conforme será explicado mais adiante, seja implementada a democracia e, com ela, incremente-se a aproximação entre o direito posto e o direito pressuposto por aqueles que pelo primeiro têm a conduta disciplinada. Por outras palavras, a proteção da liberdade permite aos sujeitos a interferência no processo de criação das normas jurídicas, a fim de que o seu conteúdo se aproxime daquilo que esses mesmos sujeitos consideram que ele deve ser.

De outro lado, quando se diz que do direito à liberdade decorrem os demais direitos, toma-se por consideração um conceito amplo de liberdade. Ser livre não é apenas não ser impedido de fazer o que se deseja. Ser livre é, como já foi dito, ter a faculdade de vislumbrar possibilidades, fazer escolhas entre elas e promover sua concretização, tornando-as realidade. Por outras palavras, é livre a criatura humana que tem condições de *ser* tudo aquilo que ela *pode ser,* cabendo a ela simplesmente *escolher* quais de suas potencialidades quer implementar, e como. Para que isso seja factível, não basta que não sejam colocados obstáculos. É preciso que sejam retirados os casos já existentes. É preciso que se amplie a capacidade das pessoas de vislumbrar possibilidades, e que se viabilize a partilha, entre todos os membros do grupo, das possibilidades que cada um consegue visualizar, e dos motivos pelos quais consideram que devem ser buscadas ou repelidas.

Daí ser possível dizer – tal como Amartya Sen[154] em relação ao desenvolvimento – que o Direito pressupõe a liberdade e tem por finalidade protegê-la e expandi-la. Ela é meio para a construção do Direito e também o seu objetivo último, sendo possível definir como justa a ordem jurídica que trata as pessoas por ela disciplinadas de sorte a lhes assegurar, a todas, a maior liberdade possível, assim entendida a maior expansão possível de suas potencialidades.

Sobre a importância da liberdade, inclusive no âmbito econômico, cumpre observar que ser

genericamente contra os mercados seria quase tão estapafúrdio quanto ser genericamente contra a conversa entre pessoas (ainda que certas conversas sejam claramente infames e causem problemas a terceiros – ou até mesmo aos próprios interlocutores). A liberdade de trocar palavras, bens ou presentes não necessita de justificação defensiva com relação a seus efeitos

---

154. SEN, Amartya. **Desenvolvimento como liberdade**. Tradução de Laura Teixeira Motta. São Paulo: Companhia das Letras, 2000, p. 52.

favoráveis mais distantes; essas trocas fazem parte do modo como os seres humanos vivem e interagem na sociedade (a menos que sejam impedidos por regulamentação ou decreto).[155]

Deve-se tratar da necessidade de se preservarem as liberdades, no plural, pois a antecipação de experiências possíveis (com a eleição de uma delas), que é inerente à criatura humana, pode ocorrer nos mais diversos setores da vida social. Por isso fala-se em liberdade de locomoção, de manifestação do pensamento, de crença, de cátedra e, no plano das relações econômicas, em *liberdade econômica*. Como aponta Amartya Sen,

> o argumento mais imediato em favor da liberdade de transações de mercado baseia-se na importância fundamental da própria liberdade. Temos boas razões para comprar e vender, para trocar e para buscar um tipo de vida que possa prosperar com base nas transações. Negar essa liberdade seria, em si, uma grande falha da sociedade.[156]

Quando se cogita de liberdade, sobretudo quando à palavra se dá um sentido mais amplo, como faz corretamente Amartya Sen, de sorte a abranger a criação de oportunidades para que as escolhas que caracterizam a liberdade sejam feitas, têm-se em mente tanto o conceito negativo como o conceito positivo de liberdade.

Por liberdade em sentido negativo entende-se não ser o sujeito que a detém obstruído por outros para fazer o que pode desejar fazer. É o caso, por exemplo, da liberdade de expressão, e da proibição de censura. Já por liberdade em sentido positivo, ou liberdade positiva, entende-se a possibilidade de escolher entre os diversos modos de conduta, o que inclui a participação das decisões públicas, *inclusive das decisões sobre quanto reduzir a liberdade negativa*, para viabilizar sua compartição entre os membros da sociedade.[157] Quando se postula a necessidade de sua preservação, aqui, isso é feito tendo em vista esses dois sentidos, que se complementam. Realmente, de nada adianta garantir a alguém que não haverá interferência em suas escolhas, se estão ausentes os pressupostos que viabilizariam qualquer escolha. É importante que todos tenham *condições* de exercer essa

---

155. *Ibid.*, 2000, p. 21.
156. *Ibid.*, 2000, p. 136.
157. DWORKIN, Ronald. Pornografia, feminismo y libertad. Traducción de María Pía Lara. **Debate feminista**, [s.l.], p. 91-103, mar. 1994, v. 9 Issue 5, p. 92. Ou, por outras palavras, pode-se dizer que no sentido negativo, a liberdade pressupõe "a ausência de coerção externa, quer dizer, o poder arbitrário do Estado, e, no sentido positivo, a liberdade implica a possibilidade de escolher entre os diversos modos de conduta." (FLEINER-GERSTER, Thomas. **Teoria geral do Estado**. Tradução de Marlene Holzhausen. São Paulo: Martins Fontes, 2006, p. 172). Os conceitos de liberdade em sentido negativo e em sentido positivo, com o uso dessa terminologia, são atribuídos a Isaiah Berlin. Diz-se, com base neles, que o liberalismo igualitário – aqui acolhido em suas linhas gerais – "preocupa-se com o Estado tanto em seus abusos (em suas ações violadoras de direitos) quanto em seu mau uso (entendendo desse modo as omissões do Estado no fornecimento de certos bens." GARGARELLA, Roberto. **As teorias da justiça depois de Rawls** – um breve manual de filosofia política. Tradução de Alonso Reis Freire. São Paulo: Martins Fontes, 2008, p. 215.

liberdade.[158] É meramente ornamental, por exemplo, a liberdade profissional que se assegura a uma pessoa pobre, analfabeta e faminta, se entendida no sentido meramente negativo. Poderá ela escolher a advocacia, a medicina ou a engenharia como profissão?

Diversos juízos de valor poderiam ser feitos para justificar a importância de se prestigiar a liberdade. E poderiam ser todos, por igual, questionados, dizendo-se que o fato de o ser humano tê-la como característica não significa que ela deva ser protegida. Afinal, o ser humano também é, em certa medida, naturalmente agressivo e egoísta, mas não é por isso que se poderá defender uma ordem jurídica que prestigie tais traços.

A importância de se proteger a liberdade, contudo, reside no fato de que ela é, como já explicado, o elemento que diferencia o ser humano de qualquer outro animal, o que não acontece com o egoísmo, a agressividade ou outras características que são humanas apenas porque o ser humano é *também* animal.

Por outro lado, a proteção à liberdade é um dos pressupostos para que o conteúdo do direito posto aproxime-se, na medida do possível, daquilo que se considera que seu conteúdo deve ser. E essa aproximação é necessária para que o direito seja mais *eficaz*, vale dizer, atinja, com maior proveito, a finalidade para a qual foi criado. Se o "direito natural" é exatamente aquilo que cada criatura humana considera que o direito deve ser, a aproximação entre o direito positivo e o direito natural depende da liberdade de cada criatura humana para influenciar na feitura e na interpretação das normas jurídicas.

Diretamente ligada à liberdade está a tolerância. É condição para que alguém exerça sua liberdade que os demais membros da sociedade respeitem as escolhas, feitas no âmbito dessa liberdade, sempre que delas não advier qualquer consequência sobre a liberdade desses demais membros. E não só respeitem, mas permitam ao autor da escolha de manifestar livremente as razões pelas quais a fez.

Dentro das ideias de verdade e de ciência exploradas anteriormente (item 5.3, *supra*), é preciso lembrar que a liberdade e a tolerância são os pressupostos para a obtenção da verdade, motivo pelo qual se ressalta a natureza *democrática* da ciência. Como observa Arthur Kaufmann,

> justamente porque a liberdade serve a verdade e a verdade serve a liberdade, a tolerância não é em si uma opção prejudicial à verdade, mas antes a possibilita precisamente porque e condição de possibilidade da liberdade e por isso também, em última instância, da verdade.[159]

---

158. HOLMES, Stephen; SUNSTEIN, Cass R. **The cost of rights** – why liberty depends on taxes. New York: W.W Norton & Company, 1999, p. 35-36.
159. KAUFMANN, Arthur. **Filosofia do direito**. Tradução de Antonio Ulisses Cortês. Lisboa: Fundação Calouste Gulbenkian, 2004, p. 500.

E nem se diga, em oposição, que a tolerância seria prejudicial, e não benéfica, à determinação da verdade, por permitir que ideias erradas sejam divulgadas e defendidas. Isso porque o problema reside em saber *quem* determinaria quais as ideias erradas que não poderiam, por isso, ser divulgadas e defendidas. Se a ciência se caracteriza pela provisoriedade e pela refutabilidade de seus preceitos, pode-se mesmo dizer que ela pressupõe a tolerância. Daí Kaufmann insistir que não existe "verdadeira convicção de verdade sem verdadeira tolerância", pois "também a convicção de verdade, caso pretenda ser autêntica, tem que se realizar em liberdade e não se realiza pelo medo."[160]

Para que exista liberdade, enfim, deve haver também tolerância, a qual implica a admissão de todas[161] as formas de pensamento, ainda que antagônicas, que devem conviver pacificamente.

5.4.2 Igualdade

O ordenamento jurídico deve fundar-se, também, na igualdade entre as pessoas cuja conduta é por ele disciplinada. Além de livres, os sujeitos cuja conduta é disciplinada pelo direito devem ser considerados iguais.

É complexo, contudo, determinar o significado da palavra igualdade. E, mais ainda, suas repercussões e as consequências de sua proteção. Antes de se examinar algo de seu sentido e das consequências de sua promoção, até como forma de simplificar esse exame, é preciso analisar, primeiro, a razão de ser de sua promoção ou proteção. Por que uma ordem jurídica deve fundar-se na igualdade dos sujeitos por ela disciplinados?

A razão, aqui, é a mesma da liberdade: o senso de possibilidade, que só a criatura humana tem. Esse senso, porque confere à criatura humana liberdade, é detido por toda criatura humana. Logo, todas, sem exceção, têm infinitas possibilidades. Se se decidiu que essas possibilidades devem ser expandidas e realizadas, não existe motivo para que não o sejam em relação a todos que as detêm. Daí a necessidade de que as criaturas livres sejam, porque todas são livres, submetidas ao mesmo tratamento.

Além disso, trata-se de exigência igualmente (assim como a liberdade) indispensável a que o conteúdo do direito posto aproxime-se, o mais possível, daquilo que os sujeitos por ele disciplinados consideram que ele deveria ser,

---

160. *Ibid.*, 2004, p. 500.
161. Todas, menos aquelas cuja admissão implique a admissão da própria intolerância. (SEN, Amartya. **Desenvolvimento como liberdade**. Tradução de Laura Teixeira Motta. São Paulo: Companhia das Letras, 2000, p. 268). No mesmo sentido: ROULAND, Norbert. **Nos confins do direito**. Tradução de Maria Ermantina de Almeida Prado Galvão. São Paulo: Martins Fontes, 2003, p. 220-221.

correspondência essa necessária a que a ordem jurídica seja considerada *justa* e, também, para que seja dotada de maiores estabilidade e eficácia.

O que significa, contudo, a afirmação de que a ordem jurídica deve fundar-se na igualdade? Significa que todos devem receber, sempre e necessariamente, o mesmo tratamento? A resposta a essa última pergunta é negativa, pois o direito é, por definição, um instrumento destinado a fazer distinções. As normas jurídicas são produto da valoração de fatos e, por isso mesmo, através delas se procura evitar que alguns fatos aconteçam, do mesmo modo como se tenta fazer com que outros não aconteçam. Tratá-los todos igualmente é incompatível com isso.

Um ser humano que matou três pessoas friamente e sem qualquer justificativa não pode ter, pela ordem jurídica, prescrito o mesmo tratamento daquele prescrito a outro que matou uma pessoa em legítima defesa. Mais exemplos não são necessários, nem qualquer alongamento aqui é preciso, para demonstrar que igualdade não significa um mesmo tratamento em termos absolutos. A igualdade é sempre relativa, eis que sua aferição liga-se a um critério. Um critério para o estabelecimento de diferenças.[162] Aliás, a questão não é apenas saber qual critério pode ser colhido para estabelecer as diferenças, mas também saber qual tratamento deve ser dado a elas a partir desse critério, e com qual finalidade. A afirmação de que a verdadeira igualdade consiste em tratar igualmente os iguais, e desigualmente os desiguais, na medida em que se desigualam, diz muito pouco quando não se sabe qual a medida de desigualdade a ser colhida nem para que essa medida deve ser escolhida.

No plano constitucional, pode-se dizer que os critérios são aqueles que a Constituição determina sejam adotados ou quaisquer outros que não os contrariem. No plano suprapositivo, do qual se está tratando aqui, o que se exige é que a ordem jurídica seja construída sob o pressuposto de uma igual preocupação ou um igual interesse em relação a todos os que por ela serão disciplinados.[163] Todos têm de ter o mesmo *valor*,[164] o que significa que, como seres livres, as diferenças

---

162. Como observa Zippelius, "sempre surge a questão sobre o que deve ser considerado, do ponto de vista da regulamentação respectiva, como essencialmente igual ou desigual, ou seja, qual diferença poderia justificar ou até mesmo exigir um tratamento diferente. Aquele que quer tratar pessoas ou fatos de formas diferentes, deve procurar justificar essa decisão com razões capazes de obter um consenso." ZIPPELIUS, Reinhold. **Introdução ao estudo do direito**. Tradução de Gercélia Batista de Oliveira Mendes. Del Rey: Belo Horizonte, 2006, p. 47.

163. Todos os homens – observa Comparato – "são absolutamente iguais na partilha da comum dignidade de pessoas, merecendo, portanto, rigorosamente o mesmo respeito, não obstante as diferenças biológicas e culturais que os distinguem entre si, e apesar da enorme desproporção patrimonial que apresentam as famílias, classes sociais ou povos, quando comparados uns com os outros." COMPARATO, Fábio Konder. **Ética**. São Paulo: Companhia das Letras, 2006, p. 570.

164. DWORKIN, Ronald. **Is democracy possible here?** (principles for a new political debate). Princeton University Press: Princeton, 2006, p. 96-97.

entre suas posições devem decorrer das consequências de suas escolhas e não de fatores inteiramente alheios a estas. No dizer de Álvaro de Vita, isso se dá quando

> as instituições básicas se organizam de maneira a impedir que o quinhão distributivo de cada um – o acesso que cada pessoa tem a uma parcela de bens, recursos e oportunidades sociais – seja determinado por fatores que [...] estão fora do alcance de escolhas individuais genuínas.[165]

Igualdade, portanto, deve ser aqui definida como a consideração de cada indivíduo como titular do mesmo valor, de modo a que eventuais diferenças entre a posição ou os bens detidos por uns e outros decorram de suas escolhas, como consequências destas.

Tal como ocorre com a liberdade – e, adiante será visto, também com a democracia – essa é uma definição de um ideal, sendo, por isso, em parte descritiva, mas em parte prescritiva, pois é impossível fazer com que as posições e os bens detidos por cada indivíduo decorram *exclusivamente* de suas escolhas. Primeiro, porque um mínimo há de ser assegurado, apesar das escolhas, a fim de que outras escolhas possam continuar sendo feitas. Segundo, mas não menos importante, porque diversos fatores que não apenas as escolhas influenciam, de uma forma ou de outra, na posição ocupada e nos bens detidos pelas pessoas, a exemplo da sorte. O que se pode dizer, sobre isso, é que a *busca* pela igualdade consiste na tentativa de se *minimizarem* os efeitos de fatores diversos das escolhas do indivíduo.

Trata-se, aqui, do que Dworkin classifica como igualdade *ex ante,* e não igualdade *ex post.* Isso porque a igualdade *ex post,* além de suprimir a liberdade, que envolve a aptidão de fazer escolhas que podem conduzir a resultados diferentes, em verdade reside em um tratamento *desigual,* eis que despreza, como elemento de descrímen, o mérito das escolhas feitas. Tratar da mesma forma – pretendendo, por exemplo, que tenham a mesma casa e o mesmo emprego, com a mesma remuneração – José, que durante muitos anos trabalhou durante o dia e estudou durante a noite, e Pedro, que preferiu trabalhar apenas meio-expediente e assistir a telenovelas durante o tempo livre, é tratá-los de forma desigual, porquanto incompatível com a situação distinta representada pelo maior esforço de um em relação à comodidade escolhida pelo outro.[166]

---

165. VITA, Álvaro de. **O liberalismo igualitário**: sociedade democrática e justiça internacional. São Paulo: Martins Fontes, 2008, p. 37.
166. Dworkin oferece, a esse respeito, o seguinte exemplo: "Suponha que duas pessoas tenham contas bancárias muito diferentes, no meio de suas carreiras, porque uma decidiu não trabalhar, ou não trabalhar no emprego mais lucrativo que poderia ter encontrado, ao passo que a outra trabalhou unicamente por ganho. Ou porque uma tomou para si um trabalho cheio de responsabilidade ou exigências especiais, por exemplo, que a outra recusou. Ou porque uma assumiu mais riscos, que poderiam ter sido desastrosos mas que, na verdade, foram bem sucedidos, ao passo que a outra investiu de maneira

Aliás, Ronald Dworkin destaca que liberdade e igualdade[167] são decorrências diretas da dignidade humana, sendo em seu respeito, e não em um suposto consenso, que deve ser buscado o fundamento de legitimidade de uma ordem jurídica. A busca da legitimidade no consenso, segundo ele, é falha porque a unanimidade é, pragmaticamente, impossível. Existem divergências em todas as comunidades políticas. O recurso a uma aceitação tácita, baseada, por exemplo, no fato de a pessoa continuar pertencendo àquela comunidade, é igualmente falho, pois muitos não têm condições para emigrar, não se podendo dizer que sua permanência em um local significa sua aquiescência com tudo o que nele se pratica.[168] Recorrer a um consenso que *seria* obtido em uma situação ideal é igualmente falho, pois, se essa situação ideal é de impossível implementação prática, igual impossibilidade mina o consenso a ser através dela obtido. Por isso, diz ele, uma teoria da legitimidade, para ser plausível,

> *must proceed without any assumption of real or hypothetical unanimous consent. It must proceed on the different assumption that when citizens are born into a political community, or join the community later, they just have obligations to that community, including the obligation to respect it laws whether or not they explicitly or even tacitly accept those obligations. But they assume these political obligations only if and so long as the community's government respects their human dignity. Only so long, that is, as it accepts the equal importance of their lives and their personal responsibility for their own lives and tries to govern them in accordance with its sincere judgment of what those dimensions of dignity require. I can have no obligation to a community that treats me as a second-class citizen; the apartheid government of South Africa had no legitimate authority over blacks, and the governments of antebellum American states had no legitimate over the slaves they treated as only property.*
>
> *A legitimate government must treat all those over whom it claims dominion not just with a measure of concern but with equal concern.*[169]

Suas críticas à busca pela legitimação da ordem jurídica em um acordo unânime ou hipotético procedem, mas não se pode deixar de observar que as pessoas se sentem obrigadas por uma ordem jurídica que respeita sua liberdade e as trata com igual respeito precisamente porque tendem a aceitá-la, o que não

---

conservadora. O princípio de que as pessoas devem ser tratadas como iguais não oferece nenhuma boa razão para a redistribuição nessas circunstâncias; pelo contrário, oferece uma boa razão *contra* ela." DWORKIN, Ronald. **Uma questão de princípio**. Tradução de Luís Carlos Borges. São Paulo: Martins Fontes, 2001, p. 307.

167. Sobre a necessidade de a liberdade e a igualdade deverem fundar a constituição de um estado, para que com isso se obtenha a paz, confira-se: KANT, Immanuel. **À paz perpétua**. Tradução de Marco Zingano. Porto Alegre: L&PM, 2008, p. 24-25. Em termos semelhantes, embora referindo-se à legitimidade e não propriamente à paz: HABERMAS, Jürgen. **Direito e democracia**: entre facticidade e validade. Tradução de Flávio Beno Siebeneichler. Rio de Janeiro: Tempo Brasileiro, 1997. v.1, p. 52; 157; 162.

168. DWORKIN, Ronald. **Is democracy possible here?** (principles for a new political debate). Princeton University Press: Princeton, 2006, p. 95-96.

169. *Ibid.*, 2006, p. 96-97.

ocorre em relação à ordem jurídica que não atenda a tais pressupostos básicos. Assim, em vez de propriamente criticar a necessidade de consenso, o que Dworkin faz é recorrer às suas bases ou àquilo que o provoca ou o enseja.

Além disso, o consenso que se deve buscar, para legitimar uma ordem jurídica, não é a unanimidade ideal, mas a maioria possível. E isso conduz ao terceiro fundamento sobre o qual se deve apoiar uma ordem jurídica, que é a democracia.

5.4.3 Democracia

Como explicado em itens anteriores (5.1 e 5.2, *supra*), o direito natural não existe por si, de forma objetiva e acabada, como algo eterno e invariável, na natureza. Ele é, em verdade, fruto da capacidade humana de discernir o *real* do *possível* e de, diante dessa capacidade, *julgar* a realidade concreta em face de uma possibilidade ideal. Esse julgamento, no caso do Direito, pode basear-se em uma diversidade de fatores, inclusive em padrões éticos que parecem ser originários biologicamente do processo de seleção natural, os quais, como as demais características biológicas do ser humano, passaram, e ainda passam, por modificações que lhes aumentam a complexidade, no âmbito da cultura.

O que importa, porém, é reconhecer que, da mesma forma como o ser humano examina o quadro que é, e imagina como ele poderia ser, para ser mais bonito; da mesma forma como examina o livro, que é, e pondera como ele poderia ser, para ser mais claro; avalia a música que é, e pensa em como ela deveria ser, para ser mais melodiosa; ele também pode examinar o direito, que é, e pensar em como ele poderia ser, para ser mais justo. Daí porque Michel Villey afirma que

> [o]s jusnaturalistas se gabam de possuir o direito natural sob a forma de máximas escritas; mas o escrito é o resultado positivo do trabalho dos homens; o direito natural não é resultado. É causa inicial a partir da qual se discute, da qual os juristas se esforçam para extrair o direito positivo.[170]

A noção do justo, portanto, pode variar, e certamente varia, de acordo com a pessoa, o lugar, a época, a cultura. Mas isso não significa que ela não exista[171] ou que não possa ser formulada, de sorte a servir de parâmetro para o julgamento

---

170. VILLEY, Michel. **Filosofia do direito**. definições e fins do direito. os meios do direito. Tradução de Maria Valéria Martinez de Aguiar. São Paulo: Martins Fontes, 2003, p. 361.

171. Diz-se, com acerto, que "toda sociedade tem sua idéia sobre o Bem e o Mal: o que não impede que alguns de seus membros tenham outras e que as outras sociedades não compartilhem necessariamente a sua." (ROULAND, Norbert. **Nos confins do direito**. Tradução de Maria Ermantina de Almeida Prado Galvão. São Paulo: Martins Fontes, 2003, p. 20). Tanto é assim que, em relação à ideia de que o direito visa à realização da justiça, o mesmo autor adverte que "se nos empenhamos, há tantos séculos, em descobrir suas regras, é porque ela corresponde em nós a uma necessidade que, provavelmente, nunca se esgotará, opondo-se continuamente a essa lei do mais forte, a nossa parte maldita." (*Ibid.*, p. 29).

do direito posto. Pode, seguramente; e o direito posto, à medida em que dela diverge, perde eficácia, até chegar ao ponto de deixar de ser reconhecido como tal, passando a ser considerado uma anomalia imposta pela força e pelo medo.

Diante disso, a forma possível de fazer com que o direito que é aproxime-se daquilo que as pessoas por ele disciplinadas consideram que ele deve ser é permitindo a elas que participem do processo de sua elaboração. A forma de fazê-lo é através do regime democrático, até porque "os argumentos aceitos pela maioria são, via de regra, muito mais convincentes."[172]

Como observa Goyard-Fabre, a democracia "sempre foi desejável", pois é a forma possível de conciliar liberdades, para que a liberdade de um termine "onde começa a dos outros". Ela "faz parte do horizonte da natureza humana, ao mesmo tempo cheio de luz e carregado de nuvens."[173]

Isso é reconhecido, de forma notável, por Kelsen, injustamente lembrado apenas por sua Teoria Pura do Direito, e esquecido em relação a tudo o que defendeu sobre a necessidade de o Direito fundar-se na democracia para que se respeite a liberdade humana.

Para Kelsen, a liberdade possível, em uma sociedade, é aquela na qual a liberdade de um se concilia com a dos demais. Pressupõe, portanto, ordem e respeito, sendo a *democracia* a forma de conciliar a liberdade com as necessidades inerentes à coexistência social. Em suas palavras,

> [a] liberdade possível dentro da sociedade, e especialmente dentro do Estado, não pode ser a liberdade de qualquer compromisso, pode ser apenas a de um tipo particular de compromisso. O problema da liberdade política é: como é possível estar sujeito a uma ordem social e permanecer livre? Assim Rousseau formulou a questão cuja resposta é a democracia. Um sujeito é politicamente livre na medida em que a sua vontade individual esteja em harmonia com a vontade 'coletiva' (ou 'geral') expressa na ordem social. Tal harmonia da vontade 'coletiva' com a individual é garantida apenas se a ordem social for criada pelos indivíduos cuja conduta ela regula.[174]

Esse é um Kelsen que, diz Miguel Reale, "anda esquecido."[175] Um Kelsen que defendeu, é certo, a possibilidade de o Direito ter qualquer conteúdo, sem deixar de ser, por isso, Direito; mas que defendeu, precisamente por conta da impossibilidade de se afirmar a existência de um conteúdo correto, de forma

---

172. FLEINER-GERSTER, Thomas. **Teoria geral do Estado**. Tradução de Marlene Holzhausen. São Paulo: Martins Fontes, 2006, p. 435.
173. GOYARD-FABRE, Simone. **O que é democracia?** A genealogia filosófica de uma grande aventura humana. Tradução de Cláudia Berlinger. São Paulo: Martins Fontes, 2003, p. 348-349.
174. KELSEN, Hans. **Teoria geral do direito e do Estado**. Tradução de Luís Carlos Borges. São Paulo: Martins Fontes, 2000, p. 408.
175. REALE, Miguel. **Direito natural/direito positivo**. São Paulo: Saraiva, 1984, p. 67.

científica,[176] objetiva e neutra, dada a subjetividade e a relatividade dos valores, que estes, os valores, deveriam ser conciliados democraticamente. É o que explica, ainda, Reale:

> A democracia não significa, dizia Kelsen, não crer em valores. Mas a democracia significa reconhecer que o valor, no qual eu ponho a minha fé, não exclui o valor admitido por outrem. A tolerância, dizia Kelsen, é o gérmen e o fundamento da democracia. A democracia é a ordem política que tem por base a equivalência dos valores e a tolerância no exercício do conhecimento teórico e da vida prática.
>
> Talvez uma das teses liberais fundamentais esteja nesta formulação kelseniana, de que resultava algo de muito importante, que era a preservação das minorias. A democracia existe para que haja minoria. A democracia não existe para que haja maioria, porque a maioria existe também nos regimes ditatoriais. A democracia existe para que haja minoria, porque esta significa a presença de tolerância. Onde não há minoria não há tolerância.[177]

Aliás, considerando que se trata da conciliação de valores, interesses e visões subjetivas, é possível perceber, nesse particular, alguma (e certamente pontual) semelhança entre o que defende Kelsen, no trecho antes transcrito, e o que preconiza Michel Villey, jusnaturalista de cunho aristotélico-tomista, que defende a natureza *dialética* do direito, a qual encontra na democracia a melhor forma de realização. Afinal,

> [a] solução nasce do choque dos discursos contraditórios, não do raciocínio solitário de um cientista em seu gabinete.
>
> Por quê? Porque o *objeto* buscado é *relação* entre vários homens; não poderia ser apreendido do ponto de vista unilateral que é o do indivíduo, ele nasce do *diálogo*.[178]

Nesse contexto, e sendo reconhecido hoje, até mesmo no campo das ciências naturais, que a única "maneira de obter um conhecimento menos incompleto das coisas é olhá-las a partir de uma multiplicidade de *pontos de vista*"[179], a democracia mostra-se o meio adequado para que a multiplicidade de pontos de vista se possa manifestar. Evidencia-se, ainda, o quanto ela, a democracia, depende do respeito à liberdade e à igualdade. Liberdade, para que as pessoas possam manifestar seus

---

176. Considerada, nesse particular, a concepção que Kelsen tinha de ciência, a qual foi examinada no item 3.5, *supra*.

177. *Ibid.*, 1984, p. 67.

178. VILLEY, Michel. **Filosofia do direito**. definições e fins do direito. os meios do direito. Tradução de Maria Valéria Martinez de Aguiar. São Paulo: Martins Fontes, 2003, p. 205. Não se está, evidentemente, a dizer que Villey e Kelsen tenham pensamento semelhante, considerado o conjunto da obra de ambos. É claro que não. A citação, aqui, foi proposital, para deixar claro que, *apesar da abissal distância entre o pensamento jusnaturalista do primeiro e do pensamento juspositivista do segundo*, no ponto indicado suas ideias convergem, na defesa do debate e do consenso como instrumentos para a construção de um melhor direito.

179. *Ibid.*, 2003, p. 269.

pontos de vista, das mais diversas formas, a fim de que os demais deles tenham conhecimento e por eles sejam influenciados. E igualdade, para que todos tenham oportunidades de adquirir a informação e o conhecimento necessários à formação de seus pontos de vista e iguais oportunidades de manifestá-los.

A importância da multiplicidade de pontos de vista ressalta, ainda, a necessidade de se prestigiar – também como pressuposto da liberdade, da igualdade e da democracia – a tolerância,[180] já apontada por Kelsen e referida por Reale nos trechos transcritos anteriormente.

Parece necessário, ainda, dedicar algumas linhas ao sentido e ao alcance da afirmação segundo a qual uma ordem jurídica, para aproximar-se, em seu conteúdo, daquilo que ela deve ser, há de fundar-se na democracia. Isso porque, atualmente, quase todas as comunidades do mundo se dizem democráticas,[181] revelando com isso o acerto de MacCormick quando afirma que, no debate jurídico, "a insinceridade é ainda mais reveladora que a sinceridade".[182] Mas não só. Esse fato mostra, ainda, que "a democracia se transformou numa palavra universalmente honorífica",[183] sendo certo que, para os inimigos da democracia,

---

180. Destacando o papel da tolerância e a sua relação com a aceitação de uma pluralidade de visões, Voltaire registra, com a ironia que lhe é peculiar, que "[s]e houvesse na Inglaterra apenas uma religião, seu despotismo seria temível; se houvesse apenas duas, elas se degolariam; mas existem trinta e elas vivem em paz e felizes." VOLTAIRE. **Cartas filosóficas**. Tradução de Márcia Valéria Martinez de Aguiar. São Paulo: Martins Fontes, 2007, p. 25.

181. GOYARD-FABRE, Simone. **O que é democracia?** A genealogia filosófica de uma grande aventura humana. Tradução de Cláudia Berlinger, São Paulo: Martins Fontes, 2003, p. 197.

182. MACCORMICK, Neil. **Argumentação jurídica e teoria do direito**. Tradução de Waldéa Barcellos. São Paulo: Martins Fontes, 2006, p. 19. A natureza "reveladora" a que se refere MacCormick diz respeito à cientificidade do estudo do direito. Com efeito, por mais que não se tenha a "objetividade" das ciências exatas, não se pode falar que a resolução de problemas jurídicos seja completamente subjetiva, a tornar inviável o debate racional. Tanto que o defensor de uma postura arbitrária não poder dizer, simplesmente, que "para ele" aquilo é justo, e assim encerrar a questão. Tem de valer-se da insinceridade na exposição de seus motivos, cabendo aos seus opositores, então, demonstrar a improcedência dos motivos (aparentes) invocados. E a experiência mostra que isso realmente ocorre, não só no debate jurídico, mas em todos aqueles em que se questionam valores e, por isso mesmo, se aplica a lógica *dialética*, e não a lógica formal. Dificilmente alguém adota uma postura arbitrária sem procurar, de alguma forma, dar a ela uma justificativa aparente, para tentar torná-la legítima. É preciso obter a aceitação do grupo, nem que seja com o uso de um pretexto. Ao proibir a mulher de trabalhar, o marido machista e ciumento alega, de forma muito gentil, que assim é melhor para as crianças, que ficarão próximas da mãe, e quem sabe para ela própria, que viverá mais descansada. Em tom grave, diz aceitar o sacrifício de sustentar a família, por ser muito bom e generoso. Não admite, naturalmente, que terá ciúmes de eventuais colegas de trabalho. Tampouco confessa que se sentirá diminuído diante o sucesso profissional de sua companheira, e que entrará em crise se a remuneração dela tornar-se maior que a sua. Da mesma forma, ao promover a invasão de um país no oriente médio, representante de superpotência ocidental não afirma estar disposto a sacrificar vidas, a soberania do país e todo o Direito Internacional apenas para se apropriar do petróleo ali situado. Não. Em tom bondoso e até de sacrifício, alega estar protegendo o povo do local, estabelecendo a democracia e afastando um ditador cruel.

183. SARTORI, Giovanni. **A Teoria da democracia revisitada** – O debate contemporâneo. Tradução de Dinah de Abreu Azevedo. São Paulo: Ática, 1994. v. 1, p. 18.

"a melhor forma de evitá-la é fazê-lo em seu nome e com seu próprio nome".[184]
A esse respeito, aliás, Pontes de Miranda adverte que

> os inimigos da democracia, certos, no íntimo, de que ela é tendência mesma da vida humana, tomam às vezes o caminho, não de negá-la – de deformá-la. Servem-se, não raro, do conceito de democracia para os seus obscuros propósitos; e forjam definições, ampliações, confusões. Hitler e Mussolini, como outros, usaram e abusaram disso, no começo; depois, golpearam-na. Hipocritamente, porém, continuaram a empregar o termo, quando lhes era útil.[185]

Semelhantes são as palavras de Djacir Menezes. Para ele,

> [h]omens e partidos rotulam-se convictamente com o apelido de democráticos e crêem nele. Quase todo ajuntamento ou parcialidade de opinião insere na sua tabuleta ou no seu programa ou na sua fé, a declaração de 'democratismo'. Pôr em dúvida a exatidão é quase insultá-los. Como nem sempre a coisa coincide com os propósitos, passam a corrigi-la com adjetivos. O fascismo italiano, e seus rebentos noutras terras, pretendeu ser democracia *orgânica*. Houve e há democracias *populares, autoritárias, consentidas, marxistas* etc. Só não apareceu a democracia democrática.[186]

É preciso, portanto, explicar o que se entende por democracia, no contexto deste trabalho. Isso será feito nos itens seguintes. O primeiro, dedicado à democracia na Grécia antiga, quando de seu surgimento. E, o segundo, no qual se examina a democracia na atualidade, notadamente suas semelhanças e diferenças em relação ao modelo grego. Isso é necessário porque a democracia não tem essência imutável e eterna, mas o exame de sua aparição ao longo da História pode revelar a presença de alguns elementos comuns.

5.4.3.1 Democracia na Grécia antiga

Embora não se pretenda aprofundar, aqui, o exame em torno das origens da democracia, dos aspectos geográficos, sociais e políticos que levaram ao seu surgimento na Grécia do Século IV a.C.[187], é necessário relembrar, em linhas gerais,

---

184. *Ibid.*, 1994, p. 19.
185. MIRANDA, Pontes de. **Democracia, liberdade, igualdade, os três caminhos**. Campinas: Bookseller, 2001, p. 190.
186. MENEZES, Djacir. **Tratado de filosofia do direito**. São Paulo: Atlas, 1980, p. 152. Na mesma esteira, Paulo Bonavides registra que "democracia é palavra, e a palavra, associada à verdade, é veículo de pensamento que tem vida, poder e expressão. Associada, porém, ao embuste e à mentira passa a ser um bloqueio. Assim tem acontecido com a palavra democracia, enquanto narcótico da classe dominante." BONAVIDES, Paulo. A democracia participativa e os bloqueios da classe dominante. In: TÔRRES, Heleno Taveira (Coord.). **Direito e poder** – nas instituições e nos valores do público e do privado contemporâneos – estudos em homenagem a Nelson Saldanha. Barueri: Manole, 2005. p. 426-442, p. 422.
187. Confira-se, a propósito, HELD, David. **Modelos de democracia**. Tradução de Alexandre Sobreira Martins. Belo Horizonte: Paidéia, 1987, p. 13 e ss. E ainda GOYARD-FABRE, Simone. **O que é demo-**

suas características centrais. Sobretudo suas deficiências e suas qualidades. Isso é importante, principalmente, porque – como observa Del Vecchio – o estudo da história fornece material, reflexões e experiências que "a um homem só, no decurso da vida, seria impossível ocorrer."[188] Desprezá-la, continua Del Vecchio, conduz à mesma situação que a do "artífice actual que, agora, seria incapaz de ser o inventor de todos os instrumentos da sua arte."[189]

A democracia ateniense se orientava por três premissas básicas: a igualdade, a liberdade e o respeito pela lei. A todos do povo – conceito bastante restrito, é certo, eis que não abrangia mulheres, escravos e estrangeiros (metecos) – era lícito participar dos assuntos de interesse da coletividade. Aliás, não apenas lícito, mas verdadeiramente necessário. Vale lembrar que, embora o conceito de povo, na Grécia antiga, fosse restrito, englobando apenas atenienses homens livres e adultos, não se pode julgar esse seu aspecto à luz dos critérios ou dos padrões da atualidade. A democracia grega deve ser comparada, em verdade, com os demais regimes de sua época, comparação que ressalta suas inegáveis qualidades. Como registrado nas célebres palavras de Tucídes, a respeito da democracia ateniense, "*our constitution does not copy the laws of neighbouring states; we are rather a pattern to others than imitator ourselves. Its administration favours the many instead of the few; this is why it is called democracy.*"[190]

Não havia ainda, então, uma ideia de indivíduo, oponível ao Estado, algo verificado apenas na Idade Moderna. O cidadão ateniense tinha direitos e obrigações; mas estes direitos não eram atributos de indivíduos privados e estas obrigações não eram forçadas por um estado dedicado à manutenção de uma estrutura que visava a proteger os fins privados de certos indivíduos.[191] As ideias de "indivíduo" e "sociedade" em face do "estado" só surgiram na idade moderna, com teóricos como Maquiavel e Hobbes.[192] Tais noções não existiam na Grécia

---

cracia? A genealogia filosófica de uma grande aventura humana. Tradução de Cláudia Berlinger. São Paulo: Martins Fontes, 2003, p. 9 e ss.

188. DEL VECCHIO, Giorgio. **Lições de filosofia do direito**. Tradução de Antonio José Brandão. 5.ed. Coimbra: Armênio Amado Editor Sucessor, 1979, p. 31.

189. *Ibid.*, 1979, p. 31. Aliás, "sem a ajuda da história não há filosofia verdadeira, mas atolamento conformista nas modas do dia." VILLEY, Michel. **O direito e os direitos humanos**. Tradução de Maria Ermantina de Almeida Prado Galvão. São Paulo: Martins Fontes, 2007, p. 12.

190. THUCYDIDES. **The history of the peloponnesian war**. Translated by Richard Crawley. London: Encyclopaedia Britannica, 1978, book II, [37], p. 396.

191. HELD, David. **Modelos de democracia**. Tradução de Alexandre Sobreira Martins. Belo Horizonte: Paidéia, 1987, p. 17. No mesmo sentido: GOYARD-FABRE, Simone. **O que é democracia?** A genealogia filosófica de uma grande aventura humana. Tradução de Cláudia Berlinger. São Paulo: Martins Fontes, 2003, p. 56.

192. Para Michel Villey, o individualismo teria seu germe em Santo Tomás de Aquino. (VILLEY, Michel. **Filosofia do direito** – definições e fins do direito. Os meios do direito. Tradução de Márcia Valéria Martinez de Aguiar. São Paulo: Martins Fontes, 2003, p. 127). No mesmo sentido: COMPARATO,

do Século IV a.C, até porque o que havia, na época, era um "autogoverno". As decisões eram tomadas e as leis feitas com a participação de todos, à luz do melhor argumento, e não em face de costumes ou da força bruta. O ateniense não se via livre de qualquer restrição, mas traçava a distinção entre a restrição decorrente de sua sujeição à arbitrariedade de outro ser humano, e a decorrente da lei, em cuja feitura ele participou, e cuja necessidade de respeito ele reconhece, podendo considerar, nesse sentido, autoimposta.[193]

Questões difíceis, em face das quais seria difícil obter consenso, eram resolvidas à luz da opinião da maioria, no âmbito de processo no qual todos os interessados tinham oportunidade de participar.[194] Pode-se dizer, pois, que o Estado de Direito e o devido processo legal teriam seus germes aqui.

Havia dois critérios ou formas de manifestação da liberdade: *i)* viver como escolher; *ii)* governar e ser governado.[195] O exercício da segunda forma de liberdade, em tese, pode mitigar a primeira, mas se todos participam *igualmente* das decisões do governo (governar e ser governado), essa mitigação não ocorre de forma significativa, pois ter-se-ia o "ser governado como se escolheu".[196] Liberdade e igualdade, portanto, estavam umbilicalmente ligadas, somente sendo possível o exercício de uma porque se assegurava, também, a outra. Realmente não há como "governar e ser governado" se não houver igualdade na participação das deliberações relativas aos assuntos da *polis*.[197]

Nas deliberações, buscava-se a unanimidade, que nem sempre era obtida. Em relação às questões mais difíceis, nas quais havia profunda divergência entre os atenienses, a Assembleia era uma forma de dar uma solução ao problema,

---

Fábio Konder. **Ética**. São Paulo: Companhia das Letras, 2006, *passim*. Arnaldo Vasconcelos, a esse respeito, também registra que "os gregos não tiveram vida privada." Isso porque "não se encontrava o ateniense do século V na situação histórica de afirmar sua liberdade contra alguém ou contra algum estado de coisas, como ocorreu no Liberalismo moderno." (VASCONCELOS, Arnaldo. **Direito, humanismo e democracia**. São Paulo: Malheiros, 1998, p. 80-81). Conferir ainda: MIRANDA, Pontes de. **Democracia, liberdade, igualdade, os três caminhos**. Campinas: Bookseller, 2001, p. 142. Liberdade, para o ateniense, era ter a possibilidade de participar do governo da cidade. BERLIN, Isaiah. Liberty. In: HARDY, Henry (ed.). **Isaiah Berlin – liberty**. Oxford: Oxford University Press, 2008. p. 283-286, p. 283.

193. HELD, David. **Modelos de democracia**. Tradução de Alexandre Sobreira Martins. Belo Horizonte: Paidéia, 1987, p. 17.

194. Em certo sentido, não é isso o que preconizam os contemporâneos teóricos do pós-positivismo, relativamente ao conceito de verdade pós-moderno, à legitimação pelo procedimento etc.?

195. *Ibid.*, 1987, p. 19.

196. É exatamente o que, em relação à sociedade atual, preconiza Habermas, quando afirma mutuamente implicadas a autonomia privada e a autonomia pública dos indivíduos (HABERMAS, Jürgen. **Direito e democracia**: entre facticidade e validade. Tradução de Flávio Beno Siebeneichler. Rio de Janeiro: Tempo Brasileiro, 1997. v.1, p. 127). Tobias Barreto, aliás, antes dele já dizia que "o conceito da vida privada não pode surgir senão por meio da consciência de uma vida pública." BARRETO, Tobias. **Estudos de direito**. Campinas: Bookseller, 2000, p. 59.

197. Nesse sentido: COMPARATO, Fábio Konder. **Ética**. São Paulo: Companhia das Letras, 2006, p. 473.

pois a decisão tomada encontrava legitimidade tanto por haver sido acolhida pela maioria como por permitir a participação (por meio da argumentação) de todos os interessados.

Mas a Assembleia, composta de um número tão grande de pessoas, não tinha condições de administrar seu próprio funcionamento, decidir quando e como os assuntos seriam a ela submetidos, esboçar a legislação que depois seria submetida à sua aprovação, elaborar sua agenda etc. Para isso, existia um "Conselho de 500", que era auxiliado nesse mister por um "Comitê de 50", que tinha um presidente como líder. Tal presidente, contudo, só poderia ocupar o cargo por um dia.

É importante observar que quase todos os servidores eram eleitos para um período não renovável de um ano. Para evitar os vícios e os problemas decorrentes da eleição direta (*v.g.*, clientelismos), existiam mecanismos para preservar a responsabilidade de prestação de contas dos administradores, e os servidores eram designados para o desempenho de tarefas por meio de sorteio,[198] havendo rotatividade no exercício das mesmas.

Com a invasão de Atenas por Filipe da Macedônia, a democracia na Grécia desapareceu. Durante o Império Romano, e, em seguida, na Idade Média, permaneceu esquecida. Até que, com o advento da Idade Moderna, a ideia foi resgatada,[199] mas com algumas diferenças. Apesar delas, contudo, é possível observar a presença – na democracia antiga e na moderna – de elementos comuns.

5.4.3.2 Democracia a partir da Idade Moderna

A principal distinção da democracia antiga, em relação à democracia moderna, surgida com o advento das revoluções burguesas entre os Séculos XVII e XVIII, reside no fato de que aquela era predominantemente *direta*, enquanto esta é precipuamente *representativa*.[200] Isso porque a maior dimensão das cidades e a maior complexidade das populações tornaram inviáveis as deliberações diretas a respeito de cada assunto a ser resolvido, tornando-se necessário, como aponta

---

198. A designação de cidadãos pelo sorteio, e não por eleição, "procedimento que hoje nos causa o maior espanto – a razão política era, evidentemente, impedir a ascensão, acima do povo, de personalidades individuais muito marcadas; procurava-se impedir no nascedouro o estabelecimento de tiranias." *Ibid.*, 2006, p. 569.

199. É preciso notar, contudo, que "na história das idéias nunca existe um corte abrupto, mas sempre uma mistura de restos antigos que perduram e instituições novas mais ou menos audaciosas." GOYARD-FABRE, Simone. **O que é democracia?** A genealogia filosófica de uma grande aventura humana. Tradução de Cláudia Berlinger. São Paulo: Martins Fontes, 2003, p. 98.

200. GOYARD-FABRE, Simone. **O que é democracia?** A genealogia filosófica de uma grande aventura humana. Tradução de Cláudia Berlinger. São Paulo: Martins Fontes, 2003, p. 21.

Hobbes, "confiar a alguém a administração do governo"[201] durante os recessos das deliberações populares. Outra distinção observável reside no fato de que, na Grécia, o conceito de liberdade estava mais diretamente ligado à participação no governo da cidade, enquanto na democracia moderna, calcada em uma mais marcante distinção entre o público e o privado, essa liberdade reside na proteção do indivíduo em face de avanços do Poder Público.[202] Em ambas, contudo, pode-se apontar a presença de um elemento comum, representado pelo prestígio de duas metas fundamentais: *i)* liberdade de o povo designar aqueles que o governam; e *ii)* dever dos governantes de trabalhar "sem se afastar da preocupação constante com a igualdade e com a justiça."[203]

De fato, embora na democracia representativa os direitos do povo consistam basicamente em controlar os governantes, isso faz com que estes procurem atender aos interesses daquele. Durante sua passagem pelo governo, "o partido majoritário tenta realizar um programa que também possa ser aceito pelo povo nas próximas eleições."[204]

Por outro lado, a democracia moderna procurou corrigir alguns dos principais defeitos costumeiramente apontados na antiga. Um deles era o fato, já anteriormente salientado, de que em Atenas apenas eram considerados cidadãos os homens atenienses maiores, excluindo-se do conceito mulheres, escravos e estrangeiros (metecos).[205] Essa deficiência, aos poucos, os modernos corrigiram, podendo-se dizer que hoje o conceito de povo é bem mais abrangente.[206] Outros defeitos foram apontados por Platão, grande crítico do regime, para quem os principais problemas da democracia são: *i)* os governantes, preocupados em obter e manter *popularidade*, não tomam as decisões nem adotam as posturas corretas, em situações difíceis, quando isso é necessário; *ii)* a maioria pode tomar decisões precipitadas, movida pela paixão ou influenciada por

---

201. HOBBES, Thomas. **Do cidadão**. Tradução de Renato Janine Ribeiro. São Paulo: Martins Fontes, 1998, p. 124.
202. Como observa Isaiah Berlin, em passagem anteriormente mencionada, "in the ancient world, particularly among the Greeks, to be free was to be able to participate in the government of one's city." (BERLIN, Isaiah. Liberty. In: HARDY, Henry (ed.). **Isaiah Berlin** – liberty. Oxford: Oxford University Press, 2008. p. 283-286, p. 284). O que se procura demonstrar aqui, sobretudo no item 5.4.4, *infra*, é que não há como assegurar essa "liberdade dos modernos" de forma eficaz sem que haja a participação que os gregos dela não conseguiam dissociar.
203. GOYARD-FABRE, Simone, *op. cit.*, 2003, p. 341.
204. FLEINER-GERSTER, Thomas. **Teoria geral do Estado**. Tradução de Marlene Holzhausen. São Paulo: Martins Fontes, 2006, p. 460.
205. GOYARD-FABRE, Simone, *op. cit.*, 2003, p. 50. No mesmo sentido: MIRANDA, Pontes de. **Democracia, liberdade, igualdade, os três caminhos**. Campinas: Bookseller, 2001, p. 191.
206. "Se é certo que nem todos votam, a alusão à totalidade não é errada, porque, eventualmente, os excluídos poderiam votar (e.g., os loucos, os condenados), ou poderão votar (e.g., os menores)." MIRANDA, Pontes de, *op. cit.*, 2001, p. 191.

uma retórica falaciosa,[207] em relação às quais ela própria pode arrepender-se depois; *iii)* a maioria pode vir a adotar decisões ou posturas contrárias à lei e, portanto, arbitrárias.[208] Aristóteles fez crítica semelhante.[209]

Quanto ao perigo de decisões precipitadas, que poderiam levar a uma ditadura da maioria, talvez esse seja um dos pontos (juntamente com o federalismo e a tripartição de poderes)[210] em que se pode afirmar que os teóricos modernos e contemporâneos *criaram* ou *inovaram* em relação aos gregos, aperfeiçoando-lhe as ideias destes,[211] e não apenas repetiram o que já teria sido por eles descoberto ou anunciado.[212] Mesmo na democracia representativa, o perigo de a democracia conduzir à tirania está presente,[213] e mostra a necessidade de instituições rígidas, preestabelecidas, as quais nem a maioria deve poder modificar, o que se obtém precisamente através de uma *constituição rígida,* para tornar mais difícil ou mesmo impossível, sob sua vigência, a supressão de certos direitos, sobretudo daqueles que servem de base e premissa para a existência da própria democracia. Por conta

---

207. Observação análoga é feita por HOBBES, Thomas. **Do cidadão**. Tradução de Renato Janine Ribeiro. São Paulo: Martins Fontes, 1998, p.166.

208. HELD, David. **Modelos de democracia**. Tradução de Alexandre Sobreira Martins. Belo Horizonte: Paidéia, 1987, p. 29.

209. Para uma análise dessas críticas, confira-se: COMPARATO, Fábio Konder. **Ética**. São Paulo: Companhia das Letras, 2006, p. 123.

210. A respeito da inovação, nesse ponto, havida na idade moderna, Paulo Bonavides observa que a "Federação propriamente dita não a conheceram nem a praticaram os antigos, visto que a mesma, tanto quanto o sistema representativo ou a separação de poderes, é das poucas idéias novas que a moderna ciência política inseriu em suas páginas nos três últimos séculos de desenvolvimento." BONAVIDES, Paulo. **Ciência política**. 10.ed. São Paulo: Malheiros, 1995, p. 180.

211. Embora, não se deve esquecer, a própria *politéia* ateniense tenha, aos poucos, incorporado "várias instituições destinadas a evitar o abuso do poder popular." COMPARATO, Fábio Konder, *op. cit.*, 2006, p. 643.

212. Não se pode esquecer, contudo, que os germes dessas ideias também podem ser apontados na antiguidade, grega ou romana. Nesse caso, Políbio, por exemplo, já preconizava um regime que mantivesse o equilíbrio pelo jogo das forças contrárias, combinando em sua Constituição "a exigência democrática dos direitos do povo, a competência aristocrática de um Senado e o poder quase real dos cônsules." (GOYARD-FABRE, Simone. **O que é democracia?** A genealogia filosófica de uma grande aventura humana. Tradução de Cláudia Berlinger. São Paulo: Martins Fontes, 2003, p. 35). Ainda sobre a origem da tripartição de poderes, não só em Aristóteles, mas também entre teóricos chineses (*v.g.*, Han Fei), confira-se: FLEINER-GERSTER, Thomas. **Teoria geral do Estado**. Tradução de Marlene Holzhausen. São Paulo: Martins Fontes, 2006, p. 476.

213. Thomas Fleiner-Gerster lembra que "Robespierre, ao interpretar a soberania popular de Rousseau, mostrou até onde esta pode conduzir: à tirania despótica. Uma vez eleito pelo povo, todas as decisões do governo – no sentido da *volonté générale* – são justas, verdadeiras e para o bem do povo, não sendo portanto mais passíveis de controle. Tanto quanto a legitimação religiosa, a legitimação popular também pode levar à tirania." (FLEINER-GERSTER, Thomas, *op. cit.*, 2006, p. 440) A própria democracia, aliás, "pode suicidar-se, resignar-se, entregando-se ao autocrata. É o caso da Alemanha de 1933. Da Itália de 1923." (MIRANDA, Pontes de. **Democracia, liberdade, igualdade, os três caminhos**. Campinas: Bookseller, 2001, p. 190). A preservação da liberdade, e da igualdade, impede que isso aconteça.

disso, Pontes de Miranda, depois de apontar a importância do surgimento das constituições rígidas para o aperfeiçoamento da democracia[214], observa que elas

> protegem a liberdade, a democracia e a maior igualdade contra o impulso puxante para o remoto, contra o impulso de descida à horda, que se produz na multidão-povo, que é a multidão passageira, acidental, e na multidão-religião, ou, ainda, na multidão-exército.[215]

De fato, uma constituição rígida é responsável pela conexão entre política e direito, determinando *como* e *até que ponto* a primeira pode influenciar no segundo. Isso é necessário, mesmo em uma democracia, não só para que se preserve a própria democracia (protegendo-se os seus pressupostos, que são a liberdade e a igualdade), mas porque a função do direito não é apenas a de preservar a justiça (cujo conteúdo é determinado democraticamente, em razão de sua variabilidade no tempo e no espaço), mas também a segurança. E, onde não há Constituição rígida a filtrar as interferências da política no jurídico, a relação entre aquela e este é hierárquica, de subordinação.[216]

Por motivos semelhantes, Ronald Dworkin destaca que a igual consideração que todo ser humano merece é protegida de forma mais eficiente *"by embedding certain individual rights in a constitution that is to be interpreted by judges rather than by elected representatives, an then providing that the constitution can be amended only by supermajorities."*[217]

Ainda sobre os limites que eventualmente devem ser impostos à (às vezes irracional) vontade da maioria – até para que se preserve a própria democracia – Reinhold Zippelius observa que nos políticos, influências irracionais

> encontram-se com as fraquezas humanas comuns. Muitos deles negam-se a trilhar o caminho da mínima resistência. É bem conhecido o medo que eles têm de se chocar contra associações e grupos influentes, o esforço que fazem para ganhar o apoio desses, o temor de agressões públicas, o desejo de serem apresentados pela imprensa e pela televisão de forma favorável e, principalmente, o empenho em melhorar as oportunidades em benefício de sua própria carreira e em consolidar a sua própria posição no poder.

> Por essas e outras experiências, o otimismo antropológico, bem como a idéia do homem como 'animale racionale', foi, sem cessar, suplantado por outras noções.

> [...]

---

214. *Ibid.*, 2001, p. 43.
215. *Ibid.*, 2001, p. 43. Pela mesma razão, Djacir Menezes observa que a rigidez constitucional, "que resguarda a esfera dos direitos fundamentais contra as incursões arbitrárias do Poder, é uma das notas do 'Estado de Direito.'" MENEZES, Djacir. **Tratado de filosofia do direito**. São Paulo: Atlas, 1980, p. 203.
216. NEVES, Marcelo. **A constitucionalização simbólica**. São Paulo: Martins Fontes, 2007, p. 66.
217. DWORKIN, Ronald. **Is democracy possible here?** (principles for a new political debate). Princeton University Press: Princeton, 2006, p. 144.

As restrições contra esperanças demasiadamente otimistas sobre uma democracia direta são especialmente determinadas pela noção de homem que Le Bon evidenciou em seu 'Psicologia das Massas' (1895). Segundo ele, os homens, quando em massa, estariam mais suscetíveis às sugestões dos demagogos, diminuídos na sua capacidade de crítica e de julgamento e desceriam alguns degraus na escala da cultura. Trata-se de noção de homem que encontrou na bem sucedida demagogia de Hitler e de outros uma confirmação demasiadamente palpável.

São noções de homem desse gênero que sugerem à prática política que não se deve confiar demais na razão, mas, também, harmonizar as regras comportamentais com as fontes irracionais da conduta. Se o homem é movido também pela vontade de poder, então é mais importante instituir controles de poder suficientes no Estado, do que radicalizar o princípio democrático.[218]

É preciso muito cuidado, portanto, quando se fala, hoje, em "nova constituinte"[219] e quando se critica a Constituição vigente e suas cláusulas de imodificabilidade[220] com suposto amparo no que seriam os "interesses do povo". Mesmo que as premissas fossem verdadeiras – muitas vezes não são[221] – por elas não se poderia abdicar da rigidez constitucional, sob pena de se incorrerem nos mesmos vícios da democracia grega, de cujas consequências a História já deu seu testemunho. Corre-se o risco, até, de supressão da própria democracia, caso se suprimam os Direitos Fundamentais minimamente exigíveis para o seu regular exercício. Essa ideia é bem sintetizada por George Marmelstein, para quem

> a premissa majoritária é apenas um dos componentes da democracia e não o único. O princípio democrático exige, antes de tudo, que as decisões coletivas dediquem a todos os membros da comunidade, enquanto seres humanos, a mesma consideração e o mesmo respeito, daí porque a petrificação dos direitos fundamentais não é necessariamente antidemocrática, já que eles visam justamente permitir o respeito da dignidade da pessoa humana, impedindo que a maioria do povo despreze os legítimos interesses de grupos sociais minoritários.[222]

---

218. ZIPPELIUS, Reinhold. **Introdução ao estudo do direito**. Tradução de Gercélia Batista de Oliveira Mendes. Belo Horizonte: Del Rey, 2006, p. 54-55.

219. Confira-se, a propósito: STRECK, Lenio Luiz; et al. Revisão é golpe! Porque ser contra a proposta de revisão constitucional. **Jus Navigandi**, Teresina, ano 10, n. 985, 13 mar. 2006. Disponível em: <http://jus2.uol.com.br/doutrina/texto.asp?id=8093>. Acesso em: 28 nov. 2008.

220. CF/88, art. 60.

221. No mais das vezes, as críticas – e a realidade que lhes justifica – não procedem porque não devem ser dirigidas contra o texto constitucional, mas contra a sua falta de eficácia. Em vez disso, coloca-se a solução para todos os problemas na reforma constitucional, o que é inteiramente inadequado. Como observa Marcelo Neves, "a responsabilidade pelos graves problemas sociais e políticos é, então, atribuída à Constituição, como se eles pudessem ser solucionados mediante as respectivas emendas ou revisões constitucionais. Dessa maneira, não apenas se desconhece que leis constitucionais não podem resolver imediatamente os problemas da sociedade, mas também se oculta o fato de que os problemas jurídicos e políticos que frequentemente se encontram na ordem do dia estão associados à deficiente concretização normativo-jurídica do texto constitucional existente, ou seja, residem antes na falta das condições sociais para a realização de uma Constituição inerente à democracia e ao Estado de direito do que nos próprios dispositivos constitucionais." NEVES, Marcelo. **A constitucionalização simbólica**. São Paulo: Martins Fontes, 2007, p. 187.

222. MARMELSTEIN, George. **Curso de direitos fundamentais**. São Paulo: Atlas, 2008, p. 274.

5 • UMA SOLUÇÃO POSSÍVEL

Não se trata propriamente, convém insistir, de estabelecer limites à democracia, mas de reconhecer a necessidade de premissas necessárias ao seu exercício, as quais, se afastadas, inviabilizam a própria democracia. No dizer de Günter Maluschke, as normas constitucionais, nesse caso, funcionam como

> as regras de um jogo que só podem exercer a sua função se não estiverem na disponibilidade dos jogadores. Para ficar dentro da metáfora, podemos dizer que isto é válido também para o 'jogo político' da democracia, no qual competição e conflitos são formalmente institucionalizados pelas leis constitucionais, que também não podem ficar à disposição imediata dos membros da sociedade civil.[223]

Para que essa necessária rigidez constitucional seja assegurada, faz-se indispensável a existência de instrumentos de controle da constitucionalidade das leis democraticamente elaboradas, a fim de que se verifique a compatibilidade destas com o disposto na Constituição. Daí decorrem a tripartição de poderes e o *judicial review,* que não devem ser vistos como limites à soberania popular, antidemocráticos e conservadores,[224] mas salvaguardas necessárias à preservação da própria faculdade da população de exprimir suas vontades, ou, nas palavras de Günter Maluschke, para preservar as regras de um jogo que só podem exercer a sua função se não estiverem na disponibilidade dos jogadores.

Quanto à crítica fundamental, da qual, a rigor, as outras são meras decorrências, de que a democracia seria defeituosa porque trata todos os homens como iguais, sejam eles iguais ou não, Platão a faz dizendo que, assim como um barco deve ser liderado por seu comandante, e não pelo que decidir a maioria dos marinheiros ignorantes,[225] a *Polis* deve ser governada por sábios. Para ele, a melhor forma de governo seria aquela em que os filósofos tivessem o poder e decidissem a respeito dos assuntos de interesse coletivo. Essa visão está muito claramente delineada em *A República,* embora, em obras de sua maturidade (*O Político* e *As Leis*), Platão tenha admitido a necessidade de alguma forma de consenso e participação populares para manter o governo.[226]

---

223. MALUSCHKE, Günter. Democracia representativa vs. Democracia direta. **Pensar** – revista do curso de direito da Universidade de Fortaleza, Fortaleza: Unifor, p. 69-74, abr. 2007. Edição Especial, p. 72. Disponível em: <http://www.unifor.br/notitia/file/1616.pdf>. Acesso em: 13 nov. 2008.

224. Não parece acertada, por isso, a postura que nesse ponto adota LIMA, Martônio Mont´Alverne Barreto. Justiça constitucional e democracia: perspectivas para o papel do poder judiciário. **Revista da Procuradoria Geral da República**, São Paulo, v. 8, p. 81-101, 1996. Para ele, o Judiciário ter a aptidão de considerar inconstitucionais leis feitas democraticamente pelo parlamento representaria um retrocesso e não um aperfeiçoamento da democracia.

225. No mesmo sentido, Hobbes afirma que "é infeliz confiar as deliberações políticas às grandes assembléias, devido à inexperiência da maior parte dos homens." HOBBES, Thomas. **Do cidadão**. Tradução de Renato Janine Ribeiro. São Paulo: Martins Fontes, 1998, p. 165.

226. DEL VECCHIO, Giorgio. **Lições de filosofia do direito**. Tradução de António José Brandão. 5.ed. Coimbra: Armenio Amado, 1979, p. 43.

Em verdade, a História é rica em exemplos de formas de governo que não consagram a igualdade entre governantes e governados, e que atribuem a um governante supostamente iluminado o comando do Estado. Numa demonstração de que não há linearidade na História e para não alongar muito o texto, é possível resumir os exemplos às monarquias absolutistas da Europa do final da Idade Média e aos regimes totalitaristas da primeira metade do Século XX.

Tais exemplos mostram a magnitude do problema e o acerto da célebre frase proferida por Winston Churchill em discurso na Casa dos Comuns, em 11 de novembro de 1947, de que a democracia é a pior forma de governo, salvo todas as demais formas que têm sido experimentadas de tempos em tempos[227], tendo, por isso, Pontes de Miranda afirmado, em livro publicado inicialmente em 1944, que "o remédio contra a democracia que não funciona bem é outra melhor."[228]

É verdade que as pessoas não são iguais, que umas são mais preparadas que outras, e que não seria adequado deixar-se que a opinião das despreparadas, que talvez sejam maioria, determine os destinos da coletividade. Tais premissas são corretas, e realmente seria muito bom um governo de sábios, filósofos assaz preparados. A questão, contudo, está em saber: *(i)* quem determinaria quem são os sábios? *(ii)* quem imporia limites aos sábios? *(iii)* que tipo de "sabedoria" qualificaria alguém a ser considerado sábio?[229]

A imprestabilidade da afirmação de que um governo de sábios seria melhor que uma democracia é análoga à da afirmação de que justiça é o ideal de "dar a cada um o que é seu", eis que o ponto questionado é justamente "o que é de cada um".

Para que a ideia de um governo de sábios fosse boa, ou pelo menos factível, seria necessário que tais sábios fossem infalíveis, que fosse possível diferenciá-los em meio à coletividade e que a pessoa incumbida de os escolher e indicar fosse ainda mais sábia e também infalível, o que, já se vê, conduz a um regresso ao infinito.

---

227. *"Democracy is the worst form of government except from all those other forms that have been tried from time to time."* (HILTON, Ronald. **Democracy**: democracy and Churchill. Disponível em: <http://wais.stanford.edu/Democracy/democracy_DemocracyAndChurchill(090503).html>. Acesso em: 26 nov. 2008). E isso se deve ao fato de que o Estado democrático é o único "que pode reinvidicar a proteção do povo contra o domínio, sem se tornar um instrumento de dominação." PETTIT, Philip. **Teoria da liberdade**. Tradução de Renato Sérgio Pubo Maciel. Belo Horizonte: Del Rey, 2007, p. 240.

228. MIRANDA, Pontes de. **Democracia, liberdade, igualdade, os três caminhos**. Campinas: Bookseller, 2001, p. 265.

229. Isso porque existem diversos tipos de habilidade intelectual que permitem considerar "sábia" a pessoa que as detém, mas nem todas são úteis ou desejáveis ao governante. Há pessoas culturalmente instruídas que não têm qualquer domínio de administração pública, sociabilidade ou empatia, enquanto outras, com menor bagagem cultural, são muito bem-dotadas nas habilidades necessárias ao gerenciamento da coisa pública.

Não se pode esquecer que a liberdade de expressão, a possibilidade de se criticar o governante, a maior transparência da administração pública e a consequente maior facilidade de serem fiscalizados os atos dos governantes dão a falsa impressão de existirem mais numerosos defeitos nas democracias. Entretanto, se

> observarmos isentamente as ditaduras, facilmente perceberemos que os males são os mesmos e maiores, pela falta dos freios da crítica e pela ausência ou dificuldade de responsabilização. As autocracias são arbitrárias, por definição e eliminam as liberdades, exatamente porque precisam disso para viver. Mais vivem, mais coragem têm. Mais riscos correm, mais comprimem.[230]

Outro aspecto que não pode ser tangenciado é o de que, para alguém tomar decisões relevantes, não precisa conhecer profundamente de questões técnicas. O povo, um rei ou uma oligarquia *consultam* aqueles considerados sábios na matéria, e com os elementos deles hauridos tomam a decisão. E, em uma democracia, os sábios, como todos os demais cidadãos, têm liberdade para discordar uns dos outros, para manifestar suas opiniões e tentar convencer os demais de seu acerto. Pontes de Miranda, a respeito disso, destaca que para

> se resolver quanto à construção de uma ponte, ou o asfaltamento de uma rua, ou o serviço de esgotos de uma cidade ou de um povoado, certamente não se precisa de grande saber: todo o mundo sente, percebe e observa as necessidades. Tampouco, para a construção de escolas e de hospitais, ou extensas ou intensas plantações. À técnica, executar o que se resolveu e, antes mesmo, sugerir. Os fins, todos são aptos a conhecê-los; técnica é escolha de meios. Os fins do Estado contemporâneo são claros, perceptíveis por todo ente humano. Nem as coisas de ciência e de técnica, nas aplicações de utilidade geral, são tais que não possam expor às assembléias ou às câmaras dos municípios.[231]

A crítica de que a democracia é ruim, por permitir que despreparados sejam tratados de forma igual aos sábios, portanto, não procede. Não porque o defeito não seja eventualmente verdadeiro, mas porque para ele não há melhor remédio. Talvez até existam remédios, mas todos de efeitos colaterais muito, mas muito piores que a doença. Não se deve esquecer a advertência de Popper, relativamente à democracia, segundo a qual "qualquer governo passível de ser derrubado tem um forte incentivo para agir de um modo que agrade ao povo. E este incentivo perde-se se o governo souber que não pode ser expulso com essa facilidade."[232]

---

230. MIRANDA, Pontes de. **Democracia, liberdade, igualdade, os três caminhos**. Campinas: Bookseller, 2001, p. 267.
231. *Ibid.*, 2001, p. 141.
232. POPPER, Karl. **A vida é aprendizagem** – epistemologia evolutiva e sociedade aberta. Tradução de Paula Taipas. São Paulo: Edições 70, 2001, p. 128.

Assegurando-se a igualdade na participação no processo democrático,[233] será o tempo e a própria democracia que selecionarão as propostas e os representantes, fazendo com que permaneçam no poder os sábios – pelo menos os que assim são considerados pela maioria – e não os ineptos. Não é por outra razão, aliás, que Pontes de Miranda destaca que a "escolha de homens de caráter faz-se mais facilmente nas democracias. Há a crítica, a responsabilização. Onde não há responsabilidade, há a impunidade, livre jogo dos instintos e da maldade. Nem os bons reis conseguem conter as camarilhas."[234]

Por isso, a democracia será tanto mais perfeita (ou menos imperfeita) quanto mais for exercitada, sendo relevante lembrar a advertência de Paulo Bonavides, segundo a qual exigir que primeiro as pessoas sejam "preparadas" para depois se implantar a democracia é tão absurdo quanto se pretender que a criança não ande para não cair, devendo primeiro ter aulas teóricas sobre como caminhar para só depois ensaiar seus primeiros passos.[235]

Como se percebe, a democracia moderna, ainda que diferente em muitos aspectos da grega verificada na antiguidade, tem, com ela, um elemento comum: a participação, direta ou indireta, do povo nas decisões relativas aos interesses da coletividade. Pode-se dizer, a esse respeito, que os antigos "abriram, ainda que imperfeitamente, a estrada que os 'modernos' percorrerão, procurando aperfeiçoar o seu traçado."[236] Em ambas as formas de democracia, é verdade, existem imperfeições. É natural que seja assim, pois se trata de uma obra humana.[237] Cabe ao ser humano, ao longo da História, aprendendo com seus erros, aprimorá-la.

Para que o direito realize aquilo que se entende por justiça, não chegando à falha em grau intolerável que justificaria o recurso ao "Direito não positivo de resistência", o seu conteúdo há de ser determinado democraticamente. A insuficiência do direito, e da democracia, vale insistir, "decorre da própria incapacidade do homem de produzir coisas acabadas e perfeitas."[238] A questão, portanto, está em saber quem terá a atribuição de *aperfeiçoar* o Direito, o que envolve não apenas

---

233. O que, aliás, é essencial, pois democracia, liberdade e igualdade estão intimamente ligadas, conforme será explicado no item subsequente. Pode-se dizer, aliás, que "a consequência lógica desse princípio republicano é que nenhum dos comunheiros pode ser excluído do exercício do poder político, pois todos têm o direito e o dever de participar das decisões que dizem respeito ao bem comum. A democracia constitui, pois, o complemento necessário da república." COMPARATO, Fábio Konder. **Ética**. São Paulo: Companhia das Letras, 2006, p. 636.

234. MIRANDA, Pontes de. **Democracia, liberdade, igualdade, os três caminhos**. Campinas: Bookseller, 2001, p. 265.

235. BONAVIDES, Paulo. **A constituição aberta**. 2.ed. São Paulo: Malheiros, 1996, p. 20.

236. GOYARD-FABRE, Simone. **O que é democracia?** A genealogia filosófica de uma grande aventura humana. Tradução de Cláudia Berlinger. São Paulo: Martins Fontes, 2003, p. 43.

237. BASTOS, Celso Ribeiro. **Dicionário de direito constitucional**. São Paulo: Saraiva, 1994, p. 37.

238. VASCONCELOS, Arnaldo. **Teoria da norma jurídica**. 5.ed. São Paulo: Malheiros, 2000, p. 159.

saber quem será dotado da atribuição formal de levar o aperfeiçoamento a cabo, como quem determinará o parâmetro para determinar a perfeição, vale dizer, que seria mais próximo e o que seria mais distante do perfeito. O melhor meio para que isso não se dê de forma arbitrária é através da democracia.

Não que não exista direito injusto, ilegítimo ou antidemocrático. Isso, como toda deturpação, pode acontecer, sendo importante ressalvar, com Arnaldo Vasconcelos, que não se pretende aqui "confundir, como fez o Jusnaturalismo, Direito com Direito justo. Direito injusto também é Direito, Direito válido. Outra coisa bem diferente é afirmar-se que o direito injusto não pode subsistir, como efetivamente não deve prevalecer." [239]

De tudo isso, pode-se definir democracia, para os fins deste trabalho, como *a forma de governo na qual todos aqueles que se acham sob sua disciplina têm iguais oportunidades de, livremente, interferir na sua formação e na sua condução, podendo dele participar ou escolher, fiscalizar e criticar os que dele participam* [240] Trata-se de um conceito que, além de interligado ao de liberdade, e ao de igualdade, conforme adiante será explicado, é ao mesmo tempo descritivo e ideal, pois diz respeito a um estado ideal que jamais será integralmente atingido[241] conquanto deva sempre ser incansavelmente buscado. Pode-se dizer, como se faz em relação a todo ideal, que o seu atendimento se dá de modo gradual, e não sob a forma de um tudo ou nada. Um governo pode sempre ser mais democrático do que já é. Uma sociedade na qual "os que têm direito ao voto são os cidadãos masculinos maiores de idade" – exemplifica Norberto Bobbio – "é mais democrática do que aquela na qual votam apenas os proprietários e é menos democrática do que aquela em que têm direito ao voto também as mulheres."[242] Por essa razão, Giovani Sartori afirma que "o que a democracia é não pode ser separado do que a democracia deve ser."[243]

---

239. *Ibid.*, 2000, p. 232.

240. Ou, como define Pinto Ferreira, "o governo constitucional das maiorias, que, sobre a base da liberdade e igualdade, concede às minorias o direito de representação, fiscalização e crítica no Parlamento." FERREIRA, Luiz Pinto. **Comentários à Constituição brasileira**. São Paulo: Saraiva, 1989. v.1, p. 37.

241. Rousseau, a esse respeito, admite que "se tomarmos o termo no sentido estrito, nunca houve uma verdadeira democracia, e jamais haverá." (ROUSSEAU, J. J. Contrato social. In: MORRIS, Clarence (Org.). **Os grandes filósofos do direito**. Tradução de Reinaldo Guarany. São Paulo: Martins Fontes, 2002. p. 211-234, p. 228). Somente a título exemplificativo, Bobbio lembra que mesmo a mais perfeita democracia imaginável teria de prever um limite de idade abaixo do qual os cidadãos não poderiam participar do processo de escolha de representantes ou de tomada de decisões. BOBBIO, Norberto. **O futuro da democracia** – uma defesa das regras do jogo. Tradução de Marco Aurélio Nogueira. São Paulo: Paz e Terra, 1984, p. 19.

242. *Ibid.*, 1984, p. 19.

243. SARTORI, Giovani. **A teoria da democracia revisitada**. Tradução de Dinah de Abreu Azevedo. São Paulo: Atica, 1994. v.1, p. 23.

5.4.4 Interdependência necessária entre liberdade, igualdade e democracia

Como se procurou demonstrar nos itens anteriores, liberdade, igualdade e democracia são conceitos interdependentes, que se pressupõem e se complementam. Não faz sentido assegurar a liberdade senão através de sua igual repartição, razão pela qual a igualdade consiste na atribuição de *iguais liberdades* para todos,[244] destinando-se não a suprimir ou a relativizar a liberdade, mas a estendê-la ao maior número de pessoas possível.[245] Afinal, para se preocupar com a defesa da liberdade, "precisa-se primeiro estar seguro de um mínimo de segurança física e econômica e não estar às voltas com as agressões, com a fome, com o frio ou com a doença."[246]

Em todas as sociedades surgidas sobre o planeta, aliás, desde o aparecimento da criatura humana, existiram pessoas cuja liberdade era plenamente assegurada, independentemente da forma de organização política adotada.[247] Desse modo, quando se cogita de uma comunidade na qual se preconiza a preservação da liberdade, está evidentemente implícito que se trata da preservação da liberdade de *todos,* e não apenas de alguns, pois nisso todas poderiam ser equivalentes.

E tudo isso só pode ser garantido em uma democracia, que, aliás, tem como pressupostos a liberdade e a igualdade[248]. Simone Goyard-Fabre afirma, nesse sen-

---

244. KANT, Immanuel. **À paz perpétua**. Tradução de Marco Zingano. Porto Alegre: L&PM, 2008, p. 24. Daí porque, diz Arnaldo Vasconcelos, "na esfera ontológica, os dois conceitos, livres de quaisquer determinações, são absolutamente equivalentes. No plano histórico da vida cotidiana, pois, a liberdade subentende a igualdade. Vale sublinhar mais uma vez: não há homens livres senão entre iguais." (VASCONCELOS, Arnaldo. **Direito e força**: uma visão pluridimensional da coação jurídica. São Paulo: Dialética, 2001, p. 56). No mesmo sentido, FLEINER-GERSTER, Thomas. **Teoria geral do Estado**. Tradução de Marlene Holzhausen. São Paulo: Martins Fontes, 2006, p. 173, afirma que "o princípio da igualdade exige a mesma liberdade para todos."

245. "O reconhecimento recíproco dos direitos de cada um por todos os outros deve apoiar-se, além disso, em leis legítimas que garantam a cada um liberdades iguais, de modo que 'a liberdade do arbítrio de cada um possa manter-se junto com a liberdade de todos.'" HABERMAS, Jürgen. **Direito e democracia**: entre facticidade e validade. Tradução de Flávio Beno Siebeneichler. Rio de Janeiro: Tempo Brasileiro, 1997. v.1, p. 52.

246. SUPIOT, Alain. **Homo juridicus** – ensaio sobre a função antropológica do direito. Tradução de Maria Ermantina de Almeida Prado Galvão. São Paulo: Martins Fontes, 2007, p. 250.

247. "Aí está o ponto principal: há sempre grupo de 'gente livre', nos países não-livres; pelo menos, o monocrata ou os oligocratas, um ou alguns." MIRANDA, Pontes de. **Democracia, liberdade, igualdade, os três caminhos**. Campinas: Bookseller, 2001, p. 146.

248. Aliás, Zippelius considera – no que parece estar correto – que a democracia decorre da própria igualdade, pois pressupõe que todas as criaturas humanas têm igual dignidade. (ZIPPELIUS, Reinhold. **Introdução ao estudo do direito**. Tradução de Gercélia Batista de Oliveira Mendes. Belo Horizonte: Del Rey, 2006, p. 57). Ainda sobre a especial importância da liberdade e da igualdade para a democracia: GOYARD-FABRE, Simone. **O que é democracia?** A genealogia filosófica de uma grande aventura humana. Tradução de Cláudia Berlinger. São Paulo: Martins Fontes, 2003, p. 36. Isso já era, registre-se, sustentado por Kelsen, para quem "o princípio da maioria, e, portanto, a idéia de democracia, é uma

tido, que a democracia suscita a síntese de liberdade e igualdade.[249] Liberdade para, entre outras coisas, poder participar do processo democrático, das mais diversas formas[250], e igualdade porque é exatamente em virtude do igual valor atribuído a todos[251] que as decisões devem ser tomadas levando-se em conta a vontade da maioria, com o respeito desta pela subsistência da minoria. Aliás, percebendo a íntima relação entre liberdade, tolerância e democracia, Bobbio registra que "apenas onde o dissenso é livre para se manifestar o consenso é real, e que apenas onde o consenso é real o sistema pode proclamar-se com justeza democrático."[252]

É essa a razão pela qual procede a afirmação segundo a qual o fundamento da Constituição (e, por conseguinte, de todo o ordenamento jurídico a partir dela construído) reside na proteção dos direitos humanos e no reconhecimento da soberania popular.[253] A primeira é uma forma de assegurar e promover a liberdade e a igualdade. E, a segunda, o pressuposto da democracia, que lhe serve de instrumento. Frisando a relação entre democracia e liberdade, Kelsen observa que

[a] vontade da comunidade, numa democracia, é sempre criada através da discussão contínua entre maioria e minoria, através da livre consideração de argumentos a favor e contra certa regulamentação da matéria. Essa discussão tem lugar não apenas no parlamento, mas também, e em primeiro lugar, em encontros políticos, jornas, livros e outros veículos de opinião. Uma democracia sem opinião pública é uma contradição em termos.[254]

Em termos semelhantes, relativamente à importância das liberdades políticas para o sucesso da democracia, Habermas registra que

---

síntese das idéias de liberdade e igualdade." (KELSEN, Hans. **Teoria geral do direito e do Estado.** Tradução de Luis Carlos Borges. São Paulo: Martins Fontes, 2000, p. 411).

249. GOYARD-FABRE, Simone, *op. cit.*, 2003, p. 305.

250. "Só num país onde existam reais condições do exercício das liberdades haverá um Direito e governo legítimos." (VASCONCELOS, Arnaldo. **Teoria da norma jurídica.** 5.ed. São Paulo: Malheiros, 2000, p. 247). Por isso, prossegue o mesmo autor, "Direito e democracia constituem termos que se exigem, que se implicam e que se completam. Apenas o poder de formação democrática pode ser tido por autorizado e, portanto, legítimo. Ao conceito de Direito em termos de relação coordenativa enquadra-se, perfeitamente, a noção de democracia como regime de exigência das liberdades. E, uma e outra, coisas diversas não são." *Ibid.,* 2000, p. 248.

251. Aliomar Baleeiro destaca que a democracia "repousa no pressuposto da dignidade humana, mercê do qual todo indivíduo é fim em si mesmo" (BALEEIRO, Aliomar. **Uma introdução à ciência das finanças.** 16.ed. Atualizada por Dejalma de Campos. Rio de Janeiro: Forense, 2008, p. 108). Está intrinsecamente ligada, portanto, à ideia de igualdade entre os indivíduos (todos têm igual valor).

252. BOBBIO, Norberto. **O futuro da democracia** – uma defesa das regras do jogo. Tradução de Marco Aurélio Nogueira. São Paulo: Paz e Terra, 1984, p. 63.

253. COMPARATO, Fábio Konder. **Ética.** São Paulo: Companhia das Letras, 2006, p. 607.

254. KELSEN, Hans. **Teoria geral do direito e do Estado.** Tradução de Luis Carlos Borges. São Paulo: Martins Fontes, 2000, p. 412. No mesmo sentido: GOYARD-FABRE, Simone. **O que é democracia?** A genealogia filosófica de uma grande aventura humana. Tradução de Cláudia Berlinger. São Paulo: Martins Fontes, 2003, p. 308-309; RICHARDSON, Henry S. Em defesa de uma democracia qualificada. Tradução de Tito Lívio Cruz Romão. In: MERLE, Jean-Christophe; MOREIRA, Luiz (Org.). **Direito e legitimidade.** São Paulo: Landy, 2003. p. 175-194, p. 193.

o princípio segundo o qual todo o poder do Estado emana do povo tem que ser *especificado*, conforme as circunstâncias, na forma de liberdades de opinião e de informação, de liberdades de reunião e de associação, de liberdades de fé, de consciência e de confissão, de autorização para a participação em eleições e votações políticas, para a participação em partidos políticos ou movimentos civis etc.[255]

De forma mais completa, essa interdependência é explicada pelo filósofo de Frankfurt com o estabelecimento de relação cíclica entre o exercício dos direitos políticos por parte dos cidadãos e a proteção de sua autonomia privada pelo Estado. Em suas palavras,

o uso adequado dos direitos políticos por parte dos cidadãos do Estado requer a configuração de uma vida autônoma e privada, assegurada eqüitativamente, o que só é possível quando eles se encontram em condições de agir e julgar de modo independente. De outro lado, os cidadãos da sociedade só chegam ao gozo simétrico de sua autonomia privada plena se eles, enquanto cidadãos de um Estado, fizerem um uso adequado de seus direitos políticos, isto é, se não agirem apenas de modo auto-interessado, mas também orientados pelo bem-comum.[256]

A liberdade, em geral, e a liberdade de expressão, mais especificamente, são premissas indispensáveis para que exista uma democracia, de qualquer espécie ou modalidade, pois

as decisões objetivas tomadas democraticamente pela maioria, e que, em última análise, servem também ao bem comum, não são possíveis senão quando as alternativas em discussão podem ser criticamente avaliadas em um debate aberto e no qual cada um tem uma chance justa de fazer valer o seu argumento em um processo de decisão.[257]

---

255. HABERMAS, Jürgen. **Direito e democracia**: entre facticidade e validade. Tradução de Flávio Beno Siebeneichler. Rio de Janeiro: Tempo Brasileiro, 1997. v.1, p. 165.

256. *Id*. **Entre naturalismo e religião** – estudos filosóficos. Tradução de Flávio Beno Siebeneichler. Rio de Janeiro: Tempo Brasileiro, 2007, p. 305. Essa ideia, como se sabe, está presente na generalidade de seus escritos. Em "A inclusão do outro", ele igualmente escreve: "Não há direito algum sem autonomia privada de pessoas do direito. Portanto, sem os direitos fundamentais que asseguram a autonomia privada dos cidadãos, não haveria tampouco um *medium* para a institucionalização jurídica das condições sob as quais eles mesmos podem fazer uso da autonomia pública ao desempenharem seu papel de cidadãos do Estado. Dessa maneira, a autonomia privada e a pública pressupõem-se mutuamente, sem que os direitos humanos possam reivindicar um primado sobre a soberania popular, nem essa sobre aquele." (*Id*. **A inclusão do outro** – estudos de teoria política. Tradução de George Sperber e Paulo Astor Soethe. São Paulo: Loyola, 2004, p. 293). Algo semelhante é afirmado por Norberto Bobbio, quando este observa que "Estado liberal e estado democrático são interdependentes em dois modos: na direção que vai do liberalismo à democracia, no sentido de que são necessárias certas liberdades para o exercício correto do poder democrático, e na direção oposta que vai da democracia ao liberalismo, no sentido de que é necessário o poder democrático para garantir a existência e a persistência das liberdades fundamentais." BOBBIO, Norberto. **O futuro da democracia** – uma defesa das regras do jogo. Tradução de Marco Aurélio Nogueira. São Paulo: Paz e Terra, 1984, p. 20.

257. FLEINER-GERSTER, Thomas. **Teoria geral do Estado**. Tradução de Marlene Holzhausen. São Paulo: Martins Fontes, 2006, p. 153.

Não que a liberdade de expressão garanta a perfeição de uma democracia. Não é isso. Afinal, as

> paixões, as tomadas de posições demagógicas, a histeria das massas e preconceitos, a corrupção e o favoritismo contribuem para que este ideal seja consideravelmente adulterado. No entanto, uma ampla garantia da liberdade de expressão permite manter tais distorções dentro de certos limites, uma vez que precisamente esta liberdade assegura certos controles. A liberdade de expressão impede evoluções extremadas e dá aos que não puderam se impor sob determinadas circunstâncias a esperança de que os seus interesses ainda serão ulteriormente considerados.[258]

O que ocorre é que, embora não seja suficiente – nada o seria, eis que se trata de ideal inatingível – para garantir a perfeição de uma democracia, a liberdade de manifestação conduz a resultados positivos na determinação do que é verdadeiro e do que é considerado justo por cada sociedade, que dificilmente de outra forma poderiam ser obtidos. Sua supressão, por outro lado, além de não garantir os mesmos resultados positivos (conduzindo, em verdade, ao seu oposto), nada de positivo poderia trazer. Nas palavras de Stuart Mill, o mal

> peculiar de silenciar a expressão de uma opinião é que se está privando a raça humana, tanto a posteridade como a geração existente, daqueles que discordam da opinião, mais ainda do que aqueles que têm a opinião. Se a opinião for correta, a espécie humana será privada da oportunidade de trocar o erro pela verdade; se for errada, ela perde, o que é quase um benefício tão grande, a percepção mais clara e a impressão mais vívida da verdade, produzida por sua colisão com o erro [...][259]

Democracia, liberdade e igualdade, portanto, estão intimamente ligadas, e devem ser conjuntamente promovidas, até porque o incremento de uma serve de motriz para o aprimoramento das outras, em um círculo virtuoso que leva ao aumento da legitimidade do ordenamento jurídico, que se torna justo porque o mais próximo possível do modelo de direito considerado desejável pelos que a ele se submetem. Pontes de Miranda, a respeito de democracia, liberdade e igualdade, há muito observa que lição valiosa, haurida da história e da observação,

> é a seguinte: sempre que se cancelam um dos dados, o restante cria absolutismo. Portanto, há ligação entre os três, que os faz condicionados entre si. Bastaria esse fato para evidenciar que os três se prendem à natureza do homem, ao seu todo psicobiológico, à sua crescente adaptação ao mundo físico e à vida social.[260]

---

258. *Ibid.*, 2006, p. 153.
259. MILL, Stuart. A liberdade. In: MORRIS, Clarence (Org.). **Os grandes filósofos do direito**. Tradução de Reinaldo Guarany. São Paulo: Martins Fontes, 2002. p. 364-399, p. 386.
260. MIRANDA, Pontes de. **Democracia, liberdade, igualdade, os três caminhos**. Campinas: Bookseller, 2001, p. 144-145.

E, além disso, a preservação da liberdade e da igualdade, em um regime democrático, é a fórmula para que se promova, da melhor maneira possível, a dignidade da pessoa humana, entendida de modo a significar que todo ser humano tem potencialidades que não podem ser desperdiçadas, e que todo ser humano tem a responsabilidade de escolher como aproveitar ou desenvolver suas potencialidades, como será adiante explicado.

Tais observações têm a importância de dar a justificativa teórica para a afirmação de que a democracia "pode tudo, só não pode duas coisas: não pode suprimir o princípio da maioria, e com isso a própria democracia, e não pode abolir os direitos humanos e fundamentais, pois eles são prévios ao Estado, que não os concede, mas apenas os protege."[261]

Na verdade, a democracia não está propriamente limitada pela proteção aos direitos humanos e fundamentais, mas antes os pressupõe. Não é possível à democracia suprimir a liberdade e a igualdade sem, com isso, deixar ela própria de ser democracia. Ao minar seus próprios alicerces, a democracia torna-se inviável enquanto tal. Essa é a razão pela qual Arnaldo Vasconcelos afirma que

> Direito, humanismo e democracia são conceitos de mútua implicação. O Direito foi inventado para assegurar a plena realização do homem numa sociedade igualitária. Um Direito anti--humanístico e anti-democrático constitui autêntico paradoxo, sem deixar de ser, todavia, realidade facilmente identificável em todos os tipos de Estado e de governo autoritário.[262]

Poder-se-ia dizer, em oposição, que um governo supressor de algumas liberdades poderia, ainda assim, ser democrático, desde que tomasse decisões ou providências que atendessem aos interesses do povo. O importante, em suma, para a caracterização da democracia, seria a promoção do interesse público, que residiria na atribuição de um tratamento "igual" a todos, ainda que com a restrição a liberdades. Essa oposição, contudo, não tem procedência.

Primeiro, porque um regime em que o governo não respeitasse nem garantisse a liberdade dos indivíduos, a exemplo da liberdade de expressão, mas mesmo assim adotasse práticas que atendessem aos interesses da população, seria um exemplo de demofilia, e não de *democracia*. E, em uma demofilia – ainda

---

261. KAUFMANN, Arthur. **Filosofia do direito**. Tradução de Antonio Ulisses Cortês. Lisboa: Fundação Calouste Gulbenkian, 2004, p. 442. Em termos semelhantes: BASTOS, Celso Ribeiro. **Dicionário de direito constitucional**. São Paulo: Saraiva, 1994, p. 38. Aharon Barak, por isso, indica a existência de mecanismos destinados a viabilizar o exercício da soberania popular como requisito formal de uma democracia, ao lado do respeito a valores (adicionais ao valor da regra da maioria) como a tripartição de poderes, do Estado de direito, da independência do Judiciário e da proteção aos direitos humanos, que aponta como requisito material de uma democracia. BARAK, Aharon. **The judge in a democracy**. Princeton: Princeton University Press, 2006, p. 24.
262. VASCONCELOS, Arnaldo. **Direito, humanismo e democracia**. São Paulo: Malheiros, 1998, p. 10.

que fosse possível conhecer o interesse da coletividade[263] – fica-se a depender da benevolência do déspota. Mas, e se ele

não o for? Por que deixar ao acaso o que pode ter salvaguardas? É claro que se pode dizer que o sol não se levante amanhã. Talvez, mas é extremamente improvável (com referência a amanhã). É possível que um macaco sentado diante de uma máquina de escrever produza um romance; mas a probabilidade é desoladoramente pequena. Da mesma forma, é possível que, num regime de Estado despótico e declaradamente antiliberal, os súditos sejam mimados por um déspota benevolente, inteiramente dedicado ao altruísmo. No entanto, a ligação entre ditadura e filantropia é um 'possível extremamente improvável', ao passo que a ligação entre o poder do povo e benefícios para o povo é uma possibilidade intrínseca e extremamente provável.[264]

É por isso que Radbruch diz ser a democracia

Ciertamente un bien precioso, pero el Estado de Derecho es como el pan de cada dia, como el água potable y el aire que se respira; y lo mehor de la democracia es precisamente eso: que es la única forma de gobierno apropriada para garantizar el Estado de Derecho.[265]

Segundo, e mais importante, porque um dos interesses principais de qualquer ser humano é o exercício de sua liberdade,[266] sendo uma contradição de termos a afirmação de que um regime poderia suprimir liberdades e, ainda assim, atender aos interesses da maioria da população.[267]

Terceiro, porque, sem liberdade, ninguém poderia garantir que as ações governamentais seriam convergentes com o interesse da maioria.[268] Em face

---

263. Como observa Gargarella, "se não temos um acesso direto à opinião 'dos outros', se eles não têm oportunidades efetivas de apresentar e defender suas reivindicações, então, será muito difícil sabermos o que solicitam, por mais boa-fé e empatia que tenhamos por eles." Daí dizer-se que "a 'presença' dos afetados na discussão dos temas que concernem a eles é 'epistemicamente' importante: sua presença pode contribuir de maneira decisiva para reconhecermos certa informação que de outro modo ignoraríamos." GARGARELLA, Roberto. **As teorias da justiça depois de Rawls** – um breve manual de filosofia política. Tradução de Alonso Reis Freire. São Paulo: Martins Fontes, 2008, p. 174.

264. SARTORI, Giovann. **A teoria da democracia revisitada**. Tradução de Dinah de Abreu Azevedo. São Paulo: Atica, 1994. v.2, p. 282-283.

265. RADBRUCH, Gustav. Leyes que no son derecho y derecho por encima de las leyes. In: RADBRUCH, Gustav; SCHMIDT, Eberhard; WELZEL, Hans. **Derecho injusto y derecho nulo**. Traducción de José Maria Rodriguez Paniagua. Madria: Aguilar, 1971. p. 3-29, p. 21.

266. Amartya Sen, por isso mesmo, observa que "[m]esmo uma pessoa muito rica que seja impedida de se expressar livremente ou de participar de debates e decisões públicas está sendo *privada* de algo que ela tem motivos para valorizar." SEN, Amartya. **Desenvolvimento como liberdade**. Tradução de Laura Teixeira Motta. São Paulo: Companhia das Letras, 2000, p. 53.

267. Nesse sentido: MACHADO, Raquel Cavalcanti Ramos. **Interesse público e direitos do contribuinte**. São Paulo: Dialética, 2007, *passim*.

268. Não se pode esquecer que uma das principais críticas dirigidas à democracia reside justamente no fato de que nem sempre a maioria, formada por pessoas medíocres, decide melhor que uma minoria

da natural tendência de quem tem poder a abusar dele, aquele encarregado de determinar a promoção do interesse da coletividade dificilmente colocaria esse interesse acima do seu próprio, individual.[269] Além disso, seria impossível, em tal contexto, conhecer qual seria o interesse da maioria. De fato, sem liberdade, as pessoas que eventualmente poderiam formar a maioria ou interferir na vontade desta não poderiam exprimir ou tornar públicos seus interesses.[270]

E, quarto, porque sem a democracia nada impediria o governo, a rigor caracterizado como *demofilia*, de, a qualquer tempo, deixar de atender os interesses do povo. Se isso acontecesse, como invariavelmente ocorre, não existiriam mecanismos para alterar os rumos do exercício do poder político, substituindo os representantes populares, por exemplo. Em suma, sem o controle popular, "não há motivo para se esperar que o Estado conduza seus empreendimentos econômicos com objetivos diferentes de seu próprio enriquecimento e, neste caso, a exploração apenas assumirá uma nova forma."[271]

Assim como na Grécia antiga, ao longo de toda a história os tiranos – à cata da necessária legitimidade[272] – "têm sempre um comportamento demagógico:

---

esclarecida. Entretanto, deve-se atentar para o fato de que "em matéria de ciência ou de técnica, a opinião de um só indivíduo pode valer mais e ter mais razão contra a de muitos. Em assuntos de interesse imediato de muitos, a de muitos, ou de todos, tem de valer mais. Pelo menos, evita que o interesse de poucos prevaleça sobre o de muitos. [...] O que é preciso é que seja o povo que decida dos seus destinos, desde os menores círculos políticos. A inserção de alguém que adote soluções sem ter sido escolhido pelo povo, ou por alguém a que o povo atribuiu escolher, cria o núcleo monocrático, que, se irresponsável, se torna, aos escorregos, autocracia." (MIRANDA, Pontes de. **Democracia, liberdade, igualdade, os três caminhos**. Campinas: Bookseller, 2001, p. 141). Daí porque, em uma democracia, as decisões devem ser tomadas pela maioria, direta ou indiretamente, mas essa maioria deve contar com a instrução e com a informação, para que decida a partir do que os sábios estão livres para lhe dizer.

269. Como destaca Kant, quando o consenso dos cidadãos é exigido para que se entre em uma guerra, há muito maior probabilidade de que se mantenha a paz. Afinal, os cidadãos têm muito maior pudor – por estarem cientes de que as consequências da decisão serão sofridas especialmente por eles – do que um rei que, encastelado, veria na guerra apenas "uma espécie de jogo de recreação." KANT, Immanuel. **À paz perpétua**. Tradução de Marco Zingano. Porto Alegre: L&PM, 2008, p. 26.

270. Como observa Amartya Sen, saber quais são as necessidades a serem atendidas pelo governante – ainda que este esteja munido da maior boa-fé possível – depende de debates democráticos abertos, os quais pressupõem liberdade de informação, de participação e o direito à educação e à informação. SEN, Amartya. **Desenvolvimento como liberdade**. Tradução de Laura Teixeira Motta. São Paulo: Companhia das Letras, 2000, p. 175.

271. RUSSEL, Bertrand. O elogio ao ócio. In: MASI, Domenico de (Org.). **A economia do ócio**. Tradução de Carlos Irineu W. da Costa, Pedro Jorgensen Júnior e Léa Manzi. Rio de Janeiro: Sextante, 2001. p. 47-138, p. 105.

272. Cf., *v.g.*, LUHMANN, Niklas. **Poder**. Tradução de Martine Creusot de Rezende Martins. Brasília: UnB, 1985, p. 45. Entretanto, vale observar que, conquanto até mesmo o tirano cuide "em buscar a aclamação das massas, em prol da própria estabilidade de seu poder", a noção democrática de Estado "exige mais. Ela pretende realizar a autodeterminação das pessoas também no campo político." ZIPPELIUS, Reinhold. **Introdução ao estudo do direito**. Tradução de Gercélia Batista de Oliveira Mendes. Belo Horizonte: Del Rey, 2006, p. 131.

apóiam-se no povo contra os aristocratas ou os oligarcas, mas raramente buscam realizar o bem comum de todos."[273] Observa-se, com efeito, mesmo no mundo contemporâneo, que o burocrata tem instinto infalível para a conservação do seu poder, o que o leva "sempre a procurar mais e mais atribuições, como condição de eficiência administrativa, e a tudo recobrir com o manto do segredo, por razões de alegado 'interesse público'."[274] Por isso, não se deve aceitar que alguém, em nome do povo, pratique atos fundamentados apenas no que supostamente seria o interesse do povo, sem observância a outros limites, porque "jamais interesse algum estará protegido se a parte interessada não pode decidir por si e defender seu interesse".[275]

Realmente, é um equívoco permitir que, em nome do interesse coletivo, suprima-se a liberdade dos indivíduos e o direito destes a um igual tratamento, pois somente em um ambiente em que todos têm igual oportunidade de manifestar, livremente, seus interesses, estes poderão ser conhecidos. É por isso que, invariavelmente, quando se cogita da supressão de liberdades em nome de um suposto interesse coletivo, é da instalação de uma ditadura da pior espécie que se está a cogitar. Como o todo social não é tão *real* como são os indivíduos, diz Michel Villey,

> é de se temer que esta operação (de subordinar o direito ao interesse do todo) camufle o serviço a uma oligarquia: aos nobres ou altos funcionários nos quais se suporão encarnados os interesses do Estado, à classe militar que defende a honra da nação, aos membros do partido que pretende representar o povo, ou aos tecnocratas da economia... cujas políticas servem à cabeça em detrimento dos membros.[276]

Vale insistir na questão: a liberdade, dado característico de toda criatura humana, torna o Direito possível e necessário; é a razão de ser deste, sendo o objetivo maior de uma ordem jurídica garantir a sua igual compartição. Dessa forma, a restrição à liberdade de alguém somente se justifica quando for adequada, necessária e proporcional em sentido estrito ao respeito de igual liberdade às outras pessoas.[277] Em sociedade, tendo a liberdade de um de conciliar-se com a dos demais, o conceito de liberdade está intimamente relacionado ao de ordem e ao de respeito. Mas, na maioria das vezes em que em uma ditadura se preconiza

---

273. COMPARATO, Fábio Konder. **Ética**. São Paulo: Companhia das Letras, 2006, p. 638.
274. *Ibid.*, 2006, p. 640.
275. SARTORI, Giovanni. **A teoria da democracia revisitada**. Tradução de Dinah de Abreu Azevedo. São Paulo: Atica, 1994, p. 281.
276. VILLEY, Michel. **Filosofia do direito**. definições e fins do direito. os meios do direito. Tradução de Maria Valéria Martinez de Aguiar. São Paulo: Martins Fontes, 2003, p. 175.
277. Também Laurence Tribe e Michael Dorf admitem que a chave para a questão da liberdade está em sua repercussão sobre terceiros. TRIBE, Laurence. DORF, Michael. **Hermenêutica constitucional**. Tradução de Amarílis de Souza Birchal. Belo Horizonte: Del Rey, 2007, p. 143.

uma restrição à liberdade fundada em alegada promoção da igualdade, ou de qualquer outro estado de coisas supostamente do interesse da coletividade, essa restrição não é sequer adequada, e tampouco necessária para isso. A liberdade de um deve encontrar limites na liberdade do outro, pelo que

> as restrições da liberdade podem se revelar admissíveis, ou mesmo indispensáveis para promover a liberdade de escolha (*liberty of choice*) dos cidadãos, desde que não restrinjam ainda mais a liberdade dos cidadãos em geral, por exemplo em conseqüência da ampliação da burocracia estatal.[278]

Da mesma forma como uma suposta promoção da igualdade não pode servir de justificativa para a supressão de liberdades, também a democracia, por pressupor a liberdade e a igualdade, não pode, ainda que sob a justificativa de tratar-se da vontade da maioria, suprimir minorias, tolhendo-lhes a liberdade.[279] Stuart Mill, a esse respeito, destaca que a noção de que o povo "não tem qualquer necessidade de limitar o seu poder sobre si mesmo podia parecer incontestável quando o governo popular era uma coisa com a qual apenas se sonhava, ou se lia como tendo existido em algum período distante do passado", mas que, tão logo surgidas as primeiras democracias no mundo moderno, a limitação do poder fez-se igualmente necessária. Isso porque

> a vontade do povo significa praticamente a vontade da *parte* mais numerosa ou mais ativa do povo: a maioria, ou aqueles que são bem-sucedidos em se fazer aceitos como maioria; por conseguinte, o povo *pode* desejar oprimir uma parte de sua multidão; e são necessárias tantas precauções contra este como contra qualquer outro abuso de poder.[280]

Por isso, Kant observa que a democracia há de ser sujeita a limites, como, por exemplo, a separação do poder executivo (o governo) do legislativo, sob pena de todos decidirem "sobre e, no caso extremo, também contra um (aquele que, portanto, não consente), por conseguinte todos que não são contudo todos, o que é uma contradição da vontade geral consigo mesma e com a liberdade."[281]

Além de a liberdade e a igualdade entre os cidadãos garantirem a democracia, o contrário também acontece: a democracia, efetivamente exercida, cria ambiente propício à promoção da liberdade e da igualdade, em um autêntico

---

278. FLEINER-GERSTER, Thomas. **Teoria geral do Estado**. Tradução de Marlene Holzhausen. São Paulo: Martins Fontes, 2006, p. 174.
279. É preciso que a minoria seja respeitada e seja ouvida, preservando-se o seu direito de, eventualmente, convencer a maioria e modificar-lhe a vontade. Nesse sentido: DWORKIN, Ronald. **Is democracy possible here?** (principles for a new political debate). Princeton University Press: Princeton, 2006, p. 134.
280. MILL, Stuart. A liberdade. In: MORRIS, Clarence (Org.). **Os grandes filósofos do direito**. Tradução de Reinaldo Guarany. São Paulo: Martins Fontes, 2002. p. 364-399, p. 383.
281. KANT, Immanuel. **À paz perpétua**. Tradução de Marco Zingano. Porto Alegre: L&PM, 2008, p. 28.

círculo virtuoso.[282] Sobre a importância da democracia *para* a implementação dos direitos fundamentais, Paulo Bonavides observa que

> Sem democracia, todas as formas de *status quo* que alojam, conservam e perpetuam situações de privilégio, desigualdade e discriminação tendem à imutabilidade, eternizando as mais graves injustiças sociais ou fazendo do homem, para sempre, um ente rebaixado à ignomínia da menoridade política, da ausência e do silêncio, sem voz para o protesto e sem arma para o combate; objeto e não sujeito da vontade que governa; súdito e não cidadão.[283]

Precisamente por isso, não parece possível assegurar ao povo a liberdade, e a igualdade, sem que se esteja em regime democrático. Não há como, por outras palavras, implementar a afirmação de Oliveira Vianna, ainda que verdadeira fosse, segundo a qual o que "o nosso povo-massa pede aos governos – eleitos ou não-eleitos, pouco importa – é que eles não o inquietem em seu viver particular. Equivale dizer: o que interessa ao nosso povo-massa é a liberdade civil e individual."[284]

Com efeito, não há como "pedir", para usar as palavras de Oliveira Vianna, sem que se esteja em um regime democrático. Aliás, pedir até pode ser possível, mas não há qualquer garantia de que o pedido será atendido em vez de reprimido. Assim, em um contexto em que houvesse liberdade, mas não democracia, esta, a liberdade, seria efetivamente assegurada apenas a alguns, precisamente àqueles que detivessem o poder ou sobre este tivessem alguma influência. Percebendo isso, Marcelo Neves registra que a falta de eleições democráticas "conduz, nas condições atuais, à identificação do 'Estado' com determinados grupos e, com

---

282. Habermas faz alusão, a propósito, à autonomia política do cidadão como condição para que seja assegurada, também, sua autonomia privada, e vice-versa. Confira-se: HABERMAS, Jürgen. **Direito e democracia**: entre facticidade e validade. Tradução de Flávio Beno Siebeneichler. Rio de Janeiro: Tempo Brasileiro, 1997. v.1, p. 116. Também Marcelo Neves, ao cuidar dos pressupostos mínimos para que o Direito possa cumprir seu papel, admite a relação íntima e necessária entre liberdade, igualdade e democracia, ao afirmar que os direitos fundamentais sociais – destinados à promoção da igualdade – "são imprescindíveis à institucionalização real dos direitos fundamentais referentes à liberdade civil e à participação política", o que significa dizer que "o direito só poderá exercer satisfatoriamente sua função de congruente generalização de expectativas normativas de comportamento enquanto forem institucionalizados constitucionalmente os princípios da inclusão e da diferenciação funcional e, por conseguinte, os direitos fundamentais sociais (Estado de bem-estar) e os concernentes à liberdade civil e à participação política." (NEVES, Marcelo. **A constitucionalização simbólica**. São Paulo: Martins Fontes, 2007, p. 77-78) Não que os direitos humanos só tenham sentido em uma democracia, posição combatida por Kervégan (KERVÉGAN, Jean-François. Democracia e direitos humanos. Tradução de Tito Lívio Cruz Romão. In: MERLE, Jean-Christophe; MOREIRA, Luiz (Org.). **Direito e legitimidade**. São Paulo: Landy, 2003. p. 115-125, p. 124), mas sim que a democracia é o regime mais adequado para que sejam respeitados e preservados.
283. BONAVIDES, Paulo. **A constituição aberta**. 2.ed. São Paulo: Malheiros, 1996, p. 19-20.
284. VIANNA, Francisco José de Oliveira. **Instituições políticas brasileiras**. 2.ed. Rio de Janeiro: José Olympio, 1955. v.2, p. 623.

isso, à desdiferenciação do sistema jurídico, inadequada à complexidade da conexão de comunicações, expectativas e interesses constitutivos da sociedade."[285]

É equivocado, por isso, preconizar-se uma supressão da democracia, ainda que como forma de supostamente garantir mais direitos às pessoas (*v.g.*, maior igualdade), pois "a própria ausência de democracia é uma desigualdade – nesse caso, de direitos e poderes políticos."[286] Por outro lado, considerando que os direitos sociais fundamentais só existem para que haja o desfrute "em condições de igualdade de chances daqueles direitos individuais e políticos fundamentais",[287] suprimir os direitos individuais e políticos sob a discutível promessa de que com isso se promoverão os direitos sociais é, no mínimo, um absurdo.

Convém notar, ainda a propósito da suposta tensão entre liberdade e igualdade – tônica do discurso dos que preconizam a possibilidade de, em nome da "vontade do povo", suprimirem-se liberdades – que, como tais características humanas estão intimamente relacionadas, o demasiado prestígio dado a uma delas tende a suprimir não apenas a outra, mas a própria característica de cuja promoção exagerada se cogita. O excessivo prestígio dado à liberdade pode conduzir não só à criação de situações de desigualdade, mas, com elas, à supressão da própria liberdade de um número considerável de pessoas. Da mesma forma, assegurar a igualdade, de forma a suprimir a liberdade das pessoas de serem diferentes, suprimirá o direito à liberdade, que é traço diferenciador do ser humano,[288] e a própria igualdade, pois as pessoas às quais se delegar o papel de "igualar forçadamente" as demais seguramente terão privilégios que as tornarão diferentes.

Fábio Konder Comparato observa, a propósito da mais eloquente tentativa – pelo menos em tese – de implantar a *igualdade* entre os membros de uma comunidade, o socialismo – que a

---

285. NEVES, Marcelo. **A constitucionalização simbólica**. São Paulo: Martins Fontes, 2007, p. 80. Algo semelhante é observado por Amartya Sen, quando registra que os governos democráticos precisam vencer eleições e enfrentar a crítica, pelo que tendem a combater os males mais graves que assolam a população. SEN, Amartya. **Desenvolvimento como liberdade**. Tradução de Laura Teixeira Motta. São Paulo: Companhia das Letras, 2000, p. 30.

286. *Ibid.*, 2000, p. 217.

287. HABERMAS, Jürgen. Sobre a legitimação pelos direitos humanos. Tradução de Claudio Molz. In: MERLE, Jean-Christophe; MOREIRA, Luiz (Org.). **Direito e legitimidade**. São Paulo: Landy, 2003. p. 67-82, p. 78.

288. Partindo da afirmação de John Donne de que nenhum homem é uma ilha, Amós Oz complementa que tampouco o homem é um continente, devendo ser equiparado a uma península. "Todo sistema social e político que transforma cada um de nós numa ilha darwiniana e todo o resto da humanidade num inimigo ou rival é uma monstruosidade. Mas, ao mesmo tempo, todo sistema social, político e ideológico que quer transformar cada um de nós apenas em uma molécula de terra firme também é uma monstruosidade." (OZ, Amós. **Contra o fanatismo**. 3.ed. Tradução de Denise Cabral de Oliveira. Rio de Janeiro: Ediouro, 2004, p. 40). Conferir ainda, nesse mesmo sentido: COMPARATO, Fábio Konder. **Ética**. São Paulo: Companhia das Letras, 2006, p. 409.

hipotética 'ditadura do proletariado' cedo transformou-se na real e crudelíssima ditadura do secretário-geral do Partido Comunista. E o pretendido e anunciado desaparecimento do Estado cedeu lugar à montagem do mais formidável aparelho estatal de todos os tempos.[289]

Mario Vargas Llosa, no mesmo sentido, observa que hoje

sabemos que a centralização da economia suprime a liberdade e multiplica cancerosamente a burocracia, e que, com essa, ressurge uma classe privilegiada ainda mais inepta do que a que Orwell crucificou em seu ensaio, igualmente ávida e perversa na defesa desses privilégios, fazendas, permissões especiais, monopólios, níveis de vida, que acarreta o exercício do poder vertical numa sociedade que, devido à falta de liberdade, aquilo é intocável e onímodo. [...] Agora sabemos que o Estado é a representação real e concreta de um povo somente como ficção jurídica, mesmo nas democracias, onde essa ficção está muito menos alienada da sociedade do que sob os regimes de força. No mundo real, o Estado é patrimônio de uma determinada coletividade que, se acumula um pode desmedido que lhe assegura o controle de toda a economia, termina usufruindo-o em seu proveito contra os interesses daquela economia à qual, em teoria, representa. [...] Isso traz como conseqüência piores formas de privilégio e de injustiça que as permitidas por uma economia privada, nas mãos da sociedade civil que, se estiver bem regulada por um regime legal e submetida à vigilância de um Estado independente e democrático, pode ir abrindo oportunidades e diminuindo essas diferenças sociais e econômicas que Orwell, o socialista libertário, nunca deixou de combater.[290]

A liberdade e a igualdade, com elas, a tolerância, devem ser preservadas como decorrência do fato de inexistir uma verdade absoluta. Tal como ocorre no âmbito das ciências. A esse respeito, referindo-se a Karl Kautsky e ao regime supostamente igualitário, e nada democrático,[291] da União das Repúblicas Socialistas Soviéticas, Djacir Menezes observa que ele,

---

289. *Ibid.*, 2006, p. 383. Pontes de Miranda, a esse respeito, observa que, a propósito de instituir sociedade sem Direito e sem Estado, o socialismo fez surgir um Estado totalitário e um Direito extremamente injusto. (MIRANDA, Pontes de. **Comentários à constituição de 1967**. São Paulo: RT, 1967. v.1, p. 49). Conferir ainda, nesse sentido: BONAVIDES, Paulo. **Teoria constitucional da democracia participativa**. Por um direito constitucional de luta e resistência, por uma nova hermenêutica, por uma repolitização da legitimidade. São Paulo: Malheiros, 2001, p. 150.

290. LLOSA, Mario Vargas. **A verdade das mentiras**. Tradução de Cordélia Magalhães. São Paulo: Arx, 2004, 214. Em termos semelhantes, Vicente Ráo destaca que "por uma suposta felicidade coletiva, política, social ou econômica, não se deve pagar o preço do aviltamento do homem, da supressão total, ou *totalitária*, de sua liberdade espiritual, intelectual, cívica e econômica, o preço, isto é, da destruição de sua personalidade." RÁO, Vicente. **O direito e a vida dos direitos**. 5. ed. São Paulo: RT, 1999, p. 54.

291. Jorge Miranda, a propósito, observa que "na experiência concreta, presta-se um realce muito grande aos direitos económicos, sociais e culturais – direitos ao trabalho, ao repouso, à segurança social, à educação – em contraste com a situação precária das liberdades individuais. Por isso e invocando-se também as necessidades da construção do socialismo e da defesa contra os seus inimigos, as liberdades públicas ficam suprimidas ou os cidadãos só as podem exercer em obediência à linha do Partido Comunista ou por meio de organizações deste dependentes, directa ou indirectamente, e tudo dentro de uma atmosfera de completo uso dos meios de comunicação social pelo Estado." MIRANDA, Jorge. **Teoria do Estado e da constituição**. Rio de Janeiro: Forense, 2002, p. 118.

acusado de 'renegado' no famoso panfleto de Lenin, apontava a falta de base popular para o socialismo russo, devido à imaturidade das condições em que se desenvolvia o proletariado. Examinou como a ditadura do partido era conseqüência de tais premissas. E acrescentou: '... A censura bolchevista exerce seus rigores, não apenas contra a imprensa burguesa, mas contra toda a imprensa que não seja partidária decisiva do atual sistema de governo. A justificação deste sistema descansa, em substância, na ingênua concepção de que existe uma verdade absoluta, em cuja posse se encontram os comunistas. E ademais na crença de que o resto dos escritores são embusteiros e só os comunistas fanáticos da verdade.' (K. Kautsky, *Terrorismo y comunismo*. ed. Transación, p. 125) Na mesma convicção se achavam os diretores da Santa Inquisição.[292]

Como destacado nos itens anteriores deste capítulo 5, a "essência do pensamento não é o monólogo autocrático, mas o diálogo democrático. Tal concepção não se coaduna com a forma leninista de Estado."[293] É preciso assegurar a liberdade e, com ela, o direito de ser diferente, de pensar diferente e de sustentar opiniões divergentes do pensamento eventualmente defendido pela maioria. Kelsen, a esse respeito, observa que

> [o] princípio de maioria não é, de modo algum, idêntico ao domínio absoluto da maioria, à ditadura da maioria sobre a minoria. A maioria pressupõe, pela sua própria definição, a existência de uma minoria; e, desse modo, o direito da maioria implica o direito de existência da minoria. O princípio de maioria em uma democracia é observado apenas se todos os cidadãos tiverem permissão para participar da criação da ordem jurídica, embora o seu conteúdo seja determinado pela vontade da maioria. Não é democrático, por ser contrário ao princípio de maioria, excluir qualquer minoria da criação da ordem jurídica, mesmo se a exclusão for decidida pela maioria.
>
> Se a minoria não for eliminada do procedimento no qual é criada a ordem social, sempre existe uma possibilidade de que a minoria influencie a vontade da maioria. Assim, é possível impedir, até certo ponto, que o conteúdo da ordem social venha a estar em oposição absoluta aos interesses da minoria. Esse é um elemento característico da democracia.[294]

A proteção às minorias é importante, ainda, para que não desapareça a possibilidade de a maioria ser convencida pela minoria, preservando-se a possibilidade de serem *falseadas* as opiniões ou as verdades inicialmente acolhidas por aquela. Afinal, teria "Giordano Bruno, com toda sua intrepidez, força para convencer algum de seus opositores, que já filosofavam contra ele, remexendo ao mesmo tempo as objeções e as achas da fogueira?"[295]

Precisamente para que, através da democracia, liberdade e igualdade sejam preservadas, é importante não só que exista liberdade, inclusive de manifestação

---

292. MENEZES, Djacir. **Hegel e a filosofia soviética**. Rio de Janeiro: Zahar, [s.d.], p. 18-19.
293. *Ibid.*, [s.d.], p. 17.
294. KELSEN, Hans. **Teoria geral do direito e do Estado**. Tradução de Luis Carlos Borges. São Paulo: Martins Fontes, 2000, p. 411.
295. *Ibid.*, [s.d.], p. 17.

do pensamento, mas igualdade no acesso a essas informações, o que envolve o direito à educação. Na URSS, por exemplo, como aponta Djacir Menezes, foi, entre outras coisas, a falta de educação que viabilizou o excesso de poder:

> Uma das causas mais evidentes foi a insuficiência do desenvolvimento político da classe trabalhadora, produto de um industrialismo ainda incipiente, sem grande educação política das instituições democráticas e do socialismo. Então o Partido se converteu no clero mais intolerante do universo – com excessivo temor ao diabo herético, cuidadosamente vigiado e perseguido na pessoa de qualquer *raisonneur. Conseqüentemente,* a mediocridade, que aceita e aplaude, invade os quadros dirigentes e ascende politicamente – para opinar depois sobre assuntos de filosofia, onde se exige a mais fina argúcia e especiais dotes de inteligência.[296]

A propósito de igualdade e liberdade como pressupostos de uma democracia, Dworkin escreve ainda que, embora sejam relativos o sentido e o alcance que cada comunidade – e, por conseguinte, cada ordenamento jurídico – atribui à dignidade da pessoa humana, e especialmente aos seus desdobramentos, pode-se sempre partir de duas premissas fundamentais, a saber: *i)* todo ser humano tem direito de desenvolver plenamente os seus potenciais; *ii)* todo ser humano tem a responsabilidade pelo desenvolvimento pleno de seus potenciais.[297]

Tais premissas são, em outras palavras, representações dos princípios da igualdade e da liberdade, ambos importantes para o prestígio da dignidade da pessoa humana. As pessoas têm de ter – todas elas – condições para desenvolver plenamente seus potenciais, assegurando-se-lhes saúde, educação, segurança etc. Mas também têm responsabilidade sobre *como* desenvolver esses potenciais, não sendo compatível com sua liberdade – e, por conseguinte, com sua dignidade – que outrem lhe diga, ou pior, lhe imponha como fazê-lo.

Adequada a definição, pois corrige o que em nome da igualdade se quis fazer nos regimes socialistas, e que implica (a história o mostra) grave supressão da liberdade. Como a igualdade – decorrência da dignidade humana – impõe como consequência *permitir* a todo ser humano que desenvolva ao máximo suas potencialidades, tem-se que a igualdade reclama igualdade de oportunidades, as quais devem ser as mais amplas possíveis, mas não de resultados.

---

296. *Ibid.,* [s.d.], p. 63.
297. *"These two principles – that every human life is of intrinsic potential value and that everyone has a responsibility for realizing that value in his own life – together define the basis and conditions of humanity dignity."* (DWORKIN, Ronald. **Is democracy possible here?** (principles for a new political debate). Princeton University Press: Princeton, 2006, p. 10). Em termos muito semelhantes, Habermas afirma que "a conduta consciente da vida da pessoa singular mede-se pelo ideal expressivista da auto-realização, pela idéia deontológica da liberdade e pela máxima utilitarista da multiplicação das chances individuais de vida." HABERMAS, Jürgen. **Direito e democracia**: entre facticidade e validade. Tradução de Flávio Beno Siebeneichler. Rio de Janeiro: Tempo Brasileiro, 1997. v.1, p. 132.

Houvesse igualdade de resultados, suprimir-se-ia a liberdade e a consequente *responsabilidade pelas escolhas* que dela decorre.[298] E isso ocorreria de duas maneiras. Primeiro, a igualdade nos resultados não respeitaria a pretensão, que as pessoas eventualmente poderiam ter, de ser diferentes, ou de terem objetivos de vida diferentes. Segundo, porque o respeito pelas escolhas de um indivíduo depende do respeito pelas consequências dessas escolhas. É nenhuma a liberdade concedida a uma pessoa para escolher dois ou três caminhos, se todos levarão ao mesmo lugar. Além de contrário à liberdade, tal forma de igualização implica desestímulo ao esforço, ao investimento e ao sacrifício, incentivando o ócio e a ineficiência. Foi exatamente o que se assistiu nas economias socialistas, com o agravante da ditadura que nelas se instaurou de forma definitiva,[299] em mera substituição de uma classe dominante por outra.[300] Em ilustrativa comparação com o jogo *Monopoly*, que no Brasil foi conhecido sob o nome de "Banco Imobiliário", Dworkin escreve:

> *Suppose, for example, a radically egalitarian economic policy that collects all the community´s resources once a year and redistributes them equally so as to cancel out all the transactions of the past year and leave people free to start all over again on equal terms. That would be like sweeping up all the Monopoly money and property every quarter of an hour and beginning again, which would of course ruin the game because then no choice would have any consequences for anyone. It would not matter what anyone did. The radical egalitarian economic policy would have the same result at least financially: people would be insulated from the economic consequences of their acts therefore unable to take any responsibility for the economic dimension of their own lives. In such a world I could not stay in school longer in order to hold a higher-paying job later or economize now in order to educate my children better or*

---

298. Merece destaque, ainda sobre a inconveniência de uma igualdade de resultados no âmbito de uma sociedade humana, a observação irônica de Italo Svevo, através de Zeno Cosini, protagonista de *A consciência de Zeno,* a propósito do socialismo de Guido, seu amigo: "Era socialista à sua maneira, e considerava que devia ser proibido uma única pessoa possuir mais de cem mil coroas. Não ri no dia em que, conversando com Guido, admitiu possuir exatamente cem mil coroas, nenhum centavo a mais. Não ri nem lhe perguntei se, caso ganhasse mais dinheiro, não mudaria de opinião." SVEVO, Italo. **A consciência de zeno**. Tradução de Ivo Barroso. São Paulo: Folha de São Paulo, 2003, p. 316.

299. Ainda a propósito da ditadura do proletariado, Giovani Sartori observa que não existe ditadura provisória. Isso porque "como obrigar uma ditadura a cumprir uma promessa? Em particular, como obrigá-la a cumprir a promessa de se destruir a si mesma? A resposta é absolutamente simples: não há como. Uma ditadura é, por definição, um Estado sem controle; controla as pessoas que lhe são submetidas sem ser controlado por elas. Portanto, é evidente que no que diz respeito à ditadura, não há possibilidade de se cumprirem promessas; toda promessa é vazia *ex hypothesi*. [...]. Prometer uma liberdade que deve passar primeiro pelo túnel de uma ditadura é como queimar o dinheiro necessário para o pagamento a ser feito amanhã." SARTORI, Giovanni. **A teoria da democracia revisitada**. Tradução de Dinah de Abreu Azevedo. São Paulo: Atica, 1994. v. 2, p. 279.

300. Merece leitura, a propósito, o relato de Victor Kravchenko, que descreve realidade que coincide de forma assustadora com a fábula "A revolução dos bichos" e com a ficção "1984", ambos de George Orwell. KRAVCHENKO, Victor. **Escolhi a liberdade**. 3.ed. Tradução de Maria Helena Amoroso Lima Senise. Rio de Janeiro: A Noite, [s.d.].

make a screwd investment in hopes of realizing a profit. None of these choices would make any sense because I would end in the same economic position whatever I did; I could take no financial responsibility for my own choices because my own choices would have no financial consequences at all.[301]

Com efeito, se todos tivessem acesso aos mesmos resultados, independentemente das escolhas que fizessem, duas consequências muito ruins poderiam ser percebidas. A primeira, e mais evidente, seria a completa supressão da liberdade, com a destruição da responsabilidade pelas escolhas a ela inerentes, e o desrespeito às individualidades de cada criatura humana.[302] E isso para não referir a ditadura que para tanto seria criada.[303] A segunda, menos imediata, mas igualmente lógica, seria o total desestímulo ao desenvolvimento de qualquer potencialidade humana. Menor estímulo teriam as pessoas para estudar, economizar, trabalhar mais ou se esforçar mais para desempenhar qualquer tarefa, se sua situação, ao final das contas, seria a mesma de quem nenhum estudo, economia, trabalho ou esforço tivesse feito.

A partir dessas duas premissas, que Dworkin batiza de *common ground,* em torno das quais praticamente não há dissenso, pode-se argumentar – sincera e racionalmente – em torno de quais medidas são necessárias e adequadas para atingir tais finalidades. Isso, aliás, conduz à democracia, pois somente em tal regime as pessoas poderiam argumentar, discutir e deliberar, a partir do tal ponto de partida comum, como construir a ordem jurídica.

No caso do Brasil, onde se tem uma das constituições mais avançadas do mundo, todos esses direitos, e muitos outros deles decorrentes, estão positivados. O que se questiona aqui, porém, é o plano meta ou suprapositivo. Questiona-se a razão pela qual foram positivados. Se não estivessem, o que se disse justificaria a afirmação de que *deveriam estar.* E se, em um futuro próximo, pretender-se elaborar uma nova constituição, o que se disse justifica a manutenção e a preser-

---

301. DWORKIN, Ronald. **Is democracy possible here?** (principles for a new political debate). Princeton University Press: Princeton, 2006, p. 102-103.
302. A garantia da propriedade privada, nesse contexto, aparece calcada em duplo fundamento. Se será assegurada em maior ou em menor grau, essa é uma questão para ser resolvida democraticamente, em cada sociedade. Mas que deve, de alguma forma, ser respeitada, isso parece decorrência do fato de que, através dela, a individualidade de cada sujeito se pode exprimir, e da circunstância de que só com ela o esforço pessoal (envolvido na liberdade, que todos têm, de ampliar conforme lhes pareça mais adequado as suas potencialidades) tem algum sentido. Confira-se, a propósito: ZIPPELIUS, Reinhold. **Introdução ao estudo do direito.** Tradução de Gercélia Batista de Oliveira Mendes. Belo Horizonte: Del Rey, 2006, p. 97.
303. Por essa razão, Pontes de Miranda observa que, a pretexto de criar uma sociedade sem Estado, viu-se até que ponto o estatismo chegou na URSS. MIRANDA, Pontes de. **Comentários à constituição de 1967.** São Paulo: RT, 1967. t. 1, p. 49.

vação dos direitos fundamentais hoje existentes, que não podem ser vistos como um "simulacro" que estaria a prender a vontade popular.

Não se acredita, naturalmente, que com a liberdade, a igualdade e a democracia as pessoas serão, todas, automaticamente, felizes e realizadas. Que tudo de bom acontecerá só por terem sido prestigiadas. Não é isso. Na verdade, não se escolhe a liberdade

> porque ela nos promete isto ou aquilo. Escolhemo-la porque ela torna possível a única forma digna de coexistência humana, a única forma em que podemos ser totalmente responsáveis por nós próprios. Se concretizamos ou não as possibilidades que ela encerra depende de todo o tipo de factores – e acima de tudo de nós próprios.[304]

Aliás, embora se tenha afirmado, na parte inicial deste livro, a despreocupação em amoldar as ideias aqui defendidas ao pensamento deste ou daquele autor, ou a esta ou àquela corrente de pensamento, não se pode deixar de registrar que a proteção de iguais liberdades, de igualdade de oportunidades e de uma estrutura democrática, tal como aqui se preconiza, seria, provavelmente, escolhida pelos signatários do contrato social hipotético imaginado por John Rawls.[305]

Não que se esteja a subscrever integralmente, aqui, o pensamento do autor de *Uma teoria da justiça*. Não é isso. O que se pretende afirmar, tão somente, é que a solução apontada nesta obra é adequada para a construção de um ordenamento jurídico justo, tanto que, se fosse possível – tal como idealiza Rawls – a celebração de um contrato social por pessoas em uma "posição original", estas escolheriam solução igual ou próxima da que aqui se sugere.

Como se sabe, a "posição original" é hipotética, como o é o próprio contrato social rawlsiano, e constitui aquela que antecede a criação do grupo social e de suas instituições. Nela, os membros da sociedade a ser formada não teriam conhecimento das posições que nela ocupariam ou das habilidades e das preferências que teriam, encobertos por um "véu de ignorância" destinado a fazer com que suas escolhas fossem as mais imparciais possíveis.[306] Rawls considera que, em tal posição original, pessoas racionais pactuariam a construção de instituições jurídicas calcadas nos seguintes princípios:

---

304. POPPER, Karl. **A vida é aprendizagem** – Epistemologia evolutiva e sociedade aberta. Tradução de Paula Taipas. São Paulo: Edições 70, 2001, p. 126.

305. Afinal, como destaca Robert Nozick, quem pretende tratar de filosofia política deve *"either work within Rawls´ theory or explain why not."* NOZICK, Robert. **Anarchy, state and utopia**. Oxford: Blackwell, 1999, p. 183 – "deve ou trabalhar com a teoria de Rawls ou explicar por que não o faz." – tradução livre.

306. RAWLS, John. **Uma teoria da justiça**. Tradução de Jussara Simões. São Paulo: Martins Fontes, 2008, p. 14.

Primeiro: cada pessoa deve ter um direito igual ao sistema mais extenso de iguais liberdades fundamentais que seja compatível com um sistema similar de liberdades para as outras pessoas.

Segundo: as desigualdades sociais e econômicas devem estar dispostas de tal modo que tanto (a) se possa razoavelmente esperar que se estabeleçam em benefício de todos como (b) estejam vinculadas a cargos e posições acessíveis a todos.[307]

Como se nota, esses dois princípios representam os ideais de liberdade e de igualdade de oportunidades, sendo a primeira, a liberdade, passível de limitação apenas para que seja viável o seu exercício pela generalidade dos membros da sociedade, vale dizer, para que a liberdade de um possa conviver com a liberdade dos demais, em moldes nitidamente kantianos. Daí porque Rawls afirma que "a única razão para restringir as liberdades fundamentais e torná-las menos extensas é que, se isso não fosse feito, interfeririam umas com as outras", tal como aqui se preconiza.[308]

Merece destaque, ainda, a forma como Rawls aborda a questão da igualdade, conciliando-a com a liberdade. Além de preconizar iguais liberdades, Rawls estabelece, ao mencionar o princípio da diferença, que as instituições podem ser organizadas de sorte a que as pessoas sejam colocadas – ou permaneçam – em situação de desigualdade, desde que isso traga benefícios gerais para todos, e desde que haja liberdade para que as pessoas em situação inferior *tenham oportunidade* de modificar sua situação. Em suma, as diferenças entre as situações sociais e econômicas entre as pessoas são a consequência de uma liberdade que, em última análise, a todos favorece, e devem decorrer apenas dos esforços de cada um (como consequência, portanto, da liberdade, que não deve ser suprimida), e mesmo nesse caso somente são admissíveis quando contribuem para tornar mais favorável a situação de todos.

O que acontece, porém, é que a defesa de que o ordenamento jurídico seja construído em um ambiente democrático, no qual se preservem e se prestigiem liberdade e igualdade, não foi feita, aqui, com base na apontada "posição original", que, conquanto muito bem arquitetada,[309] pressupõe um contrato hipotético firmado por criaturas humanas inteiramente desumanizadas, divorciadas de suas

---

307. *Ibid.*, 2008, p. 73.
308. *Ibid.*, 2008, p. 77.
309. Trata-se, não se pode negar, de forma bem pensada de tentar tornar objetivos os critérios destinados à determinação de uma sociedade justa. Realmente, se não soubéssemos que posição ocuparíamos em uma sociedade, escolheríamos aquela "que não favorecesse grupos ou indivíduos particulares, e nossa primeira prioridade seria evitar que qualquer pessoa sofresse restrições indevidas de liberdade ou estivesse sujeita a extremos de pobreza." LAW, Stephen. **Filosofia**. Tradução de Maria Luiza X. De A. Borges. Rio de Janeiro: Zahar, 2008, p. 340.

pré-compreensões, de seus valores, enfim, de suas circunstâncias.[310] As premissas foram outras, como se viu.

Alguém pode sustentar postura diversa da defendida neste trabalho. Poderá inclusive apontar-lhe inúmeros erros. Mas, paradoxalmente, para que isso seja plenamente possível, é preciso que se esteja em um ambiente no qual se assegure a liberdade de manifestação de pensamento, facultando-se a todos, de forma igual e democrática, a oportunidade de demonstrar o contrário.

5.4.5 O problema do fundamento último e o trilema de Fries

Fora do âmbito do Direito, quando se discute o fundamento último de alguma coisa, é recorrente a referência ao *trilema de Fries*, ainda que a questão não seja identificada dessa forma. O exame desse trilema e das soluções que têm sido apontadas para ele pode fornecer elementos interessantes para a questão dos fundamentos da ordem jurídica, pelo que não se poderia deixar de fazê-lo neste trabalho.

Como o conhecimento científico se caracteriza pela possibilidade de ser refutado, sendo considerado verdadeiro enquanto sobreviver aos testes aos quais é submetido, pode-se perguntar: em que se funda a afirmação de que uma teoria passou pelo teste? Ou, feita a pergunta em termos mais diretos, em que se funda o conhecimento científico?

Se se puser em dúvida uma teoria, passando-se a uma experiência destinada a testá-la, também os resultados dessa experiência, conquanto confirmem (provisoriamente) o acerto da teoria, podem ser postos em dúvida e submetidos a teste. E assim sucessivamente. Onde terminar? É o que acontece quando um adulto paciente encontra uma criança curiosa, que começa a perguntar o *por que* de tudo. A cada pergunta, uma resposta, e um novo *por que* em torno das premissas da resposta dada.

O problema é análogo ao do fundamento da ordem jurídica. A norma jurídica tem fundamento em outra norma jurídica, de superior hierarquia, e assim sucessivamente, até chegar-se à Constituição. A partir daí, onde se fundamenta o ordenamento jurídico? O Direito é obrigatório por quê?

---

310. A própria teoria de Rawls pressupõe que, mesmo obstaculizadas pelo "véu de ignorância", as pessoas tenham conhecimento de certas realidades (valores morais, importância de bens materiais etc.), mas não de outras (a posição que ocuparão na sociedade, as crenças religiosas que seguirão...), o que não deixa de ser uma contradição. Para uma crítica mais detalhada, que não seria pertinente aqui, confira-se: NOZICK, Robert. **Anarchy, state and utopia**. Oxford: Blackwell, 1999, p. 198 e ss.

No âmbito da epistemologia, a questão já havia sido proposta por Fries, sendo conhecida como o *trilema de Fries*. Trilema (e não dilema) porque oferece três caminhos (e não dois), dos quais se deve escolher um. Para Fries, os três caminhos são: *(i) redução ao infinito,* pois sempre será possível submeter ao teste do falseamento a afirmação feita para fundamentar outra afirmação; *(ii) dogmatismo,* estancando-se a cadeia de fundamentações afirmando-se simplesmente que assim é porque "Deus quis" ou, no caso do Direito, "assim quis o legislador"; *(iii) psicologismo,* encerrando-se a cadeia de fundamentações não com outros enunciados (a serem também falseados), mas na intuição baseada na percepção ou na experiência perceptual.[311]

Karl Popper[312] critica a solução encontrada por Fries – que opta pelo *psicologismo* –, por considerá-la uma volta ao indutivismo, que, por depender da experiência, incorreria em petição de princípios. O fundamento de uma afirmação seria buscado em outra afirmação que teria sido anteriormente por ela fundamentada. Não é por outra razão, aliás, que há quem denomine o Trilema de Fries como o Trilema do Barão de Münchhausen, personagem fictício que teria saído de um pântano, no qual estava atolado com seu cavalo, puxando suas próprias tranças para cima.[313]

Segundo Popper, a solução para o trilema está na fundamentação da teoria em enunciados que *decidimos aceitar.* Para ele, como o processo de fundamentação realmente não tem fim, "nada resta a fazer senão interromper o processo num ponto ou noutro e dizer que, por ora, estamos satisfeitos", buscando-se fundamento em enunciados "acerca de cuja aceitação ou rejeição é de esperar que os vários investigadores se ponham de acordo."[314]

Para ele, essa solução é distinta do dogmatismo, porque "surgida a necessidade, os enunciados podem ser facilmente submetidos a provas complementares"[315], vale dizer, podem ser novamente postos em discussão. É, também, distinta da regressão ao infinito, pois se pode parar quando se chegam aos enunciados em torno dos quais há consenso e em face dos quais, provisoriamente, nos consideramos satisfeitos.[316]

---

311. POPPER, Karl. **A lógica da pesquisa científica**. Tradução de Leônidas Hegenberg e Octanny Silveira da Mota. 12.ed. São Paulo: Cultrix, 2006, p. 99 e ss.
312. *Ibid.*, 2006, p. 101.
313. Talvez por isso se diga ser "impossível esgotar questões. Pode-se apenas substitui-las por outras." FLEINER-GERSTER, Thomas. **Teoria geral do Estado**. Tradução de Marlene Holzhausen. São Paulo: Martins Fontes, 2006, p. 15.
314. *Ibid.*, 2006, p. 111.
315. POPPER, Karl, *op. cit.*, 2006, p. 112.
316. POPPER, Karl, *op. cit.*, 2006, p. 111.

Idêntico problema, como já foi adiantado, coloca-se em torno do fundamento do Direito. Se uma norma se funda em outra superior, e assim por diante, para se chegar ao fundamento último será necessário ou um regresso ao infinito, ou o recurso ao dogmatismo. A solução apontada por Popper pode ser também utilizada, no sentido de que o fundamento é obtido no *consenso* em torno da validade de certas premissas, o qual não é dogmático porque pode ser sempre rompido, com a rediscussão do assunto, e não leva a uma regressão ao infinito porque, obtido o consenso em torno de premissas fundamentais em face das quais a comunidade se considera satisfeita, a busca por outro fundamento pode ser (provisoriamente) interrompida. Adotá-la implica dizer, em suma, que a ordem jurídica se fundamenta no fato de o seu conteúdo ser *aceito* por aqueles cuja conduta será por ela disciplinada, aceitação que pressupõe a elaboração da ordem jurídica, direta ou indiretamente, pelos próprios sujeitos que, livres e iguais, serão por ela disciplinados. Pressupõe, por igual, a possibilidade de esse conteúdo ser eventualmente rediscutido, abertura para a qual liberdade e igualdade são indispensáveis. Tal como preconizado nos itens anteriores deste trabalho.

A solução de Popper poderia, é certo, ser também criticada. Poder-se--ia dizer que não resolve satisfatoriamente o trilema, pois fica entre as duas primeiras soluções: contenta-se com uma parada arbitrária na sequência de fundamentações, que, não obstante, pode ser afastada para se retornar ao regresso *ad infinintum*. Isso, contudo, não invalida a necessidade de que tais fundamentos sejam buscados em ambiente que assegure iguais liberdades para todos se manifestarem, pois a parada na cadeia de fundamentações não é arbitrária. É consensual. Qualquer pessoa pode contestá-la e retomá-la, bastando que ofereça razões para tanto.

De uma forma ou de outra, o que importa é reconhecer que a ciência não se pode fundar em si mesma. E o curioso é que, também neste ponto, são as ciências naturais que dão a lição à ciência jurídica, que sempre está em seu rastro. A ciência jurídica procurou ser objetiva, neutra e experimental, para assim imitar as ciências naturais dos Séculos XVIII e XIX, e agora, nos Séculos XX e XXI, estas mostram que o conhecimento é incerto, impreciso e provisório. E mais: que não pode ter fundamento na própria ciência.

Muito pertinentes, a esse respeito, são as palavras de Marcelo Gleiser a propósito da origem do universo e da incapacidade da ciência de desvendá-la. Chegou-se, cientificamente, até muito próximo do *Big-bang*, mas em torno do que teria sido ele, e sobretudo do que havia *antes* dele, só existem especulações, neste ponto bastante próximas às mitológicas. Isso porque sempre que um físico propõe um modelo descrevendo a origem do universo, ele tem de usar leis físicas bem conhecidas. Um modelo físico da origem do universo, portanto, não pode lidar com a questão da origem das próprias leis da física, ou por que esse Universo opera desse modo e não de outro.[317]

A abordagem da questão da origem do Universo, para Gleiser, enfrenta limitações

devido ao número finito de respostas encontradas, a barreira que necessariamente encontramos ao confrontar o Absoluto tanto através da ciência como através da religião. Apenas podemos explicar a existência do Universo por intermédio de nossa imaginação humana, inventando histórias e modelos sobre horizontes em fuga. O Ser precede o Devir.[318]

Em face disso, a redução ao infinito não é uma solução viável para o *trilema de Fries*. Isso porque chegar-se-á a um ponto, na série de perguntas e exigências de demonstração, a partir do qual não se poderá ir. Há uma fronteira, felizmente móvel, que tem sido afastada cada vez mais para longe, representada pelos próprios limites da ciência e do conhecimento humano. Tal como ocorre à criança, que pergunta o "por que" de tudo, e se encontra um adulto que respeite sua curiosidade enche-lhe de perguntas que invariavelmente chegam à origem do Universo, de onde nem mesmo a física contemporânea consegue passar, conforme acima reconhecido por um de seus expositores.

A solução, nesse caso, parece ser a de aceitar as limitações humanas e, portanto, do conhecimento humano, mas reconhecer a possibilidade do ser humano de continuamente superar-se, ultrapassando esses limites. Se hoje não é possível ter-se conhecimento científico em torno de algo, isso deve ser reconhecido, e a cadeia de fundamentações a que aludem Fries e Popper há de ser interrompida, recorrendo-se a uma fundamentação *metafísica*, "inventando histórias sobre horizontes em fuga", como disse Gleiser. Vale dizer: especulações e hipóteses consensualmente aceitas, mas cuja verificação (ainda) não é possível. Mas isso não impede que, a qualquer momento, haja um retorno à cadeia de fundamentações, para que se vá um pouco mais longe ou para que se mude o caminho a seguir.

Dessa forma, sem dogmatismos, pode-se falar em uma crença na possibilidade de progressão no conhecimento ou, nas palavras de Marcelo Gleiser, uma "profunda fé na capacidade da razão humana de poder entender o mundo à sua volta"[319]. O cientista, por outras palavras, embora não chegue ao fundamento

---

317. GLEISER, Marcelo. **A dança do universo** – dos mitos da criação ao big-bang. 2.ed. São Paulo: Companhia das Letras, 1997, p. 386.
318. *Ibid.*, 1997, p. 394.
319. *Ibid.*, 1997, p. 19.

último das coisas, constrói hipóteses a respeito dele, do qual *acredita* poder chegar cada vez mais perto. Por serem plausíveis, tais hipóteses são *aceitas* pelos seus pares que, não obstante, têm a liberdade para questioná-las. Cogita-se, aliás, na inversão do *onus probandi*[320] como uma alternativa para resolver o trilema: em vez de demonstrar o acerto da proposição última a que se chegou, a pessoa que a contesta, exigindo que também ela seja fundamentada, é que deve apresentar razões convincentes para tanto. Seja como for, o relevante é que a possibilidade esteja sempre em aberto, o que só se faz possível em ambiente livre e democrático.

Não se está aqui, naturalmente, a pretender um paralelismo absoluto entre a fundamentação última dos enunciados científicos e a fundamentação de uma ordem jurídica enquanto objeto do conhecimento. Mas não se pode negar que as conclusões obtidas no exame do primeiro desses problemas fornecem lições importantes para o segundo.[321] Se a física reconhece não poder fundar-se em si própria para explicar sua origem e sua razão de ser, é incompreensível que no Direito se continue buscando explicação para a ordem jurídica na própria ordem jurídica, ou em uma "norma hipotética fundamental". Tal como na física, não se podem usar leis que existem para explicar por que existem, por que não são distintas do que são, e de onde vêm. Como se trata de criação humana destinada a regrar a vida em sociedade, o Direito há de fundar-se na aceitação[322] e na legitimidade, que serão obtidas quanto mais justas forem as suas disposições, entendida a justiça como a adequação do conteúdo das normas jurídicas àquele esperado ou considerado correto pelas pessoas por elas disciplinadas. Essa adequação, não custa repetir, pode, em tese, ser obtida de várias maneiras,

---

320. FERRAZ JÚNIOR, Tércio Sampaio. Legitimidade pragmática dos sistemas normativos. In: MERLE, Jean-Christophe; MOREIRA, Luiz (Org.). **Direito e legitimidade**. São Paulo: Landy, 2003. p. 288-297, p. 290.

321. Rawls, a propósito, credita a existência de padrões axiológicos distintos, a serem conciliados através do consenso, aos "limites naturais do conhecimento humano" (GARGARELLA, Roberto. **As teorias da justiça depois de Rawls** – um breve manual de filosofia política. Tradução de Alonso Reis Freire. São Paulo: Martins Fontes, 2008, p. 228), da mesma forma como os físicos reconhecem nos limites do conhecimento humano a necessidade de recorrerem a especulações consensualmente aceitas para explicar o que ainda não conseguem verificar experimentalmente.

322. Essa aceitação, é conveniente destacar, não decorre do fato de o povo haver expressamente participado na elaboração de normas jurídicas, por exemplo, assentindo com o conteúdo destas. Embora isso seja desejável, no maior grau possível, sabe-se que não é o que acontece. A aceitação, que caracteriza o regime democrático, decorre do fato de o povo ser dotado da faculdade de *contestar* as decisões tomadas em seu nome, provocando sua alteração. Philip Pettit, a propósito, destaca que a não-arbitrariedade das decisões tomadas pelo poder público (tanto no plano legislativo e executivo como no judicial) requer "menos consentimento e mais contestabilidade." PETTIT, Philip. Democracia e contestabilidade. In: MERLE, Jean-Christophe; MOREIRA, Luiz (Org.). **Direito e legitimidade**. São Paulo: Landy, 2003. p. 370-384, p. 371.

porém a mais adequada delas é através do respeito à liberdade e à igualdade, em um regime democrático.

5.4.6 Valores ocidentais como imposição às demais culturas?

Em face da proteção à liberdade, à igualdade e à democracia, criam-se condições para que se construa uma ordem jurídica que corresponda, na maior medida possível, àquilo que a sociedade por ela disciplinada deseja ou espera que ela seja.

Se o que se conhece por "direito natural", ao longo de toda a história, é um direito ideal, ou possível, usado como modelo de perfeição comparativo para que se avaliem os méritos ou deméritos do direito posto, e se esse direito ideal, conquanto sempre possa ser imaginado e invocado por uma criatura humana, em qualquer cultura, modifica-se no tempo e no espaço, a melhor forma de fazer com que o direito positivo se aproxime dele é fazer com que cada indivíduo tenha a oportunidade de interferir, direta ou indiretamente, na elaboração e na determinação (tanto pela via legislativa como pela via interpretativa) do conteúdo das normas jurídicas, a fim de que estas prescrevam o que se considera que elas deveriam prescrever.

Registre-se que esses requisitos mínimos, de respeito à liberdade, à igualdade e à democracia, podem servir de base para a construção de ordens jurídicas bastante distintas, em sociedades que agasalham valores, padrões culturais e étnicos diferentes. Permitirão, de qualquer sorte, que as suas prescrições jurídicas adotem um padrão de justiça que, se não é universal e eterno, pelo menos não é inexistente ou correspondente apenas ao que vier a ser imposto coativamente.

Poder-se-ia dizer, em oposição, que a própria necessidade de respeito à liberdade, à igualdade e à democracia seria decorrente da adoção de "padrões ocidentais", e que a peculiaridade de outras culturas residiria precisamente na inexistência de liberdade, igualdade e democracia.

Antes de responder a essa crítica, deve-se reconhecer que o fato de existirem culturas distintas, todas dotadas de aspectos positivos e negativos, não significa que umas não possam aprender com as outras. Não significa que a observação de uma não dê aos membros de outra razões para alterar algumas de suas práticas, ou de, por igual, manter até com maior intensidade outras. E, tampouco, conduz à conclusão de que tudo o que se venha a fazer, sob o rótulo de "prática tradicional", deva ser preservado. Como destaca Carbonell,

> *del hecho de que se reconozcan los beneficios de la existencia de un conjunto de culturas distintas, no se puede derivar que todas esas culturas merezcan el mismo respeto y, por tanto, no se les deben reconocer a todas derechos diferenciados solamente por ser distintas de las culturas*

mayoritarias, sin tomar en cuenta la compatibilidad de sus prácticas y costumbres con – por lo menos – postulados básicos de la democracia y la dignidad de todas las personas.[323]

Em suma, as várias culturas devem aprender umas com as outras, o que significa que a cultura genericamente chamada de ocidental,[324] embora tenha defeitos a serem reconhecidos e corrigidos, defeitos que outras culturas eventualmente não têm, pode por igual ensinar muitas coisas a essas outras culturas, e não só com elas aprender. Os ocidentais, se não podem se sobrepor autoritariamente sobre outras culturas, não têm, por outro lado, uma cultura da qual se devam envergonhar.[325] Como se isso não bastasse, a universalização dos direitos humanos pode ser invocada também *contra* a intervenção de uma cultura sobre outra,[326] dentro do que Boaventura de Sousa Santos denomina globalização *contra-hegemônica.*[327]

Não se está defendendo, com a preservação da liberdade – inerente a toda criatura humana, de qualquer cultura – de todos os membros de uma sociedade, indistintamente, que estes membros ou esta sociedade adote este ou aquele modo de vida. Não se valoriza "um tipo específico de vida, e sim a capacidade de escolher entre tipos de vida que as pessoas têm razões para valorizar."[328] E, pode-se acrescentar: prestigia-se a possibilidade de as pessoas levarem o tipo de vida que, por qualquer razão, valorizam, escolhendo-o livremente.

Isso porque, se é difícil apontar um padrão de vida correto e digno, que decorra necessariamente da natureza humana, é certamente menos complexo apontar quais aqueles que são indignos, precisamente por privarem as pessoas dessa possibilidade de escolha. Podemos não saber – diz Álvaro de Vita -

---

323. CARBONELL, Miguel. **Constitucionalismo y multiculturalismo**. Disponível em: <http://www.juridicas.unam.mx/publica/librev/rev/derycul/cont/13/ens/ens3.pdf>. Acesso em: 5 nov. 2006, p. 10.

324. Não existe uma cultura, na Europa e na América, que possa ser chamada de "ocidental", mas uma diversidade de culturas, mesmo dentro de um mesmo país. Além disso, a cultura europeia, e a americana, são repletas de origens e influências árabes, egípcias, chinesas etc. Confira-se, a propósito: SANTOS, Boaventura de Sousa. Para uma concepção intercultural dos direitos humanos. In: SARMENTO, Daniel; IKAWA, Daniela; PIOVESAN, Flávia (Coord.). **Igualdade, diferença e direitos humanos**. Rio de Janeiro: Lumen Juris, 2008. p. 3-46, p. 29; SEN, Amartya. **Identity and violence**. New York: W.W. Norton & Company, 2006, *passim*.

325. Nós, "no ocidente, não temos razão para nos envergonharmos em relação ao Leste. Mas não afirmo que nós no Ocidente não devamos criticar as nossas instituições – pelo contrário. Embora o nosso mundo seja o melhor que houve até o momento muitas coisas nele estão erradas." (POPPER, Karl. **A vida é aprendizagem** – Epistemologia evolutiva e sociedade aberta. Tradução de Paula Taipas. São Paulo: Edições 70, 2001, p. 125). No mesmo sentido: COMTE-SPONVILLE, André. **Valor e verdade** – estudos cínicos. Tradução de Eduardo Brandão. São Paulo: Martins Fontes, 2008, p. 348.

326. VITA, Álvaro de. **O liberalismo igualitário**: sociedade democrática e justiça internacional. São Paulo: Martins Fontes, 2008, p. 206.

327. SANTOS, Boaventura de Sousa, *op. cit.*, 2008. p. 3-46, p. 12 e ss.

328. VITA, Álvaro de. **O liberalismo igualitário**: sociedade democrática e justiça internacional. São Paulo: Martins Fontes, 2008, p. 100.

o que é uma vida boa de ser vivida por todos os seres humanos em toda parte, mas temos uma idéia muito mais nítida do que degrada ou torna a vida humana ruim em toda parte: a pobreza extrema, o trabalho escravo, o trabalho infantil, a mutilação genital feminina, a proibição – imposta a muitas mulheres no mundo – de freqüentar escola, de trabalhar e ter acesso a cuidados médicos, a prisão, tortura e execução de dissidentes e opositores políticos, as práticas de 'limpeza étnica' e estupro em massa de mulheres em conflitos étnicos (uma lista completa seria bem mais longa).[329]

Em sentido semelhante, Arthur Kaufmann defende a aplicação da epistemologia de Karl Popper, relativa ao *falseamento* de ideias, para a investigação em torno da justiça, pois seria mais fácil dizer o que *não é justo* do que dizer o que é justo. Em suas palavras, é

indubitavelmente certo que a falsificação desempenha um extraordinário papel na ciência, muito especialmente no direito. Não podemos dizer em termos absolutos o que seja 'direito justo', ou os 'bons costumes', podemos apenas dizer o que é claramente injusto ou claramente contrário aos bons costumes.[330]

Seja como for, diante de tais ideias, parece claro que, para que se possa afirmar a clara injustiça de algo, pondo o tema em discussão, é preciso que as pessoas sejam todas livres para nesse sentido se manifestar, o que pressupõe a existência das premissas (liberdade, igualdade e democracia) apontadas neste trabalho.

Note-se que não é preciso, para a adequada fundamentação da ordem jurídica de uma comunidade dotada de cultura diferente da genericamente classificada como ocidental, que a liberdade, a igualdade e a democracia sejam asseguradas, por exemplo, nos moldes em que o são na França ou na Alemanha. O importante é que os membros do grupo tenham a oportunidade, todos eles, de dizer como consideram que o grupo deve se organizar, de manifestar a discordância sobre aspectos da maneira atual em que este se organiza e se disciplina, e tentar convencer os demais, pacificamente, de suas ideias.

Aliás, é preciso que se diga que as pessoas são identificadas não por *um* aspecto ou elemento, mas por vários. Não se pode dizer, portanto, que existe um cidadão "ocidental" e outro "oriental", simplesmente. *The same person can be* – escreve Amartya Sen –

---

329. *Ibid.*, 2008, p. 33. Em termos semelhantes, Steven Lukes observa que nos concentramos em ações universalmente erradas, e não naquelas universalmente corretas. Essa última preocupação – de apontar condutas moralmente corretas, a serem seguidas – seria 'moralista' e não 'moral'; nós reprovamos a tortura e o estupro, por exemplo, mas hesitamos em prescrever como as pessoas devem agir e viver suas vidas. No original: "*we focus on actions that are universally wrong rather than those that are universally right. The latter concern seems moralistic rather than moral; we proscribe, say, torture and rape but we are reluctant to prescribe how people ought to act and live their lives.*" LUKES, Steven. **Moral relativism**. New York:Picador, 2008, p. 154.

330. KAUFMANN, Arthur. **Filosofia do direito**. Tradução de Antonio Ulisses Cortês. Lisboa: Fundação Calouste Gulbenkian, 2004, p. 430.

without any contradiction, an American citizen, of Caribbean origin, with African ancestry, a Christian, a liberal, a woman, a vegetarian, a long-distance runner, a historian, a schoolteacher, a novelist, a feminist, a heterosexual, a believer in gay and lesbian rights, a theater lover, an environmental activist, a tennis fan, a jazz musician, an someone who is deeply committed to the view that there are intelligent beings in outer space with whom it is urgently to talk (preferably in English). Each of these collectives, to all of which this person simultaneously belongs, givers her a particular identity.[331]

É o sujeito quem escolhe, com liberdade, o peso que pretende dar a cada um desses elementos de identidade, peso que inclusive pode variar de acordo com as circunstâncias. E, o mais importante, cada um desses elementos de identidade (*v.g.*, religião, convicções ideológicas, time pelo qual se torce, orientação sexual, local de nascimento, profissão etc.) aproxima as pessoas que o têm em comum, mas afasta aquelas que por ele se diferenciam.[332] Ao reduzir a identidade das pessoas a apenas um elemento, dizendo-as simplesmente "ocidentais" ou "orientais", isso as coloca em uma falsa posição de irremediável conflito, reduzindo-lhes a zero as possibilidades de empatia. Nesse contexto, além de mais compatível com a pluralidade de fatores que formam a individualidade de alguém, é mais propício à obtenção da paz tratar as pessoas tendo em vista essa diversidade. Tais fatores se podem compensar mutuamente, e um sujeito que teria ódio de outro por terem religiões diferentes pode ter esse ódio neutralizado ou compensado pelo fato de ambos gostarem de determinado esporte, ou serem diabéticos, portadores de certa deficiência sensorial ou ardorosos defensores do meio-ambiente, vale dizer, por serem, conquanto integrantes de grupos religiosos diferentes, colegas em outros grupos identitários.

É por isso que se diz simplista e equivocado falar-se apenas em um "choque de culturas", colocando-se de um lado a "ocidental" e, de outro, a "oriental". Dentro de um mesmo país "ocidental" existem as mais diversas culturas e valores, e os fatores de identidade que, como dito, aproximam ou distanciam as pessoas são os mais diversos. Isso mostra, ainda, o grande equívoco de se dizer que liberdade, igualdade e democracia são próprias do ocidente[333] e estranhos à cultura oriental,[334] seja ela classificada ou enquadrada como muçulmana, indu ou simplesmente asiática. O fato de a filosofia oriental supostamente preconizar a necessidade de

---

331. SEN, Amartya. **Identity and violence**. New York: W.W. Norton & Company, 2006, p. xii.

332. Como observa Amartya Sen, "*a sense of identity can firmly exclude many people even as it warmly embraces others.*" *Ibid.*, 2006, p. 2.

333. Amartya Sen pondera que a "valorização da liberdade não está limitada a uma só cultura, e as tradições ocidentais não são as únicas que nos preparam para uma abordagem do pensamento social baseada na liberdade." SEN, Amartya. **Desenvolvimento como liberdade**. Tradução de Laura Teixeira Motta. São Paulo: Companhia das Letras, 2000, p. 275.

334. Para um relato da defesa de que os "valores asiáticos" seriam incompatíveis com os direitos humanos, confira-se: LIMA, Martônio Mont´Alverne Barreto. Justiça constitucional e democracia: perspectivas para o papel do poder judiciário. **Revista da Procuradoria Geral da República**, São Paulo, v. 8, p. 81-101, p. 82, 1996.

respeito à coletividade e não reconhecer o indivíduo como uma unidade isolada dotada de direitos oponíveis ao grupo não significa que esse grupo possa, na defesa dos interesses de uns poucos indivíduos que o governam, suprimir a liberdade dos demais, tratar parte deles de forma desigual etc. Do mesmo modo como acontece com a filosofia ocidental, a oriental tanto é formada de pensadores que defendem pensamento autoritário, como daqueles que preconizam o respeito aos sujeitos e a necessidade de o governante respeitar certos limites.[335] Amartya Sen, a propósito disso, observa que, na verdade,

> [...] a interpretação do confucionismo que hoje é usual entre os defensores do autoritarismo dos valores asiáticos não faz justiça à variedade existente nos próprios ensinamentos confucianos. Confúcio não recomendou a lealdade cega ao Estado. Quando Zilu pergunta: 'Como se deve servir a um príncipe', Confúcio responde 'Diga-lhe a verdade, mesmo se isso o ofender'. Os encarregados da censura em Cingapura ou Pequim podem ter opinião muito diferente. Confúcio não é avesso à cautela e ao tato práticos, mas não abre mão de recomendar a oposição a um governo ruim. 'Quando o [bom] caminho prevalece no Estado, fale com ousadia e aja com ousadia. Quando o Estado perde o rumo, aja com ousadia e fale com brandura.[336]

Tanto é assim que, entre os próprios asiáticos, há quem discorde fortemente da ideia de que sua cultura seria naturalmente propensa ao autoritarismo. Entre líderes políticos, podem ser apontados Kim Dae Jung, ex-presidente da Coreia do Sul, e Lee Teng-Hui, ex-presidente de Taiwan, *"both countries more strongly influenced by Confucianism than Singapore and both scoring relatively well, despite their authoritarian pasts, in regard both to democratic institutions and respect for human rights."*[337] E, no plano acadêmico, muitos estudiosos (asiáticos) têm discutido maneiras de justificar a dissidência legítima, a responsabilização do poder público e o reconhecimento dos direitos humanos em termos confucianos. Um deles, aponta Steven Lukes,

---

335. Confúcio não foi mais autoritário do que Platão, e teve, também ele, discípulos defensores de pensamento não autoritário. Confira-se, a propósito: TRUYOL Y SERRA, Antonio. **Historia de la filosofía del derecho y del Estado** – 1. de los orígenes a la baja edad media. 14.ed. Madrid: Alianza, 2004, p. 65-66. Aliás, os germes da tripartição de poderes podem ser encontrados também entre os teóricos do Estado na China antiga, como registra FLEINER-GERSTER, Thomas. **Teoria geral do Estado**. Tradução de Marlene Holzhausen. São Paulo: Martins Fontes, 2006, p. 476. Sobre a natureza não autoritária de muitas das ideias confucionistas, confira-se: COMPARATO, Fábio Konder. **Ética**. São Paulo: Companhia das Letras, 2006, p. 594, quando esse autor ressalta a importância dada por Confúcio à necessária lealdade que o governante deve ter para com o povo, a fim de que este nele confie e lhe dê *legitimidade*.
336. SEN, Amartya, *op. cit.*, 2000, p. 269. No mesmo sentido: LUKES, Steven. **Moral relativism**. New York: Picador, 2008, p. 111.
337. Tradução livre: "ambos países mais fortemente influenciados pelo confucianismo que Singapura e ambos com pontuação relativamente boa, apesar do seu passado autoritário, tanto em relação às instituições democráticas como no respeito aos direitos humanos." LUKES, Steven. **Moral relativism**. New York: Picador, 2008, p. 111.

is Joseph Chan, who has sought to elaborate a Confucian perspective on human rights on the assumption that different cultures can 'justify human rights in their own terms and perspectives', and perhaps an 'overlapping consensus' on the norms of human rights may 'emerge from self-searching exercises as well as common dialogue.' (Joseph Chan, 'A Confucian perspective on human rights for contemporary china', in Bauer and Bell, eds., East Asian challenge, p. 212).[338]

Por outro lado, a cultura ocidental não foi, no passado,[339] nem é, ainda hoje,[340] isenta de exemplos de autoritarismo, intolerância religiosa,[341] ditaduras,[342] arbitrariedades e violações à dignidade da pessoa humana.[343] Mas não é por isso que se defende que ela continue assim, com esses defeitos. Aliás, no Brasil mesmo, não faz muito tempo um ilustre constitucionalista defendia ser "impossível a democracia entendida como governo pelo povo", devendo o país ser governado por suas elites, que teriam "a responsabilidade mais alta para com a comunidade." Ainda no mesmo texto, Manuel Gonçalves Ferreira Filho, depois de comparar as eleições às "bacanais romanas", defende a censura, a ser feita pelo Estado, "encarnação do bem comum", devendo o Governo ser "rigoroso com a qualidade do que se difunde entre as camadas imaturas da população."

---

338. Tradução livre: "é Joseph Chan, que tem procurado elaborar uma perspectiva confuciana dos direitos humanos sob a premissa de que diferentes culturas podem 'justificar os direitos humanos nos seus próprios termos e perspectivas', e talvez um 'consenso sobreposto' sobre as normas de direitos humanos possa emergir de um exercício de procura interior bem como de um diálogo comum.'" (*Ibid.*, 2008, p. 112).

339. Platão e Hegel, só para citar dois exemplos, um antigo e outro moderno, podem ser apontados como pensadores "ocidentais" que defenderam ostensivamente o autoritarismo, sendo por isso arrolados por Karl Popper como inimigos da sociedade aberta. POPPER, Karl. **A sociedade aberta e seus inimigos**. Tradução de Milton Amado. Belo Horizonte/São Paulo: Itatiaia/EdUSP, 1974. v. 1 e 2, *passim*.

340. O governo Bush, por exemplo, como forma de supostamente combater ameaças terroristas, passou a punir os "crimes de intenção", inventados pela Santa Inquisição na Idade Média, chegando a manter presas e sob tortura pessoas sem que sequer exista contra elas qualquer acusação. Para um exame dessas práticas, confira-se: COMPARATO, Fábio Konder. **Ética**. São Paulo: Companhia das Letras, 2006, p. 423. E isso, destaca Martônio Mont´Alverne Barreto Lima, no âmbito de "um renascimento do discurso irracionalista e redentorista", representado por um fanatismo cristão que "ameaça a secularização republicana que se imaginava solidificada desde a Revolução Francesa." LIMA, Martônio Mont´Alverne Barreto. Terrorismo: o desafio da construção de uma democracia universal. In: MALUSCHKE, Günter; BUCHER-MALUSCHKE, Júlia S. N. F; HERMANNS, Klaus (Coord.). **Direitos humanos e violência** – desafios da ciência e da prática. Fortaleza: Konrad Adenauer, 2004. p. 51-61, p. 53.

341. A religião católica, por exemplo, não foi, ao longo da história, mais tolerante do que o Islã. Em todas as culturas existem religiosos intolerantes, e também pessoas que se insurgem contra essa intolerância. Confira-se, a propósito, SEN, Amartya. **Desenvolvimento como liberdade**. Tradução de Laura Teixeira Motta. São Paulo: Companhia das Letras, 2000, p. 272-281.

342. Francisco Campos chegou a defender, no Brasil, que hoje em dia se vive em um mundo de "massas", que não resolvem tensões políticas em "termos intelectuais nem em polêmica das idéias", pois "o regime político das massas é o da ditadura." CAMPOS, Francisco. **O Estado nacional**. Brasília: Senado Federal, 2001, p. 23.

343. SUPIOT, Alain. **Homo juridicus** – ensaio sobre a função antropológica do direito. Tradução de Maria Ermantina de Almeida Prado Galvão. São Paulo: Martins Fontes, 2007, p. 271.

5 • UMA SOLUÇÃO POSSÍVEL | **181**

Quanto ao Ato Institucional n.º 5, o apontado constitucionalista considera que este "reiterou o compromisso democrático da revolução."[344] Mas nem por isso, por serem tais pensamentos publicados e defendidos pelo Catedrático de Direito Constitucional da USP, uma das mais prestigiadas Universidades do País,[345] se poderá afirmar que o Brasil tem uma "tradição ditatorial" ou que isso faz "parte de nossa cultura". Aliás, diversos aspectos "tradicionais" da cultura ocidental, a exemplo da discriminação às mulheres, foram alterados, por serem considerados equivocados.[346] O mesmo pode ser dito das demais culturas, inclusive asiáticas, que podem ser preservadas em suas particularidades sem que seus membros sejam alijados das discussões em torno de quais aspectos devem ser mantidos e quais devem ser abolidos.[347]

Esse, aliás, é o ponto essencial da controvérsia: quem afirma que os "valores asiáticos" são incompatíveis com os direitos humanos ou com o respeito à liberdade dos indivíduos que integram a sociedade, são os líderes políticos ou religiosos, os quais não só sufocam dissidentes (também orientais) que pensam de modo diferente, como se beneficiam dos resultados de tal "pensamento", pois dele obtém poderes hipertrofiados.[348] Sem um mínimo de liberdade e de igualdade, não é possível saber se esse realmente é o pensamento das próprias sociedades orientais, que não têm nos líderes do momento a única forma de expressão de sua cultura. Sobre isso, Amartya Sen adverte que a concepção

---

344. FERREIRA FILHO, Manoel Gonçalves. **A democracia possível**. São Paulo: Saraiva, 1972, p. 59-61.

345. Aliás, não só ele. São conhecidos os inúmeros juristas ocidentais, no Brasil e no exterior, defensores do arbítrio. Além de exemplos óbvios como Francisco Campos e Carl Schmitt, pode ser citada, ainda, a defesa que Goffredo Telles Júnior faz da "Revolução de Março", que implantou a ditadura militar no Brasil a partir de 1964, observando que "a cada eleição, o Brasil piora." (TELLES JÚNIOR, Goffredo. **A democracia e o brasil** – uma doutrina para a revolução de março. São Paulo: RT, 1965, p. 17). Para um relato da atuação de alguns dos juristas defensores do arbítrio, como Alfredo Buzaid e Francisco Campos, e dos argumentos que para tanto utilizavam, confira-se: GASPARI, Elio. **A ditadura escancarada**. São Paulo: Companhia das Letras, 2002, p. 89 e 168.

346. SHAPIRO, Ian. **Fundamentos morais da política**. Tradução de Fernando Santos. São Paulo: Martins Fontes, 2006, p. 229.

347. Não há – observa Álvaro de Vita, "nenhuma razão por que interpretar a capacidade de levar a vida que se julga digna de ser vivida de uma forma ocidental-individualista." (VITA, Álvaro de. **O liberalismo igualitário**: sociedade democrática e justiça internacional. São Paulo: Martins Fontes, 2008, p. 36). O fato de se defender o direito de uma pessoa, qualquer que seja, esteja onde estiver, a levar a vida que ela própria decide digna de ser vivida nada tem de "ocidental", mas depende de um mínimo respeito à liberdade, à igualdade e à democracia.

348. Além disso, esse tipo de afirmação, de que o "ocidente" seria de uma maneira e o "oriente" de outra *"envolves accepting an implicit presumption that people who happen do be Muslim by religion would basically be similar in others ways as well."* (SEN, Amartya. **Identity and violence**. New York: W.W. Norton & Company, 2006, p. 42). O mesmo pode ser dito, com a substituição de uma religião por outra, quando estão em discussão as sociedades orientais de influência confucionista, de religião não-necessariamente islâmica.

de que os valores asiáticos são caracteristicamente autoritários tende a provir, na Ásia, quase sempre de porta-vozes dos detentores do poder (às vezes suplementados – e reforçados – por pronunciamentos ocidentais conclamando as pessoas a defender o que é visto como especificamente 'valores liberais ocidentais'). Mas ministros do Exterior, altos funcionários do governo ou líderes religiosos não têm o monopólio da interpretação da cultura e dos valores locais. É importante ouvir as vozes dissidentes em cada sociedade. Aung San Suu Kyi não tem menos legitimidade – na verdade, claramente tem muito mais – para interpretar o que os birmaneses desejam do que os governantes militares de Mianmá, cujos candidatos ela venceu em eleições abertas antes de ser encarcerada pela junta militar derrotada.

Reconhecer a diversidade encontrada em diferentes culturas é muito importante no mundo contemporâneo. Nossa compreensão da presença da diversidade tende a ser um tanto prejudicada por um constante bombardeio de generalizações excessivamente simplificadas sobre a 'civilização ocidental', os 'valores asiáticos', as 'culturas africanas' etc. Muitas dessas interpretações da história e da civilização não só são intelectualmente superficiais, como também agravam as tendências divisoras do mundo em que vivemos. O fato é que, em qualquer cultura, as pessoas parecem gostar de discutir umas com as outras – e muitas vezes fazem isso mesmo –, assim que surge uma oportunidade. A presença de dissidentes dificulta a obtenção de uma visão inequívoca da 'verdadeira natureza' dos valores locais. Na verdade, em toda sociedade tende a haver dissidentes – muitas vezes, numerosíssimos -, e eles com freqüência dispõem-se a correr grandes riscos para a sua segurança. De fato, se os dissidentes não estivessem tão tenazmente presentes, os regimes autoritários não teriam precisado tomar medidas práticas tão repressivas para suplementar suas crenças intolerantes. A presença de dissidentes *tenta* os grupos dirigentes autoritários a adotar uma concepção repressiva da cultura local, ao mesmo tempo, essa própria presença *solapa* a base intelectual da interpretação unívoca das crenças locais como um pensamento homogêneo.

A discussão ocidental sobre as sociedades não-ocidentais com freqüência acata excessivamente a autoridade – o governador, o ministro, a junta militar, o líder religioso. Essa 'propensão ao autoritarismo' é corroborada pelo fato de que os próprios países ocidentais são muitas vezes representados, em reuniões internacionais, por altos funcionários e porta-vozes do governo que, por sua vez, buscam a visão daqueles que ocupam cargos correspondentes aos seus nos outros países. Uma abordagem adequada do desenvolvimento não pode realmente concentrar-se tanto apenas nos detentores do poder. É preciso mais abrangência, e a necessidade de participação popular não é uma bobagem farisaica. A idéia de desenvolvimento não pode, com efeito, ser dissociada dessa participação.[349]

---

349. SEN, Amartya. **Desenvolvimento como liberdade**. Tradução de Laura Teixeira Motta. São Paulo: Companhia das Letras, 2000, p. 283. Daí dizer-se que "conceder direitos culturais a determinados grupos na prática significa conceder uma 'carta branca' para que seus chefes, líderes, elites ou militantes mais aguerridos obriguem os membros desses grupos a se conformar ao figurino da identidade coletiva reconhecida." (VITA, Álvaro de. **O liberalismo igualitário**: sociedade democrática e justiça internacional. São Paulo: Martins Fontes, 2008, p. 176). Isso faz com que o relativismo cultural corra "o risco de identificar a justiça com os significados sociais dos grupos dominantes e, ao fazê-lo, impede que a linguagem da justiça possa ser empregada para criticar as práticas sociais e instituições vigentes, incluindo aquelas que não temos como não ver como formas patentes de injustiça." (*Ibid.*, p. 210). Em sentido semelhante, a destacar que os grupos não têm aspirações, mas sim os seus membros, sobretudo os líderes: SHAPIRO, Ian. **Fundamentos morais da política**. Tradução de Fernando Santos. São Paulo: Martins Fontes, 2006, p. 233.

É preciso, portanto, que os próprios membros das sociedades culturalmente diversas – e não apenas uns poucos líderes[350] – decidam quais aspectos de sua cultura desejam preservar, e quais consideram saudável abolir.[351] "Havendo indícios de conflito real entre a preservação da tradição e as vantagens da modernidade" – destaca Amartya Sen –

> é necessário uma resolução participativa, e não uma rejeição unilateral da modernidade em favor da tradição imposta por dirigentes políticos, autoridades religiosas ou admiradores antropológicos do legado do passado. Não só a questão não é fechada, como também tem de ser amplamente aberta às pessoas da sociedade, para que elas a abordem e decidam em conjunto. As tentativas de tolher a liberdade participativa com o pretexto de defender valores tradicionais (como o fundamentalismo religioso, o costume político ou os chamados valores asiáticos) simplesmente passam ao largo da questão da legitimidade e da necessidade de as pessoas afetadas participarem da decisão do que elas desejam e do que elas estão certas ao aceitar.[352]

Não haverá, nesse caso, qualquer interferência externa, de culturas "ocidentais" dizendo-lhes o que é correto e o que não é. São as pessoas que nascem e crescem no âmbito de uma determinada cultura que têm ideias diferentes sobre como aprimorá-la, ideias que são indevidamente sufocadas por líderes que se arvoram na condição de defensores dos direitos daquele grupo, às vezes contra os interesses de seus membros e em favor dos seus próprios. A propósito de pretensos "direitos do grupo", invocáveis inclusive contra seus integrantes, Jürgen Habermas, com propriedade, registra que

> a sobrevivência de 'grupos de identidade' e a continuidade de seu pano de fundo cultural não *podem* ser garantidas mediante direitos coletivos. Uma tradição tem de estar em condições de desenvolver seu potencial cognitivo de tal forma que os destinatários possam adquirir a convicção de que compensa dar continuidade a essa tradição em particular. E as condições

---

350. "Todos os tiranos falam de interesses superiores da sociedade ante os quais não contam os indivíduos. [...] Interesses superiores da sociedade são interesses comuns aos indivíduos: comer, vestir, alojar-se, ter tranquilidade, segurança contra agressões. No mais, há a personalidade, o espírito, a locomoção, que pertencem ao indivíduo. Quando os dirigentes invadem esse terreno, já não é o bem público que os inspira e empurra: é a ânsia, a ebriez do poder." MIRANDA, Pontes de. **Democracia, liberdade, igualdade, os três caminhos**. Campinas: Bookseller, 2001, p. 73.

351. "Frequentemente" – observa Will Kymlicka – "são as elites conservadoras de dentro do grupo que demandam a autoridade para julgar o que é 'autêntico' ou 'tradicional', e elas agem desse modo precisamente para suprimir demandas por mudanças formuladas por reformadores de dentro do grupo. Práticas que historicamente podem ter sido variáveis, evolutivas, contestadas e opcionais são declaradas pelas elites conservadoras como 'sagradas', uma questão de 'obrigação' religiosa ou cultural, e essenciais para a pertença ao grupo." KYMLICKA, Will. Multiculturalismo liberal e direitos humanos. In: SARMENTO, Daniel; IKAWA, Daniela; PIOVESAN, Flávia (Coord.). **Igualdade, diferença e direitos humanos**. Rio de Janeiro: Lumen Juris, 2008. p. 217-246, p. 234.

352. SEN, Amartya, *op. cit.*, 2000, p. 48. No mesmo sentido: VITA, Álvaro de, *op. cit.*, 2008, p. 181; GARGARELLA, Roberto. **As teorias da justiça depois de Rawls** – um breve manual de filosofia política. Tradução de Alonso Reis Freire. São Paulo: Martins Fontes, 2008, p. 161.

hermenêuticas exigidas para o prosseguimento de tradições só podem ser salvaguardadas por meio de direitos individuais.[353]

Do mesmo modo como a "cultura" do grupo formou-se naturalmente, ela deve também evoluir, alterar-se e modificar-se com a mesma naturalidade. Desde o surgimento da humanidade que o contato de grupos sociais distintos tem provocado a mútua influência da cultura de uns sobre a de outros, sendo de se evitar, tão somente, a dominação e a imposição cultural, mas não promover a imobilidade de uma cultura, contra a vontade dos próprios indivíduos que formam o grupo que a adota. Defender o contrário – observa Will Kymlicka – significa subentender

> que há algo de anormal e de lamentável na evolução cultural e na influência intercultural, quando, de fato, tais mudanças e influência são normais, inevitáveis e essenciais para o processo de desenvolvimento humano. É a hibridez cultural, não a pureza cultural, que é o estado normal das relações humanas, e fantasias de pureza cultural somente podem ser mantidas cortando-se artificialmente a interação dos grupos com o resto do mundo, e instalando-se o medo xenofóbico dos outros.[354]

Convém insistir, os grupos não são homogêneos,[355] sendo provável que as opiniões em torno da correção de suas práticas e tradições já estivessem divididas antes de qualquer influência ou manifestação do suposto "imperialismo cultural" subjacente no discurso dos defensores dos direitos humanos.[356] Só que, para que as pessoas que fazem parte do grupo e que desejam aprimorá-lo se possam manifestar e decidir como sua própria cultura será conduzida, é necessário um mínimo respeito à liberdade de todas elas,[357] inclusive de participação, por

---

353. HABERMAS, Jürgen. **Entre naturalismo e religião** – estudos filosóficos. Tradução de Flávio Beno Siebeneichler. Rio de Janeiro: Tempo Brasileiro, 2007, p. 337.

354. KYMLICKA, Will, *op. cit.*, 2008. p. 217-246, p. 234.

355. E sempre existem pessoas que pensam de forma diversa, sendo preciso afastar o mito de que as outras culturas são sempre monoliticamente uniformes e sem dissidências. Steven Lukes, a propósito, registra que em todo grupo "*there will always be, whether openly or secretly, those who strongly an fully identify, but there will also always be, openly or secretly, uncertain identifiers, ambivalent identifiers, intermittent identifiers, quasi-identifiers, semi-identifiers, cross-identifiers, non identifiers, ex-identifiers, and anti--identifiers.*" LUKES, Steven. **Moral relativism**. New York: Picador, 2008, p. 120 – em uma tradução livre: "sempre haverá, seja aberta ou secretamente, aqueles que forte e inteiramente se identificam [com os costumes predominantes e que caracterizam o grupo], mas sempre haverá também, seja aberta ou secretamente, os que se identificam de forma incerta, ambivalente, intermitente, os que quase se identificam, os que se semi-identificam, ou se identificam de forma cruzada, os que não se identificam, os que são ex-identificados e os que são contrários aos que se identificam."

356. VITA, Álvaro de. **O liberalismo igualitário**: sociedade democrática e justiça internacional. São Paulo: Martins Fontes, 2008, p. 207.

357. Inclusive, evidentemente, das mulheres. Afinal, "como a participação requer conhecimentos e um grau de instrução básico, negar a oportunidade da educação escolar a qualquer grupo – por exemplo, às meninas – é imediatamente contrário às condições fundamentais da liberdade participativa." SEN, Amartya. **Desenvolvimento como liberdade**. Tradução de Laura Teixeira Motta. São Paulo: Companhia das Letras, 2000, p. 48.

5 • UMA SOLUÇÃO POSSÍVEL   **185**

quaisquer formas, nas decisões relativas aos assuntos de interesse coletivo. Esse é o multiculturalismo que se deve buscar, com o foco na liberdade de pensamento e de tomada de decisões. Deve-se celebrar a diversidade cultural, mas os diversos elementos culturais a serem aceitos e preservados devem ser entendidos como aquilo que foi livremente escolhido pelas pessoas envolvidas, pessoas que conheciam as alternativas e em face delas tomaram sua decisão.[358] Por outras palavras, liberdade, igualdade e democracia.

Martônio Mont´Alverne Barreto Lima observa, com propriedade, que o principal problema, pelo menos no que diz respeito a muitos dos países do oriente, reside na pobreza. Tanto no ocidente como no oriente – são suas palavras – "as dificuldades em construir democracias em sociedades pobres e miseráveis persistem de forma mais agudizada em virtude do perverso processo de globalização da economia", aspectos que são transformados "de forma simplista em elementos propositalmente omitidos, na intenção deliberada de se dividir a humanidade em partes inconciliáveis, o que legitima a ação bélica de uns contra os outros."[359]

Nesse contexto, a preservação e a promoção de liberdade, igualdade e democracia, além de serem o instrumento adequado para a redução das apontadas e geralmente omitidas dificuldades, permitirá ainda que cada cultura, livremente, dê a sua contribuição no debate sobre como implementar as exigências mínimas necessárias à preservação da dignidade da pessoa humana.[360] As culturas se devem *fecundar mutuamente*, e não suplantar umas às outras, na feliz expressão de Pontes de Miranda.[361] Será, contudo, a contribuição dos membros de uma determinada cultura, e não apenas a de líderes que invocam costumes não necessariamente partilhados por todos para suprimir dissidentes e dominar os membros do grupo, sufocando qualquer pensamento em contrário.

Quanto ao aspecto religioso, motivo da maior parte das dificuldades de se implementar o respeito à liberdade (notadamente[362] de expressão e de culto) e

---

358. SEN, Amartya. **Identity and violence**. New York: W.W. Norton & Company, 2006, p. 150-152.

359. LIMA, Martônio Mont´Alverne Barreto. Terrorismo: o desafio da construção de uma democracia universal. In: MALUSCHKE, Günter; BUCHER-MALUSCHKE, Júlia S. N. F.; HERMANNS, Klaus (Coord.). **Direitos humanos e violência** – desafios da ciência e da prática. Fortaleza: Konrad Adenauer, 2004. p. 51-61, p. 55.

360. Alain Supiot registra que os direitos humanos não são patrimônio da civilização ocidental, e, por isso mesmo, devem estar abertos "às contribuições de todas as civilizações." SUPIOT, Alain. **Homo juridicus** – ensaio sobre a função antropológica do direito. Tradução de Maria Ermantina de Almeida Prado Galvão. São Paulo: Martins Fontes, 2007, p. 256.

361. MIRANDA, Pontes de. **Democracia, liberdade, igualdade, os três caminhos**. Campinas: Bookseller, 2001, p. 73.

362. Notadamente, mas não apenas, de expressão e de culto. Todas as demais liberdades estão com ela relacionadas, pois "uma das mais perversas formas de concentração abusiva do poder político é a que ocorre quando ele se reveste também das prerrogativas de autoridade religiosa. Aí já não há nenhum

à igualdade (sobretudo em relação às mulheres), vale insistir que também na cultura ocidental se verificou intolerância religiosa e, por conta dela, desrespeito à liberdade e à igualdade das pessoas. Mas, para que a cultura ocidental convivesse com a diversidade religiosa surgida em seu seio, notadamente com a reforma protestante, a laicidade do Estado foi a solução encontrada, a qual em nada diminui a importância que a religião pode continuar tendo para os seus cidadãos. A esse respeito, Comparato faz alusão ao surgimento de um grupo de homens, intitulado *Partido Políticos,* liderado pelo Chanceler Michel de l´Hôpital e composto por intelectuais como Jean Bodin, homens que "procuravam manter um claro distanciamento em relação a ambos os lados em luta, e pregavam a tolerância religiosa, a fim de salvar a ordem pública e a independência do país." Isso porque, a seu ver, "a autoridade do rei deveria ser preservada a qualquer custo, de modo que ela pudesse atuar como árbitro respeitado, acima dos contendores."[363]

Habermas, a respeito da separação entre religião e Estado e a proteção à diversidade cultural, destaca que o

cerne da controvérsia não pode ser descrito como disputa pela relevância que as diversas culturas concessivamente atribuem à respectiva religião. A concepção dos direitos humanos é a resposta a um problema diante do qual outras culturas se encontram de forma semelhante à que, na respectiva época, a Europa se encontrava, ao ter que superar as conseqüências políticas da cisão confessional. O conflito das culturas é travado hoje, de qualquer modo, no contexto de uma sociedade global, na qual, à base de normas de convivência, bem ou mal, os atos coletivos precisam entrar em entendimento, independentemente de suas diferentes tradições culturais. É que, na situação atual do mundo, o isolamento autárquico contra influências externas já não constitui opção possível.[364]

E não só. Também entre teóricos islâmicos há quem defenda a separação entre Estado e religião, que não deve ser vista, portanto, como uma agressão ocidental e exógena aos árabes. Fleiner-Gerster, com efeito, pontua que

[e]m 1925, Ali Abd Al Razik foi o primeiro a desenvolver uma teoria que permitia separar o poder do Estado da religião, por meio da tentativa de demonstrar que o poder do antigo profeta não dependia de sua missão divina. Este trabalho todavia foi rejeitado pelos muçulmanos ortodoxos, embora a idéia de uma soberania racional e temporal já comece a se

---

freio ou limite institucional: os governantes não somente monopolizam legalmente a força física, eles ainda dispõem da ameaça de sanções sobrenaturais contra todos os cidadãos. Não há apenas dominação dos corpos, mas também das almas." COMPARATO, Fábio Konder. **Ética**. São Paulo: Companhia das Letras, 2006, p. 556.

363. *Ibid.*, 2006, p. 189.
364. HABERMAS, Jürgen. Sobre a legitimação pelos direitos humanos. Tradução de Claudio Molz. In: MERLE, Jean-Christophe; MOREIRA, Luiz (Org.). **Direito e legitimidade**. São Paulo: Landy, 2003. p. 67-82, p. 81.

desenvolver progressivamente no Islã, como atestam Constituições modernas em certos Estados islâmicos.[365]

No mesmo sentido, Boaventura de Sousa Santos registra que, entre os muçulmanos, existem

os secularistas ou modernistas, que entendem deverem os muçulmanos organizar-se politicamente em Estados seculares. Segundo esta posição, o Islão é um movimento religioso e espiritual e não político e, como tal, as sociedades muçulmanas modernas são livres de organizar o seu governo do modo que julgarem conveniente e apropriado às circunstâncias.[366]

Não se pode imaginar, naturalmente, que esta secularização do Estado, "que demorou séculos na Europa e foi acompanhada de guerras religiosas extremamente sangrentas, se operará de um dia para o outro no mundo islâmico. Contratempos, discussões e tensões são inevitáveis."[367] Existe, contudo, a possibilidade de concepções democráticas serem no islã bem-sucedidas.

E, mesmo entre aqueles que não adotam posturas tão liberais, há pensadores, como An-na´im, que apontam como problemática, no mundo islâmico, sobretudo a forma como são tratadas as mulheres e os não islâmicos. Tais autores defendem, partindo da premissa de que tais leituras são originárias de juristas dos séculos VIII e IX, uma atualização histórica da noção de "outro", de modo a incluir mulheres e não muçulmanos. Tudo, insistem, partindo de fontes corânicas.[368]

Vale registrar que Gandhi, que tem tudo para não ser considerado um defensor de ideias ocidentais globalizantes ou do imperialismo da cultura europeia, era também ele um defensor da laicidade do Estado como forma de promoção da liberdade religiosa. São suas palavras:

Se eu fosse ditador, exigiria a separação entre a religião e o Estado. Minha razão de viver advém da religião. Por ela, estou disposto a morrer. Mas trata-se de uma questão puramente pessoal. O Estado não deve se intrometer nesse assunto. Seu campo de ação é o bem-estar, a saúde, as comunicações, as relações exteriores, as finanças e outros problemas temporais. Ele não deve se ocupar da vossa religião nem da minha. Tal assunto diz respeito a cada um de nós em particular.[369]

---

365. FLEINER-GERSTER, Thomas. **Teoria geral do Estado**. Tradução de Marlene Holzhausen. São Paulo: Martins Fontes, 2006, p. 422.
366. SANTOS, Boaventura de Sousa. Para uma concepção intercultural dos direitos humanos. In: SARMENTO, Daniel; IKAWA, Daniela; PIOVESAN, Flávia (Coord.). **Igualdade, diferença e direitos humanos**. Rio de Janeiro: Lumen Juris, 2008. p. 3-46, p. 23.
367. FLEINER-GERSTER, Thomas, *op. cit.*, 2006, p. 423.
368. SANTOS, Boaventura de Sousa, *op. cit.*, 2008. p. 3-46, p. 24.
369. GANDHI, Mahatma. **Life of mohandas karaamchand ghandi**. v. VII, p. 264 *apud* COMPARATO, Fábio Konder, *op. cit.*, 2006, p. 556.

Entre os autores que defendem o multiculturalismo, sustenta-se que, para que as práticas adotadas por uma cultura sejam consideradas compatíveis com o mínimo de liberdade e de igualdade que deve ser[370] reconhecido a cada criatura humana, é preciso que exista, para os seus membros, a possibilidade de se desligar dela. É o chamado "direito de porta", única forma encontrada para conciliar a liberdade daqueles que desejam preservar uma cultura com determinados traços, com a liberdade daqueles outros que pretendem seguir sua vida sem se submeter às limitações impostas por essa cultura.

Mas, precisamente para que exista o direito de saída da mencionada cultura, ou o "direito de porta", é preciso que os danos por ela causados ao indivíduo não sejam permanentes e, sobretudo, é necessário que estejam presentes os pressupostos para que esses indivíduos, esclarecidos, possam fazer suas escolhas. Para que uma mulher possa fazer essa escolha, portanto, não pode ser cerceado o direito à educação para as crianças do sexo feminino. Como lembra Álvaro de Vita,

> há circunstâncias em que os custos de saída são proibitivos para um dissidente, para um excomungado ou para um apóstata. Isso ocorre quando a saída do grupo põe em risco a própria sobrevivência do ex-membro. E minimizar tanto quanto possível esses custos, em casos desse tipo, constitui um objeto apropriado de ação pública.[371]

Também por força do "direito de porta", mesmo sem mencionar a dignidade da pessoa humana (que poderia ser considerada um "padrão ocidental" por multiculturalistas mais radicais), não são aceitáveis práticas tradicionais como a mutilação feminina ou o sacrifício de crianças deficientes, pois elas não permitem a quem as sofre a posterior escolha de não fazer parte daquela cultura. No caso da mutilação, por deixar traços permanentes, e no caso do sacrifício, por evidentemente ceifar a vida do indivíduo "diferente" logo em seu início. Esses são, portanto, aspectos em relação aos quais as culturas que os praticam deveriam "aprender" com as outras que não o fazem. Mas para que esse aprendizado possa ser avaliado, é preciso que as informações possam ser divulgadas e discutidas livremente por todos os membros do grupo. Afinal, mesmo dentre eles certamente

---

370. O leitor mais cético pode se estar perguntando: *devem ser* por quê? Porque, foi explicado em itens anteriores deste trabalho, isso é indispensável a que: *(i)* o direito seja reconhecido enquanto realidade institucional; *(ii)* o direito tenha maior eficácia, eis que não é possível garanti-lo apenas com o uso da força. Do contrário, nada diferencia aquele que segue a ordem pretensamente jurídica e o animal que puxa a carroça por medo do chicote que pende à sua frente. Nesse sentido, aliás, pode-se dizer que a fundamentação do direito na força implica a admissão de que "somos absolutamente iguais aos animais inferiores, os quais nós os domesticamos." VASCONCELOS, Arnaldo. **Direito e força**: uma visão pluridimensional da coação jurídica. São Paulo: Dialética, 2001, p. 31.

371. VITA, Álvaro de. **O liberalismo igualitário**: sociedade democrática e justiça internacional. São Paulo: Martins Fontes, 2008, p. 184.

há, como já apontado, quem discorde de tais práticas. É preciso que possam se manifestar, a fim de que convençam os demais da necessidade de seu abandono.

Como característica humana, a liberdade confere igualmente a todos a possibilidade de escolher a maneira de conduzir a própria vida. Dessa forma, se, livremente, a mulher decide não trabalhar e usar uma burca, por exemplo, essa é uma decisão que deve ser respeitada. Mas é preciso que ela o decida. O mesmo pode ser dito em relação às particularidades de todas as culturas, inclusive das ocidentais. Daí porque liberdade, igualdade e democracia são o pressuposto de uma legítima ordem jurídica em todas elas.

6
COMO APROXIMAR O ORDENAMENTO JURÍDICO BRASILEIRO DE TAIS PRESSUPOSTOS?

Depois do que foi visto no capítulo anterior, pode-se questionar a utilidade de se preconizar a necessidade de que o ordenamento jurídico, para ser justo,[1] para atender de forma mais adequada a finalidade para a qual existe, seja construído em um ambiente no qual se reconheçam e se protejam liberdade, igualdade e democracia. Esse questionamento partiria, basicamente, da premissa de que o ordenamento brasileiro está, no plano da concretude, longe dessa realidade.

É preciso observar, primeiro, que o simples fato de se reconhecer qual deve ser o fundamento do ordenamento jurídico, a fim de que seja legítimo, e, por conseguinte, duradouramente eficaz,[2] fornece um critério ou um parâmetro de julgamento da realidade, permitindo assim a sua correção ou o seu aperfeiçoamento. Com efeito, só se pode tornar algo melhor quando se sabe o que é melhor.[3] Só isso já teria justificado este trabalho, não sendo demais lembrar o que observa Martônio Mont'Alverne Barreto Lima, fundado em Kant, para quem "os intelectuais possuem a tarefa de dizer que também eles têm algo a acrescer."[4]

Por outro lado, deve-se notar que o ordenamento jurídico brasileiro, no plano normativo, do *dever-ser*, atende aos pressupostos apontados. A Constituição Federal promulgada em 1988 prestigia a liberdade, a igualdade

---

1. Assim entendido o ordenamento jurídico cujo conteúdo corresponde, da maneira mais próxima possível, àquilo que as pessoas cuja conduta é por ele disciplinado consideram justo.
2. "O direito, para funcionar eficazmente, deve ser aceito, e não imposto por coação". (PERELMAN, Chaïm. **Lógica jurídica**. Tradução de Vergínia K. Pupi. São Paulo: Martins Fontes, 2000, p. 241). E a melhor forma de fazer com que seja aceito é permitir àqueles chamados a aceitá-lo que participem da criação das normas através das quais ele se exprime.
3. MERLE, Jean-Christophe; MOREIRA, Luiz. Introdução. In:_____ (Org.). **Direito e legitimidade**. São Paulo: Landy, 2003. p. 9-20, p. 11.
4. LIMA, Martônio Mont'Alverne Barreto. O constitucionalismo brasileiro ou de como a crítica deficiente ignora a consolidação da democracia. **Revista do Instituto de hermenêutica jurídica**, Porto Alegre: Instituto de Hermenêutica Jurídica, v.2, p. 329-338, p. 337, 2004.

e a democracia, podendo ser considerada uma das melhores do mundo, no papel.[5] Nesse ponto, o que se disse ao longo do item 5 deste trabalho presta-se a justificar *por que* a CF/88 prescreve a promoção de tais valores, e não de outros. Demonstra, ainda, que os requisitos do art. 60, que dizem respeito aos limites ao poder de reformar a Constituição, não são limites indevidos à vontade popular, mas premissas indispensáveis à preservação de um ambiente no qual ela se pode manifestar.

Pode parecer pouco, dada a grande discrepância ainda existente entre o texto normativo e a realidade social, mas já se tem um caminho a percorrer, situação muito melhor do que aquela na qual não há sequer o texto, e se discute, até mesmo no plano teórico e normativo, o que deve e o que não deve ser prestigiado.[6] Nesse contexto, quando se sabe o que deve ser feito para fundamentar o ordenamento jurídico, a fim de torná-lo legítimo e, por conseguinte, eficaz, torna-se viável a propositura de medidas destinadas a tornar menos distante o texto constitucional da realidade social brasileira. Ou, por outras palavras, para fazer com que as normas vigentes, que incidem sobre as realidades que lhes servem de suporte fático, sejam observadas e aplicadas em grau mais elevado.

Essa distância nunca será tornada inexistente. O direito é um instrumento de modificação dos fatos, não fazendo o menor sentido uma norma jurídica a preconizar algo que sempre acontece.[7] Mesmo assim, a distância não pode ser também muito grande, pois se espera que a norma tenha eficácia. A maior possível, de preferência, sendo necessário evitar, nesse particular, que se ofereçam "conquistas apenas no papel, no texto legal, para, mais tarde, no campo do realismo" – escreve Martônio Mont´Alverne Barreto Lima – impedirem-se ações concretas "que levem à sua efetivação."[8]

---

5. Apesar de "o Brasil ter uma das Cartas Constitucionais mais avançadas em matéria de direitos fundamentais, ele ocupa a vergonhosa 69.ª colocação no *ranking* elaborado pelo Programa das Nações Unidas para o Desenvolvimento (PNUD), que mede o índice de Desenvolvimento Humano (IDH)." MARMELSTEIN, George. **Curso de direitos fundamentais**. São Paulo: Atlas, 2008, p. XIX.

6. "É um equívoco, por exemplo, considerar que não dispomos de um governo democrático genuíno porque ainda estamos distantes de uma sociedade de iguais. Essa confusão é às vezes feita, no Brasil, quando se mencionam as violações dos direitos civis dos mais pobres e a persistência de uma sociedade profundamente desigual e hierárquica como evidências de que não há uma democracia consolidada no país." VITA, Álvaro de. **O liberalismo igualitário**: sociedade democrática e justiça internacional. São Paulo: Martins Fontes, 2008, p. 14-15.

7. Daí porque Martônio Mont´Alverne registra que o discurso constituinte tem sempre um "grau de idealidade." LIMA, Martônio Mont´Alverne Barreto. Idealismo e efetivação constitucional: a impossibilidade de realização da constituição sem a política. In: COUTINHO, Jacinto Nelson de Miranda; LIMA, Martônio Mont´Alverne Barreto. **Diálogos constitucionais**: direito, neoliberalismo e desenvolvimento em países periféricos. Rio de Janeiro: Renovar, 2006. p. 375-386, p. 380.

8. *Ibid.*, 2006. p. 375-386, p. 377.

6 • COMO APROXIMAR O ORDENAMENTO JURÍDICO BRASILEIRO DE TAIS PRESSUPOSTOS? | **193**

No caso do Brasil, a distância entre o texto constitucional e a realidade é maior, isso parece claro, em virtude da forte desigualdade social existente.[9] Essa desigualdade faz com que muitas pessoas não tenham liberdade nem iguais oportunidades, reduzindo sua participação no processo democrático. Entretanto, a história, nas palavras de Karl Popper,

> pára hoje. Podemos aprender a partir dela; mas o futuro não é um prolongamento do passado; nem uma sua extrapolação. O futuro ainda não existe. A nossa grande responsabilidade reside precisamente no facto de podermos influenciar o futuro, de podermos fazer o nosso melhor para torná-lo melhor.[10]

Nesse contexto, como demonstração de que liberdade, igualdade e democracia são conceitos interdependentes, e que a sua proteção e promoção enseja a criação de um círculo virtuoso que culmina em ainda maior proteção e promoção, pode-se verificar que maiores investimentos públicos em educação, em primeiro lugar, e, também, em saúde, dariam às pessoas maiores oportunidades, reduzindo desigualdades e ampliando suas liberdades. Essas mesmas pessoas, gradativamente inseridas no processo democrático, aprovariam os governantes responsáveis por tais investimentos, estimulando-os a manter ou a aprimorar tais políticas de redução das desigualdades.

O processo é lento, por certo, e existem obstáculos e forças em sentido contrário. Mas ele é possível. Não para que se crie uma sociedade perfeita, de uma democracia de pessoas inteiramente livres e iguais, mas para que se chegue mais próximo disso.

Nos itens seguintes, descendo do campo teórico, no qual se determinou no que se deve fundamentar um ordenamento jurídico, para o plano da concretude, serão indicadas algumas formas – dentre muitas outras decerto possíveis – de aproximar o direito brasileiro de tal idealidade. Estão elas ligadas, basicamente, à atividade financeira do Estado, vale dizer, à tributação e à aplicação dos recursos

---

9. Esse não é, contudo, um defeito imputável apenas ao Brasil, ou mesmo apenas aos países ditos em desenvolvimento, sendo certo que os brasileiros precisam abandonar o vício de considerar que tudo o que diz respeito ao Brasil, seja a História e seus heróis, a democracia, ou o que quer que seja, com exceção apenas do futebol, é, necessariamente, só por ser brasileiro, de má-qualidade. Ronald Dworkin, a propósito da realidade norte-americana, observa que "a distribuição da riqueza e da renda nos Estados Unidos é surpreendente. Em 2001, 1 por cento de nossa população possuída mais de um terço da nossa riqueza, os dez por cento da população situados no topo possuíam mais de setenta por cento dela, e os cinquenta por cento que estão na base apenas 2.8 por cento." (no original: "*[t]he distribution of wealth and income in the United States is striking. In 2001, 1 percent of our population owned more than a third of our wealth, the top 10 percent of the population owned 70 percent of it, and the bottom 50 percent only 2.8 percent.*" - tradução livre) DWORKIN, Ronald. **Is democracy possible here?** (principles for a new political debate). Princeton University Press: Princeton, 2006, p. 91.

10. POPPER, Karl. **A vida é aprendizagem** – Epistemologia evolutiva e sociedade aberta. Tradução de Paula Taipas. São Paulo: Edições 70, 2001, p. 183.

arrecadados. Mais especificamente, à contenção de gastos supérfluos por parte do poder público (que impedem um maior investimento em educação e distorcem o processo democrático, por exemplo); à ampliação das oportunidades de acesso a um ensino de qualidade, sobretudo àqueles que não podem pagar por ele; a uma maior equidade na exigência dos tributos necessários ao custeio do Estado e na aplicação destes em finalidades ligadas à promoção de direitos sociais mínimos, destinados a incrementar uma maior igualdade de oportunidades entre os indivíduos; e, finalmente, a um incremento na participação de todos os cidadãos brasileiros no processo político.

6.1 LIBERDADE, IGUALDADE, DEMOCRACIA, ESTADO E TRIBUTO

Já se demonstrou, no capítulo anterior, como liberdade, igualdade e democracia são conceitos interligados. A liberdade deve ser assegurada por representar característica da criatura humana,[11] que a diferencia dos outros animais e torna necessária e possível a existência de um ordenamento jurídico. Como assiste a todo ser humano, não há razão para que não seja, em princípio, respeitada e garantida em relação a todos eles, o que conduz à ideia de igualdade. E ambas são premissas e decorrências de um regime democrático.

Daí porque se afirma, aqui, que o ordenamento jurídico, no mundo contemporâneo, para ser adequadamente construído, tendo um conteúdo o mais próximo possível daquele que os sujeitos por ele disciplinados consideram mais justo, deve calcar-se no respeito à liberdade, à igualdade e à democracia.

Conforme evidenciado no item 1.1, *supra*, o Estado é o principal meio através do qual se instrumentalizam a criação e a aplicação das normas jurídicas, sendo, por conseguinte, também o principal meio para que se procure fazer com que essas normas jurídicas sejam criadas democraticamente, por sujeitos livres e iguais.

Os caminhos para aproximar a realidade desse ideal, portanto, parecem passar, necessariamente, pela atuação estatal e, por conseguinte, demandam atenção à sua *atividade financeira*, especialmente no que diz respeito à obtenção e à aplicação dos recursos públicos. Afinal,

> [t]axes are the principal mechanism through which government plays this distributive role. It collects money in taxes at progressive rates so that the rich pay a higher percentage of their income or wealth than the poor, and it uses the money it collects to finance a variety of programs

---

11. A exigência de liberdade "é a necessidade imanente da razão". GOYARD-FABRE, Simone. **O que é democracia?** A genealogia filosófica de uma grande aventura humana. Tradução de Cláudia Berlinger. São Paulo: Martins Fontes, 2003, p. 316.

6 • COMO APROXIMAR O ORDENAMENTO JURÍDICO BRASILEIRO DE TAIS PRESSUPOSTOS?

that provide unemployment and retirement benefits, health care, aid to children in poverty, food supplements, subsidized housing, and other benefits.[12]

É importante que existam limites à obtenção de recursos públicos, a fim de que a liberdade dos indivíduos não seja suprimida ou amesquinhada por uma excessiva atividade tributária. Aliás, pode-se dizer que os direitos fundamentais e as Constituições que os garantem surgiram, historicamente, da luta da sociedade para conter o arbítrio dos governantes na instituição de tributos. Mas é por igual necessária a existência de disciplinamento em torno da aplicação desses recursos, a fim de que sejam canalizados à promoção de uma maior igualdade, de uma maior liberdade e de uma mais ampla democracia.

Também aqui, na obtenção e na aplicação dos recursos, liberdade, igualdade e democracia se entrelaçam. Afinal, a obtenção dos recursos deve ser limitada de sorte a não restringir a liberdade, e sua aplicação deve ser regida de sorte a promover a igualdade, ampliando a liberdade de um maior número de pessoas.[13] E tais medidas não só são necessárias para que as pessoas tenham maiores condições de participar do processo democrático, como serão tanto mais efetivadas quanto maior for a participação democrática na elaboração das normas de direito tributário e financeiro.[14]

---

12. DWORKIN, Ronald. **Is democracy possible here?** (principles for a new political debate). Princeton University Press: Princeton, 2006, p. 92. No original: "tributos são o principal mecanismo através do qual governo desempenha este papel distributivo. Ele recolhe dinheiro através de impostos calculados por meio de alíquotas progressivas de modo a que os ricos paguem uma percentagem mais elevada dos seus rendimentos e de sua riqueza do que os pobres, e então utiliza o dinheiro que recolhe para financiar uma variedade de programas que proporcionem benefícios aos desempregados e aos aposentados, serviços de saúde, ajuda a crianças pobres, suplementos alimentares, habitação subsidiada, e outros benefícios."

13. No dizer de Dworkin, "*a theory of just taxation must therefore include not only a theory of what equal concern demands on the best understanding but also a conception of the true consequences of personal responsability, and it must find a way to satisfy both of these requirements in the same structure.*" Ibid., 2006, p. 105.

14. A democracia permite que se evite que o grupo responsável pela feitura da lei tributária procure aliviar a própria situação na imposição do ônus, bem como favorecer-se com a aplicação do montante arrecadado. Isso porque a tributação, como fato político, está "visceralmente ligada à luta de classes por ser esta elemento subjacente do fenômeno da conquista e manutenção do poder. Ontologicamente considerada, a Política tem por objeto o estudo do poder como fenômeno social. Tributar – exigir dinheiro sob coação – é uma das manifestações do exercício do poder. A classe dirigente, em princípio, atira o sacrifício às classes subjugadas e procura obter o máximo de satisfação de suas conveniências com o produto das receitas. Em um país governado por uma elite de fazendeiros, por exemplo, é pouco provável que o imposto de renda sobre proventos rurais seja aplicado com o rigor com que atinge os demais rendimentos e bens. Foi o que fizeram a nobreza e o clero por toda a parte. Mais tarde, quando as despojou do poder político, a burguesia preferiu sistemas tributários que distribuíssem a carga fiscal predominantemente sobre o proletariado. É a fase do apogeu dos impostos reais, como o de consumo." BALEEIRO, Aliomar. **Uma introdução à ciência das finanças**. 16.ed. Atualizada por Dejalma de Campos. Rio de Janeiro: Forense, 2008, p. 232.

Nos itens seguintes, serão indicadas algumas – dentre várias outras possíveis – práticas que podem levar, especialmente no âmbito da atividade financeira do Estado e em seus limites (negativos e positivos, na obtenção e na aplicação dos recursos), a uma maior liberdade dos indivíduos, a uma maior igualdade e a um implemento da democracia, a fim de que, com isso, criem-se mecanismos para que a ordem jurídica brasileira se torne – tanto no plano da abstração, como no plano da concreção[15] - mais próxima do que os sujeitos por ela disciplinados consideram justo.

6.2 RESTRIÇÕES AOS GASTOS COM PROPAGANDA GOVERNAMENTAL

Um maior investimento em saúde e, principalmente, em educação, como já afirmado, parece ser, no caso do Brasil, um meio para incrementar a liberdade e a igualdade das pessoas, e, com isso, a efetividade do regime democrático, viabilizando a aproximação entre o ordenamento jurídico positivo, de um lado, e aquele conteúdo considerado mais justo pelos que têm por ele a conduta disciplinada, de outro.

Para que esses investimentos aconteçam, é preciso, primeiro, que existam recursos. Isso é elementar. Mas não basta que existam recursos. É preciso que sejam aplicados nessas finalidades.

E, neste ponto, uma ressalva importante deve ser feita. Deve-se afastar a ideia de que um aumento na arrecadação de tributos está, necessariamente, ligado a uma redução das desigualdades sociais. Conquanto evidente seu desacerto, muitos usam essa ideia para justificar a majoração de tributos ou, o que é pior, para justificar, ou tentar justificar, a cobrança de tributos em termos incompatíveis com as leis ou a Constituição, esquecendo que a existência de recursos financeiros é tão necessária quanto insuficiente para a promoção dos direitos sociais e para a redução das desigualdades.[16] No caso, os recursos, além de disponíveis, devem efetivamente ser aplicados nessas finalidades, sendo este o principal problema. A arrecadação de tributos sempre ocorreu, sendo ine-

---

15. Para os efeitos deste trabalho, deve-se entender por "plano da abstração" a norma jurídica considerada de forma hipotética, da forma como posta em vigor. "Plano da concreção", por sua vez, diz respeito ao mundo dos fatos, no qual a norma incide e produz efeitos que devem ser (mas nem sempre são) observados. É no plano da concreção que se dá o fenômeno da ineficácia social, assim entendida a não produção de efeitos concretos, na realidade social, pela norma incidente, à míngua de observância por parte daqueles obrigados à prestação nela prevista, e de aplicação por parte das autoridades competentes para impor o cumprimento dessa mesma prestação.

16. Vale recordar, aqui, a advertência de José de Albuquerque Rocha, que alerta para "o papel autoritário e reacionário do Estado e do direito periféricos, por trás da máscara do Estado social". ROCHA, José de Albuquerque. **Estudos sobre o poder judiciário**. São Paulo: Malheiros, 1995, p. 134.

rente ao poder político. Seu disciplinamento jurídico, que a ela impõe limites, e a imposição de que os recursos arrecadados sejam aplicados em finalidades determinadas, de relevância social, são conquista recente, sendo a História testemunha de que arrecadação de tributos e ações governamentais em prol da sociedade nem sempre estão associados.

Não se adota, aqui, portanto, a visão criticada por Dworkin, segundo a qual "muitos conservadores desejam tributos mais reduzidos porque querem reduzir ou eliminar programas sociais que esses tributos tornam possíveis."[17] No Brasil (e não se descarta que em outros países se dê o mesmo), alguns dos que são contrários ao aumento de tributos, ou favoráveis à sua redução, não o são por pretenderem o fim de programas sociais, mas por terem a consciência que os programas sociais não são implantados com maior eficiência por razões outras que não a falta de recursos.

A existência de gastos expressivos com propaganda governamental é uma demonstração disso. Se faltam recursos para a educação, o que poderia justificar seu emprego desmedido em campanhas publicitárias institucionais? Não se pode dizer, parece claro, que os gastos com propaganda governamental nada têm a ver com os gastos com saúde e educação. Têm, sobretudo quando estes últimos não são feitos em patamares considerados suficientes por conta da alegada falta de recursos financeiros. Diante da finitude dos recursos públicos, é evidente que a escolha de gastar mais para atender um objetivo implica gastar menos para atender outros objetivos. A questão, portanto, é saber qual deles é mais relevante. A esse respeito, Ronald Dworkin faz observação bastante pertinente:

> *How can officials decide how much to spend on military hardware without also deciding how much to spend on education and health care, and how can they decide those questions without a theory about what the citizens of all economic classes are entitled to have?*[18]

---

17. No original: "*[m]any conservatives want taxes to be lower because they wish to reduce or eliminate welfare programs that taxes make possible.*" (DWORKIN, Ronald. **Is democracy possible here?** (principles for a new political debate). Princeton University Press: Princeton, 2006, p. 92). Ainda nas palavras do mencionado autor, "conservadores acreditam que esse papel do Estado deveria ser reduzido e as reduções de tributos são um meio apropriado para esse objetivo porque, eles pensam, a tributação mesmo nos níveis atuais é injusta para aqueles que trabalham duro para ter seus rendimentos e tornam possível uma economia vibrante que beneficia a todos." (tradução livre do original: "*[c]onservatives believe that this role of government should be reduced and that tax reductions are an appropriate means to that goal because, they think, taxation at even its present level is unfair to those who work hard for their income and who make possible a vibrant economy that benefits everyone.*" *Ibid.*, p. 92-93). Não é esse o caso de muitos dos que, no Brasil, se opõem à majoração de tributos, sobretudo quando o fazem não por serem contrários à majoração em si mesma, mas por serem contrários à cobrança de tributos em desacordo com a lei ou com a Constituição, justificada apenas em um suposto incremento na promoção dos direitos sociais.

18. DWORKIN, Ronald, *op. cit.*, 2006, p. 100.

Modificando a expressão equipamentos militares (*military hardware*) por propaganda, a observação de Dworkin se aplica por inteiro ao Brasil. Em face da finitude dos recursos públicos, cuja escassez é invariavelmente o motivo alegado para a não implementação de diversos direitos sociais ligados à ideia de igualdade, sobretudo no âmbito da saúde e da educação, não se pode afirmar que a decisão a respeito de quanto gastar com propaganda governamental não tem qualquer relação com a redução das desigualdades. Pode-se dizer, em verdade, que cada real gasto com propaganda é, potencialmente, um real a menos gasto com educação e com saúde.

A questão, portanto, reside em saber qual desses gastos é mais importante. De tão evidente, a resposta nem demandaria justificativa mais detalhada. Uma maior igualdade, a ser obtida com um maior implemento das oportunidades ofertadas a todos, é seguramente mais importante, relacionada como está à liberdade e à democracia, e, com elas, a uma adequada fundamentação da ordem jurídica, do que despesas com propaganda governamental, a qual é, no mais das vezes, inteiramente desnecessária, sendo usada não no interesse da coletividade, mas no interesse de quem momentaneamente ocupa funções políticas e deseja promover-se com vistas às próximas eleições.[19] Paulo Bonavides, a respeito deste problema, escreveu:

> Só este ano o governo despenderá em publicidade 650 milhões de reais.
>
> Que absurdo, que irresponsabilidade, que acinte!
>
> Quantas lágrimas não poderiam ser enxugadas, quantas crianças alimentadas, quantas escolas construídas, quantos remédios adquiridos, quantos hospitais providos e equipados, quantas universidades e laboratórios e bibliotecas instalados, quanta miséria socorrida, quanta indigência amparada, quantas dores estiladas em pranto não poderiam ser mitigadas!
>
> Todo esse dinheiro se gasta nas orgias publicitárias de um regime que busca nos meios de comunicação o derradeiro asilo, o derradeiro artifício com que recompor a imagem poluída e estragada de uma gestão de incompetência e desmazelo. [...]
>
> [...]
>
> É dinheiro do erário financiando pois a lavagem cerebral da sociedade, inculcando, deste Governo, virtudes que ele não possui, alardeando obras que não saíram do papel, renovando promessas que não serão cumpridas, formulando planos que a mesa da burocracia ministerial depois arquivará.[20]

---

19. "A propaganda governamental na verdade é feita para promoção pessoal dos governantes, tanto que no passado veiculava seus nomes e fotografias. Já não pode fazê-lo, mas veicula, ainda que indevidamente, mensagens que, de algum modo, ainda que apenas em razão das circunstâncias, identificam os favorecidos com a divulgação." MACHADO, Hugo de Brito. Carga tributária e gasto público: propaganda e terceirização. **Interesse público**, Curitiba: Notadez, ano VIII, n. 38, p. 177-186, 2006, p. 179.

20. BONAVIDES, Paulo. **Teoria constitucional da democracia participativa**. Por um direito constitucional de luta e resistência, por uma nova hermenêutica, por uma repolitização da legitimidade. São

6 • COMO APROXIMAR O ORDENAMENTO JURÍDICO BRASILEIRO DE TAIS PRESSUPOSTOS? — 199

Não se está aqui a dizer, convém esclarecer, que o poder público nada pode gastar com publicidade. Longe disso, até porque a transparência e a publicidade são indispensáveis à democracia e, por isso mesmo, determinadas em diversos pontos do texto constitucional.[21] A publicidade é exigida para que se considerem válidos, ou mesmo existentes, diversos atos do poder público, a começar pelas leis. E, em outras hipóteses, pode ser um instrumento muito eficaz para combater doenças, reduzir mortes no trânsito ou conscientizar a população de qualquer outra postura importante a ser adotada. É o caso de programas que visam a conscientizar a população a respeito do risco de contágio e das formas de prevenção de certas doenças (*v.g.*, AIDS durante o carnaval, dengue no período das chuvas etc.), da importância de certas condutas (p.ex., do aleitamento materno), e assim por diante.

O que não se admite, e pode ser considerado desperdício puro de dinheiro público, aplicado em evidente desvio de finalidade, é a propaganda institucional, que visa a levar ao conhecimento da população os "feitos" daquele que circunstancialmente ocupa um cargo público. Esse tipo de propaganda beneficia e gera dividendos unicamente para o governante que por ela é promovido (e para o veículo que a divulga), não havendo o menor interesse público em sua realização. Álvaro Ricardo de Souza Cruz, a esse respeito, pondera:

> A questão é se faz sentido a União, os Estados e os Municípios gastarem milhões e milhões em publicidade, que de fato está favorecendo o 'dono do poder no momento'. Por certo, que nossa crítica não se faz quando de uma campanha de vacinação, e sim contra anúncios dispediosos de obras públicas e ações governamentais.[22]

Aliás, despesas expressivas com propaganda governamental são responsáveis ainda por outro problema. Além de implicarem menos recursos para investimento em educação e na consecução de outros direitos ligados à promoção da igualdade de oportunidades entre os cidadãos, ensejam ainda graves danos à democracia, pois não raro têm a finalidade de construir uma imagem da pessoa do governante, ou de seu partido, perante a sociedade, às custas do patrimônio público.[23] As ditaduras, de uma maneira geral, valeram-se de maciça propagan-

---

Paulo: Malheiros, 2001, p. 102-103. O ano a que o autor se refere é o de 2000, no qual foi proferida a conferência a que o texto corresponde.

21. "Todos os atos oficiais dos agentes públicos devem ser submetidos ao regime de integral publicidade. Todo cidadão tem o direito fundamental de saber a verdade e tomar conhecimento daquilo que foi feito em nome do povo, do qual ele, cidadão, é um dos componentes." COMPARATO, Fábio Konder. **Ética**. São Paulo: Companhia das Letras, 2006, p. 635.

22. CRUZ, Álvaro Ricardo de Souza. **O discurso científico na modernidade**: o conceito de paradigma é aplicável ao direito? Rio de Janeiro: Lumen Juris, 2009, p. 203.

23. Raquel Cavalcanti Ramos Machado destaca, a esse respeito, que "não pode o Estado gastar mais com propaganda do que realizando os atos prestacionais e materiais que divulga, sobretudo no caso de propaganda institucional. Isso decorre da própria noção de Estado Social e de democracia efetiva. Do contrário, possibilitar divulgações mais dispendiosas do que a própria atuação é privilegiar a retórica

da, a fim de (de)formar a consciência dos cidadãos a respeito da idoneidade dos governantes.[24]

E isso ocorre por vários meios. Além da própria influência gerada pela mensagem transmitida pela propaganda, os meios de comunicação, que com ela passam a ter no governo seu principal cliente e anunciante, perdem o interesse em criticá-lo. Os gastos com propaganda governamental são, nesse contexto, "um instrumento de corrupção na medida em que contribuem para calar os órgãos de comunicação de massa, evitando que estes exerçam o seu importante papel na sociedade democrática."[25] A imprensa livre fica, por outras palavras, comprometida, porquanto passa a ser financiada por expressivos anúncios e publicidades feitas pelo poder público, que naturalmente não tem o interesse de perder, criticando o governante ou suas posturas.

6.3 TERCEIRIZAÇÃO, GASTOS PÚBLICOS E ELEIÇÕES

Demonstrando que liberdade, igualdade e democracia são conceitos interligados e interdependentes, a falta de qualidade no gasto público não compromete apenas uma maior igualdade entre os cidadãos, que seria obtida com a prestação, a estes, de serviços públicos essenciais; assim como não compromete apenas a ampliação de sua liberdade, decorrente dessa maior igualdade. Há prejuízos, também, para a democracia, que inclusive não se limitam àqueles diretamente decorrentes da não redução das desigualdades.

É o caso do emprego de expressivas quantias nas campanhas políticas, que, além de implicar influência do poder econômico nos resultados das eleições, pode ensejar o comprometimento do candidato eleito com aqueles que colaboraram com a sua campanha. Trata-se de uma causa, e também de uma consequência, da má-qualidade do gasto público, que termina por beneficiar não os mais necessitados, que sem ele teriam maior dificuldade para exercer sua liberdade

---

em prejuízo de incrementos reais efetivos, o que possibilita o surgimento de uma democracia forjada, já que fundada em uma imagem irreal de prosperidade estatal." MACHADO, Raquel Cavalcanti Ramos. A propaganda governamental no diálogo entre Estado e sociedade. **Jus Navigandi**, Teresina, ano 13, n. 1972, 24 nov. 2008. Disponível em: <http://jus2.uol.com.br/doutrina/texto.asp?id=12000>. Acesso em: 01 dez. 2008.

24. O poder necessita de legitimidade. Quando esta não é obtida por meio de suas ações reais e concretas, ou pela própria forma como é exercido ou como se escolhe quem o exerce, torna-se necessário o uso de recursos destinados a dar-lhe uma *aparência* capaz de manter sua legitimidade. A propósito, confira-se: LUHMANN, Niklas. **Poder**. Tradução de Martine Creusot de Rezende Martins. Brasília: UnB, 1985, p. 22. No mesmo sentido: COMPARATO, Fábio Konder. **Ética**. São Paulo: Companhia das Letras, 2006, p. 595.

25. MACHADO, Hugo de Brito. Carga tributária e gasto público: propaganda e terceirização. **Interesse público**, Curitiba: Notadez, ano VIII, n. 38, p. 177-187, 2006, p. 186.

e viver com dignidade, mas sim aqueles que contribuíram com a campanha e, assim, viabilizaram a eleição do candidato vencedor. Cria-se um círculo vicioso. O desvio beneficia terceiros que, com os recursos assim obtidos, e evidentemente não contabilizados, em seguida custeiam a campanha dos políticos que, uma vez vencedores, serão coniventes com novos desvios.

O financiamento público de campanhas, que permitiria que "candidatos não milionários participem do jogo político"[26], e um mais rigoroso controle dos gastos feitos nas campanhas eleitorais e da origem dos recursos correspondentes, consistente em uma "articulação que deve existir entre Justiça Eleitoral, Receita Federal e Banco Central"[27], são ferramentas com as quais se pode tentar minimizar esse problema. Com tais mecanismos, pode-se tentar controlar, e de alguma forma minimizar, a influência do poder econômico no processo eleitoral. Outra ferramente disponível reside em um maior controle no gasto público, sendo necessário fechar as válvulas por onde escapam de forma menos controlável os recursos públicos. Uma dessas válvulas é a propaganda governamental, da qual cuidou o item anterior. Como não é possível dimensionar o valor de um trabalho publicitário, ou mesmo se a quantidade de serviço contratada e paga foi a mesma quantidade efetivamente prestada, é inegável tratar-se de despesa que torna mais difícil o controle e, por conseguinte, mais fácil o desvio. A propaganda, contudo, é nociva independentemente disso, sendo essa a razão pela qual foi tratada em item apartado. Os prejuízos que traz independem da existência de desvio ou superfaturamento no gasto a ela inerente, pois mesmo que o poder público pague por serviços publicitários e por espaços na mídia exatamente a mesma quantia que qualquer empresa privada pagaria, trata-se de um desperdício porque a despesa não é necessária.

Outra dessas válvulas de saída dos recursos públicos é a terceirização, mas a ela não se pode fazer exatamente a mesma crítica feita à propaganda. E o motivo é o tratar-se de forma de simplificar a contratação de mão de obra que, se bem utilizada, poderia trazer bons resultados para a Administração Pública. O seu problema é criar condições que facilitam sua incorreta utilização, propiciando o desvio de recursos públicos.

Por terceirização, já é o momento de explicar, se está designando a celebração, pelo Poder Público, de contratos de locação ou de cessão de mão de obra,

---

26. LIMA, Martônio Mont'Alverne Barreto. A democracia da atualidade e seus limites: o financiamento público de campanhas eleitorais. **Revista brasileira de direito eleitoral**, Fortaleza: ABC, n. 17, p. 119-141, p. 132, 2005. Trata-se, ainda no dizer do referido autor, não de uma possibilidade, mas de uma necessidade "que poderá representar apenas um passo inicial de um longo e doloroso caminho a ser percorrido por quem deseja a construção de partidos políticos que protagonizem uma educação cívica, laica e republicana." (p. 134)

27. *Ibid.*, p. 119-141, 2005, p. 135.

termos aqui usados como sinônimos, que consistem, a teor do art. 31, § 3.º, da Lei 8.212/91, na "colocação à disposição do contratante, em suas dependências ou nas de terceiros, de segurados que realizem serviços contínuos, relacionados ou não com a atividade-fim da empresa, quaisquer que sejam a natureza e a forma de contratação."

O primeiro problema, trazido pela terceirização, consiste na não realização de concurso público para provimento de cargo público. Em vez de contratar servidor público para preencher cargo público e desempenhar a função de vigilante, por exemplo, a Administração contrata pessoa jurídica de direito privado que lhe cede um vigilante. Abre-se a possibilidade, com isso, de o governante, com a finalidade de agraciar este ou aquele aliado, determinar à empresa de locação *quem* contratar e *quanto* pagar ao contratado, com violação dos princípios da impessoalidade, da moralidade e da isonomia.

Mas os problemas trazidos pela terceirização são ainda mais profundos. Com efeito, não é feita a cessão de um vigilante, como se exemplificou de forma simplificada no parágrafo anterior. A cessão é feita em relação a um número expressivo de pessoas, o que dificulta demasiadamente o controle do *sinalagma* correspondente. Por outras palavras, torna-se difícil avaliar se o contrato de cessão de mão de obra está, ou não, superfaturado.

Se a Administração realiza concurso público para a contratação de 100 porteiros para suas repartições, por exemplo, sabe-se quanto cada um desses servidores receberá. Seus vencimentos são conhecidos publicamente, e bastará multiplicar o valor dos vencimentos pelo número de servidores para que se tenha conhecimento da despesa por eles representada para o Erário, despesa que, por sinal, consistirá na quantia que eles, porteiros, receberão.

Diversamente, quando se trata de terceirização, é feito um contrato com empresa de cessão de mão de obra, que oferece, por determinado preço, uma quantia expressiva de porteiros. Quando se realiza o controle do gasto público correspondente, a figura da cessão serve de biombo entre a Administração e os porteiros, e o contrato não aparece como representando o pagamento de uma quantia individualizada para cada porteiro. Ao contrário, o contrato é avaliado como representando o pagamento de uma quantia por "cessão de mão de obra", sendo preciso, para avaliar a eventual absurdez do que se está a pagar por ela, descer nas minúcias para saber quantos porteiros foram efetivamente contratados. Além disso, é difícil de saber se todos os porteiros que constaram do contrato foram efetivamente cedidos, ou se cedidos foram apenas dois terços, ou menos ainda.

E o problema se torna mais grave quando se constata que os porteiros, que efetivamente prestaram o serviço à Administração, receberam salário infinita-

6 • COMO APROXIMAR O ORDENAMENTO JURÍDICO BRASILEIRO DE TAIS PRESSUPOSTOS? **203**

mente menor do que o valor que receberiam se fossem concursados. Embora a Administração gaste talvez até mais com a mão de obra terceirizada do que gastaria com servidores próprios, a diferença é toda devida à pessoa jurídica de locação de mão de obra, que pode eventualmente pertencer a um dos que contribuiu para com a campanha do governante. Aliás, além da concentração de renda, há o incremento do círculo vicioso, pois poderá ser formado caixa, assim, para novas contribuições em eleições futuras. Hugo de Brito Machado, por isso, afirma que

> [e]ntre os males da terceirização, temos o aumento de oportunidades para a prática de corrupção, a dificuldade no controle das contas públicas e o significativo aumento da concentração de renda no País. Enquanto a remuneração de servidores públicos direciona a renda para camadas economicamente mais modestas, a terceirização permite que empresas explorem os trabalhadores, pagando a estes salários os menores que o mercado permite, de sorte que o gasto com terceirização termina por carrear as maiores somas para o bolso do empresário, na forma de lucro.[28]

Curiosamente, um maior rigor contido nas normas da Constituição vigente em relação à exigência de concurso público e ao controle nos gastos públicos levou, de forma sintomática, a uma proliferação sem igual da "terceirização" no âmbito de todos os setores da Administração Pública. E escândalos ligados a irregularidades nas administrações, das diversas esferas, estão invariavelmente ligados à contratação de tais empresas.

A respeito da publicidade, mencionada no item anterior, e da terceirização, neste item examinada, o escândalo conhecido no Brasil como "mensalão" serve de exemplo do que se está aqui a afirmar. Sem entrar no mérito de saber se a prática era comum em governos anteriores, o que parece mais provável, ou se implantada pelo Partido dos Trabalhadores, no âmbito do qual fora descoberta, o que importa é que, através dela (e da publicidade, cumpre lembrar que era essa a atividade de Marcos Valério), recursos públicos eram desviados e não só financiavam despesas com campanhas eleitorais subsequentes, mas custeavam até mesmo a compra da fidelidade de membros do Poder Legislativo, por parte dos que ocupavam o Poder Executivo, revelando o tamanho do prejuízo causado às instituições democráticas.

Proibindo-se a terceirização no âmbito da Administração Pública, o que seria o ideal, ou, caso seja ela mantida, realizando-se um controle muito mais intenso e cuidadoso nos contratos correspondentes, sobretudo na relação entre o montante pago pela "cessão" e o número de pessoas efetivamente cedidas (e sua remuneração), tornar-se-á possível fechar importante válvula que propicia

---

28. MACHADO, Hugo de Brito. Carga tributária e gasto público: propaganda e terceirização. **Interesse público**, Curitiba: Notadez, ano VIII, n. 38, p. 177-187, 2006, p. 185-186.

a má-qualidade do gasto público no Brasil e, com ela, o amesquinhamento do processo democrático e do papel do Estado de agente redutor das desigualdades e promotor das liberdades dos cidadãos.

6.4 IMUNIDADE ÀS INSTITUIÇÕES DE EDUCAÇÃO CONDICIONADA À OFERTA DE VAGAS AO PODER PÚBLICO

Talvez a principal forma de assegurar aos cidadãos condições para o amplo exercício de suas liberdades seja através da educação. Com ela, não apenas se ampliam os horizontes e se disponibilizam os meios para que cada indivíduo desenvolva seus potenciais da forma como considerar mais adequada, como se criam condições para que esses indivíduos sejam mais atuantes politicamente,[29] tanto no exercício de direitos políticos ativos como passivos, vale dizer, tanto para que avaliem com maior propriedade os atos do poder público,[30] como para que participem do próprio funcionamento do poder público. Daí dizer-se que "a educação dissolve o poder, porque substitui verdade a vontades. A educação igual eleva; o homem regressivo, que aparecesse não encontraria 'multidão' em que se apoiasse."[31]

O amplo oferecimento de educação gratuita e de qualidade pelo poder público, portanto, é o principal caminho para a redução das desigualdades entre os indivíduos, sem que essa redução seja prejudicial à liberdade ou à democracia. Ao contrário, trata-se de redução das desigualdades que implica, por igual, incremento também da liberdade e da democracia, como explicado.

Aliás, é preciso lembrar que a educação não beneficia apenas individualmente quem a recebe. Seu efeito global beneficia, de forma inegável, toda a sociedade. A criança e o adolescente ocupados na escola têm menores probabilidades de se envolverem com atividades ilícitas, nocivas à sociedade e ao seu próprio desenvolvimento. Além disso, conscientes, podem participar ativamente da vida em sociedade.[32] E mais: com um maior número de pessoas estudando, aprendendo

---

29. "A lição dos antigos é irrefutável: há sempre uma íntima ligação entre educação e política, entre a formação do cidadão e a organização jurídica da cidadania." COMPARATO, Fábio Konder. **Ética**. São Paulo: Companhia das Letras, 2006, p. 241.

30. O analfabetismo pode ser barreira formidável à participação em atividades econômicas e políticas, impedindo, por exemplo, que alguém leia jornal que veicula críticas ao governante. SEN, Amartya. **Desenvolvimento como liberdade**. Tradução de Laura Teixeira Motta. São Paulo: Companhia das Letras, 2000, p. 56.

31. MIRANDA, Pontes de. **Democracia, liberdade, igualdade, os três caminhos**. Campinas: Bookseller, 2001, p. 644.

32. A esse respeito, Nelson Saldanha registra que a carência de educação, "além de conservar o fosso entre comunidades e elites, dificulta a *politização* do país, e destarte enfraquece todas as tentativas de sustentação de uma ordem democrática no país: pois que o esquema democrático supõe obviamente uma

6 • COMO APROXIMAR O ORDENAMENTO JURÍDICO BRASILEIRO DE TAIS PRESSUPOSTOS?

e ensinando, são também maiores as chances de se fazerem descobertas úteis à sociedade como um todo, como a cura de doenças, a construção de novas teorias, novos inventos tecnológicos etc.[33]

Por isso mesmo, a Constituição da República Federativa do Brasil, promulgada em 1988 (CF/88), define o direito à educação como um direito social (art. 6.º, *caput*), determinando o estabelecimento de um salário mínimo suficiente para atender, dentre outras, as necessidades inerentes a ela (art. 6.º, IV). Reserva à União competência privativa para legislar sobre as diretrizes básicas a serem seguidas na educação (art. 21, XXIV), e assevera competir à União, aos Estados--membros, ao Distrito Federal e aos Municípios "proporcionar os meios de acesso à cultura, à educação e à ciência." (art. 23, V) e legislar concorrentemente sobre cultura, educação e desporto (art. 24, IX). Aos Municípios assevera competir privativamente, em cooperação financeira com a União e o Estado, programas de educação infantil e de ensino fundamental (art. 30, VI). No art. 150, VI, "c", a CF/88 assegura imunidade tributária a instituições de educação sem fins lucrativos e, a partir do art. 205, passa a tratar especificamente da educação, definindo-a como direito de todos e dever do Estado e da família (art. 205), devendo o ensino ser ministrado com base em princípios como o da liberdade, o da igualdade e o da gratuidade nos estabelecimentos oficiais (art. 206).

Comentando a Constituição de 1891, João Barbalho já destacava a conquista representada pelos direitos individuais e a relação destes com a educação. Em suas palavras, a Constituição oferece

> um rico catálogo de direitos e garantias, verdadeiras conquistas que o espírito de liberdade e a dignidade humana foram obtendo no correr dos séculos à custa de muito sangue e ingentes sacrifícios – preciosíssimo tesouro que fica sob a guarda e vigilância do patriotismo e zelo cívico dos que compõem a nação brasileira.
>
> Para a efetividade e valia dessa guarda é porém indispensável que se instrua o povo e tenha ele verdadeira consciência de seus direitos, a fim de que os saiba defender e possa acertar na escolha de seus mandatários.[34]

A liberdade é importante, especialmente quando assegurada pela convivência de instituições públicas e privadas, pois assim as ideias podem ser livremente transmitidas e discutidas no âmbito da sociedade, sem sofrer controles por parte

---

participação consciente por parte dos governados – sendo neste ponto pouco relevante a distinção entre democracia governante e democracia governada –, e essa participação supõe um povo minimamente informado e identificado com os problemas nacionais." SALDANHA, Nelson. **O poder constituinte**. São Paulo: RT, 1986, p. 10.

33. SEN, Amartya, *op. cit.*, 2000, p. 154.

34. BARBALHO, João. **Constituição Federal Brasileira** – comentários por João Barbalho. Brasília: Senado Federal, 1992, p. 4.

do Poder Público. Entretanto, a igualdade, com o oferecimento da educação para todos, em um contexto em que entre as pessoas há grandes desigualdades sociais, depende fundamentalmente da gratuidade do ensino nos estabelecimentos oficiais. Gratuidade que depende de recursos públicos, os quais, todavia, não parecem estar sendo suficientes – apesar da arrecadação de valores cada vez mais expressivos – para garantir esse direito fundamental.

Daí porque um dos caminhos que podem ser seguidos, para assegurar a um maior número de pessoas a educação de qualidade, dando-lhes igualdades de oportunidades e ampliando-lhes as liberdades, é a modificação na imunidade tributária de que cuida o art. 150, VI, "c", da CF/88,[35] hoje regulamentada pelo art. 14 do CTN, competente para tanto em face do disposto no art. 146, III, "b", da CF/88.

Atualmente, têm direito à imunidade tributária em relação a impostos as instituições de educação sem fins lucrativos, assim entendidas aquelas que atendam aos seguintes requisitos:[36]

> I – não distribuírem qualquer parcela de seu patrimônio ou de suas rendas, a qualquer título; *(Redação dada pela Lcp nº 104, de 10.1.2001)*
>
> II – aplicarem integralmente, no País, os seus recursos na manutenção dos seus objetivos institucionais;
>
> III – manterem escrituração de suas receitas e despesas em livros revestidos de formalidades capazes de assegurar sua exatidão.

Entende-se que, sendo a educação e a assistência social atividades essenciais que o Estado deve exercer, e sendo inegável a deficiência deste nesse exercício, os particulares que resolvam exercer tais atividades devem ser estimulados, desde que o façam sem o intuito de lucrar.

O propósito da norma imunizante é nobre, mas sua aplicação prática enfrenta algumas dificuldades, sem as quais tanto sua eficácia como sua efetividade poderiam ser melhores.[37]

---

35. "Art. 150. Sem prejuízo de outras garantias asseguradas ao contribuinte, é vedado à União, aos Estados, ao Distrito Federal e aos Municípios: [...] VI - instituir impostos sobre: [...] c) patrimônio, renda ou serviços dos partidos políticos, inclusive suas fundações, das entidades sindicais dos trabalhadores, das instituições de educação e de assistência social, sem fins lucrativos, atendidos os requisitos da lei; [...]"

36. Código Tributário Nacional, art. 14.

37. Para a distinção entre *eficácia* e *efetividade,* confira-se: NEVES, Marcelo. **A constitucionalização simbólica**. São Paulo: Martins Fontes, 2007, p. 48. A eficácia (no sentido social) verifica-se quando normalmente se dá a observância (eficácia primária) ou a aplicação (eficácia secundária) de uma norma jurídica. Normas que são habitualmente seguidas pelas pessoas, e que têm suas sanções aplicadas em caso de eventual descumprimento, são, nesse sentido, normas eficazes. Cogita-se de efetividade, por sua vez, quando se cogita a respeito da consecução dos propósitos ou dos objetivos da norma. Se esta, mesmo observada (eficaz), não atinge os objetivos visados com sua edição, diz-se que não é efetiva.

A primeira dificuldade é que o particular que se dispõe a prestar serviços educacionais geralmente espera, caso obtenha êxito, auferir lucros com a sua exploração. São poucos, portanto, os que se dispõem a atender os requisitos do art. 150, VI, "c" da CF/88 e do art. 14 do CTN. A segunda é que, mesmo aqueles que decidem se submeter às exigências necessárias ao gozo da imunidade enfrentam uma série de entraves burocráticos, impostos pelas autoridades da administração tributária, para o seu reconhecimento. E, finalmente, a terceira, a de que existem aqueles que dizem exercer atividade sem fins lucrativos, e preencher os tais requisitos, a fim de ter direito à imunidade a impostos, mas que na verdade não o fazem.

Uma solução, aliás já apontada pela doutrina especializada, seria alterar tanto o art. 150, VI, "c", da CF/88, como a legislação complementar que estabelece os requisitos necessários ao gozo da imunidade, para estabelecer que têm direito ao benefício todos aqueles que ofereçam determinado número de vagas para preenchimento pelo Poder Público, independentemente de terem finalidade lucrativa ou não.

Assim, em vez de ofertarem vagas apenas a quem pudesse pagar pelo serviço prestado, e de ficarem impedidas de distribuir os lucros assim obtidos, as instituições de educação poderiam distribuir os lucros experimentados com o exercício de sua atividade, e não pagariam quaisquer tributos, mas seriam obrigadas a oferecer, para o Poder Público, um determinado número de vagas, a ser estabelecido em lei complementar. Conforme preconiza Hugo de Brito Machado,

se o governo não pode ou não quer prescindir totalmente dos tributos sobre as escolas, poderia pelo menos cobrar esse tributo em forma de vagas destinadas ao Poder Público, com o que reduziria os gastos públicos com educação. Para tanto bastaria que uma emenda constitucional alterasse a redação da alínea *c*, do inciso VI, do art. 150, dela excluindo a referência a instituição de educação, e inserisse no mesmo inciso a alínea *e*, atribuinte a imunidade ao *patrimônio, renda ou serviços das instituições de educação que destinem ao poder público tantos por cento das vagas em seus estabelecimentos, atendidos os requisitos estabelecidos em lei.*

A lei complementar estabeleceria as providências necessárias a evitar a discriminação, por parte dos estabelecimentos educacionais, entre alunos particulares e alunos indicados pelo governo, tais como a exigência de que o percentual de vagas fosse mantido em cada sala de aula, e a proibição de identificação dos alunos indicados pelo governo. A indicação governamental seria simplesmente um problema a ser tratado pela tesouraria do estabelecimento, sendo o aluno indicado igual aos demais para todos os efeitos administrativos e didáticos.

Assim estaria estabelecida uma parceria entre o Estado e o setor privado capaz de resolver a questão educacional no País. Na verdade, porém, falta em nossos governantes vontade política para resolver essa importante questão. Talvez prefiram mesmo governar um povo

---

Uma lei que proíbe as pessoas de dirigirem com qualquer teor de álcool no sangue, por exemplo, tem a finalidade de reduzir o número de acidentes automobilísticos. Se as pessoas observam a lei e deixam de dirigir quando tenham bebido, diz-se que a norma é eficaz. Mas se, mesmo assim, por hipótese, o número de acidentes não for reduzido, diz-se que não teve efetividade.

pouco instruído, assim fica mais fácil manterem-se no poder, pois com certeza é muito mais difícil enganar um povo esclarecido.[38]

Como a imunidade dependeria da opção do contribuinte, e teria como consequência o não pagamento de tributos por parte da instituição imune, não haveria qualquer restrição de direitos para este. O percentual das vagas a serem ofertadas, por sua vez, seria estabelecido de sorte a ser preenchido em cada sala de aula, de modo a que não houvesse distinção de qualquer natureza entre o ensino oferecido aos alunos egressos por essa sistemática e aqueles que pagam por ele.

Para a instituição de ensino seria assaz vantajoso, pois alguns alunos a mais a menos dentro de cada sala de aula não implicariam uma modificação tão grande nos custos correspondentes, vale dizer, na energia elétrica, nos empregados a serem contratados etc. E, ainda que houvesse aumento nos custos, sem o correspondente aumento na receita, a ampla imunidade tributária o compensaria à saciedade.

Para o Poder Público, por sua vez, a medida implicaria a imediata obtenção de um expressivo número de vagas, diluídas nas mais diversas instituições de ensino existentes no país. Tais vagas poderiam ser preenchidas por alunos indicados pela União, pelo Estado ou pelo Município, dentro de suas competências e seguindo os critérios e procedimentos já adotados para o preenchimento das vagas existentes nos estabelecimentos públicos de ensino.

Com isso, só quem perderia seriam aqueles que, hoje, se beneficiam com o desvio das quantias arrecadadas pelo Poder Público. Em vez de arrecadar X para investimento em educação, aplicando-se efetivamente nessa finalidade apenas uma fração de X (com a dissipação de todo o restante), a proposta pode fazer com que o Poder Público deixe de arrecadar X, mas obtenha com isso um número de vagas com valor correspondente a X.

A instituição de ensino continuaria sujeita a todos os controles relativos à qualidade do ensino, ao cumprimento das diretrizes, etc., como qualquer outra instituição, pública ou privada. E, tendo optado pelo regime de imunidade, seria submetida ainda ao controle do efetivo preenchimento, por alunos egressos por indicação do Poder Público, do percentual das vagas a ser legalmente determinado, e da inexistência de qualquer distinção ou diferença de tratamento entre estes e aqueles que a própria instituição selecionou, admitiu e contratou a prestação remunerada do mesmo serviço.

---

38. MACHADO, Hugo de Brito. **Comentários ao Código Tributário Nacional**. São Paulo: Atlas, 2003. v.1, p. 197.

6 • COMO APROXIMAR O ORDENAMENTO JURÍDICO BRASILEIRO DE TAIS PRESSUPOSTOS?

Quanto aos aspectos disciplinares, deveria haver também igualdade de tratamento. A instituição continuaria livre para expulsar o aluno que comprovadamente houvesse descumprido normas internas necessárias à boa convivência entre alunos, professores e demais colaboradores. Da mesma forma como pode, eventualmente, expulsar o aluno que, não obstante esteja a pagar pelo ensino, agride colegas, insulta professores e depreda o patrimônio da instituição, pode fazê-lo em relação àqueles egressos por conta da adesão ao regime da imunidade. Mas, nesse caso, a vaga correspondente deverá ser preenchida por outro aluno, indicado pelo mesmo procedimento.

6.5 REDUÇÃO DA REGRESSIVIDADE NA TRIBUTAÇÃO

Para que haja a preservação da liberdade e da democracia, é importante que se assegure o direito à propriedade privada. Afinal, sem ela, "o ser humano se despoja de sua individualidade e, de certo modo, até mesmo de sua personalidade",[39] motivo pelo qual "Aristóteles chamou a atenção para o fato de que a necessidade de chamar alguma coisa de sua encontra raízes já na *natureza humana*."[40] Mas, por igual, para que se promova a redução nas desigualdades, é preciso que o Estado, através da tributação, obtenha daqueles dotados de capacidade econômica para contribuir os recursos necessários às atividades (*v.g.*, educação e saúde pública) destinadas ao oferecimento de iguais oportunidades para todos.[41]

Para usar termos rawlsianos, a preservação da propriedade privada e da livre iniciativa representam a implementação do "princípio da liberdade", vale dizer, o princípio segundo o qual "cada pessoa deve ter um direito igual ao sistema mais extenso de iguais liberdades fundamentais que seja compatível com um sistema similar de liberdades para as outras pessoas."[42] A conjugação disso com uma tributação moderada, com a qual se possam redistribuir os recursos arrecadados e sobretudo aplicá-los na proteção do mínimo existencial e na promoção da igualdade de oportunidades, representa a concretização do "princípio da diferença", assim entendido aquele segundo o qual "as desigualdades sociais e econômicas devem estar dispostas de tal modo que tanto (a) se possa razoavelmente esperar

---

39. MARMELSTEIN, George. **Curso de direitos fundamentais**. São Paulo: Atlas, 2008, p. 138.
40. ZIPPELIUS, Reinhold. Introdução ao estudo do direito. Tradução de Gercélia Batista de Oliveira Mendes. Belo Horizonte: Del Rey, 2006, p. 95.
41. Daí a associação, feita por Hugo de Brito Machado, entre a tributação e o capitalismo, dizendo ele ser a tributação "a grande e talvez a única arma contra a estatização da economia." MACHADO, Hugo de Brito. **Curso de direito tributário**. 29.ed. São Paulo: Malheiros, 2008, p. 26.
42. RAWLS, John. **Uma teoria da justiça**. Tradução de Jussara Simões. São Paulo: Martins Fontes, 2008, p. 73.

que se estabeleçam em benefício de todos como (b) estejam vinculadas a cargos e posições acessíveis a todos."[43]

A tributação, portanto, é um importante instrumento não só de mudança social,[44] mas de uma mudança social que se pode prestar à implementação de uma sociedade mais justa, quer se entenda como tal aquela que seria escolhida na "posição original", de Rawls, quer se considere aquela que se aproxima o mais possível daquilo que seus membros esperam ou desejam, proximidade que será tanto mais quanto maior for a proteção à liberdade e a promoção da igualdade, em um ambiente democrático.

Mas, para isso, é preciso que os tributos realmente sejam exigidos de quem possui capacidade econômica, como preconiza o art. 145, § 1.º, da CF/88, e, sobretudo, que sejam aplicados em programas que visem à redução das desigualdades, e não ao seu incremento. É necessário, por outras palavras, que os dois extremos da atividade financeira do Estado, o da receita e o da despesa, estejam comprometidos com a isonomia em seu sentido material. Deve-se cobrar de quem tem maiores aptidões para contribuir, e aplicar em favor dos que têm menores oportunidades de se desenvolver, dentro de estrutura de tributação organizada da forma que seria escolhida por pessoas em uma hipotética "situação original", vestidas com um "véu de ignorância", para mais uma vez fazer uso de expressões tipicamente rawlsianas. Do contrário, o Estado funcionará como uma máquina destinada a incrementar as desigualdades já verificadas na sociedade.

No Brasil, contudo, o sistema tributário é bastante regressivo e, com isso, não realiza a igualdade no momento da arrecadação. Alterar essa realidade seria outro passo importante para o aperfeiçoamento da ordem jurídica brasileira.

Considera-se progressivo o tributo cujo ônus é tanto maior quanto maior for a grandeza econômica tributável, o que faz com o que o seu montante não seja apenas proporcionalmente maior, mas progressivamente maior.[45] Quem tem mais paga sensivelmente mais, considerando-se a chamada utilidade marginal da riqueza.

Ao onerar com uma alíquota de 10% salário de R$ 500,00 mensais, por exemplo, retira-se do patrimônio do contribuinte quantia que lhe fará seguramente muita falta no atendimento de suas necessidades básicas. O mesmo percentual de

---

43. *Ibid.*, 2008, p. 73.
44. FALCÃO, Raimundo Bezerra. **Tributação e mudança social**. Rio de Janeiro: Forense, 1981, *passim*.
45. *"Se entiende por progresividad aquella característica de un sistema tributario según la cual la medida que aumenta la riqueza de cada sujeto, aumenta la contribución en proporción superior al incremento de riqueza. Los que tienen. más contribuyen en proporción superior a los que tienen menos."* ROYO, Fernando Perez. **Derecho financiero y tributario** – parte general. 7.ed. Madrid: Civitas, 1997, p. 39.

10%, incidente sobre um salário de R$ 5.000,00 faria também falta ao empregado, mas, embora a proporção seja a mesma, essa falta seria menor. Em se tratando de um salário de R$ 100.000,00, 10% já não fariam praticamente falta nenhuma. É essa utilidade, cada vez menor, que a riqueza tem para quem a acumula que justifica, por imposição dos princípios da isonomia e da capacidade contributiva, uma tributação progressiva. Daí porque Sousa Franco destaca, com razão, que essa forma de tributação apareceu ligada a intenções sociais de maior igualdade e que, "apesar de se encontrar hoje perfeitamente enquadrada em sistemas econômicos capitalistas, convirá recordar a ênfase que lhe é dada no 'Manifesto do Partido Comunista' de Karl Marx e Friedrich Engels."[46]

Klaus Tipke e Joachim Lang, ainda a propósito da origem da progressividade, registram que ela

> foi introduzida já em 1891 na Prússia (0,67 até 4 por cento). A convicção de que a imposição tem de ser progressiva remonta ao Século XVIII e recebeu um impulso principalmente através dos conflitos sociais do século XIX na mudança da sociedade agrária feudalística para sociedade industrial. Base da justificação era a assim chamada *Teoria do sacrifício* (Opfertheorie), que *Jean Jacques Rousseau* em 1755 projetou abrindo perspectivas em seu 'Discours sur l'économie politique'. Ele demonstrou que o tributo deveria ser escalonado segundo o tamanho do patrimônio. Quanto maior o patrimônio for, tanto mais supérfluo será para a satisfação das necessidades vitais. O necessário à vida deveria ficar isento, o luxo poderia em alta proporção e o supérfluo poderia no todo quitar o imposto.[47]

A tributação regressiva, por sua vez, consiste precisamente no contrário da progressiva. O ônus do tributo é tanto *menor* quanto *maior* for a grandeza tributada, o que faz com que as pessoas dotadas de menor capacidade contributiva suporte, proporcionalmente, uma carga tributária muito maior.

Os tributos sobre o patrimônio e a renda, como é o caso do imposto de renda e do imposto sobre propriedade predial e territorial urbana, por exemplo, comportam o estabelecimento de alíquotas progressivas e podem, com isso, realizar uma tributação materialmente igual, embora, especialmente em relação ao imposto de renda, isso não venha acontecendo.

Já os tributos que oneram o consumo, por sua própria natureza, são regressivos, pois mesmo o cidadão com rendimentos abaixo dos limites de isenção, fixados em atenção ao chamado mínimo existencial, empregará sua renda no consumo de mercadorias e serviços necessários à sua sobrevivência. E, nesse momento, terá, indiretamente, toda a sua renda tributada. Quanto maior o rendimento do

---

46. FRANCO, Sousa. **Finanças públicas e direito financeiro**. Lisboa: Associação Acadêmica da Faculdade de Direito de Lisboa, 1980, p.196.
47. TIPKE, Klaus; LANG, Joachim. **Direito tributário** (steuerrecht). Tradução de Luiz Dória Furquim. 18.ed. Porto Alegre: Sérgio Fabris Editor, 2008. v. 1, p. 739.

contribuinte, menor será o percentual dele que precisará, necessariamente, ser empregado no consumo, pelo que se diz que tanto maior o rendimento, menor o peso, sobre ele, dos impostos incidentes sobre o consumo. Aliomar Baleeiro, a propósito, esclarece que

> impostos proporcionais, quando incidem sobre o consumo em geral – gêneros de primeira necessidade e coisas que não são de luxo –, operam regressivamente, porque a maior parte da população, em todos os países, é composta de proletários e classes submédias, que aplicam a quase totalidade de seus rendimentos na aquisição do estritamente indispensável. Uma tributação sobre alimentos, roupas de uso comum, aluguéis de casa, objetos de uso doméstico, remédios, artigos de higiene e coisas imprescindíveis à vida tem como efeito retirar das classes menos remuneradas fração maior do que a exigida das classes abastadas, que despendem naqueles bens apenas uma parte reduzida de seus proventos. Christian L. E. Engel, há cerca de um século, já provara estatisticamente que quanto menor for a renda de uma família tanto maior será a proporção gasta com alimentos.[48]

Não que, por isso, não se deva tributar em absoluto o consumo, recaindo a tributação apenas sobre o patrimônio e a renda. A tributação sobre o consumo é necessária, tanto pela elevada arrecadação que propicia, como pela amplitude da base de contribuintes. Na verdade, não é possível fazer com que a tributação recaia apenas sobre fatos de determinada espécie, dada a pluralidade de formas pelas quais a capacidade econômica para contribuir se manifesta. Além disso, no âmbito do direito positivo brasileiro, a tributação sobre o consumo é expressamente determinada pelo texto constitucional. O que se preconiza, na verdade, é que a tributação sobre o consumo não seja muito elevada, e que seja seletiva, recaindo de forma mais pesada sobre produtos considerados suntuosos, luxuosos, nocivos ou ecologicamente inconvenientes,[49] e de forma mais branda sobre produtos essenciais.

No Brasil, não obstante, a tributação sobre o consumo é muito elevada. Considerando-se o imposto estadual incidente sobre operações relativas à circulação de mercadorias e sobre serviços de transporte interestadual e intermunicipal e de comunicação (ICMS), o imposto federal sobre produtos industrializados (IPI) e as "contribuições" que oneram a receita bruta das empresas (PIS e COFINS), o ônus muitas vezes ultrapassa os 30%.[50]

---

48. BALEEIRO, Aliomar. **Uma introdução à ciência das finanças**. 16.ed. atualizada por Dejalma de Campos. Rio de Janeiro: Forense, 2008, p. 269.

49. Para um exame do uso ecológico da tributação sobre o consumo, confira-se: TIPKE, Klaus; LANG, Joachim. **Direito tributário** (steuerrecht). Tradução de Luiz Dória Furquim. 18.ed. Porto Alegre: Sérgio Fabris Editor, 2008. v. 1, p. 229.

50. Como se isso não bastasse, a tributação indireta, no Brasil, não é transparente, e a opacidade verificada em sua cobrança beneficia apenas o interesse arrecadatório do Poder Público. Isso porque nunca foi regulamentado o art. 150, § 5.º, da CF/88, segundo o qual "[a] lei determinará medidas para que os consumidores sejam esclarecidos acerca dos impostos que incidam sobre mercadorias e serviços", o

6 • COMO APROXIMAR O ORDENAMENTO JURÍDICO BRASILEIRO DE TAIS PRESSUPOSTOS? | 213

Enquanto isso, em relação ao imposto sobre a renda, cuja natureza permite uma tributação progressiva, e que já teve alíquotas que variavam de 5% a 55%, as alíquotas atuais são apenas de 15% e de 27,5%, em relação às pessoas físicas, esta última incidindo a partir de valores que, a rigor, deveriam estar ainda situados no limite de isenção.

Relativamente ao imposto de renda, o estabelecimento de um maior número de alíquotas e uma ampliação do limite de isenção fariam com que esse tributo atingisse de forma mais significativa pessoas dotadas de efetiva capacidade contributiva, realizando maior igualdade material no âmbito do custeio dos gastos públicos. Essa medida deveria ser acompanhada de uma tributação sobre o consumo efetivamente seletiva, com a concessão de isenções ou o estabelecimento de alíquotas reduzidas para mercadorias e serviços essenciais, e alíquotas mais elevadas para produtos supérfluos, suntuários ou luxuosos. Isso, aliás, é expressamente determinado pela Constituição brasileira de 1988,[51] restando apenas dar efetividade às suas disposições.[52] Um parlamento efetivamente preocupado em representar o povo o faria, o que mostra que não é apenas a liberdade e a igualdade que garantem a democracia, mas também esta que, efetivamente exercida, assegura maior liberdade e maior igualdade.

Não procede, a propósito, a afirmação segundo a qual, em um sistema de tributação assim organizado, haveria o "êxodo dos capitais", com efeitos prejudiciais à economia nacional. Na verdade, tal êxodo não ocorreria. Suas causas são outras, sendo possível combatê-las, atraindo investimentos, sem que seja necessário instituir forma desigual e injusta de tributação. Merecem registro, a respeito, as palavras de Aliomar Baleeiro, para quem

---

que faz com que se instale a seguinte situação: os consumidores, que do ponto de vista econômico suportam o peso do tributo, não o percebem, parecendo-lhes que a tributação é um problema que não lhes diz respeito. E os agentes econômicos, por terem a possibilidade de acrescer seus preços e assim recuperar, do ponto de vista econômico, o tributo pago, não se sentem estimulados a reclamar. Como se isso não bastasse, essa falta de transparência quanto ao efetivo sujeito passivo de tais tributos faz com que, no caso de pagamento indevido, o Poder Público se procure esquivar da respectiva devolução. Quando esta é pleiteada pelo comerciante, diz-se que repassou o tributo ao consumidor, através do preço, sendo a restituição, para ele, um locupletamento sem causa. Quando pleiteada pelo consumidor final, diz-se que o tributo fora pago pelo comerciante, e que ele, o consumidor, não tem com a Fazenda Pública qualquer relação jurídica.

51. CF/88, art. 153, III, IV, §§ 2.º, I e 3.º, I e art. 155, § 2.º, III.

52. Curiosamente, o imposto de renda, no Brasil, tinha alíquotas progressivas, mesmo quando isso não era expressamente preconizado pela Constituição. Com a promulgação da CF/88, e a inserção, no art. 153, § 2.º, I, de determinação para que o imposto de renda seja progressivo, a progressividade praticamente desapareceu. Das diversas alíquotas antes existentes, relativamente às pessoas físicas, subsistiram apenas duas, de 15% e 25%, esta última posteriormente agravada para 27,5%. Somente a partir do ano-calendário de 2009, vinte e um anos depois de promulgada a Constituição de 1988, ensaiou-se uma progressividade com um maior número de alíquotas (7,5%, 15%, 22,5% e 27,5%), embora de bases ainda muito reduzidas, com o advento da Medida Provisória 451, de 15 de dezembro de 2008.

[a]rgumento muito louvado em prol de favores fiscais à burguesia, que alcançara o poder no século XIX, era o de que impostos sobre a renda e a herança provocavam o êxodo dos capitais. Estes não tinham pátria e procuravam a hospitalidade dos países, que os remuneravam bem e não os perseguiam com as exigências do Fisco.

Naquela época, havia, realmente, grande mobilidade de capitais. Era fácil transferi-los de um país para o outro. A praça de Londres funcionava como grande câmara de compensação do mundo.

Mas o argumento, pouco a pouco, foi perdendo a importância porque, para os capitalistas, o mais relevante não consistia em não pagar tributos, mas em gozar de condições jurídicas e políticas de segurança, a par de oportunidades de colocação das disponibilidades. Nações novas e irrequietas, que trocavam violenta e abruptamente de instituições e padeciam juízes corruptos, ou que não dispunham de amadurecimento tecnológico e boa rede de serviços públicos, não poderiam oferecer possibilidades de investimento. Nenhum capitalista poderia arriscar somas vultosas em indústrias nos países amenizados por endemias, banditismo, pronunciamentos militares, inflação crônica, ou destituídos de transportes ferroviários, comunicações telegráficas, Bolsas de Valores e todos os elementos de êxito dos grandes negócios.

[...]

No auge do seu esplendor, a Inglaterra foi dos países que começaram a tributar as rendas do capital. Provavelmente, os impostos americanos sobre os lucros dos investimentos e sobre a renda individual das pessoas físicas são os mais altos de todo o mundo, na atualidade. Isso não impede que Nova York seja o coração financeiro do universo e, ali, se concentrem os maiores capitais, a despeito de vigorarem impostos mais suaves no Brasil e em outros países que ainda não apresentam as mesmas condições de segurança política, jurídica ou econômica. Os homens de negócios, que os preferirem, buscarão compensação ao risco ou aos estorvos e incômodos, pedindo juros ou lucros maiores.

A instabilidade da moeda há de representar sempre um dos maiores empecilhos ao êxodo de capitais. Os países da América Central e do Sul, inclusive o Brasil, debatem-se na inflação crônica, com surtos agudos e mal reprimidos. Suas moedas não têm curso internacional, de sorte que seus governos são obrigados a lançar mão de atos de autoridade contra repatriamento de capitais ou transferência de respectivos dividendos e rendas.

A despeito desses tributos esmagadores, grande esforço desenvolve o governo americano para impedir a entrada de indivíduos de todos os povos no afã de fixação nos Estados Unidos. Com dinheiro ou sem ele, ninguém quer sair e muitos querem entrar e ficar nesse país de altos impostos.[53]

Em verdade, quanto mais expressiva for a tributação baseada na efetiva capacidade contributiva dos indivíduos,

… tanto mais atividade financeira aparece como processo de repartição de encargos e redistribuição da renda nacional. Fora de qualquer ponto de vista ideológico, essa redistribuição propicia a permanência e o crescimento da prosperidade geral, assim como as possibilida-

---

53. BALEEIRO, Aliomar. **Uma introdução à ciência das finanças**. 16.ed. Atualizada por Dejalma de Campos. Rio de Janeiro: Forense, 2008, p. 214-215.

6 • COMO APROXIMAR O ORDENAMENTO JURÍDICO BRASILEIRO DE TAIS PRESSUPOSTOS? **215**

des de desenvolvimento, embora alguns sustentem que este depende da concentração de capitais em grupos restritos.

Sob esse argumento, advogam tributação benévola para tais capitais e grandes fortunas ou rendas.

As classes mais opulentas agarram pelos cabelos esses raciocínios simplistas e advogam, em nome do desenvolvimento nacional, as teses mediante as quais a burguesia, no século XIX e no começo deste, acastelou-se em privilégios fiscais, atirando ao operariado o peso dos impostos indiretos.[54]

Uma menor e mais transparente tributação do consumo, aliada a uma maior tributação do patrimônio e da renda, poderia tornar a tributação no Brasil mais igualitária, do ponto de vista material. Restaria, em seguida, aplicar os recursos assim obtidos em favor daqueles desprovidos de oportunidades.[55]

6.6 CONTRIBUIÇÕES E DIREITOS SOCIAIS E ECONÔMICOS

A redução das desigualdades sociais depende, por certo, de recursos com os quais se possam custear políticas públicas relacionadas à saúde e sobretudo à educação. Mas não depende apenas disso. É preciso que sejam, quando existentes, efetivamente aplicados em tais finalidades.

Deve-se insistir na ideia de que um Estado do bem-estar social, ligado ao chamado liberalismo igualitário, não deve ser associado a uma mitigação da liberdade dos indivíduos, como se uma coisa estivesse relacionada a outra, ou como se as conquistas obtidas com o advento das revoluções burguesas tivessem perdido a sua relevância.

Na verdade, a proteção da liberdade continua tendo inegável importância, e a promoção da igualdade não lhe é contrária nem com ela conflita, conforme já se salientou em itens anteriores. A promoção da igualdade nada mais deve representar que a promoção, a todos e não só a um pequeno número, da máxima liberdade possível.

As determinações, sobretudo de cunho constitucional, ligadas ao Estado Social, devem ser vistas como limitações adicionais ao poder. Em outras palavras, se o Estado absoluto não se submetia ao Direito, e o Estado liberal tinha na

---

54. *Ibid.*, 2008, p. 217.
55. É ainda Baleeiro quem observa que "o caráter regressivo de um sistema tributário atenua-se, em seus efeitos perniciosos, como causa de pauperismo, fomento da tendência à concentração de riqueza em um grupo limitadíssimo, embaraços à saúde e ao bem estar do povo etc., se as despesas públicas, bem ou mal, satisfazem as necessidades mais prementes do povo. A assistência médica integral, inteiramente gratuita, como concedeu o 'Públic Health Service', introduzido na Inglaterra por Bevan, exemplifica essa hipótese." *Ibid.*, 2008, p. 269.

ordem jurídica apenas limites negativos à sua atuação, o Estado social tem, além dos limites negativos, representados por normas que dizem a ele o que não fazer, limites positivos, que lhe dizem o que fazer.

Em matéria tributária e financeira, por exemplo, o Direito do Estado liberal determinava a este como *não cobrar* tributos, que não poderiam ser estabelecidos senão em virtude de lei anterior aos fatos tributáveis, por exemplo. Mas nada se dizia sobre como aplicar os recursos arrecadados. Com o advento do Estado social, o ordenamento passou não só a determinar ao poder público como não cobrar tributos, mas também a como aplicar os recursos correspondentes. Os limites à atuação estatal, como se vê, são maiores, e não menores: o Estado não só está adstrito a normas que disciplinam a cobrança de tributos, limitando-a, mas também a normas que impõem a aplicação dos recursos arrecadados em determinadas finalidades. Sumariamente, limites adicionais aos liberais, e não o afrouxamento destes.[56]

No caso brasileiro, a Constituição vigente, de fato, contempla todas as limitações ao poder de tributar que poderiam ser classificadas como liberais, porque destinadas à proteção da liberdade e da propriedade. E, sem prejuízo de sua aplicabilidade, contém normas que *impõem* ao Estado, dentro de certos limites, a aplicação dos recursos em despesas mínimas com saúde e educação, por exemplo.

Mas, além disso, no âmbito especificamente tributário, a Constituição cuida de exações que têm, em seu âmbito, já incluída a ideia de limitações positivas adicionais, ligadas à aplicação dos recursos: as contribuições.

Contribuições são espécie de tributo[57] cuja instituição compete, em regra, apenas à União,[58] e que se caracterizam pelo fato de servirem de instrumento à

---

56. MACHADO, Raquel Cavalcanti Ramos. **Interesse público e direitos do contribuinte**. São Paulo: Dialética, 2007, *passim*.

57. Não obstante algumas manifestações doutrinárias em contrário (ROCHA, Valdir de Oliveira. **Determinação do montante do tributo**. São Paulo: Dialética, 1995, p. 96), as contribuições são, hoje, pacificamente tratadas como tributo pela jurisprudência do Supremo Tribunal Federal. Com efeito, Ao julgar o RE 146.733, o STF consignou, sob a relatoria do Min Moreira Alves: "Perante a Constituição de 1988, não tenho dúvida em manifestar-me afirmativamente. De efeito, a par das três modalidades de tributos (os impostos, as taxas e as contribuições de melhoria) a que se refere o artigo 145 para declarar que são competentes para instituí-los a União, os Estados, o Distrito Federal e os Municípios, os artigos 148 e 149 aludem a duas outras modalidades tributárias, para cuja instituição só a União é competente: o empréstimo compulsório e as contribuições sociais, inclusive as de intervenção no domínio econômico e de interesse das categorias profissionais e econômicas." Confira-se, a respeito: MACHADO SEGUNDO, Hugo de Brito. **Contribuições e federalismo**. São Paulo: Dialética, 2005, *passim*.

58. São exceções apenas a contribuição de custeio do serviço de iluminação pública (COSIP), de competência municipal (CF/88, art. 149-A), cuja validade é posta em dúvida pela doutrina e ainda não foi apreciada pelo Supremo Tribunal Federal, e as contribuições destinadas ao custeio de sistemas de previdência social de servidores públicos estaduais e municipais, de competência, respectivamente, de Estados-membros e Municípios (CF/88, art. 149, § 1.º).

6 • COMO APROXIMAR O ORDENAMENTO JURÍDICO BRASILEIRO DE TAIS PRESSUPOSTOS? | **217**

consecução de finalidades constitucionalmente determinadas. Essas finalidades, essencialmente, estão ligadas a direitos fundamentais sociais e econômicos.

Daí dizer-se que as contribuições são tributo típico de um novo perfil de Estado, em relação ao qual o contribuinte não está preocupado apenas em proteger-se de investidas indevidas, mas especialmente na destinação que é dada aos montantes arrecadados. Não se paga *apenas* por que se revelou capacidade contributiva, mas *também* para que certas finalidades sejam atingidas. É muito importante, contudo, ter atenção para as expressões *apenas* e *também,* pois a exigência de que certas finalidades sociais sejam atendidas, com o produto arrecadado pelas contribuições, não suprime ou torna supérfluas garantias preexistentes, relativas aos tributos em geral, o que eventualmente é deslembrado por alguns autores que cuidam do tema.[59]

As contribuições, não obstante, servem de eloquente demonstração de que as exigências constitucionais relativas ao Estado do bem-estar social e à promoção de uma maior igualdade devem ser vistas como *limites adicionais* ao poder público,[60] de natureza positiva, e não como afrouxamentos de limites negativos preexistentes, conquistados no âmbito das chamadas revoluções burguesas.[61] E mais: demonstram que a maior igualdade, a ser obtida através da tributação, não se realiza apenas através da arrecadação de recursos financeiros, por mais equânime que seja a base tributada, vale dizer, por mais que se observe a isonomia material na cobrança dos tributos: nada disso terá relevância se a igualdade não inspirar o gasto dos recursos correspondentes.

De fato, as contribuições, especialmente as destinadas ao financiamento da seguridade social, são instrumento com o qual o Estado brasileiro poderia construir sistema de seguridade dos mais avançados do mundo.[62] Excelente mecanismo de redução das desigualdades sociais verificadas no país, que segue deficitário não obstante o significativo aumento da carga tributária brasileira propiciado pelas contribuições.

---

59. Confira-se, a respeito, GRECO, Marco Aurélio. **Contribuições** (uma figura "sui generis"). São Paulo: Dialética, 2000, p. 138.
60. Sobre os limites materiais positivos à produção normativa, veja-se: BOBBIO, Norberto. **Teoria do ordenamento jurídico**. Tradução de Maria Celeste Cordeiro Leite dos Santos. 10. ed. Brasília: UnB, 1999, p. 55.
61. Aliomar Baleeiro registra que as lutas em torno do limite e dos fins do tributo são causa direta ou indireta das mais famosas revoluções e transformações sociais "(revolta dos barões contra João-Sem-Terra e Carta Magna de 1215, decapitação de Carlos I e 'gloriosa revolução', de 1688, na Inglaterra; independência americana em seguida às tentativas de tributação, por parte da metrópole, sem voto dos colonos; Inconfidência Mineira; Revolução Francesa etc.)." BALEEIRO, Aliomar. **Uma introdução à ciência das finanças**. 16. ed. Atualizada por Dejalma de Campos. Rio de Janeiro: Forense, 2008, p. 326.
62. MACHADO, Hugo de Brito. **Curso de direito tributário**. 29.ed. São Paulo: Malheiros, 2008, p. 421.

218 FUNDAMENTOS DO DIREITO • Hugo de Brito Machado Segundo

Convém recordar que, para a construção de tal sistema de seguridade social, a envolver importantes ações não apenas no campo da previdência, mas também no âmbito da assistência e da saúde, o constituinte não poderia buscar recursos apenas na folha de salários, fonte tradicional de recursos para o então Instituto Nacional de Previdência Social (INPS). E o motivo para isso é de fácil compreensão: a *curva de laffer,* usada para demonstrar, no âmbito econômico, a ideia de que nem sempre um aumento do ônus representado por um tributo enseja um aumento na mesma proporção (ou mesmo um aumento em qualquer proporção) da arrecadação correspondente. Isso porque, quanto maior o ônus representado por um tributo, maior a tendência do contribuinte a escapar dele, por meios lícitos[63] ou ilícitos.

Caso se elevasse, ainda mais, a alíquota da contribuição previdenciária incidente sobre a remuneração do empregado, poderia haver, em vez de aumento na arrecadação, diminuição. Não apenas porque contribuintes passariam a admitir trabalhadores sem assinar-lhes a carteira de trabalho ou pagando salário superior ao registrado, mas porque aumentaria a automação das indústrias e estabelecimentos comerciais em geral. O custo tributário da mão de obra seria muito alto, desestimulando sua formalização, ou mesmo sua contratação em absoluto, o que prejudicaria não apenas a arrecadação necessária ao custeio da seguridade, mas especialmente o próprio trabalhador.

A solução encontrada, pelo constituinte, foi a instituição de outras fontes de custeio para a seguridade. Em vez de apenas a contribuição sobre a folha, foram previstas contribuições de seguridade que poderiam ser criadas sobre outras bases, das quais merecem destaque as incidentes sobre o faturamento e o lucro das empresas. Ao onerar o lucro e o faturamento, as contribuições já não têm qualquer vinculação com o número de empregados de uma empresa ou com o valor de sua remuneração. Já não importa se as carteiras de trabalho foram assinadas, ou se o salário que nelas consta corresponde à realidade, ou mesmo se boa parte dos empregados foi substituída por máquinas automáticas. As contribuições serão calculadas sobre o faturamento e sobre o lucro da empresa e, com elas, é possível financiar a seguridade social e, com ela, os programas de saúde, assistência e previdência necessários à redução das desigualdades sociais que envergonham o país.

Não obstante, logo quando da instituição desses tributos, essa ideia foi desvirtuada. Tanto a contribuição social sobre o lucro líquido (CSLL) como a

---

63. O contribuinte pode simplesmente deixar de realizar o fato imponível (fato gerador, suporte fático, *fattispecie, tatbestand*), desistindo da atividade correspondente, ou pode realizar esse fato de forma a que a carga tributária sobre ele incidente seja legalmente menor, através de práticas conhecidas como planejamento tributário.

6 • COMO APROXIMAR O ORDENAMENTO JURÍDICO BRASILEIRO DE TAIS PRESSUPOSTOS? 219

contribuição de financiamento da seguridade social (COFINS) foram instituídas como tributos a serem arrecadados pela Receita Federal, e não pelo Instituto que, por disposição constitucional, seria seu destinatário, o Instituto Nacional de Seguridade Social (INSS).

No âmbito dos Tribunais Regionais Federais chegou a ser acolhida a tese de que essa arrecadação pela Receita Federal, e não pelo INSS, desvirtuaria as contribuições, transformando-as em impostos,[64] mas o STF entendeu de forma diversa.[65] Considerou que a Receita estaria atuando como mera arrecadadora de recursos que, posteriormente, seriam todos repassados à Seguridade Social.

Embora fosse previsível, desde então, que esse repasse não iria ocorrer, pois do contrário ter-se-ia permitido ao próprio INSS que arrecadasse diretamente as contribuições, a realidade dos anos subsequentes deixou isso muito claro. Seria realmente possível que a Receita Federal repassasse todos os valores à Seguridade Social, mas o que se deu foi exatamente o contrário. Com a criação da Receita Federal do Brasil, vulgarmente conhecida como "Super-Receita",[66] o INSS per-

---

64. Para o TRF da 1.ª Região, "o que distingue a contribuição social do imposto é sua destinação às atividades próprias da seguridade social. 2. Não tendo a contribuição criada pela Lei 7.689, de 15.12.88, qualquer comprometimento com a seguridade social, revela-se autêntico imposto, inconstitucional visto não terem sido observadas as regras próprias estabelecidas na Constituição." (Ac un da 3ª T do TRF da 1ª R - REO 89.01.11499-2-BA, Rep. de Jur. IOB n.8/90, c. 1, p.119) O TRF da 3.ª Região, em termos análogos, decidiu: "Contribuição para seguridade social. Lei 7.689, de 15.12.88. Regime tributário das contribuições sociais na Constituição de 1988, por força do art. 149. - Necessária a observância dos princípios que regem o sistema tributário, mormente, legalidade, anterioridade, nos termos do artigo 195, parágrafo 6º, não retroatividade, exigibilidade de lei complementar. [...] IV - O orçamento da seguridade social não pode integrar o orçamento da União. V - Impossibilidade de se dar interpretação conforme à Constituição, nos termos dos artigos 1º, 2º, 3º e 8º da Lei 7.689/88, sob pena de se erigir o intérprete em legislador. VI - Inconstitucionalidade reconhecida pela maioria do Plenário" (Ac mv da TRF da 3ª R - Pleno - AMS 90.03.17294-3 - Rel. Lúcia Figueiredo - DJ SP 01.07.91 p.68, IOB n.15/91, c. 1, p. 271).

65. Ao reformar o *leading case* do TRF da 5.ª Região, o STF decidiu: "O acórdão recorrido deu especial ênfase à questão de integrar a contribuição o orçamento fiscal da União. Teria sido criada uma forma de custeio indireto da seguridade social, quando a Constituição somente admite o custeio direto. O fato de a arrecadação ter sido atribuída à Secretaria da Receita Federal, estaria a desnaturar a contribuição criada pela Lei n.º 7.689/88. O embasamento jurídico da arguição estaria nos artigos 194 e parág. único, 195 e parágrafos, e 165, parág. 5.º, III, da Constituição, que não admitem a contribuição pela própria União. A receita não poderia integrar o orçamento fiscal da União, porque deveria ficar vinculada à autarquia previdenciária e integrar o orçamento desta. Essa questão, entretanto, *data venia*, não tem a relevância jurídica que lhe emprestou o Egrégio Tribunal *a quo*. O que importa perquirir não é o fato de a União arrecadar a contribuição, mas se o produto da arrecadação é destinado ao financiamento da seguridade social (C.F., art. 195, I). A resposta está na própria Lei 7.689, de 15.12.88, que, no seu artigo 1.º, dispõe, expressamente, que "fica instituída contribuição social sobre o lucro das pessoas jurídicas, destinada ao financiamento da seguridade social." De modo que, se o produto da arrecadação for desviado de sua exata finalidade, estará sendo descumprida a lei, certo que uma remota possibilidade do descumprimento da lei não seria capaz, evidentemente, de torná-la inconstitucional." (*RTJ* 143, p. 321 e 322).

66. Lei 11.457/2007. Para análise crítica, confira-se: MACHADO, Hugo de Brito; MACHADO SEGUNDO, Hugo de Brito. **Direito tributário aplicado**. Rio de Janeiro: Forense, 2008, p. 745-761.

deu as atribuições arrecadatórias que tinha, mesmo em relação às contribuições incidentes sobre a folha de salários, passando a cuidar apenas dos benefícios.

É preciso reconhecer que, mesmo com a arrecadação de todas as contribuições pela Receita Federal, sua destinação para a Seguridade Social poderia ocorrer, se não se desrespeitasse o disposto nos arts. 165, § 5.º, 194 e 195 da CF/88, que dispõem:

> Art. 165. [...]
>
> [...]
>
> § 5.º A lei orçamentária anual compreenderá:
>
> I – o orçamento fiscal referente aos Poderes da União, seus fundos, órgãos e entidades da administração direta e indireta, inclusive fundações instituídas e mantidas pelo Poder Público;
>
> II – o orçamento de investimento das empresas em que a União, direta ou indiretamente, detenha a maioria do capital social com direito a voto;
>
> III – o orçamento da seguridade social, abrangendo todas as entidades e órgãos a ela vinculados, da administração direta ou indireta, bem como os fundos e fundações instituídas e mantidas pelo Poder Público.
>
> Art. 194. A seguridade social compreende um conjunto integrado de ações de iniciativa dos Poderes Públicos e da sociedade, destinadas a assegurar os direitos relativos à saúde, à previdência e à assistência social.
>
> Parágrafo único. Compete ao Poder Público, nos termos da lei, organizar a seguridade social, com base nos seguintes objetivos:
>
> [...]
>
> VII – caráter democrático e descentralizado da administração, mediante gestão quadripartite, com participação dos trabalhadores, dos empregadores, dos aposentados e do Governo nos órgãos colegiados.
>
> Art. 195. A seguridade social será financiada por toda a sociedade, de forma direta e indireta, nos termos da lei, mediante recursos provenientes dos orçamentos da União, dos Estados, do Distrito Federal e dos Municípios, e das seguintes contribuições sociais:
>
> I – do empregador, da empresa e da entidade a ela equiparada na forma da lei, incidentes sobre:
>
> a) a folha de salários e demais rendimentos do trabalho pagos ou creditados, a qualquer título, à pessoa física que lhe preste serviço, mesmo sem vínculo empregatício;
>
> b) a receita ou o faturamento;
>
> c) o lucro;
>
> [...].

Como se percebe, a seguridade social, conquanto ligada à União, é tratada pela Constituição como algo apartado. Além de dever ser administrada de modo autônomo e descentralizado, *com* a participação do Governo e de outros setores, a seguridade deve possuir orçamento autônomo, inteiramente destacado do orçamento fiscal da União, custeado por tributos específicos. Não se trata de novo

6 • COMO APROXIMAR O ORDENAMENTO JURÍDICO BRASILEIRO DE TAIS PRESSUPOSTOS? | 221

ente federado porque a seguridade não tem sequer capacidade legislativa, mas há evidente separação desta em relação aos demais, especialmente em relação à União.

Note-se que o orçamento da União envolve os seus três Poderes, todas as suas autarquias, fundações etc. Mesmo assim, a seguridade social deve possuir orçamento próprio e inconfundível. E não só. O art. 195 da Constituição é bastante claro ao definir as contribuições nele previstas como destinadas ao custeio da seguridade social. Logo, tais contribuições devem compor o orçamento da seguridade social. Basta conjugar – e a interpretação sistêmica da Constituição é o mínimo que se espera de seu intérprete – o *caput* do art. 195 com o art. 165, § 5.º, III.

A Constituição Federal de 1988 seguiu, nesse ponto, tendência bastante moderna e atual do federalismo fiscal, segundo a qual a seguridade social deve ser tratada, sob o prisma tributário/financeiro, como ente apartado e diverso dos entes federados, tanto do central como dos periféricos. É o que se depreende das lições de Asensio, para quem a seguridade social, "dada su relevancia conforma una suerte de estado dentro del estado 'megasubsistema' dentro del sistema o, si se quiere, 'gobierno funcional' en términos de Olson (1969)."[67]

Em outras palavras, dentro do perfil traçado pelo Constituinte de 1988 para as contribuições de seguridade social, a União jamais poderia delas se utilizar para aumentar a arrecadação de seu Tesouro (leia-se: de seu orçamento fiscal previsto no art. 165, § 5.º, inciso I, da CF), e assim obter mais recursos para suas despesas em geral. Para isso teriam de ser empregados os impostos que, como se sabe, são partilhados com Estados e Municípios.[68]

Não obstante, com a elaboração de um orçamento fiscal, de um orçamento de investimentos e de um orçamento para a previdência (e não para a seguridade), ao qual são destinadas apenas as contribuições incidentes sobre a folha de salários, a União contempla em seu orçamento fiscal despesas com saúde e assistência, e, sob essa justificativa, a esse orçamento destina as receitas oriundas das demais contribuições de seguridade. Uma vez inseridas no orçamento fiscal, torna-se mais difícil o controle de sua destinação, que de resto passou a ser reconhecidamente diversa da finalidade social que as justifica com o advento da Desvinculação de Receitas da União (DRU), prevista no art. 76 do ADCT. Daí seu uso em toda uma gama de despesas não necessariamente ligadas à seguridade e, pior, não partilhadas com Estados e Municípios.

---

67. ASENSIO, Miguel Angel. **Federalismo fiscal** – fundamentos, analisis comparado y el caso argentino. Buenos Aires: Universidad del Salvador, 2000, p. 48.

68. Confiram-se os arts. 157 e ss. da CF/88.

Em suma: as contribuições em exame, que supostamente se justificam em face dos direitos sociais que visam a efetivar, prestam-se hoje como meio de centralização política, alijando Estados e Municípios da partilha das rendas tributárias. Daí porque é importante destacar que, quando se afirma que o tributo se justifica – como o Estado, de resto, se justifica – como instrumento de promoção dos interesses da coletividade, e um desses interesses é a redução das desigualdades, não se deve pensar apenas em legitimar a *cobrança* do tributo, meio tão necessário quanto insuficiente para a promoção do fim visado. É indispensável que o fim seja realmente atingido, sob pena de o próprio meio contaminar-se, tornando-se inválido por desvio de finalidade. Afinal, como observa Thomas Fleiner-Gerster, a

> solidariedade dos cidadãos, fator indispensável para todo e qualquer desenvolvimento autêntico da democracia, não será salvaguardada senão quando entre os parceiros houver uma negociação baseada na idéia contratual de prestações e contraprestações. Os cidadãos têm de estar convencidos de que recebem uma contraprestação equivalente às prestações que aceitam fornecer ao Estado. Na falta desta convicção, eles questionarão o Estado e o combaterão.[69]

Cumpre notar que até para que os recursos arrecadados com os tributos revertam em proveito da população – favorecendo uma maior igualdade, e, por conseguinte, maiores oportunidades para o exercício das liberdades – um incremento na democracia é necessário, a demonstrar, mais uma vez, como democracia, liberdade e igualdade estão intimamente relacionadas, complementando-se e pressupondo-se mutuamente. Tanto que, uma vez que a determinação a respeito de quais necessidades serão satisfeitas com os recursos públicos envolve decisões políticas,

> [s]e o país for dominado por uma elite rica e requintada, esta exigirá do governo, provavelmente, construções de luxo e obras de conforto ou embelezamento.
>
> Se as circunstâncias mudam, e, nesse país, devido à natural evolução democrática ou graças a reformas específicas, como, por exemplo, a efetividade do sufrágio universal, as massas humildes conseguem a partilha do poder político, as despesas públicas se dirigirão para a construção de hospitais, maternidades, postos de puericultura, escolas primárias e outros serviços, que, de modo geral, correspondem aos interesses do proletariado.[70]

---

69. FLEINER-GERSTER, Thomas. **Teoria geral do Estado**. Tradução de Marlene Holzhausen. São Paulo: Martins Fontes, 2006, p. 464.

70. BALEEIRO, Aliomar. **Uma introdução à ciência das finanças**. 16.ed. Atualizada por Dejalma de Campos. Rio de Janeiro: Forense, 2008, p. 91. Por isso mesmo, o mencionado autor associa, diretamente, a evolução pela qual passou a democracia (desde o final da Idade Média), os direitos fundamentais e a tributação, observando: "A lenta e secular evolução da democracia, desde a Idade Média até hoje, é marcada pela gradual conquista do direito de os contribuintes autorizarem a cobrança de impostos e do correlato direito de conhecimento de causa e escolha dos fins em que serão aplicados. Da Carta

6 • COMO APROXIMAR O ORDENAMENTO JURÍDICO BRASILEIRO DE TAIS PRESSUPOSTOS? **223**

Quanto às contribuições, importante maneira de reduzir desigualdades sociais, e com isso incrementar a igualdade, a liberdade e a democracia necessárias à legitimação da ordem jurídica brasileira, consistiria na elaboração de orçamentos que respeitassem especialmente o inciso III do art. 165, § 5.º, da CF/88, permitindo maior transparência no destino dado às receitas que só se justificam porque destinadas à promoção da saúde, da assistência e da previdência social.

6.7 INCREMENTO DA PARTICIPAÇÃO POLÍTICA

Outra providência que pode ser adotada, para aperfeiçoamento da legitimidade da ordem jurídica, é o incremento na participação política dos cidadãos. Afinal, a democracia pressupõe a participação[71]. Essa participação, para a qual a educação é indispensável, pode dar-se não apenas no momento de eleger representantes, mas no acompanhamento de suas atividades, hoje tornado possível e acessível a todos por meio da *Internet,* instrumento de baixo custo (comparativamente aos demais), cada vez mais acessível a um número maior de brasileiros, e que pode ter seu uso incrementado para ampliar o diálogo entre representantes e representados. Norberto Bobbio refere-se, inclusive, à "ampliação dos espaços da democracia direta, tornada possível com a difusão dos meios eletrônicos".[72]

Cada cidadão deve, por meio da *Internet,* contatar membros do Executivo e do Legislativo, e mesmo do Judiciário, mandando-lhes mensagens eletrônicas com comentários, reivindicações, elogios e críticas. O diálogo é importante, e a grande rede um instrumento rápido e acessível que pode aproximar a sociedade de seus representantes, a fim de que estes saibam o que deles se espera, e o que se pensa do que fizeram ou estão fazendo.[73] Parece uma evidência de que a *Internet* está diretamente relacionada com a democracia o fato de que, na China,

---

Magna e das revoluções britânicas do século XVII às revoluções americana e francesa do século XVIII há uma longa e penosa luta para conquista desses direitos que assinalam a íntima coordenação de fenômenos financeiros e políticos." *Ibid.,* 2008, p. 93.

71. GOYARD-FABRE, Simone. **O que é democracia?** A genealogia filosófica de uma grande aventura humana. Tradução de Cláudia Berlinger. São Paulo: Martins Fontes, 2003, p. 49.

72. BOBBIO, Norberto. **Teoria geral da política** – a filosofia política e as lições dos clássicos. Tradução de Daniela Beccaccia Versiani. São Paulo: Campus, 2000, p. 382. No mesmo sentido: *Id.* **O futuro da democracia** – uma defesa das regras do jogo. Tradução de Marco Aurélio Nogueira. São Paulo: Paz e Terra, 1984, p. 54; BONAVIDES, Paulo. **Teoria constitucional da democracia participativa.** Por um direito constitucional de luta e resistência, por uma nova hermenêutica, por uma repolitização da legitimidade. São Paulo: Malheiros, 2001, p. 64.

73. Barack Obama, a propósito, tão logo eleito Presidente dos Estados Unidos, em 2008, anunciou que pretende usar a *Internet* para se aproximar da população, mantendo contato através da rede com os seus eleitores. Confira-se, a propósito: FOLHA DE SÃO PAULO. **Obama quer usar internet para se manter próximo à população.** Disponível em: <http://www1.folha.uol.com.br/folha/mundo/ult94u466073.shtml>. Acesso em: 2 mar. 2009.

o seu acesso é objeto de intenso controle governamental, que restringe o acesso a diversas páginas no mundo.

Através da *Internet* os usuários, realmente, têm meios para exercer a sua liberdade, seja para manifestar o pensamento, seja para ter acesso ao que pensam outras pessoas. E isso é feito com muito maior igualdade (de oportunidades) entre eles, pois qualquer usuário da grande rede tem acesso a sites que oferecem gratuitamente espaço para a divulgação de ideias, seja por meio de um *blog*,[74] seja através de *sites* convencionais. Não é necessário o investimento relativo a um jornal impresso, que só alguém dotado de maior poder econômico pode fazer, em estabelecimento, máquinas impressoras, tinta, papel, empregados etc.

Conquanto exista, é certo, grande número de pessoas sem acesso à *Internet*, ou mesmo sem qualquer alfabetização, o número de pessoas com acesso à tecnologia e à grande rede cresce a cada ano, inclusive nas camadas mais pobres da população. Além disso, como, através da *Internet*, é cada vez maior a quantidade de direitos subjetivos que podem ser exercidos,[75] já se pode falar, hoje, que o acesso a ela é um serviço essencial, que todos devem ter à disposição.

Não se pode esquecer que as alterações na forma como as sociedades se organizam acontecem não raro de forma paulatina, por meio de pequenas modificações graduais. Percebendo-se o caminho dessas mudanças quando de seu início, torna-se mais fácil dar-lhes, de forma consciente, a direção pretendida.[76] No caso da *Internet*, já se faz possível fiscalizar contas públicas pela rede,[77] entrar

---

74. *Blog* é abreviatura de *weblog*, e designa "página da internet que pode ser criada por qualquer pessoa, com conteúdo livre, geralmente pessoal, e que depende de autorização do criador para que os visitantes possam adicionar comentários." AULETE, Caldas. **Minidicionário contemporâneo da língua portuguesa**. Rio de Janeiro: Nova Fronteira, 2004, p. 107.

75. Em muitos casos, a *internet* é o principal, e, em alguns, o único meio de o cidadão obter certidões junto aos órgãos públicos (*v.g.*, certidões negativas de débitos tributários), cumprir obrigações tributárias acessórias, ter acesso à jurisdição (por meio dos processos virtuais), ter acesso aos parlamentares, à prestação de contas pelo poder público etc.

76. Há pouco mais de dez anos, quando a *internet* já se estava popularizando, Bill Gates escreveu livro tratando do que ele imaginava vir a ser, no futuro, uma superestrada da informação, através da qual as pessoas poderiam se comunicar, trocar informações, publicar trabalhos, ter acesso a notícias, realizar negócios etc. (Em inglês, *information superhighway*). Ele descreve uma realidade muito próxima daquela na qual a internet se foi transformando, gradativamente, logo depois da publicação do livro. Não obstante, Gates afirma, no livro, que a superestrada da informação, à qual se refere, não é nem será a *internet* (GATES, Bill. **The road ahead**. New York: Penguin, 1996, *passim.*) à qual ele, na ocasião, não dava muita importância. Essa, como se sabe, foi a causa para o grande atraso da Microsoft em relação à internet, inicialmente dominada pela *Netscape*.

77. Confiram-se, a propósito, além dos sites oficiais nos quais são divulgados os resultados do Tesouro (BRASIL. **Tesouro nacional**. Disponível em: <http://www.tesouro.fazenda.gov.br/>. Acesso em: 2 mar. 2009 e BRASIL. **Portal da transparência**. Disponível em: <http://www.portaldatransparencia. gov.br/>. Acesso em: 2 mar. 2009), aqueles nos quais tais resultados são interpretados e criticados (*v.g.*, CONTAS ABERTAS. **Contas abertas**. Disponível em: <http://contasabertas.uol.com.br>). Acesso em: mar. 2009).

6 • COMO APROXIMAR O ORDENAMENTO JURÍDICO BRASILEIRO DE TAIS PRESSUPOSTOS?

em contrato com os mais diversos órgãos públicos, e especialmente com cada um dos representantes parlamentares. Isso, é inegável, em um futuro bastante próximo, pode modificar radicalmente – para melhor - a forma como se exerce a democracia. É o caso de, percebendo-se o potencial, dar início à sua utilização da forma mais expedita e eficaz possível.

Aliás, a rede propicia maior igualdade no acesso à informação, beneficiando não só o exercício da cidadania, de forma imediata, mas a própria formação do cidadão, que mais facilmente tem contato com livros, jornais, revistas, dicionários, enciclopédias e uma infinidade de informações. E, o que é mais notável, incrementam-se, com ela, também as oportunidades de divulgar informações. É possível construir *site* de qualidade e através dele obter acessos de todo o mundo, divulgando ideias através de textos, fotos, som e vídeo, com investimento irrisório, não sendo mais este um privilégio de que, apoiado pelo poder econômico, ou dele titular, pode adquirir e manter a infraestrutura necessária ao funcionamento de um jornal ou de uma rede de televisão.

Embora os preços dos computadores e de seus periféricos, bem como dos provedores de acesso, estejam em queda constante, e cada vez mais acessíveis às parcelas mais pobres da população, a fundamentalidade dos direitos que através da *Internet* podem ser mais facilmente exercidos faz com que a sua universalização, com o oferecimento de equipamentos e de acesso à rede de forma gratuita à população, seja uma medida com a qual o poder público certamente incrementaria a liberdade e a igualdade dos cidadãos, e com isso aperfeiçoaria a democracia no Brasil, facilitando a aproximação do direito posto, tanto quanto possível, do conteúdo que a população brasileira deseja que ele possua.

Outra medida que pode ser adotada para incrementar a participação popular nas decisões que afetam seus interesses, legitimando-as, é através de uma maior utilização das formas, já previstas no texto constitucional vigente, de democracia direta, vale dizer, de plebiscito e de referendo. Embora a realização de referendos e plebiscitos tenha um custo para os cofres públicos, não se deve esquecer que, se há um preço a pagar pela democracia, pela falta dela o preço é muito maior.[78]

Finalmente, para participar, seja por qual meio for, é importante que o cidadão tenha interesse para isso, interesse que lhe deve ser estimulado por meio da educação. Nas escolas, as crianças devem ser estimuladas, cada vez mais, a pensar sobre e a se preocupar com as questões de interesse coletivo, de seu bairro, de sua rua, de sua cidade, de seu país e de seu planeta, e não apenas sobre seus problemas

---

78. LIMA, Martônio Mont'Alverne Barreto. A democracia da atualidade e seus limites: o financiamento público de campanhas eleitorais. **Revista brasileira de direito eleitoral**, Fortaleza: ABC, n. 17, p. 119-141, p. 137, 2005.

individuais. E mais: devem, através da educação, receber as informações e adquirir os meios para avaliar as decisões a serem tomadas. Educação livre, e concedida a todos. Isso reconduz, no caso do Brasil, às questões anteriormente abordadas, relativas aos gastos com propaganda, ao incentivo às instituições de educação que ofereçam vagas ao poder público e à aplicação dos recursos arrecadados com as contribuições sociais.

CONCLUSÃO

Em razão do que foi explicado ao longo deste trabalho, suas conclusões podem ser sintetizadas da seguinte forma:

a) o Estado não surgiu para criar o Direito, mas para assegurar o respeito às prescrições jurídicas já existentes, inerentes à criatura humana e decorrentes de seus traços essenciais e intimamente interdependentes, moldados pela seleção natural, que são a liberdade, a racionalidade e a sociabilidade. Existe, portanto, padrão de juridicidade fora do Estado, embora a ele se deva, no mundo contemporâneo, a organização da produção e a tentativa de aplicação e efetivação do ordenamento jurídico;

b) as correntes filosóficas componentes do chamado jusnaturalismo partem da premissa de que existe um conjunto de normas não positivas que deve servir de modelo ao direito posto. Esse é o seu elemento comum, havendo, contudo, divergências quanto à origem ou à natureza desse modelo ideal de direito, chamado direito natural, já tendo ele sido creditado à natureza, aos deuses, à razão divina e à razão humana. O principal defeito atribuído ao jusnaturalismo, por isso mesmo, reside na insegurança e na falta de critérios objetivos e científicos para se determinar o conteúdo do direito natural. O problema, em suma, está em saber *quem* determinará o conteúdo do direito natural e, portanto, quem julgará a correção, ou não, do direito positivo;

c) o positivismo jurídico, por sua vez, caracteriza-se pela recusa ou afastamento, de suas cogitações, de tudo o que não pode ser apreendido pelos sentidos, vale dizer, centra-se na realidade sensível, que pode ser medida, pesada e experimentada. Como consequência disso, afasta de suas considerações os valores, deixando de examinar o direito como este deveria ser, focando-se apenas no direito que é;

d) o pós-positivismo se proclama fruto de uma síntese dialética entre positivismo e jusnaturalismo. Essa síntese seria viabilizada pelo reconhecimento da positividade de princípios, que seriam a positivação de valores. Tais princípios consistiriam na positivação de direitos humanos, sendo compreendidos como direitos fundamentais. Toda uma teorização construída em torno deles tornaria desnecessário o recurso ao direito natural, retiraria o subjetivismo ou o decisionismo inerente a tal recurso, mas não teria os defeitos próprios do positivismo jurídico, pois permitiria ao intérprete adequar a norma ao caso concreto à luz dos valores positivados no ordenamento, de forma racionalmente justificável e intersubjetivamente controlável;

e) faz-se possível, assim, responder a uma das perguntas formuladas na introdução, qual seja, a que indagava: "se determinado ordenamento consagrar normas injustas, como será seu tratamento por juristas, intérpretes e aplicadores pós-positivistas?". A resposta é: se essas normas forem válidas à luz da ordem jurídica na qual estão encartadas, o pós-positivismo, pelo menos nos moldes em que delineado pelos seus principais teóricos, não oferece meios ou critérios sequer para que sejam assim julgadas, vale dizer, consideradas injustas. A maior parte dos autores que se dizem pós-positivistas definem essa corrente como superação dialética do positivismo jurídico e do jusnaturalismo pelo fato de a ordem jurídica dos Estados contemporâneos consagrar normas com estrutura de princípio que decorrem da ideia de proteção à dignidade da pessoa humana. Vale dizer, afirmam superado o antagonismo porque uma norma contrária à dignidade da pessoa humana seria contrária ao direito positivo, que a protege através de regras e princípios;

f) sendo o Direito uma realidade institucional, assim entendida aquela criada pela racionalidade humana e que somente existe em face do reconhecimento dos demais membros de uma coletividade (tal como o dinheiro, um pênalti ou um movimento de uma peça de xadrez), é essencial para caracterizá-lo o reconhecimento, e não a imposição forçada, que o equipararia à ordem dada a um animal com o uso de um chicote, igualando o ser humano ao destinatário desta ordem, que a obedece irracionalmente por medo;

g) tal reconhecimento depende da convergência entre as normas jurídicas positivas, no plano da realidade, e as normas jurídicas pretendidas por quem as avalia, no plano da possibilidade. Como as normas não se confundem com os textos que as veiculam, sendo, em verdade, o significado destes, a tensão entre realidade e possibilidade manifesta-se já, dentro de certos limites, no momento da determinação, pelo intérprete, do conteúdo das normas postas;

h) é impossível retirar da criatura humana a capacidade de distinguir o *real* do *possível,* sendo este o traço de sua humanidade. É igualmente impossível suprimir-lhe a capacidade de *comparar* realidade e possibilidade, seja para com isso, à luz dos valores atribuídos a uma e a outra, preservar a primeira ou pugnar pela concretização da segunda;

i) a ordem jurídica deve ter por fundamento, por conseguinte, o direito tido por ideal pelos cidadãos que a ela se submetem, que lhe deve servir de modelo. A forma humanamente possível de aproximá-la de tal modelo é fazendo-a produto da vontade da maioria dos cidadãos, todos livres e iguais. Só assim se pode aproximar o conteúdo das normas daquilo que esperam ou aceitam os sujeitos cuja conduta por elas será disciplinada;

j) essa vontade encontra limites lógicos, que não podem ser por ela transpostos, naquilo que lhe serve de pressuposto, a saber, na proteção e na promoção à igualdade e à liberdade de todos que, direta ou indiretamente, efetiva ou potencialmente, a manifestam;

l) faz-se possível, com isso, responder a segunda pergunta formulada na introdução, assim redigida: "se, em tempo ou lugar diverso do nosso, existir ordenamento injusto, poderá ele, ainda assim, ser chamado de Direito? Qual o critério de justiça para fazer esse julgamento?" A resposta é: o critério de justiça para fazer o julgamento é a adequação da ordem jurídica existente àquela aspirada pelos que têm sua conduta por ela disciplinada e, por conseguinte, deveriam reconhecê-la como tal. A questão, portanto, é de grau. E, em um grau elevado de divergência ou inadequação, a ordem jurídica, para se impor, passa a depender unicamente da força, desnaturando-se enquanto Direito e não mais se diferenciando do grito do assaltante ou do chicote estalado em frente ao animal. Para que essa adequação seja levada ao grau mais elevado possível, é necessário que o ordenamento jurídico se fundamente, como apontado, no ideal de justiça expresso pela vontade dos cidadãos livres e iguais cuja conduta será por ele disciplinada.

m) para viabilizar essa aproximação entre o direito positivo e o direito considerado ideal por aqueles que por ele terão a conduta disciplinada, deve-se assegurar a liberdade destes, a fim de que os indivíduos possam exprimir suas opiniões a respeito do que o Direito é, de seus defeitos e virtudes, e de como ele deveria ser, dos fins e das metas que ele deveria atingir. Com liberdade, os indivíduos podem preconizar mudanças na ordem jurídica e procurar convencer a maioria, também livre para lançar no debate opiniões em sentido contrário, a fazê-lo ou a preservá-la como está. São caminhos para assegurar a liberdade o respeito à livre iniciativa, à propriedade privada e, especialmente, à livre manifestação do pensamento;

n) é necessário, também, assegurar a igualdade, que não passa de uma maneira de permitir a todos – e não apenas a algumas pessoas – o efetivo exercício da liberdade. Mas, para que essa igualdade não suprima o direito à liberdade, da qual não é antítese, mas sim instrumento de universalização, deve ser implementada no âmbito das oportunidades, e não dos resultados. Só assim se resguarda o respeito à liberdade, que pressupõe não só a responsabilidade pelas escolhas feitas, mas sobretudo a possibilidade de se escolher ser diferente;

o) são meios possíveis para reduzir as desigualdades um maior investimento público em educação e em saúde. Entretanto, é preciso cautela para, a pretexto de obter os recursos a tanto necessários, não se agir desproporcionalmente e chegar-se, desse modo, ao resultado contrário do pretendido. Em verdade, diante de Estados já dotados de carga tributária elevada, a não consecução de tais fins não se deve tanto à falta de recursos, mas à inadequada aplicação destes. Para evitar isso, pode-se coibir o gasto público desnecessário, assim entendido não só aquele mais evidente, desviado por meio de esquemas de corrupção, mas também aqueles empregados de forma aparentemente legítima, a exemplo das expressivas despesas públicas com propaganda governamental, despesas que, além de comprometerem os gastos necessários à promoção da igualdade, prejudicam a democracia diretamente, por ensejarem o sugestionamento da população com o uso do dinheiro público para promover a imagem daquele que momentaneamente representa o povo no exercício do poder.

A discrepância entre o que se preconiza nessas últimas conclusões e a realidade verificada em diversos países, sobretudo no Brasil, não é motivo para que sejam consideradas improcedentes ou equivocadas. Pelo contrário. Talvez nenhum Estado no mundo tenha ordenamento jurídico fundado em um modelo ideal de Direito, decorrente da efetiva manifestação da vontade da maioria de seus cidadãos, todos livres e iguais. Umas estão mais próximas, outras mais distantes. O que se pretendeu aqui, em verdade, foi, em vez de apenas descrever assepticamente a realidade, sugerir como ela deve ser, apontando caminhos possíveis para tanto.

DE 2009 A 2023

As ideias defendidas neste livro partem da premissa de que o direito é uma realidade institucional, assim entendida aquela que existe porque seres racionais pactuam a sua existência. Para ser reconhecido como tal, portanto, é preciso que seu conteúdo esteja, de algum modo, convergente com o conteúdo que aqueles que devem reconhecê-lo como "direito" esperam que ele tenha. Daí a relevância da democracia, a fim de que todos tenham a oportunidade de participar, da forma mais completa possível, da elaboração, da regulamentação e da aplicação das normas jurídicas. E, para viabilizá-la, daí se evidencia também a importância da livre participação de todos, devendo essa ordem jurídica assegurar liberdade, e igualdade.

À luz dessas premissas, reconhece-se tratar-se de um ideal, visto que nenhuma ordem jurídica consagrará por completo e perfeitamente a democracia, tampouco garantirá a todos, igualmente, plenas liberdades. Mas um ideal funciona precisamente para isso, para se saiba para onde caminhar, a fim de que a ordem jurídica seja justa não a partir de um critério de justiça particular, de um indivíduo ou de um grupo, mas de todos que se submetem a ele. Como, aliás, defendia muito bem Hans Kelsen, como consequência – um tanto paradoxal – do relativismo axiológico que abraçava.

A partir delas, apontam-se caminhos – medidas concretas – para que a ordem jurídica seja aprimorada, no sentido de que se criem condições para um mais intenso exercício da democracia, com a garantia da igualdade e da liberdade. Examinam-se temas como a regressividade do sistema tributário brasileiro, os gastos com propaganda governamental, a tributação das entidades de educação, e o uso de meios eletrônicos para incrementar a participação política.

O passar de quinze anos, desde que a primeira edição do livro foi lançada, permite acrescentar alguns fundamentos a tais premissas, calcados na compreensão de como surgiram os sentimentos morais, e de como a mente os emprega, em conjunto com a imaginação, para compreender as prescrições jurídicas. Permite, ainda, examinar o tema da tecnologia, e da democracia, à luz dos avanços da inteligência artificial, e do uso da internet para propósitos antidemocráticos. Talvez este seja o ponto em que as reflexões feitas inicialmente no livro mereçam os mais extensos complementos ou atualizações, não só em virtude do muito que a tecnologia evoluiu, mas de como seu mau uso não havia sido imaginado ou especificamente abordado por quem – inclusive o autor destas linhas – a via como um caminho para o fortalecimento da democracia, talvez mesmo em sua forma direta. Aliás, o uso da inteligência artificial por autoridades do Poder Público lança problemas inéditos à efetivamente do princípio do devido processo legal, os quais tampouco foram objeto de reflexão na primeira edição desta obra.

Finalmente, no que toca ao uso do tributo como instrumento de promoção das liberdades e da igualdade, as reflexões feitas na primeira edição seguem no todo pertinentes, sendo de se registrar, apenas, o fato de que a realidade brasileira apenas agravou o quadro de desigualdade, em especial no que toca à regressividade do sistema, com ênfase na tributação do consumo.

Nos três itens seguintes, esses assuntos são referidos. Não para que sejam aprofundados e desdobrados em as suas diversas nuances, o que sequer seria possível aqui, e de algum modo, ainda que minimamente, foi feito em alguns dos trabalhos que publiquei desde o lançamento da primeira edição deste livro[1], mas para que sejam mencionados e indicadas as correlações e ramificações do tema que a partir deles podem ser feitas.

1. FUNDAMENTOS DO DIREITO E CIÊNCIAS COGNITIVAS

O Direito disciplina a conduta humana, a liberdade humana, mas, apesar disso, seus estudiosos nem sempre dão a devida atenção ao que caracteriza o ser humano enquanto tal, características estas que residem no essencial em sua mente[2]. A motivação para que se editem normas, e o modo como os textos que as veiculam são compreendidos e interpretados, depende diretamente da maneira como a mente humana atua.

Há animais que vivem em grupos por serem instintivamente dotados de mecanismos que lhes impelem a uma *cooperação rígida*. A rigidez decorre precisamente do fato de a cooperação ter bases puramente instintivas. É o que se dá com abelhas, formigas, cupins, e outros insetos que vivem em colônias. Mas há aqueles que são capazes de uma *cooperação flexível*, ou dinâmica, baseada não apenas em instintos, mas em uma estrutura neurológica que permite a cada indivíduo uma maior adaptação ao ambiente cooperativo. Lobos, golfinhos,

---

1. Cf., *v.g.*, MACHADO SEGUNDO, Hugo de Brito. Tributação e redução de desigualdades. **RJLB – Revista Jurídica Luso-Brasileira**, v. ano 4, p. 105-146, 2018; _____. **Direito e Inteligência Artificial**: o que os algoritmos têm a ensinar sobre interpretação, valores e justiça. 1. ed. São Paulo: Foco, 2022; _____. **O Direito e sua Ciência – uma introdução à epistemologia jurídica**. 2. ed. São Paulo: Foco, 2021.
2. BROZEK, Bartosz; HAGE, Jaap; VINCENT, Nicole A (Eds.). **Law and mind:** A survey of Law and the Cognitive Sciences. Cambridge University Press, Cambridge, 2021, p. 37.

primatas, e diversos outros animais, sobretudo mamíferos, fornecem incontáveis exemplos. O ser humano, neste contexto, diferencia-se por ter desenvolvido uma capacidade cooperativa incrivelmente mais elaborada.

A linguagem, e a capacidade de criar realidades institucionais, assim entendidas aquelas que existem porque se pactua a sua existência, permitem ao ser humano uma cooperação em um nível ilimitado, na qual indivíduos de diversos lugares e tempos, mesmo sem se conhecerem, são capazes de cooperar. Imagine você, leitora, apenas a título ilustrativo, quantos humanos foram necessários, além deste que escreve estas linhas, para que você as estivesse lendo agora. São inúmeros os que atuaram para que o objeto, o livro impresso ou o leitor digital, fosse confeccionado e lhe chegasse às mãos. Estenda o exercício para os itens que veste, calça, ou nos quais agora senta, ou deita, e será possível perceber a infinitude de pessoas que trabalharam para que a sua experiência atual pudesse ocorrer. Estamos todos interconectados nessa imensa rede cooperativa, sendo este o diferencial que o processo de seleção natural imprimiu nos seres humanos, por lhes permitir melhores condições de sobrevivência e reprodução.

Para que tal cooperação flexível atue, neste nível, desenvolveram-se habilidades como a memória, sentimentos morais, e a imaginação. Esta última é fundamental para que se criem realidades institucionais, que só existem, como dito, porque se pactua a sua existência. É o caso das regras de um jogo, dos mitos, das lendas, dos personagens de ficção, do dinheiro, e do Direito. As regras jurídicas, embora decorram, em alguma medida, de desdobramentos dos sentimentos morais, que elas explicitam e complementam, são criações institucionais que dependem da imaginação humana para serem idealizadas, compreendidas e aplicadas.

Por meio dos sentimentos morais, experiências, vividas ou indiretamente conhecidas, são julgadas como boas ou ruins, agradáveis ou desagradáveis, prazerosas ou desprazerosas. Sua origem reside na necessidade de o organismo vivo manter a homeostase, ou seja, manter o equilíbrio necessário à sua própria preservação. Por isso escassez de energia, ou temperaturas muito elevadas, ou muito baixas, assim como a necessidade de expelir substâncias ou resíduos acumulados ao cabo do processo digestivo ou de filtragem do sangue, ou a desidratação, causam desprazer ou desconforto. Do mesmo modo, o afastamento da temperatura muito elevada ou muito baixa, a obtenção do alimento que propiciará a energia que falta, a excreção, a hidratação, geram conforto e prazer. Os mesmos mecanismos de castigo e prêmio cerebrais foram desenvolvidos, por extensão, para situações ou experiências que retiram *o grupo* (fora do qual o humano tampouco sobrevive) do equilíbrio necessário à sua manutenção. Não à toa, usam-se os mesmos circuitos cerebrais, e até as mesmas palavras, para as designar: o crime que causa repulsa ou nojo, a ação criminosa suja, e assim por diante.

Diante de situações que despertam tais sentimentos, sendo assim julgadas boas ou ruins, grupos humanos, em especial aqueles que, dentro deles, ocupam a posição de líderes e assim exercem o poder político, sendo dotados de *imaginação*, podem pensar em outras situações, parecidas, que se podem repetir, e que serão por igual reprováveis, ou desejáveis. Editam-se, então, normas, destinadas a proibi-las, facultá-las, ou obrigá-las.

A imaginação é por igual necessária a que essas normas sejam compreendidas, e aplicadas. Um professor, em sala de aula, para explicar aos alunos algo sobre um dispositivo da Constituição, do Código Penal, ou do Código Civil, alude a exemplos. Pede que os alunos *imaginem* a polícia entrando em um domicílio, a edição de uma emenda tendente a abolir a federação, uma pessoa tirando a vida de outra e fazendo-o para defender-se diante de agressão, e assim por diante. Os alunos imaginarão as cenas, as situações, vale dizer, fatos que se subsumam a tais hipóteses. Ao fazê-lo, seus sentimentos morais atuarão sobre tais fatos, ainda que imaginados, impelindo-os, mesmo inconscientemente, a valorá-los como bons, ou ruins. Será nesse quadro que procurarão compreender o sentido das palavras empregadas na redação dos dispositivos referidos na aula.

Lançam-se pistas, daí, para esclarecer a questão, invariavelmente colocada, sobre se o juiz, ou o intérprete em geral de textos normativos, primeiro decide, e depois busca fundamentos que amparem sua decisão, ou se examina os textos legais aplicáveis para, depois, firmar sua convicção a respeito de como uma questão que lhe é posta deve ser deslindada. O processo, em verdade, é dialético.

Ao aproximar-se do caso a ser julgado – ou de qualquer outro objeto ou parcela de realidade que se coloque à sua compreensão – o sujeito possui uma pré-compreensão a respeito do que se trata. No caso de uma questão jurídica posta a um julgador, este já faz alguma ideia dos fatos e, a partir dela, de como eles devem ser tratados, ou disciplinados. Mesmo desconhecendo ainda as normas aplicáveis, a imaginação – que o fará reconstruir mentalmente a situação a ser julgada – permitirá a atuação de seus sentimentos morais. Daí, examinando o caso, pode, de fato, sim, já intuir uma solução.

Entretanto, o exame da legislação aplicável, e das demais provas constantes do processo (se a questão envolver controvérsia fática), fará com que essa solução inicial seja ratificada, ou retificada, em um processo claramente *falibilista*. O deslinde, inicialmente objeto de conjectura, será posto à prova, à luz das normas e das provas. A cada reexame das normas, e das provas, a solução imaginada poderá ser reforçada, corrigida ou alterada. Se o julgador for verdadeiramente imparcial, o que envolve a abertura para alterar a compreensão inicialmente formada, o resultado será fruto da dialética entre esses dois momentos, que se retroalimentam, solução pensada e fundamentos que a embasam.

Quanto à questão do fundamento do Direito, tais considerações lançam luzes sobre o chamado relativismo moral, ou axiológico, não raro trazido para desacreditar teorias voltadas à busca por parâmetros ou critérios para se julgar ou avaliar o Direito posto, os quais seriam desprovidos de objetividade. Com efeito, embora as noções de certo e errado possam variar no tempo e no espaço, certos conceitos parecem dotados de maior universalidade, como a proteção da vida, em condições normais, de quem se considera igual, ou a vedação a agressões ou mortes arbitrárias. Assim como a necessidade de nutrientes é semelhante em todo ser humano (que precisa de proteínas, carboidratos, gorduras e vitaminas), mas as variações de ambiente levam ao surgimento de culinárias diversas, o mesmo se pode afirmar em relação à moralidade. Mas não só: a circunstância de as pessoas serem movidas por tais sentimentos, e usarem-nos para julgar as situações a serem disciplinadas juridicamente, faz com que tenham maior, ou menor, propensão a respeitar tais regras, ou mesmo de reconhecê-las enquanto normas, a depender de sua maior ou menor aproximação com o que a tais sujeitos parece correto. Daí a importância da participação de todos, pelo menos em potencial, nos debates públicos e na troca de ideias no âmbito da sociedade, além de nas eleições de representantes e nas manifestações ou nas mais diversas formas de exercício da democracia, a fim de que o teor das normas postas seja o mais próximo possível daqueles que lhes parece adequado. A consensualidade na elaboração das normas jurídicas contribui a que sejam vistas como normas, vale dizer, como realidades institucionais, e não como a mera imposição da vontade de quem exerceu o poder político editando-as.

2. INTELIGÊNCIA ARTIFICIAL, DEVIDO PROCESSO LEGAL E DEMOCRACIA

Na primeira edição deste livro, seguindo as lições de Norberto Bobbio, defendeu-se que, por meio da *internet,* haveria maior condição de se exercerem as liberdades, com igualdade, propiciando-se um aprimoramento na democracia. Além de as pessoas terem a oportunidade de se expressar mais livremente, seria possível contactar representantes políticos, fiscalizar contas públicas etc., além de se viabilizar o próprio exercício de formas de democracia direta. O principal problema que se visualizou, na ocasião, foi a circunstância de que alguns pessoas não teriam acesso a ela.

Os quinze anos que se sucederam deste então trouxeram modificações na sociedade que indicam a existência de problemas, ou de perigos, bem mais importantes, ou graves. O barateamento dos produtos de informática permite, atualmente, que um número bastante grande de pessoas tenha acesso a *smartphones* e à *internet,* pelo que não seria a exclusão digital o principal problema ou impedimento a que a tecnologia funcionasse como instrumento de promoção das liberdades, da igualdade e da democracia. Figuras como as *fake News* e o uso da inteligência artificial, especialmente pelo Poder Público, lançam desafios bem mais importantes.

Nas duas primeiras décadas do Século XXI viu-se que a universalização do acesso das pessoas à internet teve um lado perverso, que foi o de igualar os discursos, dando praticamente igual voz a quem de forma irresponsável, irrefletida, ou mesmo proposital, propaga ideias sabidamente falsas, e a quem com seriedade e responsabilidade procura difundir o que até o momento lhe parece verdadeiro. Procedeu-se a um golpe não apenas na democracia, mas na ciência, que com ela guarda relações por pressuporem, ambas, um ambiente livre e plural, em que as melhores ideias são selecionadas por tentativa e erro, sobrevivendo aos testes que se lhes fazem. Como todos podem usar a internet para falar o que quiserem, ideias testadas e experimentadas, como a de que os seres vivos têm características naturalmente selecionadas por melhor adaptarem-nos ao meio em que vivem, ou mesmo de que a terra tem a forma (aproximadamente) esférica, são "postas em dúvida" por discursos irresponsáveis e infundados, mas que na grande rede têm espaço para propagação. Viu-se algo semelhante, durante a pandemia da COVID-19, no que tange a vacinas, eficácia de remédios e mesmo sobre os reais impactos da doença ou a respeito das formas de evitá-la.

O uso de algoritmos de inteligência artificial, com o emprego da enorme quantidade de dados disponível na internet sobre os seus usuários, permite a que tais notícias falsas, ou mesmo notícias verdadeiras, mas apresentadas de forma parcial ou tendenciosa (não se dizer *toda* a verdade às vezes produz resultado equivalente ao de uma mentira), sejam utilizadas para manipular consumidores e, com maior risco à democracia, eleitores. Este seguramente foi um reflexo da tecnologia e da informática sobre a democracia que na primeira edição deste livro não se contemplou.

A solução para essa questão seguramente não passa pela censura, ou pelo estabelecimento de entidades ou órgãos, públicos ou privados, dotadas da atribuição de autorizar ou desautorizar discursos a partir de seu conteúdo. Isso daria poderes excessivos ao censor, ao encarregado de rotular uma notícia como verdadeira ou falsa e assim legitimar ou não sua divulgação. Mais adequado é criar caminhos que dificultem o anonimato, o que permite a posterior responsabilização de quem intencionalmente veicula notícias falsas ou é conivente com sua divulgação, e que favoreçam o esclarecimento das pessoas em geral sobre como identificar e se proteger de notícias falsas. Neste caso, a solução para possíveis abusos ou excessos na liberdade de expressão consiste em ainda mais liberdade de expressão, para que discursos destinados a contestar e refutar os falsos por igual circulem, e o tempo, aliado ao discernimento de cada sujeito, se encarregue de depurar a verdade.

Outro problema que a tecnologia suscita, à efetivação da democracia, e das liberdades e da igualdade que lhe servem de premissa, diz respeito ao seu uso pelas autoridades do Poder Público, em especial quando dotadas de algoritmos de inteligência artificial. O ponto sensível, aqui, relaciona-se com o devido processo legal, em seus inúmeros e amplos desdobramentos.

Ao longo de séculos de aprimoramento, em um lento processo de tentativa e erro, as sociedades humanas construíram institutos jurídicos destinados a conter e limitar o exercício do poder, em especial do poder político. Sendo o ser humano um animal político, que vive em grupos, é inafastável, no seio destes, que alguém, ou alguns, tomem decisões que digam respeito aos interesses de todos, ou de um número maior de pessoas que não apenas os próprios que decidem. Trata-se do que se chamou de poder político, e aqueles que o exercem invariavelmente dele abusam, como a História é rica em testemunhos.

No caso do devido processo legal, tem-se um grande princípio guarda-chuva, aberto, do qual se desdobram inúmeros outros, todos destinados a conter o arbítrio em defesa da vida, da liberdade e da propriedade dos indivíduos. Parâmetros e limites a serem observados na feitura de normas, que afetem vida, liberdade e patrimônio, e na sua aplicação. Daí cogitar-se de um processo legislativo, na escolha dos representantes que dele participarão, da forma como essa participação ocorrerá etc. E, em seguida, de requisitos e condições para que tais normas sejam aplicadas, para que se verifique se ocorreram os fatos aos quais se subsomem, para que os afetados se possam defender etc.

Tais limites e desdobramentos do devido processo legal, contudo, foram idealizados, ao longo de séculos de tentativa e erro, tendo em conta legisladores, aplicadores e julgadores humanos. Seus vícios, seus erros, suas fraquezas. Com o emprego da tecnologia, cada vez mais autônoma, as questões e os desafios se alteram, e o princípio, suas consequências e repercussões, precisam ser repensados.

Os princípios que atuam na feitura de normas, no plano do processo legislativo, são tangenciados quando as normas, apesar de veiculadas em textos aprovados seguindo-se todas as formalidades exigidas, e com o conteúdo permitido pelas normas de superior hierarquia, são utilizadas na programação de sistemas informatizados *com o sentido que lhes emprestam os programadores*. Estes, ao fim e ao cabo, se transformam em legisladores, de algum modo, pois as máquinas, quando da aplicação de leis – na fiscalização de alfândegas, na lavratura de autos de infração, na seleção de contribuintes a serem habilitados para a realização de acordos com o Fisco ou na seleção de importações a serem mais detidamente fiscalizada – seguem o conteúdo que seus programadores lhes definem como sendo o de tais leis.

E, quando da aplicação dessas leis, as mesmas máquinas podem não se submeter a vieses que eventualmente acometeriam um aplicador humano (preterindo um torcedor de time adversário ou fiel de religião diversa da sua), mas se podem ver acometidas de outros, também humanos, mas intensos e menos visíveis, contidos nos dados dos quais partem. Podem, ainda, cometer equívocos na identificação dos fatos aos quais as normas se subsomem. Mas os mecanismos para corrigir tais equívocos, idealizados para atuação sobre erros cometidos por humanos sem a intervenção de máquinas, não funcionarão com a mesma adequação. Quando máquinas performam tarefas que os humanos usualmente não conseguem realizar, ou não conseguem na mesma intensidade ou quantidade, ou velocidade, estes, os humanos, tendem a não considerar a possibilidade de elas falhares, ou de eles, menos dotados, terem condições de identificar essas falhas. Emerge então o viés da autoridade algorítmica, em que o humano tende a considerar que os resultados ou as ações indicadas por um sistema informatizado são corretas, mesmo quando evidências indicam o contrário.

Tradicionalmente, o devido processo legal atua como uma salvaguarda contra decisões arbitrárias, garantindo direitos fundamentais como a ampla defesa, o contraditório e a motivação das decisões estatais. No entanto, como dito, quando essas decisões são tomadas ou influenciadas por algoritmos, surge uma barreira de compreensão. Como avaliar a justiça e a imparcialidade de um processo cujas razões residem em complexos códigos computacionais e cujas motivações podem se basear em padrões não imediatamente inteligíveis para seres humanos? A situação se torna ainda mais intrincada quando consideramos sistemas baseados em *machine learning*, onde os próprios algoritmos, após serem alimentados com vastas quantidades de dados, desenvolvem seus critérios de decisão, frequentemente inacessíveis até mesmo para seus criadores. Tal cenário suscita uma pergunta crucial: Como garantir que os algoritmos atuam em consonância com o devido processo legal?

Uma solução emergente reside na criação de organismos ou entidades da sociedade civil, compostos por especialistas em Direito, Ciência da Computação, Filosofia e outras áreas pertinentes. Estes grupos teriam a tarefa de auditar, testar e avaliar a atuação dos algoritmos usados pelo poder público. Estes "guardiões algorítmicos", ao submeterem os sistemas a situações extremas, limítrofes ou inesperadas, poderiam identificar falhas, vieses ou preconceitos inerentes ao sistema, contribuindo para a correção e aprimoramento contínuo dos mesmos.

Além de identificar problemas, essa iniciativa poderia estabelecer padrões e diretrizes para a implementação de algoritmos pelo poder público, assegurando que sua atuação esteja em conformidade com os princípios do devido processo legal. O monitoramento constante, aliado à transparência e à colaboração entre setores diversos da sociedade, pode não só validar a legitimidade dessas ferramentas, mas também fortalecer a confiança da sociedade na aplicação tecnológica pelo Estado.

No entanto, é fundamental que esses organismos atuem de maneira independente e imparcial, garantindo que seus diagnósticos e recomendações não sejam influenciados por interesses particulares. A ideia não é frear a inovação, mas sim garantir que a tecnologia sirva à sociedade de forma justa e equitativa.

Em resumo, o devido processo legal, nesse contexto tecnológico, demanda novas formas de interpretação e aplicação. A criação de entidades voltadas à análise e ao teste dos algoritmos de IA representa uma solução promissora para garantir que a atuação do poder público, mesmo quando assessorada por essas ferramentas, permaneça fiel aos princípios que fundamentam o estado democrático de direito.

3. TRIBUTAÇÃO E DESIGUALDADE

Nos quase quinze anos decorridos desde quando se publicou a primeira edição deste livro, o problema das desigualdades sociais e econômicas, pelo menos no Brasil, se acentuou, inclusive como decorrência da pandemia da COVID19. E, apesar disso, o sistema tributário praticamente não sofreu alterações destinadas a fazer com que funcione como instrumento redutor dessas desigualdades, ou que pelo menos não as incremente.

Com efeito, a tributação da renda, e das heranças, continua dotada de pouca progressividade, alcançando bases pouco expressivas já com as alíquotas mais elevadas. Já a tributação do consumo, que por definição tende à regressividade, tem sido majorada. Em vez de desempenhar seu papel redistributivo, através do qual os recursos são coletados de forma progressiva e revertidos em benefícios sociais, o sistema pende para a tributação do consumo, sobrecarregando principalmente os mais pobres. Essa dinâmica é resultado de um modelo em que tributos sobre bens e serviços, como ICMS, IPI, PIS e COFINS, possuem forte peso. Estes acabam impactando desproporcionalmente aqueles que destinam uma maior parte de sua renda ao consumo. Paralelamente, a tributação da renda, tanto de pessoas físicas quanto jurídicas, apresenta alíquotas pouco progressivas, sem mencionar que a tributação sobre grandes fortunas, prevista na Constituição, segue não regulamentada. Impostos que poderiam desencorajar a concentração de propriedades, como o IPTU e o ITR, nem sempre são aplicados de forma eficaz, realidade que não se alterou nos últimos anos.

A propósito de alteração, a reforma tributária recentemente aprovada no Congresso, embora traga à tona a proposta de tributação de embarcações e aeronaves via IPVA, não parece ser suficientemente robusta para enfrentar a regressividade estrutural do sistema. Essa tributação sobre bens de luxo, ainda que importante em termos simbólicos, pode ser facilmente contornada, dadas as brechas legais existentes. Há uma real preocupação de que a já regressiva tributação do consumo se torne ainda mais onerosa.

O avanço da tecnologia e de seu uso tem o potencial de agravar tais questões, pois, embora surjam oportunidades de novos trabalhos, novas profissões e ocupações, com aparentemente maior acesso às pessoas em geral, por outro as grandes corporações responsáveis pela disponibilização das ferramentas digitais (a exemplo de Meta, Google etc.) a tanto necessárias concentram grande quantidade de renda, de uma maneira que inclusive torna difícil a sua tributação por parte dos países em geral.

Além dos problemas intrínsecos ao sistema tributário, o período de 2009 a 2023 também foi marcado por um agravamento dos índices de corrupção no Brasil. A corrupção, além de desviar recursos essenciais que poderiam ser investidos em áreas-chave como educação, saúde e infraestrutura, contribui para a percepção pública de injustiça e desigualdade. Funcionários públicos e políticos envolvidos em esquemas corruptos distorcem o propósito da tributação, que é financiar o bem público, para benefício pessoal. Isso não só diminui a confiança na integridade do sistema como também perpetua a desigualdade, já que os recursos desviados poderiam ser aplicados em políticas de redistribuição.

REFERÊNCIAS

ACADEMIA DAS CIÊNCIAS DE LISBOA. **Dicionário da língua portuguesa contemporânea**. Lisboa: Verbo, 2001. v. 1 e 2.

AFTALIÓN, Enrique R.; VILANOVA, José; RAFFO, Julio. **Introducción al derecho**. 4. ed. Buenos Aires: Abeledo Perrot, 2004.

ALEXY, Robert. **El concepto y la validez del derecho y otros ensayos**. Tradução de Jorge M. Seña. Barcelona: Gedisa, 1994.

_____. The nature of legal philosophy. **Ratio juris**, [s.l.], v. 17, n.2, p. 156-167, june 2004.

AMAZÔNIA. **Projeto proíbe infanticídio em tribos indígenas**. Disponível em: <http://www.amazonia.org.br/noticias/noticia.cfm?id=259036>. Acesso em: 6 jun. 2008.

ARISTÓTELES, Política – livro I. In: MORRIS, Clarence (Org.). **Os grandes filósofos do direito**. Tradução de Reinaldo Guarany. São Paulo: Martins Fontes, 2002. p. 17-23.

AQUINO, Santo Tomás. Suma teológica – primeira parte da segunda parte – tratado sobre a lei – questão 90. In: MORRIS, Clarence (Org.). **Os grandes filósofos do direito**. Tradução de Reinaldo Guarany. São Paulo: Martins Fontes, 2002. p. 49-72.

_____. **Tratado da justiça**. Tradução de Fernando Couto. Porto: Rés, [s.d.].

ARENDT, Hannah. **A condição humana**. Tradução de Roberto Raposo. 10.ed. Rio de Janeiro: Forense Universitária, 2008.

ASCENSÃO, José de Oliveira. **O direito** – introdução e teoria geral. 2.ed. brasileira. Rio de Janeiro: Renovar, 2001.

ASENSIO, Miguel Angel. **Federalismo fiscal** – fundamentos, analisis comparado y el caso argentino. Buenos Aires: Universidad del Salvador, 2000.

ATIENZA, Manuel. **Contribución a una teoría de la legislación**. Madrid: Civitas, 1997.

AULETE, Caldas. **Minidicionário contemporâneo da língua portuguesa**. Rio de Janeiro: Nova Fronteira, 2004.

ÁVILA, Humberto. **Teoria dos princípios**. 4. ed. São Paulo: Malheiros, 2004.

BALEEIRO, Aliomar. **Uma introdução à ciência das finanças**. 16.ed. Atualizada por Dejalma de Campos. Rio de Janeiro: Forense, 2008.

BARAK, Aharon. **The judge in a democracy**. Princeton: Princeton University Press, 2006.

BARBALHO, João. **Constituição Federal Brasileira** – comentários por João Barbalho. Brasília: Senado Federal, 1992.

BARROSO, Luís Roberto. Fundamentos teóricos e filosóficos do novo direito constitucional brasileiro – pós-modernidade, teoria crítica e pós-positivismo. In: _____ (Org.).

A nova interpretação constitucional. ponderação, direitos fundamentais e relações privadas. Rio de Janeiro: Renovar, 2006. p. 2-47.

_____ (Org.). **A nova interpretação constitucional**. ponderação, direitos fundamentais e relações privadas. Rio de Janeiro: Renovar, 2006.

BASTOS, Celso Ribeiro. **Dicionário de direito constitucional**. São Paulo: Saraiva, 1994.

BATIFFOL, H. **A filosofia do direito**. Tradução de Neide de Faria. São Paulo: Difusão Européia do Livro, 1968.

BECKER, Alfredo Augusto. **Teoria geral do direito tributário**. 3.ed. São Paulo: Lejus, 1998.

BERCOVICI, Gilberto. **Soberania e constituição**: para uma crítica do constitucionalismo. São Paulo: Quartier Latin, 2008.

BERGBOHM, Karl. **Jurisprudenz und rechtphilosophie**. Band 1. Das naturrecht der gegenwart. Leipzig: Dunker & Humblot, 1892.

BERGEL, Jean-Louis. **Teoria geral do direito**. Tradução de Maria Ermantina Galvão. São Paulo: Martins Fontes, 2001.

BERLIN, Isaiah. Liberty. In: HARDY, Henry (ed.). **Isaiah Berlin** - liberty. Oxford: Oxford University Press, 2008. p. 283-286.

BERTING, Jan et al. (ed.). **Human rights in a pluralist world** - individuals and collectivities. London: Westport, 1989.

BEST, Steven; KELLNER, Douglas. **The postmodern turn**. New York: The Guilford Press, 1997.

BITTAR, Eduardo C. B.; ALMEIDA, Guilherme Assis. **Curso de filosofia do direito**. São Paulo: Atlas, 2001.

BIX, Brian H. Legal positivism. In: GOLDING, Martin P.; EDMUNDSON, William A. **The blackwell guide to the philosophy of law and legal theory**. Oxford: Blackwell, 2006. p. 29-49.

BOBBIO, Norberto. **O futuro da democracia** – uma defesa das regras do jogo. Tradução de Marco Aurélio Nogueira. São Paulo: Paz e Terra, 1984.

_____. **O positivismo jurídico**. Tradução de Mário Pugliesi, Edson Bini e Carlos Rodrigues. São Paulo: Icone, 1995.

_____. **Teoria do ordenamento jurídico**. Tradução de Maria Celeste Cordeiro dos Santos. 10.ed. Brasília: UnB, 1999.

_____. **Direito e Estado no pensamento de Emanuel Kant**. Tradução de Alfredo Fait. São Paulo: Madarim, 2000.

_____. **Teoria geral da política** – a filosofia política e as lições dos clássicos. Tradução de Daniela Beccaccia Versiani. São Paulo: Campus, 2000.

BONAVIDES, Paulo. **Ciência política**. 10.ed. São Paulo: Malheiros, 1995.

_____. **A constituição aberta**. 2.ed. São Paulo: Malheiros, 1996.

_____. **Curso de direito constitucional**. 8.ed. São Paulo: Malheiros, 1999.

_____. **Do país constitucional ao país neocolonial**. São Paulo: Malheiros, 1999.

_____. **Teoria constitucional da democracia participativa**. Por um direito constitucional de luta e resistência, por uma nova hermenêutica, por uma repolitização da legitimidade. São Paulo: Malheiros, 2001.

_____. A democracia participativa e os bloqueios da classe dominante. In: TÔRRES, Heleno Taveira (Coord.). **Direito e poder** – nas instituições e nos valores do público e do privado contemporâneos – estudos em homenagem a Nelson Saldanha. Barueri: Manole, 2005. p. 426-442.

BOSCH, Philippe van den. **A filosofia e a felicidade**. Tradução de Maria Ermantina Galvão. São Paulo: Martins Fontes, 1998.

BRASIL. Superior Tribunal de Justiça. 1.ª T, REsp 834.678/PR, Rel. Min. Luiz Fux, j. em 26.6.2007. **Diário de Justiça**, Brasília, DF, 23 ago. 2007, p. 216.

_____. **Tesouro nacional**. Disponível em: <http://www.tesouro.fazenda.gov.br/>. Acesso em: 2 mar. 2009.

_____. **Portal da transparência**. Disponível em: <http://www.portaldatransparencia. gov.br/>. Acesso em: 2 mar. 2009.

BRONOWSKI, J. **O senso comum da ciência**. Trad. de Neil Ribeiro da Silva. Belo Horizonte: Itatiaia; São Paulo: EdUSP, 1977.

BROZEK, Bartosz; HAGE, Jaap; VINCENT, Nicole A (Eds.). **Law and mind:** A survey of Law and the Cognitive Sciences. Cambridge University Press, Cambridge, 2021, p. 37.

BUENO, José Antonio Pimenta. **Direito público brasileiro e análise da Constituição do Império**. Brasília: Serviço de documentação do Ministério da Justiça, 1958.

BUENO, Silveira. **Grande dicionário etimológico prosódico da língua portuguesa**. São Paulo: Saraiva, 1965. v. 3.

CALAMANDREI, Piero. **Eles, os juízes, vistos por um advogado**. Tradução de Eduardo Brandão. São Paulo: Martins Fontes, 2000.

CAMPOS, Francisco. **O Estado nacional**. Brasília: Senado Federal, 2001.

CANOTILHO, J. J. Gomes. Videoconferência – 21/2/2 – UFPR. J. J. Gomes Canotilho e grupos das Jornadas da Fazenda Cainã. In: COUTINHO, Jacinto Nelson de Miranda (Org.). **Canotilho e a constituição dirigente**. Rio de Janeiro: Renovar, 2003. p. 23-36.

CARBONELL, Miguel. **Constitucionalismo y multiculturalismo**. Disponível em: <http:// www.juridicas.unam.mx/publica/librev/rev/derycul/cont/13/ens/ens3.pdf>. Acesso em: 5 nov. 2006.

CARRIÓ, Genero R. **Notas sobre derecho y lenguage**. 4.ed. Buenos Aires: Abeledo-Perrot, 1994.

CASSIRER, Ernst. **Antropología filosófica**. Traducción de Eugenio Ímaz. 2.ed. México: Fondo de Cultura Econômica, 1963.

CASTORIADIS, Cornelius. **O mundo fragmentado**. Tradução de Rosa Maria Boaventura. Rio de Janeiro: Paz e Terra, 1992. v.1.

CASTRO, Cláudio Moura. Memórias de um orientador de tese. In: NUNES, Edson de Oliveira (Org.). **A aventura sociológica**: objetividade, paixão, improviso e método na pesquisa social. Rio de Janeiro: Zahar, 1978. p. 304-323.

CATHREIN, V. **Filosofía del derecho** – el derecho natural y el positivo. 5. ed. Traducción de Alberto Jardon y César Barja. Madrid: Instituto Editorial Reus, 1945.

CERVANTES, Miguel de. **Dom quixote de la mancha**. Tradução dos Viscondes de Castilho e Azevedo. São Paulo: Nova Cultural, 2002.

CHORÃO, Mário Bigotte. **Introdução ao direito** – o conceito de direito. Coimbra: Almedina, 1994.

COMPARATO, Fábio Konder. **Ética**. São Paulo: Companhia das Letras, 2006.

COMTE-SPONVILLE, André. **Valor e verdade** – estudos cínicos. Tradução de Eduardo Brandão. São Paulo: Martins Fontes, 2008.

CONNOR, Steven (ed.). **The Cambridge companion to postmodernism**. Cambridge: Cambridge University Press, 2004.

CONTAS ABERTAS. **Contas abertas**. Disponível em: <http://contasabertas.uol.com.br>. Acesso em: mar. 2009.

CORBISIER, Margarida. Democracia – Estado de direito? In: SOUZA, José Pedro Galvão (Coord.). **Estado de Direito** – primeiras jornadas brasileiras de direito natural. São Paulo: RT, 1980. p. 247-260.

COSSIO, Carlos. **Teoría de la verdad jurídica**. Buenos Aires: Losada, 1954.

_____. **La "causa" y la comprension en Derecho**. 4.ed. Buenos Aires: Juarez, 1969.
COUTINHO, Jacinto Nelson de Miranda (Org.). **Canotilho e a constituição dirigente**. Rio de Janeiro: Renovar, 2003.

COUTINHO, Jacinto Nelson de Miranda; LIMA, Martônio Mont´Alverne Barreto (Org.). **Diálogos constitucionais**: direito, neoliberalismo e desenvolvimento em países periféricos. Rio de Janeiro: Renovar, 2006.

CRUZ, Álvaro Ricardo de Souza. **O discurso científico na modernidade**: o conceito de paradigma é aplicável ao direito? Rio de Janeiro: Lumen Juris, 2009.

CUNHA, Antônio Geraldo da. **Dicionário etimológico nova fronteira da língua portuguesa**. Rio de Janeiro: Nova Fronteira, 1982.

DAWKINS, Richard. **O gene egoísta**. Tradução de Geraldo H. M. Florsheim. São Paulo: Itatiaia, 2001.

DEL VECCHIO, Giorgio. **Lições de filosofia do direito**. Tradução de António José Brandão. 5.ed. Coimbra: Armenio Amado, 1979.

DEMO, Pedro. **Metodologia do conhecimento científico**. São Paulo: Atlas, 2000.

DESWARTE, Marie-Pauline. L'intérêt général dans la jurisprudence du Conseil Constitutionnel. **Revue française de droit constitutionnel et de la science politique em france et a létranger**, Paris: Presses Universitaires de France – PUF, n. 13, 1993.

DIMOULIS, Dimitri. **Positivismo jurídico** – introdução a uma teoria do direito e defesa do pragmatismo jurídico-político. São Paulo: Método, 2006.

DONNELY, Jack. Human rights, individual rights and collective rights. In: BERTING, Jan et al. (ed.). **Human rights in a pluralist world** - individuals and collectivities. London: Westport, 1989. p. 39-62.

DOSTAL, Robert J. (Org.). **The cambridge companion to Gadamer**. Cambridge: Cambridge University Press, 2002.

DOUZINAS, Costas. Law and justice in postmodernism. In: CONNOR, Steven (ed.). **The Cambridge companion to postmodernism**. Cambridge: Cambridge University Press, 2004. p. 196-223.

DURANT, Will. **A filosofia de Emanuel Kant ao seu alcance**. Tradução de Maria Theresa Miranda. Rio de Janeiro: Edições de ouro, [s.d.].

DWORKIN, Ronald. 'Natural law' revisited. **University of Florida law review**, Florida, v. XXXIV, n.2, p. 165-188, winter of 1982.

_____. Pornografia, feminismo y libertad. Traducción de María Pía Lara. **Debate feminista**, [s.l.], v. 9, issue 5, p. 91-103, mar. 1994.

_____. **Uma questão de princípio**. Tradução de Luís Carlos Borges. São Paulo: Martins Fontes, 2001.

_____. **Levando os direitos a sério**. Tradução de Nelson Boeira. São Paulo: Martins Fontes, 2002.

_____. **Is democracy possible here?** (principles for a new political debate). Princeton University Press: Princeton, 2006.

ESPINOSA, Bento de. **Ética**. Tradução de Joaquim de Carvalho, Joaquim Ferreira Gomes e António Simões. Lisboa: Relógio D'Água, 1992.

FAGAN, Garrett (ed.). **Archaeological fantasies**: how pseudoarchaeology misrepresents the past and misleads the public. New York: Routledge, 2006.

FALCÃO, Raimundo Bezerra. **Tributação e mudança social**. Rio de Janeiro: Forense, 1981.

FARALLI, Carla. **A filosofia contemporânea do direito** – temas e desafios. Tradução de Candice Preamor Gulo. São Paulo: Martins Fontes, 2006.

FERRAZ JÚNIOR, Tércio Sampaio. Legitimidade pragmática dos sistemas normativos. In: MERLE, Jean-Christophe; MOREIRA, Luiz (Org.). **Direito e legitimidade**. São Paulo: Landy, 2003. p. 288-297.

FERREIRA, Luiz Pinto. **Comentários à Constituição brasileira**. São Paulo: Saraiva, 1989. v.1.

FERREIRA FILHO, Manoel Gonçalves. **A democracia possível**. São Paulo: Saraiva, 1972.

FEYERABEND, Paul. **Realism, rationalism and scientific method**. Cambridge: Cambridge University Press, 1981. v.1.

_____. On the limited validity of methodological rules. Translated by Eric M. Oberheim and Daniel Sirtes. In: PRESTON, John (ed.). **Paul Feyerabend** – knowledge, science and relativism – philosophical papers. Cambridge: Cambridge University Press, 1999. v. 3, p. 120-153.

FINNIS, John. **Lei natural e direitos naturais**. Tradução de Leila Mendes. Rio Grande do Sul: Unisinos, 2007.

FLEINER-GERSTER, Thomas. **Teoria geral do Estado**. Tradução de Marlene Holzhausen. São Paulo: Martins Fontes, 2006.

FLETCHER, George P. Law. In: SMITH, Barry (ed.). **John Searle**. Contemporary philosophy in focus. New York: Cambridge University Press, 2003. p. 85-101.

FOLHA DE SÃO PAULO. **Obama quer usar internet para se manter próximo à população**. Disponível em: <http://www1.folha.uol.com.br/folha/mundo/ult94u466073.shtml>. Acesso em: 17 nov. 2008.

FRANCO, Sousa. **Finanças públicas e direito financeiro**. Lisboa: Associação Acadêmica da Faculdade de Direito de Lisboa, 1980.

GADAMER, Hans-Georg. **Elogio da teoria**. Tradução de João Tiago Proença. Lisboa: Edições 70, 2001.

_____. **Verdade e método** – traços fundamentais de uma hermenêutica filosófica. Tradução de Flávio Paulo Meurer. Petrópolis: Vozes, 2008. v.1.

GARGARELLA, Roberto. **As teorias da justiça depois de Rawls** – um breve manual de filosofia política. Tradução de Alonso Reis Freire. São Paulo: Martins Fontes, 2008.

GASPARI, Elio. **A ditadura envergonhada**. São Paulo: Companhia das Letras, 2002.

_____. **A ditadura escancarada**. São Paulo: Companhia das Letras, 2002.

GATES, Bill. **The road ahead**. New York: Penguin, 1996.

GEWIRTH, Alan. The quest for specificity in jurisprudence. **Ethics**, Washington, v. 69, n. 3, p. 155-181, apr. 1959.

GOLDING, Martin P.; EDMUNDSON, William A. **The blackwell guide to the philosophy of law and legal theory**. Oxford: Blackwell, 2006.

GOMES, Nuno de Sá. **Introdução ao estudo do direito**. Lisboa: Jvs, 2001.

GOODIN, Robert E.; PETIT, Philip (ed.). **Contemporary political philosophy**. An antology. Oxford: Blackwell, 1997.

GOYARD-FABRE, Simone. **Os fundamentos da ordem jurídica**. Tradução de Cláudia Berliner. São Paulo: Martins Fontes, 2002.

_____. **O que é democracia?** A genealogia filosófica de uma grande aventura humana. Tradução de Cláudia Berlinger. São Paulo: Martins Fontes, 2003.

_____. **Filosofia crítica e razão jurídica**. Tradução de Maria Ermantina de Almeida Prado Galvão. São Paulo: Martins Fontes, 2006.

GRECO, Marco Aurélio. **Contribuições** (uma figura "sui generis"). São Paulo: Dialética, 2000.

GRONDIN, Jean. Gadamer's Basic Understanding of Understanding. In: DOSTAL, Robert J. (Org.). **The cambridge companion to Gadamer**. Cambridge: Cambridge University Press, 2002. p. 36-51.

GROPPALI, Alessandro. **Introdução ao estudo do direito**. Tradução de Manuel de Alarcão. 3.ed. Coimbra: Coimbra editora, 1978.

GUERRA FILHO, Willis Santiago. **Teoria processual da constituição**. São Paulo: Celso Bastos Editor/Instituto Brasileiro de Direito Constitucional, 2000.

HABERMAS, Jünger. **Pensamento pós-metafísico**: estudos filosóficos. Tradução de Flávio Beno Siebeneichler. Rio de Janeiro: Tempo brasileiro, 1990.

_____. **Direito e democracia**: entre facticidade e validade. Tradução de Flávio Beno Siebeneichler. Rio de Janeiro: Tempo Brasileiro, 1997. v. 1 e 2.

_____. **O discurso filosófico da modernidade**. Tradução de Luiz Sérgio Repa e Rodnei Nascimento. São Paulo: Martins Fontes, 2002.

_____. **Truth and justification**. Translated by Barbara Fultner. Massachusetts: MIT Press, 2003.

_____. Sobre a legitimação pelos direitos humanos. Tradução de Claudio Molz. In: MERLE, Jean-Christophe; MOREIRA, Luiz (Org.). **Direito e legitimidade**. São Paulo: Landy, 2003. p. 67-82.

_____. **A inclusão do outro** – estudos de teoria política. Tradução de George Sperber e Paulo Astor Soethe. São Paulo: Loyola, 2004.

_____. **Entre naturalismo e religião** – estudos filosóficos. Tradução de Flávio Beno Siebeneichler. Rio de Janeiro: Tempo Brasileiro, 2007.

HARDY, Henry (ed.). **Isaiah Berlin - Liberty**. Oxford: Oxford University Press, 2008.

HART, Herbert L. A. **O conceito de direito**. Tradução de A. Ribeiro Mendes. 3.ed. Lisboa: Calouste Gulbenkian, 2001.

HEGEL, Georg Wilhelm Friedrich. **Princípios da filosofia do direito**. Tradução de Orlando Vitorino. São Paulo: Martins Fontes, 1997.

HELD, David. **Modelos de democracia**. Tradução de Alexandre Sobreira Martins. Belo Horizonte: Paidéia, 1987.

HELLER, Herman. **Teoria do Estado**. Tradução de Lycurgo Gomes da Motta. São Paulo: Mestre Jou, 1968.

HERKENHOFF, João Baptista. **Carta de iniciação para gostar do direito**. 2.ed. São Paulo: Acadêmica, 1995.

HERVADA, Javier. **Lições propedêuticas de filosofia do direito**. Tradução de Elza Maria Gasparotto. São Paulo: Martins Fontes, 2008.

HESSEN, Johannes. **Teoria do conhecimento**. Tradução de Antonio Correia. 7.ed. Coimbra: Armênio Amado, 1978.

HILTON, Ronald. **Democracy**: democracy and Churchill. Disponível em: <http://wais.stanford.edu/Democracy/democracy_DemocracyAndChurchill(090503).html>. Acesso em: 26 nov. 2008.

HOBBES, Thomas. **Do cidadão**. Tradução de Renato Janine Ribeiro. São Paulo: Martins Fontes, 1998.

_____. **Leviatã**. Tradução de João Paulo Monteiro e Maria Beatriz Nizza da Silva. São Paulo: Nova Cultural, 2000.

HOLMES, Stephen; SUNSTEIN, Cass R. **The cost of rights** – why liberty depends on taxes. New York: W.W Norton & Company, 1999.

HOUAISS, Antonio; VILLAR, Mauro de Salles. **Dicionário Houaiss da língua portuguesa**. Rio de Janeiro: Objetiva, 2001.

HUME, David. Tratado da natureza humana – volume II, livro III. In: MORRIS, Clarence (Org.). **Os grandes filósofos do direito**. Tradução de Reinaldo Guarany. São Paulo: Martins Fontes, 2002. p. 184-210.

JAPIASSU, Hilton. **Questões epistemológicas**. Rio de Janeiro: Imago, 1981.

JHERING, Rudolf von. **A finalidade do direito**. Tradução de Heder K. Hoffmann. Campinas: Bookseller, 2002. t. 1 e 2.

KANT, Immanuel. **Critique of pure reason**. Translated by Paul Guyer and Allen W. Wood. Cambridge: Cambridge University Press, 1998.

_____. Primeiros princípios metafísicos da doutrina do direito. In: MORRIS, Clarence (Org.). **Os grandes filósofos do direito**. Tradução de Reinaldo Guarany. São Paulo: Martins Fontes, 2002. p. 237-259.

_____. **Critica de la razón practica**. Traducción de J. Rovira Armengol. Buenos Aires: Editorial La Página/Losada, 2003.

_____. **À paz perpétua**. Tradução de Marco Zingano. Porto Alegre: L&PM, 2008.

KAUFMANN, Arthur. **Filosofia do direito**. Tradução de Antonio Ulisses Cortês. Lisboa: Fundação Calouste Gulbenkian, 2004.

KELSEN, Hans. La fundamentación de la doctrina del derecho natural. **Anuario del departamento de derecho de la Universidad iberoamericana**. Ciudad de México: Escuela de Derecho de la Universidad Iberoamericana, t. 2, n. 2, p. 251-290, p. 254, 1970. Disponível em: <http://direitoedemocracia.blogspot.com/2008/09/fundamentao-da-doutrina-do--direito.html>. Acesso em: 1 set. 2008.

_____. **Teoria pura do direito**. Tradução de J. Batista Machado. 3.ed. Coimbra: Arménio Amado, 1974.

_____. **Teoria geral do direito e do Estado**. Tradução de Luis Carlos Borges. São Paulo: Martins Fontes, 2000.

_____. _____. Tradução de J. Batista Machado. 6.ed. São Paulo: Martins Fontes, 2000.

_____. **Que es la justicia?** Disponível em: <http://www.usma.ac.pa/web/DI/images/Eticos/Hans%20Kelsen.%20La%20Juticia.pdf>. Acesso em: 11 nov. 2008.

KERVÉGAN, Jean-François. Democracia e direitos humanos. Tradução de Tito Lívio Cruz Romão. In: MERLE, Jean-Christophe; MOREIRA, Luiz (Org.). **Direito e legitimidade**. São Paulo: Landy, 2003. p. 115-125.

_____. **Hegel, Carl Schmitt** – o político entre a especulação e a positividade. Tradução de Carolina Huang. Barueri: Manole, 2006.

KRAVCHENKO, Victor. **Escolhi a liberdade**. Tradução de Maria Helena Amoroso Lima Senise. 3.ed. Rio de Janeiro: A Noite, [s.d.].

KUHN, Thomas S. **A estrutura das revoluções científicas**. Tradução de Beatriz Vianna Boeira e Nelson Boeira. 9.ed. São Paulo: Perspectiva, 2005.

KYMLICKA, Will. Multiculturalismo liberal e direitos humanos. In: SARMENTO, Daniel; IKAWA, Daniela; PIOVESAN, Flávia (Coord.). **Igualdade, diferença e direitos humanos**. Rio de Janeiro: Lumen Juris, 2008. p. 217-246.

LARENZ, Karl. **Metodologia da ciência do direito**. Tradução de José Lamego. 3.ed. Lisboa: Fundação Calouste Gulbenkian, 1997.

LATORRE, Angel. **Introdução ao direito**. Tradução de Manuel Alarcão. Coimbra: Almedina, 1974.

LAW, Stephen. **Filosofia**. Tradução de Maria Luiza X. de A. Borges. Rio de Janeiro: Zahar, 2008.

LIMA, Martônio Mont´Alverne Barreto. Justiça constitucional e democracia: perspectivas para o papel do poder judiciário. **Revista da Procuradoria Geral da República**, São Paulo, v. 8, p. 81-101, 1996.

_____. O constitucionalismo brasileiro ou de como a crítica deficiente ignora a consolidação da democracia. **Revista do Instituto de hermenêutica jurídica**, Porto Alegre: Instituto de Hermenêutica Jurídica, v.2, p. 329-338, 2004.

_____. Terrorismo: o desafio da construção de uma democracia universal. In: MALUSCHKE, Günter; BUCHER-MALUSCHKE, Júlia S. N. F.; HERMANNS, Klaus (Coord.). **Direitos humanos e violência** – desafios da ciência e da prática. Fortaleza: Konrad Adenauer, 2004. p. 51-61.

_____. A democracia da atualidade e seus limites: o financiamento público de campanhas eleitorais. **Revista brasileira de direito eleitoral**, Fortaleza: ABC, n. 17, p. 119-141, 2005.

_____. Idealismo e efetivação constitucional: a impossibilidade de realização da constituição sem a política. In: COUTINHO, Jacinto Nelson de Miranda; LIMA, Martônio Mont´Alverne Barreto (Org.). **Diálogos constitucionais**: direito, neoliberalismo e desenvolvimento em países periféricos. Rio de Janeiro: Renovar, 2006. p. 375-386.

LIMA, Paulo Jorge de. **Dicionário de filosofia do direito**. São Paulo: Sugestões Literárias, 1968.

LYOTARD, Jean-François. **The postmodern condition**: a report on knowledge. Translated by Geoff Bennington and Brian Massumi. Manchester: Manchester University Press, 1984.

LLOSA, Mario Vargas. **A verdade das mentiras**. Tradução de Cordélia Magalhães. São Paulo: Arx, 2004.

LOCKE, John. Dois tratados sobre o governo. In: MORRIS, Clarence (Org.). **Os grandes filósofos do direito**. Tradução de Reinaldo Guarany. São Paulo: Martins Fontes, 2002. p. 130-155.

LOPES, Ana Maria D'Avila. Proteção constitucional dos direitos fundamentais culturais das minorias sob a perspectiva do multiculturalismo. **Revista de informação legislativa**, Brasília: Senado Federal, v. 45, p. 19-29, 2008.

LUHMANN, Niklas. **Poder**. Tradução de Martine Creusot de Rezende Martins. Brasília: UnB, 1985.

_____. O paradoxo dos direitos humanos e três formas de seu desdobramento. Tradução de Paulo Antônio de Menezes Albuquerque e Ricardo Henrique Arruda de Paula. **Revista Themis**, Fortaleza, v. 3, n.1, p. 153-161, 2000.

LUKES, Steven. **Moral relativism**. New York: Picador, 2008.

MACCORMICK, Neil. **Argumentação jurídica e teoria do direito**. Tradução de Waldéa Barcellos. São Paulo: Martins Fontes, 2006.

MACHADO SEGUNDO, Hugo de Brito. **Contribuições e federalismo**. São Paulo: Dialética, 2005.

_____. **Por que dogmática jurídica?** Rio de Janeiro: Forense, 2008.

MACHADO, Hugo de Brito. **Comentários ao código tributário nacional**. São Paulo: Atlas, 2003. v. 1.

_____. **Uma introdução ao estudo do direito**. 2.ed. São Paulo: Atlas, 2004.

_____ (Coord.). **Coisa julgada, constitucionalidade e legalidade em matéria tributária**. São Paulo: Dialética, 2006.

_____. Carga tributária e gasto público: propaganda e terceirização. **Interesse público**, Curitiba: Notadez, ano VIII, n. 38, p. 177-186, 2006.

_____. **Curso de direito tributário**. 29.ed. São Paulo: Malheiros, 2008.

_____; MACHADO SEGUNDO, Hugo de Brito. **Direito tributário aplicado**. Rio de Janeiro: Forense, 2008.

MACHADO, Raquel Cavalcanti Ramos. **Interesse público e direitos do contribuinte**. São Paulo: Dialética, 2007.

_____. A propaganda governamental no diálogo entre Estado e sociedade. **Jus navigandi**, Teresina, ano 13, n. 1972, 24 nov. 2008. Disponível em: <http://jus2.uol.com.br/doutrina/texto.asp?id=12000>. Acesso em: 01 dez. 2008

McINTYRE, Alasdair. **A short history of ethics**. New York: Touchstone, 1996.

MAIA, Antonio Cavalcanti. **Jürgen Habermas** – filósofo do direito. Rio de Janeiro: Renovar, 2008.

MALBERG, R. Carré de. **Teoría general del Estado**. Tradução de José Lión Depetre. 2.ed. Mexico: Facultad de Derecho/Unam, 1998.

MALUSCHKE, Günter. Democracia representativa vs. Democracia direta. **Pensar** – revista do curso de direito da Universidade de Fortaleza, Fortaleza: Unifor, p. 69-74, abr. 2007. Edição Especial. Disponível em: <http://www.unifor.br/notitia/file/1616.pdf>. Acesso em: 13 out. 2008.

_____; BUCHER-MALUSCHKE, Júlia S. N. F.; HERMANNS, Klaus (Coord.). **Direitos humanos e violência** – desafios da ciência e da prática. Fortaleza: Konrad Adenauer, 2004.

MARÍN, Rafael Hermández. **Introducción a la teoría de la norma jurídica**. 2.ed. Madrid: Marcial Pons, 2002.

MARMELSTEIN, George. **Curso de direitos fundamentais**. São Paulo: Atlas, 2008.

MARQUES NETO, Agostinho Ramalho. **A ciência do direito**. 2.ed. Rio de Janeiro: Renovar, 2001.

MCGOLDRICK, Dominic. Multiculturalism and its discontents. In: GHANEA, Nazila; SANTHAKI, Alexandra. **Minorities, peoples and self-determination**. Leiden: Martinus Nijhoff, 2005. p. 211-235.

MENEZES, Djacir. **Hegel e a filosofia soviética**. Rio de Janeiro: Zahar, [s.d.].

_____. **Tratado de filosofia do direito**. São Paulo: Atlas, 1980.

MERLE, Jean-Christophe; MOREIRA, Luiz (Org.). **Direito e legitimidade**. São Paulo: Landy, 2003.

MILL, Stuart. A liberdade. In: MORRIS, Clarence (Org.). **Os grandes filósofos do direito**. Tradução de Reinaldo Guarany. São Paulo: Martins Fontes, 2002. p. 364-399.

MIRANDA, Jorge. **Teoria do Estado e da constituição**. Rio de Janeiro: Forense, 2002.

MIRANDA, Pontes de. **Comentários à constituição de 1967**. São Paulo: RT, 1967. v. 1.

_____. **O problema fundamental do conhecimento**. Campinas: Bookseller, 1999.

_____. **Sistema de ciência positiva do direito**. Campinas: Bookseller, 2000. v. 1 e 3.

_____. **Democracia, liberdade e igualdade** – os três caminhos. Campinas: Bookseller, 2001.

_____. **À margem do direito**. Campinas: Bookseller, 2002.

_____. **Garra, mão e dedo**. Revisto e prefaciado por Vilson Rodrigues Alves. Campinas: Bookseller, 2002.

MONTAIGNE, Michel de. **Ensaios**. Tradução de Sérgio Milliet. São Paulo: Nova Cultural, 2000. v.1.

MONTESQUIEU, Baron Charles de Secondat. **O espírito das leis**. Tradução de Cristina Murachco. São Paulo: Martins Fontes, 1996.

MORA, José Ferrater. **Dicionário de filosofia**. Tradução de Roberto Leal Ferreira e Álvaro Cabral. São Paulo: Martins Fontes, 2001.

MORRIS, Clarence (Org.). **Os grandes filósofos do direito**. Tradução de Reinaldo Guarany. São Paulo: Martins Fontes, 2002.

NAWIASKY, Hans. **Teoria general del derecho**. Tradução de José Zafra Valverde. Granada: Comares, 2002.

NEVES, Marcelo. **A constitucionalização simbólica**. São Paulo: Martins Fontes, 2007.

NIETZSCHE, Friedrich. **Genealogia da moral**. Tradução de Paulo César de Souza. São Paulo: Companhia das Letras, 1998.

NINO, Carlos Santiago. **Introducción al análisis del derecho**. 2.ed. Buenos Aires: Astrea, 2003.

NOZICK, Robert. **Anarchy, state and utopia**. Oxford: Blackwell, 1999.

_____. **Invariances** – the structure of the objective world. Massachusetts/London: Harvard University Press, 2001.

NUNES, Edson de Oliveira (Org.). **A aventura sociológica**: objetividade, paixão, improviso e método na pesquisa social. Rio de Janeiro: Zahar, 1978.

OLIVERCRONA, Karl. **Linguagem juridical e realidade**. Tradução de Edson L. M. Bini. São Paulo: Quartier Latin, 2005.

ORTEGA, Manuel Segura. **La racionalidad jurídica**. Madrid: Tecnos, 1998.

OZ, Amós. **Contra o fanatismo**. Tradução de Denise Cabral de Oliveira. 3.ed. Rio de Janeiro: Ediouro, 2004.

PALMER, Richard. **Hermenêutica**. Tradução de Maria Luísa Ribeiro Ferreira. Rio de Janeiro: Edições 70, 1989.

PALOMBELLA, Gianluigi. **Filosofia do direito**. Tradução de Ivone C. Benedetti. São Paulo: Martins Fontes, 2005.

PESSES-PASTERNAK, Guitta. **A ciência**: deus ou o diabo? Tradução de Edgard de Assis Carvalho e Mariza Perassi Bosco. São Paulo: UnESP, 2001.

PEREIRA, Jane Reis Gonçalves. **Interpretação constitucional e direitos fundamentais**. Rio de Janeiro: Renovar, 2006.

PERELMAN, Chaïm. **Lógica jurídica**. Tradução de Vergínia K. Pupi. São Paulo: Martins Fontes, 2000.

PETTIT, Philip. Democracia e contestabilidade. In: MERLE, Jean-Christophe; MOREIRA, Luiz (Org.). **Direito e legitimidade**. São Paulo: Landy, 2003. p. 370-384.

_____. **Teoria da liberdade**. Tradução de Renato Sérgio Pubo Maciel. Belo Horizonte: Del Rey, 2007.

PINKER, Steven. **La tabla rasa** – la negación moderna de la naturaleza humana. Traducción de Roc Filella Escolà. Barcelona: Paidós, 2003.

REFERÊNCIAS **253**

POINCARÉ, Henry. **O valor da ciência**. Tradução de Maria Helena Franco Martins. Rio de Janeiro: Contraponto, 1995.

POPPER, Karl. **A sociedade aberta e seus inimigos**. Tradução de Milton Amado. Belo Horizonte/São Paulo: Itatiaia/EdUSP, 1974. v. 2.

_____. **A vida é aprendizagem** – Epistemologia evolutiva e sociedade aberta. Tradução de Paula Taipas. São Paulo: Edições 70, 2001.

_____. **A lógica da pesquisa científica**. Tradução de Leônidas Hegenberg e Octanny Silveira da Mota. 12. ed. São Paulo: Cultrix, 2006.

PORTAL SESC. **Bebês indígenas, marcados para morrer** – crianças indesejadas são sacrificadas nas aldeias. Disponível em: <http://www.sescsp.org.br/sesc/revistas_sesc/pb/artigo.cfm?Edicao_Id=276&breadcrumb=1&Artigo_ID=4340&IDCategoria=4948&reftype=1>. Acesso em: 7 jun. 2008.

PRESTON, John (ed.). **Paul Feyerabend** – Knowledge, science and relativism – philosophical papers. Cambridge: Cambridge University Press, 1999. v. 3.

RADBRUCH, Gustav. **Filosofia do direito**. Tradução de Cabral de Moncada. 6.ed. Coimbra: Armênio Amado, 1997.

_____. **Introdução à ciência do direito**. Tradução de Vera Barkow. São Paulo: Martins Fontes, 1999.

_____. Leyes que no son derecho y derecho por encima de las leyes. In:_____; SCHMIDT, Eberhard; WELZEL, Hans. **Derecho injusto y derecho nulo**. Traducción de José Maria Rodriguez Paniagua. Madria: Aguilar, 1971. p. 3-29.

_____; SCHMIDT, Eberhard; WELZEL, Hans. **Derecho injusto y derecho nulo**. Traducción de José Maria Rodriguez Paniagua. Madria: Aguilar, 1971.

RÁO, Vicente. **O direito e a vida dos direitos**. 5. ed. São Paulo: RT, 1999.

RAWLS, John. **Justiça e democracia**. Tradução de Irene A Paternot. São Paulo: Martins Fontes, 2002.

_____. **Uma teoria da justiça**. Tradução de Jussara Simões. São Paulo: Martins Fontes, 2008.

REALE, Miguel. **Direito natural/direito positivo**. São Paulo: Saraiva, 1984.

REIS, Márcio Monteiro. Moral e direito – a fundamentação dos direitos humanos nas visões de Hart, Peces-Barba e Dworkin. In: TORRES, Ricardo Lobo (Org.). **Teoria dos direitos fundamentais**. 2.ed. Rio de Janeiro: Renovar, 2001. p. 121-156.

RICHARDSON, Henry S. Em defesa de uma democracia qualificada. Tradução de Tito Lívio Cruz Romão. In: MERLE, Jean-Christophe; MOREIRA, Luiz (Org.). **Direito e legitimidade**. São Paulo: Landy, 2003. p. 175-194.

RIDLEY, Matt. **The origins of virtue** – human instincts and the evolution of cooperation. New York: Penguin books, 1998.

_____. **The red queen** – sex and the evolution of the human nature. New York: Perennial, 2003.

ROBLES, Gregório. **Los derechos fundamentales y la ética en la sociedad actual.** Madrid: Civitas, 1995.

ROCHA, José de Albuquerque. **Estudos sobre o poder judiciário.** São Paulo: Malheiros, 1995.

ROCHA, Valdir de Oliveira. **Determinação do montante do tributo.** São Paulo: Dialética, 1995.

RODRIGUES, J. M. Resina. verbete ciência. In: **Polis - enciclopédia verbo da sociedade e do estado.** Lisboa/São Paulo: Verbo, 1983. v.1. p. 841-843.

ROSS, Alf. **Direito e justiça.** Tradução de Edson Bini. Bauru/SP: Edipro, 2000.

ROULAND, Norbert. **Nos confins do direito.** Tradução de Maria Ermantina de Almeida Prado Galvão. São Paulo: Martins Fontes, 2003.

ROUSSEAU, J. J. **Discurso sobre a origem e os fundamentos da desigualdade entre os homens.** Tradução de Lourdes Santos Machado. São Paulo: Nova Cultural, 2000.

_____. Contrato social. In: MORRIS, Clarence (Org.). **Os grandes filósofos do direito.** Tradução de Reinaldo Guarany. São Paulo: Martins Fontes, 2002. p. 211-234.

ROYO, Fernando Perez. **Derecho financiero y tributario** – parte general. 7.ed. Madrid: Civitas, 1997.

RUSSEL, Bertrand. O elogio ao ócio. In: MASI, Domenico de (Org.). **A economia do ócio.** Tradução de Carlos Irineu W. da Costa, Pedro Jorgensen Júnior e Léa Manzi. Rio de Janeiro: Sextante, 2001. p. 47-138.

SAGAN, Carl. **El mundo y sus demonios** - la ciencia como una luz en la oscuridad. Tradução de Dolors Üdina. Barcelona: Planeta, 1997.

_____. **Bilhões e bilhões.** Tradução de Rosaura Eichemberg. São Paulo: Companhia das Letras, 1998.

SALDANHA, Nelson. **O poder constituinte.** São Paulo: RT, 1986.

_____. **Ordem e hermenêutica.** Rio de Janeiro: Renovar, 1992.

SANTOS, Boaventura de Sousa. **Pela mão de Alice** – o social e o político na pós-modernidade. 2.ed. São Paulo: Cortez, 1996.

_____. Para uma concepção intercultural dos direitos humanos. In: SARMENTO, Daniel; IKAWA, Daniela; PIOVESAN, Flávia (Coord.). **Igualdade, diferença e direitos humanos.** Rio de Janeiro: Lumen Juris, 2008. p. 3-46.

SARMENTO, Daniel; IKAWA, Daniela; PIOVESAN, Flávia (Coord.). **Igualdade, diferença e direitos humanos.** Rio de Janeiro: Lumen Juris, 2008.

SARTORI, Giovanni. **A teoria da democracia revisitada** – O debate contemporâneo, Tradução de Dinah de Abreu Azevedo. São Paulo: Ática, 1994. v. 1 e 2.

SEARLE, John R. How to derive 'ought' from 'is'. **The philosophical review**, Durham, v. 73, n. 1, p. 43-58, jan. 1964.

_____. **Libertad y neurobiología**. Traducción de Miguel Candel. Barcelona: Paidós, 2005.

SEN, Amartya. **Desenvolvimento como liberdade**. Tradução de Laura Teixeira Mota. São Paulo: Companhia das Letras, 2000.

_____. **Identity and violence**. New York: W.W. Norton & Company, 2006.

SHAPIRO, Ian. **Fundamentos morais da política**. Tradução de Fernando Santos. São Paulo: Martins Fontes, 2006.

SILVA, Gustavo Just da Costa. Teologia política como legado hermenêutico. secularização e democracia segundo Nelson Saldanha. In: TÔRRES, Heleno Taveira (Coord.). **Direito e poder** – nas instituições e nos valores do público e do privado contemporâneos – estudos em homenagem a Nelson Saldanha. Barueri: Manole, 2005. p. 716-725.

SKINNER, Quentin. **Machiavelli**. Oxford: Oxford University Press, 1981.

SMITH, Barry (ed.). **John Searle**. Contemporary philosophy in focus. New York: Cambridge University Press, 2003.

SOKAL, Alan. Pseudoscience and postmodernism: antagonists or fellow-travelers? In: FAGAN, Garrett (ed.). **Archaeological fantasies**: How pseudoarchaeology misrepresents the past and misleads the public. New York: Routledge, 2006. p. 286-361.

SOUZA, José Pedro Galvão (Coord.). **Estado de Direito** – primeiras jornadas brasileiras de direito natural. São Paulo: RT, 1980.

SOUZA, Paulo César de. Posfácio. In: NIETZSCHE, Friedrich. **Genealogia da moral**. Tradução de Paulo César de Souza. São Paulo: Companhia das Letras, 1998. p. 169-172.

STRECK, Lenio Luiz et al. Revisão é golpe! Porque ser contra a proposta de revisão constitucional. **Jus Navigandi**, Teresina, ano 10, n. 985, 13 mar. 2006. Disponível em: <http://jus2.uol.com.br/doutrina/texto.asp?id=8093>. Acesso em: 28 nov. 2008.

SUPIOT, Alain. **Homo juridicus** – ensaio sobre a função antropológica do direito. Tradução de Maria Ermantina de Almeida Prado Galvão. São Paulo: Martins Fontes, 2007.

SVEVO, Italo. **A consciência de zeno**. Tradução de Ivo Barroso. São Paulo: Folha de São Paulo, 2003.

TAYLOR, Charles. **Multiculturalism**. Examining the politics of recognition. Princeton: Princeton University Press, 1994.

_____. **Argumentos filosóficos**. Tradução de Adail Ubirajara Sobral. São Paulo: Loyola, 2000.

TELLES JÚNIOR, Goffredo. **A democracia e o Brasil** – uma doutrina para a revolução de março. São Paulo: RT, 1965.

TEUBNER, Gunter. **O direito como sistema autopoiético**. Tradução de José Engrácia Antunes. Lisboa: Fundação Calouste Gulbenkian, 1993

THUCYDIDES. **The history of the peloponnesian war**. Translated by Richard Crawley. London: Encyclopaedia Britannica, book II, 1978.

TIPKE, Klaus; LANG, Joachim. **Direito tributário** (Steuerrecht). 18.ed. Tradução de Luiz Dória Furquim. Porto Alegre: Sérgio Fabris Editor, 2008. v. 1.

TÔRRES, Heleno Taveira. **Direito tributário e direito privado** – autonomia privada, simulação, elusão tributária. São Paulo: RT, 2003.

_____ (Coord.). **Direito e poder** – nas instituições e nos valores do público e do privado contemporâneos – estudos em homenagem a Nelson Saldanha. Barueri: Manole, 2005.

TORRES, Ricardo Lobo (Org.). **Teoria dos direitos fundamentais.** 2. ed. Rio de Janeiro: Renovar, 2001.

TRIBE, Laurence. **The invisible constitucion.** New York: Oxford Press, 2008.

_____ ; DORF, Michael. **Hermenêutica constitucional.** Tradução de Amarílis de Souza Birchal. Belo Horizonte: Del Rey, 2007.

TRUYOL Y SERRA, Antonio. **Historia de la filosofía del derecho y del Estado - 1.** de los orígenes a la baja edad media. 14. ed. Madrid: Alianza, 2004.

TUFAYL, Ibn. **O filósofo autodidata.** Tradução de Isabel Loureiro. São Paulo: UnESP, 2005.

VALADÉS, Diogo (Org.). **Conversas acadêmicas com Peter Häberle.** São Paulo: Saraiva, 2009.

VASCONCELOS, Arnaldo. **Direito, humanismo e democracia.** São Paulo: Malheiros, 1998.

_____ . **Teoria da Norma Jurídica.** 5. ed. São Paulo: Malheiros, 2000.

_____ . **Direito e força**: uma visão pluridimensional da coação jurídica. São Paulo: Dialética, 2001.

_____ . **Teoria pura do direito** – repasse crítico de seus principais fundamentos. Rio de Janeiro: Forense, 2003.

VÁZQUEZ, Rodolfo (Org.). **Derecho y moral.** ensayos sobre un debate contemporáneo. Barcelona: Gedisa, 2003.

VELLOSO, Carlos Mario da Silva. **Temas de direito público.** Belo Horizonte: Del Rey, 1994.

VERDU, Pablo Lucas. **El sentimiento constitucional** – aproximación al estudio del sentir constitucional como modo de integración política. Madrid: Reus, 1985.

VIANNA, Francisco José de Oliveira. **Instituições políticas brasileiras.** 2.ed. Rio de Janeiro: José Olympio, 1955. v.2.

VIGO, Rodolfo. El antipositivismo juridico de Ronald Dworkin. **Anuario jurídico, XV**. México (DF): Universidad Nacional Autonoma de Mexico, 1988, p. 295-332. Disponível em: <http://www.bibliojuridica.org/libros/5/2104/13.pdf>. Acesso: 10 nov. 2008.

VILLEY, Michel. **Filosofia do direito** – definições e fins do direito. Os meios do direito. Tradução de Márcia Valéria Martinez Aguiar. São Paulo: Martins Fontes, 2003.

_____ . **O direito e os direitos humanos.** Tradução de Maria Ermantina de Almeida Prado Galvão. São Paulo: Martins Fontes, 2007.

VITA, Álvaro de. **O liberalismo igualitário**: sociedade democrática e justiça internacional. São Paulo: Martins Fontes, 2008.

VOLTAIRE. **Cartas filosóficas**. Tradução de Márcia Valéria Martinez de Aguiar. São Paulo: Martins Fontes, 2007.

WACHTERHAUSER, Brice. Getting it right: Relativism, realism and truth. In: DOSTAL, Robert J. (Org.). **The cambridge companion to Gadamer**. Cambridge: Cambridge University Press. 2002. p. 52-78.

WALTER, Robert. **Kelsen, la teoría pura del derecho y el problema de la justicia**. Traducción de Luis Villar Borda. Bogotá: Universidad Externado de Colombia, 1997.

WALZER, M. **Spheres of justice**. Oxford: Blackwell, 1983.

WARD, Glenn. **Postmodernism**. London: Hodder & Stoughton, 2003.

WINDSCHEID, B. Über Recht und Rechtswissenschaft (1854). **Gesammelte Abhandlungen**. Leipzig: Dunker & Humblot, 1904.

WRIGHT, R. **Nonzero**: the logic of human destiny. New York: Pantheon books, 2000.

ZIMAN, John. **O conhecimento confiável**. Tradução de Tomás R. Bueno. Campinas: Papirus, 1996.

ZIPPELIUS, Reinhold. **Introdução ao estudo do direito**. Tradução de Gercélia Batista de Oliveira Mendes. Belo Horizonte: Del Rey, 2006.

ÍNDICE REMISSIVO

A

aborto 24, 58

acesso ao mundo suprassensível
    marco diferenciador da criatura humana
        51

adultério 42

agressividade humana 130

AIDS 199

aleitamento materno 199

Alemanha nazista 59

ambiente livre e democrático
    como necessário à verdade científica
        174

análise positivista
    natureza objetiva e descritiva 41

antimetafísicas 88

antropocentrismo 24

antropofagia 83

Antropologia Jurídica 15

aprendizado
    de uma cultura com as outras 188

aptidão de elaborar regras de conduta
    como característica humana 100

associação de malfeitores 8

atividade financeira 194

autoritarismo 179, 180, 182

B

bacanais romanas 180

Banco Central 201

Banco Imobiliário 166

Big-bang 172

C

capacidade de abstrair 100

características da criatura humana
    criação de regras de conduta 12
    interligação 11
    liberdade 11
    linguagem 11
    sociabilidade 11

caráter imutável e apriorístico
    do direito natural 30

cessão de mão de obra 201, 202, 203, 218

ciência 4, 5, 29, 32, 36, 40, 41, 43, 46, 49,
        50, 51, 57, 93, 95, 96, 107, 108, 111,
        112, 113, 114, 117, 118, 123, 130,
        131, 149, 172, 173, 177, 205
    a-valorativa 49
    jurídica 36, 57, 75, 172
    não é mera descrição da realidade 47
    natureza prescritiva 123
    neutralidade 48
    purificada 50

Ciência 113

ciência prescritiva 5

cientificismo 40

civilidade natural 30

coação 44, 51, 59, 87, 101, 120, 123, 191,
        195

COFINS 212, 219

Comitê de 50 142

comunidades autóctones 19

comunidades de formigas, de castores e de
    abelhas 11

conceitos de natureza e de cultura
    como antitéticos 31

concurso público 202, 203

conhecimento científico 46, 69, 107, 108, 112, 113, 170, 173, 174

caráter autoquestionador 107

natureza evolutiva 111

provisoriedade de suas verdades 113

conhecimento comum 107, 108

conhecimento filosófico 107

conhecimento humano

limites 173

conhecimento religioso 107, 108

Conselho de 500 142

consenso como fundamento da ordem jurídica

crítica 134

considerações valorativas

inafastabilidade 32

contrato social

paralogismo hobbesiano 16

correntes antimetafísicas 4

correntes jusnaturalistas ao longo da história e seu elemento comum 21

correntes metafísicas 4

corrupção 155, 200, 203, 230

COSIP 216

criança cega-surda-muda 97

critério de justiça 2

para comparar e julgar ordenamentos 3

críticas ao jusnaturalismo 27

CSLL 218

cultura oriental 178

D

Declaração Universal dos Direitos do Homem e do Cidadão 125

democracia

aperfeiçoamento pelo exercício 150

e a supressão de liberdade em nome do "desenvolvimento" 156

na Idade Moderna 142

não pode minar seus próprios alicerces 156

natureza desejável 136

pontos em comum entre grécia antiga e atualidade 150

representativa 144

seus críticos 143

Democracia

na Grécia antiga 139

Democracia direta 147

Democracia representativa 147

demofilia 156, 158

desigualdade 132, 161, 162, 169, 193

diferença entre o homem e os outros animais 10, 12

diferenças culturais 1

diferenciar o real do possível

capacidade humana de 33, 50, 100, 101

dignidade da pessoa humana

promoção pela preservação da liberdade, da igualdade e da democracia 156

dignidade humana 2, 73, 134, 165

dignidade humana (como origem do direito natural) 24

direito

antidemocrático 151

como inerente ao ser humano 10

como ordenamento jurídico 9

como sistema hierárquico de normas 7

natureza dialética 137

Direito

injusto 151

só pode ser definido através de seus fins 44

direito como compartição de liberdade 13

direito constitucional 2

direito de porta 188

Direito é anterior ao Estado 15

Direito enquanto realidade institucional 13

ÍNDICE REMISSIVO

direito ideal 33, 35, 37, 105, 107, 175

Direito Internacional 138

direito justo 37, 177

direito natural 2, 22, 25, 27, 28, 29, 30, 37, 41, 49, 54, 63, 67, 71, 72, 74, 76, 78, 106, 121, 130, 135, 175, 227

    acientificidade 27

    agrava os problemas que visa a resolver 29

    como cadáver a cuja ressureição se assiste 34

    como ideia supinamente ridícula 30

    como justificativa para desrespeito do direito posto 56

    como origem do conteúdo dos direitos humanos 63

    conceitos antigo e moderno 26

    constante renascimento 34

    eterno e imutável 30

    eterno e invariável 30, 96

    eterno e universal 29

    étnico 54

    improcedência da crítica segundo a qual não pode ser invocado perante tribunais 33

    insegurança e incerteza 27

    invocação em períodos de crise 34

    quem o determina? 28

    serve também às ditaduras 27

    tão sem sentido quanto gramática natural 32

direito natural 78

Direito natural 25, 35

Direito Natural 21, 24, 25, 106

    como uma prostituta à disposição de todos 55

    renascimento 59

direito natural absoluto 96

direito natural eterno e imutável 26

direito natural eterno e invariável 21

direito natural variável 25

direitos de animais 10

direitos fundamentais 2, 55, 61, 62, 72, 76, 79, 122, 123, 124, 146, 161, 168, 192, 195, 217, 222, 227

    fundamento moral 78

Direitos Fundamentais 146

direitos humanos 1, 3, 5, 8, 59, 61, 63, 67, 74, 76, 77, 79, 80, 82, 84, 153, 156, 161, 162, 176, 178, 179, 180, 181, 184, 185, 186, 227

discriminação 161, 207

distinção entre realidade e possibilidade 44

ditadura 55, 76, 144, 149, 157, 159, 163, 164, 166, 167, 180, 181

    do proletariado 163, 166

ditadura provisória 166

diversidade cultural 82

divórcio 58

dogmatismo 171

E

educação 73, 158, 163, 165, 184, 188, 193, 194, 196, 197, 198, 199, 201, 204, 205, 206, 207, 208, 209, 215, 216, 223, 225, 229

egoísmo humano 130

elites conservadoras 183

empatia (como fundamento do dever ser para o outro) 14

escola do Recife 30

escola sociológica 93

Estado (função) 9

Estados teocráticos 22

Estado (surgimento) 14

Estado (surgiu para garantir o direito) 17

estrutura neurológica 10, 99, 100

estupro 177

eutanásia 24

evolução

    da ciência e de outras criações humanas 95

execução de judeus 54

F

fanatismo 58

fantasma metafísico 36

filosofia ocidental 179

filosofia oriental 179

financiamento público de campanhas 201, 225

fins do direito

o positivismo não os considera 40

seu tangenciamento como defeito do positivismo 56

fórmula do peso, 126

Führer 54

fundamento da ordem jurídica

importância de sua determinação 8

no que consiste procurá-lo 7

fundamento do ordenamento jurídico em termos metafísicos 21

G

globalização 2, 80

contra-hegemônica 176

governo de sábios 28

crítica kantiana 28

mesma dificuldade do direito natural 58

regressão ao infinito 148

gramática natural 30, 32

Grécia antiga 22, 139, 140, 158

H

História do Direito 15

Hitler 52, 53, 55, 58, 139, 146

homem

como animal metafísico 91, 98

como animal simbólico 91

equiparado ao jumento do verdureiro 102

equiparado a um animal domado 51

I

Idade Média 14, 23, 123, 142, 148, 180, 222

ideia de direito 26, 30, 37, 63

Igreja católica 23

Igreja Católica 23

igualdade

de oportunidades 166

ex ante 133

exige igual liberdade para todos 152

ex post 133

natureza relativa 132

razões para sua promoção 131

Igualdade

definição 133

igual valor dos seres humanos como ideia metafísica 83

III Reich 52

iluminismo 24

impostos

sobre a renda 211

sobre o consumo 212

sobre o patrimônio 211

imunidade tributária 205

indivíduo (não é apenas uma peça da sociedade) 18

INPS 218

INSS 219

intolerância religiosa 180, 186

intolerantes

não defendem relativismo moral ou axiológico 58

inventividade sociológica (do homem) 14

inventos culturais 30

IPI 212

isonomia 202, 210, 211, 217

J

jumento do verdureiro 102

jusnaturalismo 2, 25, 26, 27, 31, 34, 52, 54, 58, 67, 70, 71, 76, 77, 82, 227, 228

à serviço de ditaduras 54
superação 2
Jusnaturalismo 151
justiça
    como algo puramente emocional e pessoal 41
    como indiferente para o positivista 41
    e verdade 118
Justiça Eleitoral 201
justiça universal e absoluta 18

L

laços de solidariedade (como responsável pela observância da norma) 14
leis divinas 23
leis retroativas 54
liberalismo igualitário 129, 215
liberdade
    como característica humana 100
    como forma de implementar a democracia 155
    como garantia de que as ações governamentais possam ser criticadas 157
    conceito e origem 10
    de expressão 149, 154
    econômica 128, 129
    e responsabilidade 127
    impossibilidade de seu absoluto exercício 125
    intrínseca relação com igualdade 126
    na grécia antiga 141
    necessidade de sua igual compartição 120
    negativa 129
    política 127
    por que deve ser escolhida 168
    positiva 129
    quando pode ser restringida 125
    razões pelas quais deve ser prestigiada e protegida 124
    sempre existiu, mas nem sempre para todos 152
    sua ausência na forma leninista de Estado 164
    supressão em regime de igualdade de resultados 166
    validade de restrições proporcionais ao seu exercício 159
Liberdade
    definição 124
    para participar do processo democrático 153
limitações humanas 173
linguagem
    como característica humana 11, 100
linguagem (como traço diferenciador do homem) 13

M

macaco autor de romances 157
'Manifesto do Partido Comunista' 211
metafísica 4, 30, 39, 40, 46, 51, 83, 88, 89, 91, 92, 93, 94, 95, 96, 173
    afastamento 41
    origem da palavra 88
metafísicas 88, 95, 96
mínimo de eficácia social
    como necessário à existência e à validade da ordem jurídica 45
Monopoly 166
moralidade 202
moral natural 30
multiculturalismo 3, 79, 80, 85, 185, 188
mutilação da realidade 49

N

nacional-socialismo 53
natureza humana
    caracterizada pela distinção entre real e possível 10
    consiste em distinguir real do possível 35

e o senso de realidade e de possibilidade 121

relatividade 98

natureza humana (liberdade, direito, linguagem) 13

natureza humana (natureza egoísta) 17

natureza humana (sociabilidade, a linguagem e as regras de conduta) 12

nazismo 29, 52, 55, 84

neopositivismo 3

noção do justo 135

O

objetividade

como um processo infinito de aproximação 114

objetividade epistêmica 105, 106

objetividade ontológica 105

obrigação moral

de observar as normas jurídicas 53

o que o direito é depende de certa forma do que o direito deve ser 26, 31, 35

ordenamento injusto 3

ortografia natural 30

P

padrão de justiça

completamente subjetivo e de impossível cognição 24

pena de morte 24

pensamento pós-metafísico 88

PIS 212

pluralismo 67, 84, 122

ponderação 126

posição original 168, 169, 210

positivação de princípios

como característica do pós-positivismo 2

positivismo

como rejeição à metafísica 39

e a impossibilidade de se examinarem valores subjetivos 41

e o nazismo 52

grande contribuição para o estudo do direito 56

não confundir com positividade 74

natureza matafísica de suas premissas antimetafísicas 94

negação da natureza humana 50

precariedade de suas premissas epistemológicas 117

positivismo jurídico 2, 4, 39, 40, 48, 49, 52, 55, 56, 62, 72, 77, 227, 228

abstém-se de valorações éticas 39

compromisso com determinada concepção de ciência 46

e o exame neutro e objetivo da realidade 57

superação 2

positivismo jurídico 39

positivismo sociológico 40, 45, 51, 57, 93

contradição na pretensão de melhorar os fatos (em que sentido?) 93

pós-modernismo 63, 64, 65, 67, 68

pós-positivismo 3, 4, 60, 62, 63, 64, 67, 77, 82, 122, 227, 228

como aperfeiçoamento no trato do direito posto 121

como síntese do positivismo e do jusnaturalismo 2

falta de clareza da expressão 2

principais características 61

pós-positivismo 59

pós-positivista 4

postulado da proporcionalidade 62

prática tradicional 175

pré-compreensão 49

preservação da propriedade (como equivocada explicação para o surgimento do Estado) 15

preservação da vida

como valor universal 24
pretensão de correção 33, 37
princípios e regras 25
privilégio 161
progressividade 211
propaganda governamental 196, 197, 198, 199, 200, 201, 230
proporcionalidade 126
na atividade do médico 126
proteção às minorias 164
proteção da minoria 160
proteção das minorias 122
psicologismo 171
pureza metodológica 50

R

racionalidade
como característica humana 100
razão divina 23, 58, 87, 122, 227
razão humana 21, 30, 58, 71, 122, 173, 227
realidades institucionais 12
realidade social 57, 192
Receita Federal 201, 219, 220
Receita Federal do Brasil 219
redução ao infinito 171
regimes nazi-fascistas 54
rejeição à metafísica 50
rejeição da metafísica 40
relativismo axiológico 18
relativismo moral 58, 84
República de Weimar 55
revogação da lei da gravidade 58
Revolução Francesa 124
roubo 42

S

saúde 69, 73, 165, 187, 193, 195, 196, 197, 198, 209, 215, 216, 218, 220, 221, 223, 229
sedentarização 13, 14

Segunda Guerra Mundial 29, 34, 53, 59, 72
Seguridade Social 219, 220
senso de justiça 37
separação entre direito e moral 41
simulacro 168
sistema de fundamentos óbvios 3
sistema nazista 54
sociabilidade
como característica humana 11, 100
sorteio 142
superação dialética
do positivismo e do jusnaturalismo 2, 59
superação epistemológica do positivismo jurídico 46
Super-Receita 219
supressão da liberdade
em nome da "vontade do povo" 162

T

teoria dos direitos fundamentais 76
Teoria dos mundos (Popper)
Mundo 1 90, 91
Mundo 2 90
Mundo 3 90, 91, 105
Teoria Pura do Direito 40, 49, 75, 136
terceirização 198, 200, 201, 202, 203
tolerância 67, 84, 85, 116, 117, 130, 131, 137, 138, 163, 186
tortura 117, 177, 180
tributação regressiva 211
trilema de Fries 170, 171, 173

U

União das Repúblicas Socialistas Soviéticas 163
universalização dos direitos humanos 3
URSS 165, 167
utilidade marginal da riqueza 210

V

valores
sempre presentes em qualquer obra humana 48
Valores ocidentais 175
valores supremos da raça germânica 54
verdade 4, 46, 50, 63, 64, 65, 67, 68, 69, 72, 77, 98, 104, 109, 110, 111, 115, 116, 117, 118, 122, 130, 131, 148, 155, 156, 163, 164, 179, 182, 198, 204, 212, 230
absoluta 50

natureza consensual 116
natureza intersubjetiva 116
natureza provisória 116
natureza relativa 116
véu de ignorância 168, 170, 210
visão não-positivista do direito e resistência a ditaduras 55
visão puramente formal do direito insuficiência 59
vontade da igreja
como determinante do conteúdo do direito natural de origem divina 28

ANOTAÇÕES